# PerlonZeit

# ElefantenPress

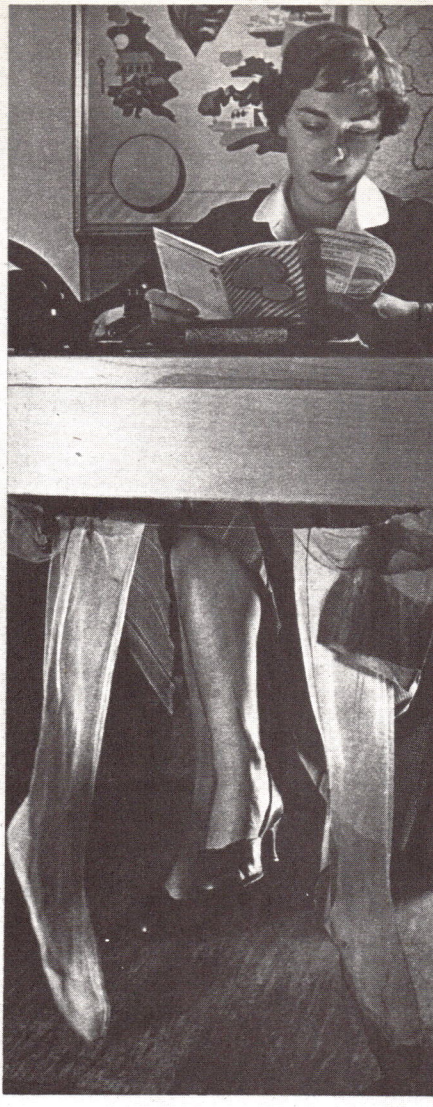

**Revolte im verhexten Büro: „Da, Chef, sehen Sie ... wieder zerstört!"** Dreimal in der Woche rebellieren die fünf Sekretärinnen im Büro einer Luftfahrt-Passage-Abfertigung, und zeigen dem Chef ihre Strümpfe. Und der Chef mußte sich bequemen, seit Oktober 80 bis 90 Paar Strümpfe als Sonderzulage zu bezahlen. Die geheimnisvolle Zerstörung hatte ganz plötzlich begonnen. Das Büro funkelt vor Sauberkeit, ist sehr modern, mit blitzenden Stahlrohrmöbeln ausgestattet, es gibt keine scharfen Ecken, aber die Strümpfe gehen entzwei. Der Chef sagte: „Sie werden es nicht glauben, aber bei mir im Büro ist der Teufel los!"

**Die Selbsthilfe der „Verhexten": Strümpfe unter dem Schreibtisch!** Zunächst stellten die jungen Damen auf eigene Faust Versuche an. Sie hingen die Strümpfe unter den Schreibtisch, wo sich auch ihre Beine den ganzen Tag über befinden. Ergebnis: die Strümpfe blieben ganz. („Sie hingen ja still", sagte später der Chemiker, der die Angelegenheit untersuchte.)

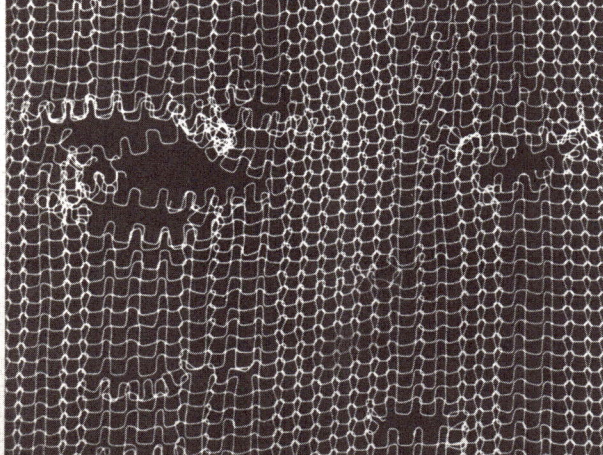

**Die Mikro-Aufnahme: Unerklärliche Löcher im Strumpf!** Es waren erstklassige Strümpfe von ausländischen Herstellern, aber sie verfärbten sich, verloren die Elastizität und wurden brüchig. Ein Beobachter wurde angesetzt, der den ganzen Tag nur auf zehn Damenbeine zu starren hatte. Die Strümpfe kümmerten sich jedoch nicht darum.

# Verhexte Sekretärinnen!

## Ein Büro wird zum Spukhaus:

### Zerstören geheimnisvolle Strahlen Damenstrümpfe?

**Ein Bericht aus Bremen von Georg Schmidt**

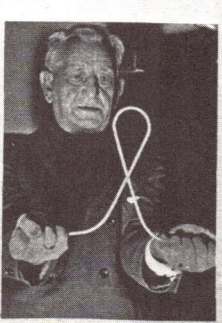

**Der erste Experte: ein Wünschelrutengänger!** Mit der Stahlrute wollte er das Geheimnis lüften. Sein Urteil: Es sind Erdstrahlen von 80 v. H. Stärke vorhanden. Er empfahl dicke Kunststoffplatten für den Fußboden.

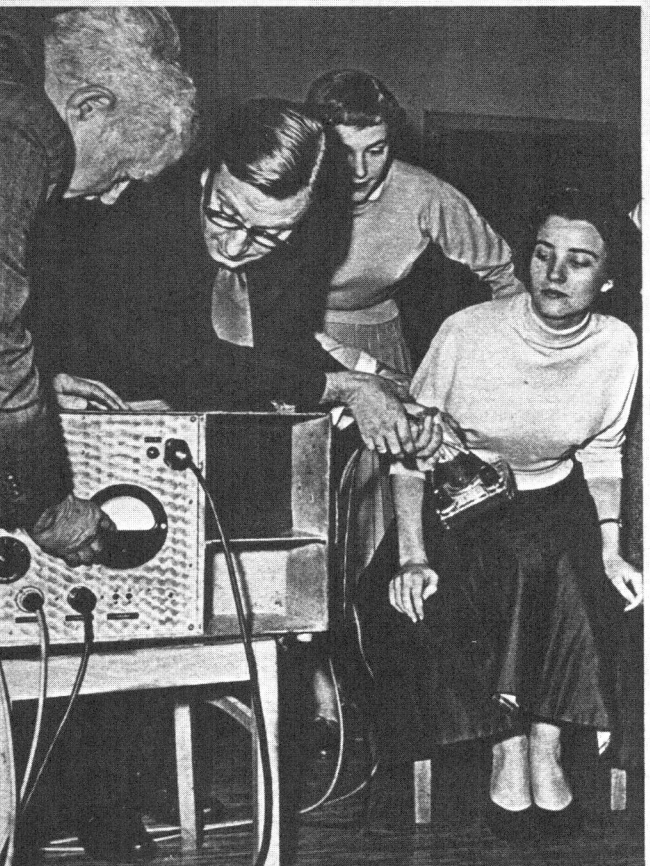

Jetzt kamen die Wissenschaftler, die Chemiker...

„Springen Sie plötzlich auf!" Mit dem Feldstärke-Meßgerät (nach Professor Schwenkhagen) nahmen sie elektrostatische Messungen vor. Das Ergebnis war verblüffend. Die jungen Damen wurden auf ihre Stühle gesetzt, mußten ein wenig hin und her rutschen, wie sie dies bei der Arbeit normalerweise auch tun, und dann plötzlich aufspringen. In diesem Augenblick schlug das Gerät heftig aus. Das Aufspringen ist nötig, da beim Sitzen der Ladungsvorgang nicht meßbar ist. Die sich vorher berührenden Flächen müssen erst getrennt werden. „Aber diese elektrische Aufladung ist nicht Schuld daran; daß die Strümpfe entzweigehen", sagen die Chemiker. In diesem Raum herrschen extreme Verhältnisse, hohe Temperatur, und die Luftfeuchtigkeit ist sehr gering. (Seit Oktober ist unter dem Büro eine Zentralheizungsanlage in Betrieb genommen worden, seit Oktober zerreißen die Strümpfe!) Hinzu kommt, daß die Räume stark mit Kunststoffen ausgestattet ist, schlecht leitenden Überzügen bei Stühlen, Tischen und Fußbodenbelag. Im Zusammenspiel dieser Faktoren hat sich eine einmalige Situation ergeben, die sonst nicht vorkommt. Ein extremer Fall, aber für Chemiker interessant.

Der Ungl
Flughai
Mann,
absetzt
„Neb
un
d

Aus: Neue Illustrierte, 5/1956

© ELEFANTEN PRESS VERLAG GMBH 1985.
Alle Nachdrucke sowie Verwertung in Film, Funk und Fernsehen und auf jeder Art von Bild-, Wort- und Tonträgern honorarpflichtig und nur mit Genehmigung des Verlages. Alle Rechte vorbehalten.

Herausgeber: Elefanten Press,
Angela Delille und Andrea Grohn
Redaktion: Angela Delille, Andrea Grohn, Gabriele Dietz und Maruta Schmidt
Umschlag und Layout: Jürgen Holtfreter
Satz: VA Peter Großhaus, Asslar-Werdorf
Lithografie: Spönemann, Berlin
Umschlaglitho: Claus Iller GmbH, Köln
Druck: Fuldaer Verlagsanstalt
Printed in FRG
EP 168
ISBN 3-88520-168-2

ELEFANTEN PRESS VERLAG GMBH
Postfach 30 30 80, 1000 Berlin 30

Bitte besuchen Sie auch unsere Galerie
Zossener Str. 32, 1000 Berlin 61

Der Beitrag »Wohnen im halben Zimmer« von Katrin Pallowski ist eine veränderte Fassung ihres gleichnamigen Artikels in: Jugendästhetik im 20. Jahrhundert, hrsg. von Willi Bucher und Klaus Pohl, © Hermann Luchterhand Verlag 1985. Die beiden Beiträge von Ingrid Langer fußen auf ihren Artikeln in: Die fünfziger Jahre, hrsg. von Dieter Bänsch, erschienen im Gunter Narr Verlag 1985. Beiden Verlagen danken wir für ihre Kooperationsbereitschaft.

CIP-Kurztitelaufnahme der Deutschen Bibliothek

*Perlonzeit:* wie d. Frauen ihr Wirtschaftswunder erlebten / [Red.: Angela Delille ... Autorinnen: Gisela Breitling ... ] – 1. Aufl. – Berlin: Elefanten-Press-Verlag, 1985.
   (EP; 168) (Ein BilderLeseBuch)
   ISBN 3-88520-168-2
NE: Delille, Angela [Red.]; 1. GT

Bildnachweis:
Landesbildstelle Berlin: S. 7, 19 oben, 58, 59, 93 oben links und unten, 96 rechts, 97 rechts, 188 unten. Veronika Kämpfer: S. 13. Renate Trusch: S. 14 links, 15 rechts oben, 20 (4), 21 (3), 42, 44 links, 56, 92, 109. Susanne Godefroid: S. 14 rechts, 15 links und Mitte. Heide Koschwitz: S. 15 unten, 18, 44 rechts. Archiv Ingeborg Weber-Kellermann: S. 16, 17 (2). TTT Bilderdienst Toni Tripp: S. 19 unten, 75, 84 (3), 85 (2), 87 (2), 89, 90 (2), 91 (3), 93 oben rechts, 94, 101 unten, 103, 118 (2), 119 (2), Umschlag Rückseite. Amelie Glienke: S. 29. Maruta Schmidt: S. 30. Stiftung Deutsche Kinemathek: S. 36 (2), 39 unten links, 47, 168, 169, 170 (2), 171, 172 unten, 173, 176 unten, Mitte und rechts, 178, 179, 181. Ingrid Schmidt-Harzbach: S. 37, 38 (2), 39 unten rechts. Edward Quinn: S. 39 oben, 41 unten links, 57, 144 unten, 176 oben rechts. Will McBride: S. 41 oben und unten rechts, 95. Aus: Serke, Frauen schreiben, Stern-Magazin: S. 60 (2), 61 oben. Aus: Ingeborg Bachmann, Piper Verlag: S. 61 unten und rechts. Süddeutscher Verlag: S. 72. Friedrich Ebert Stiftung: S. 74. Gerda Zorn: S. 86. Ullstein: S. 97 links. Autopress Nekarsulm: S. 107 oben links. Richleske: S. 107 rechts unten. Bilder-Dienst Thuis: S. 137. Maren Kroymann: S. 182 (2). Jim Rakete: S. 184. Andrea Grohn: S. 185, 186 oben rechts.
Alle anderen Abbildungen Archiv ELEFANTEN PRESS.

Es war nicht möglich, in allen Fällen die genauen Bildrechteinhaber festzustellen. Gegebenenfalls bitten wir um Nachricht.

© Caprifischer: Musik-Edition Capri
© Cindy, oh Cindy: Musik Edition Siegel

# Inhalt

# Helma Sanders-Brahms

# Frieden, Freiheit, gute Butter

Kohlenklau verschwand von den Wänden, der riesige gemalte Männerschatten mit schrägen Schultern, der in den Winternächten als großer dunkler Alptraum in meine Kinderangst griff. Den Sommer darauf sah er schon lächerlich aus, denn seine Farbe blätterte von Regen zu Regen und fiel ab mit der Sonne. Und im Winter, der dann kam, klaute niemand mehr Kohlen. Sie waren wieder zu kaufen und glühten rot in den Öfen. Ich setzte mich ganz nah und fühlte die Wärme am Knie und sah in das leichte Spiel der Flammen, wie es durch das kleine Fenster ganz unten schien. Die Leute hatten neues Geld, grünes und blaues, es sah frisch aus, und die Leute mit dem neuen Geld sahen auch frisch aus, sie kauften und verkauften ohne Marken, und die Frauen weinten, als sie zum ersten Mal wieder eine neue Bluse und einen neuen Lippenstift sahen. Da war was zu haben, Korsetts und hochhackige Schuhe und dann auch bald die langen schwingenden Röcke, die fast bis auf die Knöchel gingen, die Kleider mit Schößchen unter der Taille und betontem Busen und Schleierhütchen und Knöpfhandschuhe, und mein Großonkel, der ein Geschäft für Maßanfertigung hatte, ließ die Kammgarne in großen Ballen über den Tisch rollen und maß vielmal an der Elle entlang, denn diese neuen Kleider kosteten Stoff. Ach, zu verschwenden, sich satt zu essen, in einem Bett ruhig zu liegen die ganze Nacht und auch die nächste Nacht und die über-

nächste, Geld zu haben, für das man kaufen konnte, Würste und Kuchen und Wein und Sekt und Puder und Nylons und dann auch Perlons, Hüte aufzusetzen, Teppiche auszubreiten, die Sofas zu leeren von denen, die darauf übernachteten, und sie nur noch zum Sitzen zu verwenden, Tee zu trinken und Teilchen mit Schlagsahne dazu zu essen – das Glück war zu kaufen, Häuser waren zu kaufen, das war was zum Greifen, und was nicht zum Greifen und nicht zum Kaufen war, das vergaß man besser. Die Betonmischmaschinen drehten sich, die Ladenkassen klingelten, da, wo eben noch eine Ruine gestanden hatte, stand nun ein viereckiger Neubau mit Klos und Balkonen, da, wo eben noch weggeworfene Kippen mit zittrigen Händen aufgehoben worden waren, gab es jetzt ein Geschäft für feine Zigarren, Spargelkraut legte sich zu roten Nelken im geblümten Papier, denn es gab wieder Damen, und es wurden ihnen wieder Blumen gebracht. Es gab auch Parteien, die klebten Plakate an die Wände und sprachen mit Lautsprechern aus fahrenden Autos in die stillen Sonntagsstraßen. Es gab eine Demokratie, davon redeten sie zu uns Kindern in der Schule und sagten, sie sei uns geschenkt, und wir müßten dankbar dafür sein.

Auf den grünen und braunen und blauen Landkarten in der Schulstube ging der helle Rohrstock hin und her und schlug große Kreise, das ist Deutschland, das dahinter ist auch Deutschland, jetzt unter – ja, du bitte, Karin – ja, unter polnischer Verwaltung, und das – ja, bitte, Elke – unter russischer Verwaltung – nein, es heißt sowjetischer Verwaltung, aber das sind die Russen, die sind dort auch, und wie nennt man das, Horst? Dort: Sowjetisch besetzte Zone, richtig, und wir sind in der – na, Herbert? – wir sind in der britisch besetzten Zone. Und wo kommen die Flüchtlinge her? Die kommen aus den – ja, Sieglinde – aus den deutschen Ostgebieten, die heute unter polnischer und sowjetischer Verwaltung stehen. – Und wonach streben wir, jetzt mal alle im Chor? NACH WIEDERVEREINIGUNG IN FRIEDEN UND FREIHEIT. – Und warum geht das jetzt nicht? Weil die Russen da sind. Nein, so kann man das nicht sagen. Weil im Osten den Menschen Frieden und Freiheit verweigert werden. Jetzt mal alle im Chor: WEIL IM OSTEN DEN MENSCHEN FRIEDEN UND FREIHEIT VERWEIGERT WERDEN.

Grün leuchtete das magische Auto am Radio, das uns mit der Welt verband, wenn es eingeschaltet war, und gelb auf der schwarzen Glasscheibe die kleingedruckten Namen der Städte, die ich langsam lesen lernte: Paris. Wien. London. Brüssel. Ljubljana. Skopje. Breslau. Es war ein Vorkriegsradio, und jetzt gab es darauf die Nachkriegsstationen; um sie zu finden, mußte man mit einem roten Zeiger an den gelbleuchtenden Städten vorbeifahren, und dann ging das magische Auge auf und zu, als wäre es das Auge einer Katze, und es zischte und knackte, bis man irgendwo zwischen Graz und Hilversum den Nordwestdeutschen Rundfunk gefunden hatte. »Tatatammtatata«, ging das Pausenzeichen. »Ist der Rundfunk bezahlt?« fragten die Witzbolde. Tatatammtatata... ist der Rundfunk bezahlt? »Wer soll das bezahlen?« sang es dann aus dem Rundfunk. »Der Insu-laaaner verliert die Ruhe nicht!« sangen die Berliner, und »Junge, komm bald wieder, bald wieder nach

Adenauer mit seiner Tochter Lotte

Haus!« sangen die Hamburger, und allen voran sangen die Kölner, bei denen war jahrelang Karneval, und es dröhnte aus allen Radios: Tätä---tätä-bumm!

Alle waren fröhlich, aber am allerfröhlichsten waren die Kölner, die schunkelten und sangen unaufhörlich und machten immer noch einen Witz, für den man auf die Pauke hauen konnte: Tätä---tätä---bumm! In die langen schwierigen Abende der wiedervereinigten Ehepaare, die nach Jahren der Trennung das gemeinsame Leben wieder bewältigen sollten, plapperte ein glückseliger Kölner namens Jacques Königstein mit dem »Idealen Brautpaar«, das er jeden Sonnabendabend unter vier mal zwei Kandidaten heraussuchte. Da war gemeinsames Empfinden gefragt. Zum Beispiel, ob man lieber in die Berge oder ans Meer führe. Gewonnen hatte das Paar, bei dem beide in die Berge wollten. Oder beide ans Meer. Verloren hatte das Paar mit verschiedenen Wünschen. Nur beim Brötchen war es kompliziert. Da durften nicht beide gern die obere Hälfte essen wollen, nein, einer mußte die untere vorziehen und der andere die obere, das war ideal.

Dann gab es Nachrichten im Radio, die waren ernst, deshalb wurden sie mit getragener Stimme im norddeutschen Tonfall vorgetragen. Und es gab die Politiker, die sprachen auch meist den getragenen norddeutschen Tonfall, und klangen besorgt, aber es gab auch einen, der sprach ganz ähnlich wie die lustigen Kölner, denen jeder Witz mit einem Tusch belohnt wurde, und der hatte natürlich den meisten Erfolg, weil man schon gleich an das ideale Brautpaar und anderes Gelungene denken mußte, wenn er die Stimme erhob, ein unhörbares Tätä---tätä---bumm folgte jedem seiner Sätze. In denen war von WIEDERVEREINIGUNG IN FRIEDEN UND FREIHEIT die Rede wie in der Schule, und die einleuchtende Sache mit den Brötchen und den Reisen ans Meer, die der Finder der idealen Brautpaare in rheinischem Singsang erläutert hatte, nahm sich in seinem Singsang ähnlich einleuchtend aus, wenn er sie auf unsere BRÜDER UND SCHWESTERN JENSEITS DER ZONENGRENZE im Verhältnis zu uns anwendete. MEINE DAMEN UND HERREN, fügte der eine wie der andere Kölner dazwischen immer noch gern ein, und man sah, daß beide in gut polierten Lackschuhen auf Parkettfußboden stehen mußten und blickte erwartungsvoll auf den eigenen abgewetzten Vorkriegsteppich, der so bald wie möglich ausgetauscht werden sollte. Gegen einen richtigen Perser, ja, aus dem Land der schönen Soraya, und um die Schultern den echten Persianer... aber das tragen doch jetzt die Metzgersfrauen – ja, was die kann, kann ich schließlich auch – Sie sollten mal meine Putzfrau sehen, die leistet sich mehr als ich – aber die Metzger verdienen doch am dicksten... ja, die Metzger verdienen am dicksten – alle wollen Fleisch, Schnitzel und Kotelett und gemischten Aufschnitt und Rouladen mit Speck und die Wurst dahinten, ja, es darf etwas mehr sein, gute fette Wurst, und ein Eisbein und noch vom gekochten Schinken, Leberwurst, Blutwurst, Knochenschinken, ein gutes Viertel, schön dick schneiden die Koteletts, ja noch eins mehr, mein Mann braucht zwei, und Sauerbraten und Rauchfleisch und Schinkenspeck und Salami, die echte. Am Thresen drängen sie sich und stoßen mich weg, weil ich noch ein Kind bin. Ein Viertel Gehacktes, gemischt, soll ich kaufen, und als ich endlich dran bin, zähle ich die Groschen auf die Gummischeibe und schäme mich und kriege noch einen Halbmond Jagdwurst in die Hand, da schäme ich mich noch mehr, und ich ekle mich auch, die Wurst aus denselben Fingern zu essen, die vorher die Groschen gehalten haben, und dann schäme ich mich, sie nicht zu essen, wo sie mir doch geschenkt ist, und würge sie herunter mit einem Dankeschön, während die Persianerfrauen nachdrängen und mich durch einen Spalt hinauslassen, Roastbeef, schön abgehangen, und eine Kalbsbrust, sechs Paar Wiener und von dem guten Leberkäse und das Kassler, ja, schöne dicke Scheiben, auch sechs Stück ...

Mein Vater ist Beamter, der gehört nicht zu denen, die »dick« verdienen, und außerdem ist er versetzt und kommt nur manchmal am Wochenende. Inzwischen lebe ich allein mit meiner Tante und meiner Mutter, und dafür gibt es Trennungsentschädigung.

Abends bügelt meine Mutter, und von den eingesprengten Tüchern, die wir zuvor zwischen uns gereckt haben, steigt weißer Dampf, und das Bügeleisen zischt, und die Kohlen im Herd fauchen, und im Radio knistert und knackt es zwischen dem Pausenzeichen des Nordwestdeutschen Rundfunks, und dann, lange nach dem Abendbrot, wenn ich mich genügend unsichtbar und unhörbar gemacht habe, beginnt das Hörspiel. Ich hocke in der Ecke beim Ofen und wickle mir das defekte Kabel des Radios ums Knie. Einmal habe ich mir dabei einen so heftigen Schlag geholt, daß ich wochenlang nicht zur Schule brauchte. Hörspiele sind das Schönste, was man zu Hause haben kann, die Geschichten von den Termiten, die die Gebäude von innen annagen, bis sie zusammenfallen, von den Biedermännern und den Brandstiftern, vom Tiger Jussuf, von der Brandung von Setubal, die bis an das Bügelbrett rauscht, das ist die Wahrheit, so ist die Welt. Wenn ich im Bett liege, spreche ich die Texte, soweit ich sie behalten habe, und ahme die Stimmen der Schauspieler nach. Sie sind so schön, diese Stimmen und die Menschen, die dazugehören und die man im Radio nicht sehen kann, müssen so schön sein wie diese unendlich entfernten Städte mit den leuchtenden Namen auf der schwarzen Glasscheibe. Rom Amsterdam Paris Warschau Prag.

Meine Mutter war schön mit den nassen schwarzen Haaren und den dunklen Brustwarzen auf der hellen Haut ihrer Brüste, wenn wir zusammen in der Badewanne saßen. Warmes Wasser war noch schwer zu machen und kostete viel Kohle, und man mußte es ausnützen, obwohl ich anfing, mich zu schämen.

Meine Tante war auch schön, mit blonden Haaren und blauen Augen; wenn sie einen umarmte, roch man den Duft von Puder und Lavendelwasser. Sie hatte die ersten schimmernden Perlonstrümpfe an den Beinen und die erste samtene Blume am Flanellkleid, sie trug den ersten

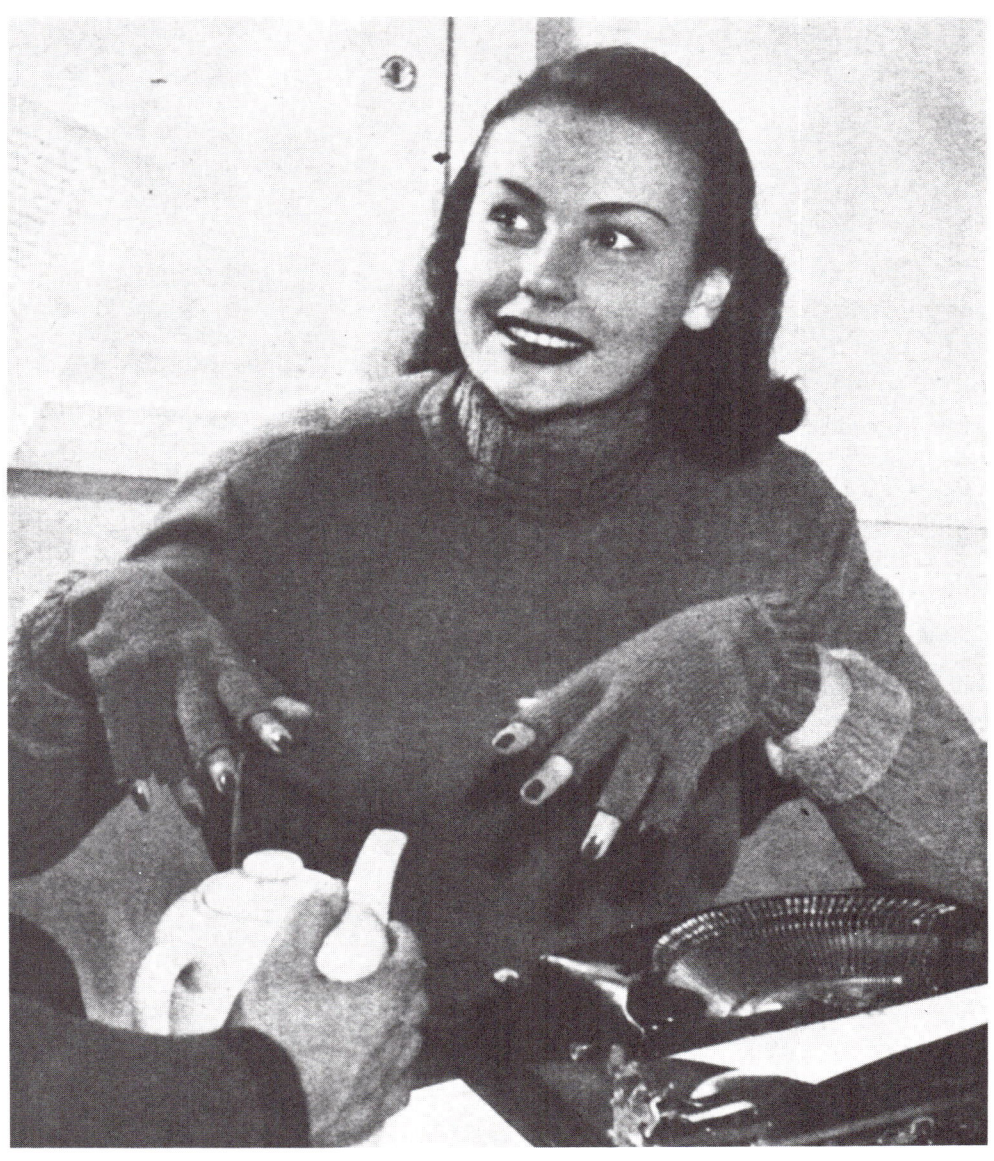

Knappe Kohle, klamme Finger

Newlook-Rock und war die erste Frau in der Gegend, die Auto fuhr, aber dem Auto platzten die Vorkriegsreifen, und es überschlug sich und stieß ihr die Lenkstange mitten in das schöne Gesicht. Da war es unterhalb der großen blauen Augen, die unverändert geblieben waren, nur noch ein rotes blutendes Loch. Jahre fuhr sie von Chirurg zu Chirurg, die gaben ihr langsam das Gesicht zurück, es blieb eine Narbe, und sonst sah man nichts mehr. In der Zwischenzeit sah ich nicht so genau hin, für mich war sie immer noch schön mit ihren schlanken Händen, an denen die Nägel sorgfältig gefeilt und poliert waren, mit ihrem großen weichen Busen, verhüllt von spitzenumsäumter Unterwäsche, mit ihrer Sprache voll Klugheit, Witz und Zynismus.

Sie waren beide schön, die Schwestern. Sie hatten eine Größe und tauschten die Kleider, die Helle und die Dunkle, meine Tante und meine Mutter, nur ich war häßlich und wurde von Tag zu Tag häßlicher, je mehr meine Sehnsucht nach Schönheit wuchs.

Das dunkelblaue Bleylekleid hing an mir herab wie eine regennasse Fahne an der Stange, die Beine wurden immer dünner, nur die Knie traten riesig und knochig heraus. Eigentlich wollte ich dunkelrote Haare kriegen und klein und temperamentvoll werden und ein hinreißendes Lachen haben, und mager wollte ich keineswegs sein, sondern mit vollem Busen und rundem Po und schönen Beinen. Aber ich war groß und dünn und traurig und wurde es mit jedem Tag mehr, während die Welt um mich sich mit wunderschönen Frauen anfüllte. Im Kino, in das ich zum ersten Male gehen durfte, leuchteten riesige Augen und lockende Münder auf, von einer Vollkommenheit, die mir den Atem raubte, Dekolletés öffneten sich mit gewaltigen pfirsichfarbenen Brüsten darin, über schwindelnden Absätzen drehten sich in durchsichtigen Strümpfen weich geschwungene Schenkel und Waden über zarten Knöcheln und hohem Spann. Verführerisch schmale Taillen bogen sich in kräftigen Männerhänden, seidenhäutige Rücken dehnten sich vor den Augen besinnungsloser Liebhaber – das Weib triumphierte. Illustrierte füllten die Tische des Wartezimmers beim Ohrenarzt, wo ich hocken mußte, bis er mir mit seinem Spiegel in das schmerzende Ohr leuchtete, heiße Flüssigkeiten hineingoß und mit langen Metallstäben darin bohrte, um deren Spitze immer zu wenig Watte gewickelt war. Und auch diese Illustrierten, in denen ich bis zur Ohrenfolter allwöchentlich blätterte, waren voll schöner Frauen, auf bräunlich oder grünlich getöntem Kupfertiefdruck senkten sie dunkle Wimpern über schwalbenschwanzartig ummalte Augen und bogen die Schwanenhälse über den Lilienschultern.

Wenn sie wenigstens ein besserer Esser wäre, sagte man von mir. Aber ich war eine schlechte Esserin. Die Lebensmittel, die die Schaufenster und die Glasvitrinen unter den Ladentischen füllten, verursachten mir Übelkeit. Sahne und Käse und Eier und Ananastörtchen und Kieler Sprotten und geräucherter Bückling und Schillerlocken und Schwarzwälder Kirschtorte und Frankfurter Würstchen mit Kartoffelsalat und süßer Kakao und Büchsenananas – all diese Herrlichkeiten, in denen die anderen schlemmten, verursachten mir Übelkeit. Haferflocken wurden morgens in mich hineingestopft, zäh und schleimig, mit Klümpchen, damit ich die Schule überstand, aber oft erbrach ich sie schon unterwegs unter einen Busch auf dem Schulweg, denn vom schnellen Wachsen war mir schwindelig. Ich schlief auch zu wenig in den Nächten. Weil ich zuviel las, sagte man mir. Ich sollte härter arbeiten, dann würde ich auch müde, sagte der Arzt und verordnete Teppichklopfen.

Am schlimmsten war es in der Turnstunde. Alle lachten, wenn ich dünn und unbeholfen in den Barrenholmen hing, meine Handgelenke waren so schwach, daß ich hinunter fiel, und dann lachten sie noch mehr. Der Geruch des alten

schmutzigen Sägemehls, in das ich fiel, ließ mich wieder würgen. In den Umkleideräumen stank es nach Schweiß und Urin, schon das war schlimm, schlimm war, die anderen Mädchen zu sehen, denen bereits der Busen wuchs, und dann sich selbst im alten blinden Spiegel, schlimm war, in der Reihe zu stehen und den Kopf zu drehen beim Abzählen wie die Soldaten, schlimm war die Trillerpfeife der Lehrerin und der große abgewetzte Medizinball, der mir vor den Bauch schlug oder an den Kopf, weil ich wieder nicht aufgepaßt hatte, schlimm war das Lachen der anderen, ich war die Lächerlichste von allen. Ich – mit dieser Sehnsucht nach Schönheit, die sich an allem stieß, was mich umgab, und am meisten an mir selber, und die sich immer wieder abends im Bett mit Flügeln erhob, wenn ich die Bücher aufblätterte und anfing zu lesen.

Wir zogen in eine andere Stadt. Ich wurde noch einsamer.

Wir waren jetzt eine Familie, keine Trennungsentschädigung mehr, die schönen Schwestern sahen sich nur noch selten, meine Mutter war wieder eine Ehefrau, und ich war das Kind eines Vaters. Dies, so hieß es, sei Glück. Vatermutterkind.

Aber meine Mutter war nicht glücklich, mein Vater war es auch nicht, grübelnd hockte er über dem Schachbrett, denn sie lag jetzt oft im Bett. Und dann bekam sie eine Gesichtslähmung, die Zähne wurden ihr gezogen, weil der Arzt sagte, sie seien ganz faul, und daran läge es eigentlich, daß das Gesicht gelähmt sei. Aber meine Mutter und ich wußten es besser, der Zahnarzt wollte sich rächen an ihr, weil sie ihn abgewiesen hatte, meine schöne, hochmütige Mutter. Mein Vater war eifersüchtig, dabei ging sie nie aus dem Haus, sie lachte nie mehr, sie hatte in der Speisekammer eine Flasche zum Vergessen, und manchmal kotzte sie ins Klo, und ich weinte, weil ich sie liebte, und er schrie, denn er liebte sie auch.

Weil sie nicht mehr schön war, meine Mutter, war meine eigene Häßlichkeit nicht mehr so schlimm. Wir saßen umarmt, als ich zum ersten Mal Menstruationsblut im Höschen hatte. »Meine Große!« sagte sie und streichelte mir über die dünnen fettigen Haare und über das Gesicht, in dem die Pickel sproßten.

SO GUT WIE JETZT IST ES DEM DEUTSCHEN VOLK NOCH NIE GEGANGEN, sagten die Redner im Radio, und der Kölner war Bundeskanzler und hatte uns wieder Achtung in der Welt verschafft, und die deutsche Fußball-Nationalmannschaft tat das auch, als sie die Weltmeisterschaft gewann, an einem Sonntag, der in Bier ersoff, an dem ich dann abends mit meiner einsamen Mutter durch die Straßen wanderte, um dem Grölen zu entgehen. Aber es kam uns aus allen Fenstern nach bis in die Schrebergärten.

Der Kanzler wurde in den USA Ehrendoktor und Ehrenhäuptling, mehr als er konnte man kaum noch geehrt werden, und er hatte uns ja auch den Anschluß an den Westen verschafft und die Freiheit und den Marshall-Plan und das gute Leben. All das lag daran, daß er die deutschen Interessen so gut vertrat. Da aber, wo die Russen waren, ging es den Leuten schlecht, man mußte ihnen Kaffee und Butter schicken und alles, was wir im Überfluß hatten. Es gab dann auch einen Aufstand; ich zitterte, als ich die Namen der Städte hörte, Berlin und Leipzig und Wismar, da sollte es brennen, in die Leute wäre hineingeschossen worden, sagte man, und es war doch klar, was die wollten, die wollten Butter und Kaffee und Sahne, so viel konnten wir ihnen nicht schicken. Wir mußten viel an sie denken und Kerzen für sie aufstellen abends, damit sie sich nicht so allein fühlten.

Aufrüsten müßten wir, sagte der Kölner dann im Radio, wir müßten die Freiheit verteidigen, die uns nun geschenkt wäre, sonst würden die in der »Soffjet-Zone« vor uns aufrüsten, und das müßten wir verhindern, indem wir schneller wären. Und allen war klar, es ging um die Butter und die Sahne und die Apfelsinen und um das neue Auto, das alles mußte verteidigt werden. Ich verstand das nicht. Ich kannte die »Soffjet-Zone« nicht, nicht ihre Menschen, nicht ihre Städte, aber daß knapp zehn Jahre nach Kriegsende schon wieder Soldaten da sein sollten, wo grad noch die ausgemergelten Heimkehrer angekommen waren, wollte mir nicht einleuchten, und auch nicht, daß es gut für das deutsche Volk wäre, wenn es auf unserer Seite schon wieder eine Wehrmacht gäbe. Denn das wären dann doch deutsche Soldaten, schon wieder, und sie würden doch notfalls auch auf Deutsche schießen müssen? Nein, so sei das nicht gemeint, die seien doch zur Verteidigung da, sagte der Lehrer in der Schule, und die ohne Butter, die von der anderen Seite, die würden uns sonst eines Tages überfallen und uns alle zu Kommunisten machen, und dann müßten wir alle russisch sprechen und viel Kastenbrot essen. Ja, die Russen verstehen keinen Spaß, sagten die Flüchtlinge, wir haben es am eigenen Leibe erlebt, wir müssen den Westen verteidigen, wir müssen die Freiheit verteidigen, die Familie, die Werte, die Autos, wir müssen stolz sein, nun sind wir wirklich anerkannt, wir haben wieder Soldaten.

Die in der Zone kriegten dann auch schnell Soldaten, weil wir welche hatten. Ich saß vorm Radio und hörte die Reden und konnte nicht glauben, daß der fixe Kölner mit seinen Soldaten und seiner WESTLICHEN VERTEIDIGUNGSGEMEINSCHAFT UND SEINEN FREIEN VÖLKERN, MEINE DAMEN UND HERREN die Wahlen gewonnen hatte. Das konnte doch nicht sein, daß den Leuten die Butter und die Sahne so über alle Maßen lieb geworden waren. In was für einem Land lebte ich denn da, wo wurde ich denn da groß, wo die Leute freiwillig kurz nach dem riesigen Weltbrand es schon wieder ganz in der Ordnung fanden, daß sie Waffen in die Hand nehmen sollten? Freue dich doch, du lebst ja im freien Teil Deutschlands, wurde mir gesagt. Aber ich freute mich nicht. Ich dachte an die Leute, die da in Leipzig und Berlin und Wismar den Aufstand probiert hatten. Wir hatten an dem Jahrestag ihres Aufstands schulfrei, und es wurde dann immer viel von der deutschen Nation gesprochen. Vielleicht hatten sie eher als wir so etwas wie eine deutsche Nation gesucht, und wir hatten sie verraten und verkauft, im wahrsten Sinne des Wortes, für Koteletts und Schnitzel und Persianermäntel. Wir hatten uns ja nicht mal die Freiheit genommen, die die sich genommen hatten, wir hatten uns satt gefressen in der Zwischenzeit, und jetzt ging es ans Zahlen. Zwei Staaten auf deutschem Boden, von dem nie wieder Krieg ausgehen soll, wieviel Monate dauert der Wehrdienst, Wiedervereinigung in Frieden und Freiheit, wir wollen uns doch vom Russen nicht aufzwingen lassen, wie unsere Freiheit aussehen soll, der meint ja eine ganz andere, unsere Freiheit sieht aus wie die Statue im Hafen von New York, ihre Freiheit sieht aus wie das Denkmal Lenins an der Moskwa, so ist das, eines Tages wird ein Deutschland das andere befreien, fragt sich nur, welches...

Dann verboten sie die KPD. Ich wußte nicht viel von der KPD, aber »drüben« schien sie ja wohl Einfluß zu haben, und bei uns wurde sie verboten. Wie konnten sie aber eine Partei verbieten, die »drüben« offensichtliche Anhänger hatte, und dann von WIEDERVEREINIGUNG IN FRIEDEN UND FREIHEIT reden? Sollte denn bei den GESAMTDEUTSCHEN FREIEN WAHLEN, die die Redner lautstark forderten, nur die Spielregel unserer Seite gelten? Wie konnte man annehmen, daß die andere Seite das einfach hinnehmen würde? IN FRIEDEN UND FREIHEIT! DAS WIEDERVEREINIGUNGSGEBOT! DEMOKRATIE.

Was ist Demokratie? – Jeder kann in freien und geheimen Wahlen die Partei wählen, die er will. – Wenn er aber nun die KPD will? – Das verstößt gegen die Demokratie. – Wieso? – Weil die KPD keine Demokratie will. – Aber wenn man doch die KPD wählen will und das nicht darf, dann ist das doch auch keine vollständige Demokratie. – Willst du denn die KPD wählen? Dann geh doch nach drüben, da kannste KPD wählen, soviel du willst. – Ich will ja gar nicht KPD wählen, ich will ja nur, daß ich sie wählen könnte, wenn ich wollte. – Wenn du KPD wählst, gibt es keine freie Meinungsäußerung mehr. Dann kannst du nicht mehr so reden, wie du jetzt redest. Und Butter gibt's auch nicht mehr, und keinen Bohnenkaffee. Die wollen doch alle hierherkommen, was meinst du warum? Wenn wir lange genug warten, ist sowieso keiner mehr drüben. – Aber wenn sie doch sowieso keiner wählt, kann man doch die KPD zulassen, dann sieht man doch, daß keiner sie will. Und wozu braucht man Soldaten, wenn sie keiner will, auch drüben nicht? – Um den Frieden zu verteidigen! – Aber drüben verteidigen sie doch auch den Frieden, das sagen sie wenigstens im Radio! – Was, du hörst Ostsender? Paß bloß auf, daß das niemand merkt! – Wieso darf man das denn nicht? Wir haben doch Meinungsfreiheit und Informationsfreiheit! – Na ja, aber deren Meinung ist doch gegen die Meinungsfreiheit, und deren Information ist doch gegen die Informationsfreiheit. Unsere Soldaten müssen unsere Freiheit verteidigen. – Und schlimmstenfalls müßten die Soldaten aufeinander schießen und sind doch alle Deutsche, und es gibt doch das WIEDERVEREINIGUNGSGEBOT. Darauf können wir ja lange warten, wenn wir gegen die und die gegen uns rüsten. Das muß man doch verhindern! – Daran kann man nichts ändern, das ist leider alles eine Folge des Krieges, den Deutschland verloren hat. – Aber der Krieg war doch eine Folge davon, daß wir Soldaten hatten? Hätte Hitler keine Soldaten gehabt, hätte er doch keinen Krieg machen können! – Das ist doch jetzt alles ganz anders. – Wieso? – Weil wir diesmal nicht verlieren können, denn wir haben starke Verbündete – die Stärksten sind auf unserer Seite, verstehst du? – Ja, aber warum sagen wir nicht einfach Nein dazu, Nein, wir wollen nur unsere eigenen Interessen vertreten, und die sind: überhaupt keine Soldaten, nie wieder Krieg in diesem Land, von keiner Seite, auf keiner Seite? – So wie du denkt aber leider kein Mensch! – Doch, Bertolt Brecht zum Beispiel, kennen Sie nicht das Telegramm, das er an die Bundesregierung geschickt hat: Das große Karthago führte drei Kriege... – Eine Schülerin unserer Schule liest Bertolt Brecht nicht. Das ist ein Schmierfink, und was er schreibt, gehört genauso verboten wie die KPD. Und Du tätest besser daran, Deine Hausaufgaben sorgsamer zu machen. Ich kann hier auch nicht die ganze Stunde einen Dialog mit dir führen, es gibt schließlich noch andere, die etwas sagen wollen. Wenn du immer allein reden willst, ist das auch gegen die freie Meinungsäußerung. Übrigens vertrat ja die SPD so in etwa deine Meinung, es gab ja die Möglichkeit, sie zu wählen vor drei Jahren, in freien und geheimen Wahlen, und das deutsche Volk hat sich gegen sie entschieden. Jetzt ändert sogar die SPD ihre Meinung, meinst du nicht, daß die klüger sind als du???

Das lag jetzt drei Jahre zurück. Ich saß mit meinem Vater vor dem Radio, und wir zählten die Stimmen. Immer stummer wurden wir. Riesensieg für Adenauer. Riesensieg für die Wiederbewaffnung. Bis heute habe ich es nicht begriffen.

Ingeborg Weber-Kellermann

# Mit Pferdeschwanz und Petticoat

## Kindheit in den fünfziger Jahren

Wie sahen die fünfziger Jahre für die Kinder aus? Welche charakteristischen Äußerungen wurden damals produziert als Zeichen der Kinderkultur? Was spielten die Kinder? Wie sprachen und was lasen sie? Wie waren sie gekleidet? Welche Rolle spielten sie in der Familie – im Alltag und bei Festlichkeiten? Was wußten sie sozusagen vom Leben, vom Geborenwerden und Sterben? Diese Fragen können oberflächlich durch Beobachtungen und Erinnerungen beantwortet werden. Aber dann beim näheren Betrachten der Oberflächenphänomene werden sie sich als farbige Stränge eines miteinander verflochtenen sozialen Beziehungssystems erweisen. Die Kinder als Teile der Gesellschaft partizipierten auf ihre Weise an den Bewegungen und Erstarrungen der Gesellschaft, reagierten auf ihre Weise auf die Angebote und Verhinderungen durch Familie, Kirche und staatliche Institutionen, nutzten auf ihre Weise die Freiräume und neuen Kraftfelder, die ihnen die Gesellschaft bewußt oder unbewußt einräumte. Damit soll nicht mehr und nicht weniger gesagt werden, als daß Kindheit als ein Status zu verstehen ist, zugeordnet den wechselnden dynamischen Prozessen in der Gesellschaft und erkennbar an den Marken der Kinderkultur.

Für die Mädchen schien sich ein neues Feld zu öffnen, nachdem die strenge frauenfeindliche Rollenzuweisung auf das »Weibliche«, die die Nazis propagiert hatten, überwunden war. Aber in sozialer Hinsicht zeigten sich die Bildungschancen nach wie vor in drastischer Ungleichheit, von der wiederum die Mädchen zusätzlich betroffen wurden. Sie bekamen die Folgen einer lediglich familienorientierten Erziehung zu spüren, und es war oft besonders schwer für sie, die Möglichkeiten einer neuen Leistungsgesellschaft voll zu nutzen.

Die Menschen meiner Generation teilen ihr Leben ganz unwillkürlich in die Vorkriegs- und Nachkriegszeit ein – in eine Epoche, die zwar ihre Jugend umfaßte, jedoch mit Hitlerregime und Weltkrieg eine absurde und gefahrvolle Lebensperiode war, die es in der anderen, der Nachkriegszeit, materiell und ideell zu überwinden und zu bewältigen galt. Die nach dem Krieg geborene Generation kennt diese Einteilung nur theoretisch. Ihre Zeit beginnt 1946 oder 48 oder 50, ihre Kindheit sind die fünfziger Jahre, und was den Älteren ein Dezennium ist, eine Lebensphase unter vielen, das war den Jungen das erste bestimmende Jahrzehnt bewußten Erlebens überhaupt.

*»Ein neues Zeitalter habe begonnen, sagte Papa. Mit ihren Händen, sagten sie, bauten sie alles wieder auf. Zuerst kamen die Trümmerfrauen, an die ich mich nicht erinnere, dann die Baufirmen im Wohnungsbauprogramm... Sie hatten die Sandbank in der Mitte des Stroms besiedelt und glaubten, sie wären am Ufer.«* [1]

Der wichtigste soziale Ort der Kinder ist die Familie, und die Anpassung an Familiennormen war in jenem Jahrzehnt ein hervorstechendes Sozialisationsziel. Was heißt das? Man ging davon aus, daß die emotionale Anpassung an die traditionellen Werte und Normen der Familie einen unüberwindlichen Schutz – oder sogar den einzigen – in den Unruhen und Bindungslosigkeiten der Zeit bedeutete.

Wie die traditionellen Artigkeits- und Gehorsamsforderungen den Kindern ganz konkret nahegebracht wurden, zeigt eine Kindheitserinnerung der katholisch erzogenen Maria Wimmer:

*»Über dem Bett meiner Cousine hing ein Bild, auf dem dieser Schutzengel zwei Kinder, einen Jungen und ein Mäd-*

13

chen, über einen schmalen Holzsteg geleitete, unter dem ein
tiefes Wasser toste. Die Hände und die Arme hielt er fürsorg-
lich ausgebreitet. Mein Schutzengel war immer bei mir, er
sah alles und hörte alles und beschützte mich Tag und Nacht.
In der Nacht saß er an meinem Bett. Bevor ich einschlief,
hatten wir ihn noch ins Nachtgebet mit eingeschlossen.

Wenn ich lieb war, freute sich der Schutzengel über mich.
Hatte ich etwas Böses getan und war nicht folgsam gewesen,
war nicht nur meine Mutter erzürnt und traurig, auch der
Schutzengel wandte sich von mir ab und weinte. Ich hatte
ihn traurig gemacht. So hatte es meine Mutter mir gesagt.
Wenn sie mich nicht mehr lieb haben konnte und über mich
traurig war, und mich auch der Schutzengel nicht mehr lieb
haben konnte, weil ich auch ihn traurig gemacht hatte, so
daß nicht einmal mehr er bei mir bleiben wollte, mochte ich
mich selbst nicht mehr, weil mich niemand mehr mochte.
Diesen Zustand hielt ich nicht aus, ich war allein, mutter-
seelenallein, und noch nicht einmal mit mir selbst einig. Ich
lief meiner Mutter hinterher wie ein Hündchen und bettelte:
›Sei doch wieder gut mit mir, ich will's auch nie mehr machen‹. In dem Moment glaubte ich, daß ich von nun an immer lieb sein könnte, so daß es nie mehr geschehen müßte,
daß man mich nicht mehr lieb haben könnte. Aber meine
Mutter sagte dann oft: ›Bis zum nächsten Mal, das hast du
beim letzten Mal auch schon versprochen‹.«[2]

Bei den protestantischen Kindern übernahm nach wie vor
im Dezember der Weihnachtsmann den pädagogisch-mani-
pulativen Druck aufs Kindergemüt zur Hervorbringung
von Angst und Hoffnung. In Berlin und anderen Großstädten wurde »Weihnachtsmann« zum einträglichen Geschäft
für die Studenten. Sie kamen auf Bestellung ins Haus und
machten alles, was die Eltern ihnen sagten: lasen die Sün-
denregister der Kinder aus in Goldpapier eingeschlagenen
Telefonbüchern vor und beschämten sie familienöffentlich
im althergebrachten Nikolausstil. So übten sie recht an-
fechtbare Erziehungsfunktionen aus, ohne viel darüber
nachzudenken. Die Angst des hilflosen Kindes gab den Erwachsenen ein Gefühl von Stärke, versteckt unter dem
Mantel des guten alten Brauches.

»Die alte muffige Welt, die Vorkriegsbürgerwelt, die
wurde still und unaufhaltsam wieder aufgebaut, als sei
nichts gewesen [...] man konnte weitermachen«, schreibt
Luise Rinser in ihren Lebenserinnerungen.[3] Das bedeutete
auch eine Fortsetzung der alten Rollenverteilung in der Familie.

Wie leicht wäre es gewesen, nach der Deklassierung der
Frauen zu hirnlosen Gebärerinnen in der Nazizeit neue
Wertsysteme der Gleichberechtigung und Partnerschaft zu
setzen, bereits im Vorfeld der Kindererziehung. Statt dessen beherrschten bald wieder die alten Rollenklischees die
Szene. Die angeblich angeborenen, typisch männlichen
und typisch weiblichen Wesensmerkmale erschwerten besonders den Mädchen eine freie Persönlichkeitsentwick-
lung, untergruben ihr Selbstvertrauen. Auch in den Lese-
büchern der fünfziger Jahre wurden noch ganz selbstverständlich die alten Tugendkataloge rekapituliert: die pup-
penspielende Tochter als Mutters beste Haushaltshelferin,
der geschickte sportliche Sohn als Vaters handwerklicher
Assistent, ein »richtiger Junge«!

Einer großen gesellschaftlichen Wende zur parlamentarischen Demokratie stand kein gleichgeartetes Familien-
verhalten gegenüber. Im Gegenteil: weiterhin galten meist
abgeschirmte Innerlichkeit und der alte patriarchal-autori-
täre Oben-Unten-Mechanismus als familiäre Werte. Poli-

tik z. B. sollte nichts in der Familie zu suchen haben, und
gerade der demokratische Charakter der Familie hätte
doch mancher Nachhilfe bedurft. Wie sollte z. B. ein Kind
unter solch zwiespältigen und psychologisch unsicheren
Voraussetzungen mit der Tatsache der Neubürger, der
Flüchtlinge und Umsiedler fertig werden? Dazu kamen die
konfessionellen Probleme:

»Ich bin die einzige Evangelische in der Klasse, und so muß
ich in der katholischen Religionsstunde sitzenbleiben.
Schwester Maria vom Kloster kommt und unterrichtet die
Kinder. Wenn jemand gut gelernt hat, bekommt er ein Fleiß-
zettelchen. Wenn einer zehn Stück hat, bekommt er ein Hei-
ligenbild dafür. Ich kenne die biblischen Geschichten alle
schon lange und melde mich auch oft. Daher bekomme ich
die meisten Fleißzettel, und meine Federschachtel ist schon
ganz voll damit. Aber Heiligenbildchen bekomme ich keines, weil die Schwester Maria nur wenige hat, und die bekommen natürlich die katholischen Kinder. Also tausche ich
sehr oft Fleißzettel gegen Bildchen von Christa, die ab und
zu eines bekommt, weil ich ihr meine Fleißzettel mit dazugebe.
Sie hat zu Hause ein Buch mit Heiligenbildern, da macht
es ihr nichts aus, wen sie mir ab und zu eines von Schwester
Maria gibt.

Ich wäre trotzdem gerne katholisch, denn ich möchte
nicht in die Hölle kommen. Schwester Maria sagt, wenn ich
groß bin, soll ich katholisch werden, sie wird für mich beten
und meine verirrte Mutter. Mama wird immer wütend, wenn
ich ihr sowas sage, aber nicht lange.«[4]

So paßten sich Kinder an und lebten in verschiedenen
Wertsystemen, was sicher nicht immer problemlos vonstatten ging. Anpassung war damals noch das oberste Gesetz
der Kindererziehung, und die Forderung, Kinder zu kritischen Menschen zu machen, entwickelte sich erst langsam
und unterschwellig.

»Im teilweise angepaßten Kind schlummern Kräfte, die dieser Anpassung Widerstand leisten. Bei großen Kindern, vor
allem in der Pubertät, verbinden sich diese Kräfte mit neuen

*Werten, die denjenigen der Eltern oft entgegengesetzt sind,
sie bilden also neue Ideale und suchen sie zu verwirklichen.
Da aber dieses Suchen nicht im Empfinden der eigenen echten Bedürfnisse und Gefühle verwurzelt ist, wird dieser Jugendliche sich neuen Idealen in einer ähnlichen Weise anpassen wie früher den Eltern. Er wird wieder sein wahres Selbst
aufgeben und verleugnen, um [...] anerkannt und geliebt
zu werden.«* [5]

Diese Feststellung der Psychoanalytikerin Alice Miller
paßt sehr gut auf die seelische Situation der Jugendlichen
in jenen Jahren. Hin- und hergerissen zwischen den hoch-
gepriesenen Werten des Elternhauses einerseits und einer
erwachenden Skepsis – auch im Hinblick auf die Nazizeit –
andererseits wurden sie sehr empfänglich für die Einflüsse
der modernen Gegenwart. Der Fernsehapparat begann,
die Familienzimmer zu beherrschen und die Kinder mit
kaum zu bewältigenden Problemen zu belasten. Und es kamen die Güter der amerikanischen Welt: Coca-Cola und
Kaugummi, Comicstrips und Mickymaushefte wurden große Kindermode, besonders aber neben den alten Spielen
eine neue Form von gefährlichen Außenspielen.

*»Wir spielen Verstecken zwischen den Holzstößen, obwohl
es verboten ist, denn die Stämme sind nur lose verkeilt und
geraten leicht ins Rollen und könnten uns zerquetschen.
Aber wir haben keine Angst und laufen wie die Wiesel von
Stamm zu Stamm, barfuß und lautlos, pirschen uns an, duk-
ken uns in die ausgesparten Höhlen zwischen den längeren
und kürzeren Stämmen und fallen mit Kriegsgeschrei übereinander her, fürchten uns und fürchten uns doch nicht.
Im Wald bauen wir Nester aus Moos und Zweigen, die wir
gegen eine gegnerische Gruppe verteidigen, Baumhäuser,
die unser Geheimnis sind und die wir jeden Tag mit frischen
Ästen verstecken, damit der Feind am braunen Laub nicht
das Versteck erkennen kann. Es sind immer Buben, mit denen ich spiele. Es gibt hier keine Mädchen, außer der Roma-
na, aber die ist dick, und man kann ihr höchstens hinter der
Scheune beim Sägewerk versteckt auflauern und ihr Kletten
nachwerfen. Man trifft sie immer, so dick ist sie. Sie spielt*

*höchstens mit Puppen im Vorgarten. Sie hat einen Puppenwagen, noch von ihrer Mutter, aber sie läßt niemanden damit spielen, also lassen wir sie auch nicht mitspielen. Außerdem rennt sie dauernd zu ihrer Mutter und erzählt, wir hätten sie dreckig gemacht, wenn es auch gar nicht stimmt.«* [6]

Das hört sich recht harmlos an – nach Indianer-Gruppenspielen wie eh und je. Aber es gab auch im ersten Nachkriegsjahrzehnt sehr viele brutalere Kinderspiele. Kinder spielten nicht Frieden, sondern immer wieder Krieg, als wäre tödliche Gewalt das einzige nachahmenswerte Vorbild aus dem Erwachsenenleben. Totschießenspielen vor zerbombten Häusermauern: eine oft fotografierte Szene.[7]

Es wird immer unverständlich bleiben, daß Erwachsene, die den Krieg erlebt haben, Kindern Schießgeräte erlauben oder gar schenken. Der außerordentliche Mangel an Phantasie bei einer derartigen Verniedlichung des Tötungsprozesses ist erschreckend – die Einbeziehung von Aggression und Gewalt in Spielhandlungen als ganz normale Aktivität kann nur zu Verhaltensweisen führen, die mit der Erziehung zum verantwortungsbewußten Menschen nicht vereinbar sind. Wie rigoros die Erwachsenen auch sonst die Außen-Spielwelt der Kinder zu disziplinieren wußten, wie schnell sie mit Verboten bereit waren, kindliche Initiative zu hemmen – bei den Pistolen und Gewehren beugten sie sich den kindlichen Wünschen, die die Spielzeugindustrie schnell erkannte und nutzte. Wieviel Protest gegen Kinderläden sich auch ständig lautstark äußerte – er richtete sich gegen Ballspiel, Fahrradfahren u. ä. kindliche Aktivitäten, die Besitz und Ruhebedürfnis der Erwachsenen gefährden

könnten. »Meine Mutter, mein Vater, Oma, Opa und der Hausmeister schümpfen alle«, berichtet ein zehnjähriges Mädchen.[8]

»Schümpfe« betrifft mehr den Selbstschutz der Erwachsenen als die Sozialisation der Kinder, und von den gemütsverrohenden Schießzeugen ist dabei nur selten die Rede. Doch neben solchen militanten kindlichen Kraftproben gab es auch nach dem zweiten Weltkrieg wieder eine Fülle von Spielen im Freien, die aus Generationentiefe auftauchten und neue Varianten erlebten. Gerade in Großstädten wie Berlin blühte das Straßenspiel. Die vielen Häuserlücken boten den herrlichsten Spielplatz. Die Vaterlosigkeit vieler Kinder und die Überbeanspruchung ihrer Mütter stellte besonders die Schlüsselkinder viel weniger unter Erwachsenenkontrolle als in normalen Zeiten. So wurde das Straßenspiel zu dem Teil ihres Lebens, den sie selbst bestimmen konnten, bei dem sie sich ihre eigenen sozialen Ordnungen setzen und sich Leistungen nach ganz bestimmten Regeln abverlangten. Das war für das einzelne Kind oft psychisch und physisch nicht leicht, eine hohe Anforderung an seinen Kinderstatus. Die Kinder der Spielgruppen standen, zumindest in den Großstädten, als »Wir« den Erwachsenen gegenüber, die von dieser erfüllten Welt der Straßennachmittage oft wenig ahnten.

Reinhard Peesch hat im Berlin der fünfziger Jahre eine empirische Untersuchung über Spielrepertoires durchgeführt.[9] Mit der einfachen Frage: »Welche Spiele spielt ihr jetzt auf der Straße am liebsten?« hat er die Kinder der 2.– 8. Klassen in 22 Ost- und Westberliner Schulen im Sommer 1955 konfrontiert und Antwortenlisten von fast 5 000 Kindern erhalten. Das war eine Frage nach dem Herzen der

Murmeln, Hopse, Länderklau...

klau, Schule usw. Bei den Intensitätskarten, die Peesch aufgrund seiner Erhebung zeichnete, konnte er ein amüsantes Ergebnis publizieren: das gleiche Spiel, das in Ostberlin mit der traditionellen Bezeichnung »Räuber und Prinzessin« oder »Räuber und Polizei« gespielt wurde, hieß in den Westberliner Bezirken »Cowboy und Indianer« – parallel zum Boom der in Ostberlin verbotenen Comics, der damals gerade die Westberliner Kinder erreichte.

Gerade bei den Rollenspielen wie Vater-Mutter-Kind ist die Aktivität der Kinder mit der Einbeziehung ihrer eigenen Erfahrungen in den Spielablauf besonders groß. Das galt auch für das Puppenspiel der Mädchen, das unvermindert weiterlebte. Nun kamen große feingemachte Puppendamen aus Italien auf neben den althergebrachten Zelluloid-Babypuppen, bis später der weiche Kunststoff alle anderen Materialien verdrängte.

Vom Puppenspiel über das Familienspiel zum Doktorspiel ist nur ein Schritt, und es blieb Pädagogen wie Rühmkorf[10] und Bornemann[11] vorbehalten, die sogenannten »schmutzigen« Kinderverse zu sammeln und zu publizieren und damit nachzuweisen, wie Kinder die sexuellen Tabus der Erwachsenen durchbrechen. Wenn mir auch die isolierte Versammlung solcher kindlicher Fäkal- und Sexualpoesie nicht als besonders sinnvoll erscheint, so erhält sie im strukturellen Zusammenhang mit den Straßenspielen eine andere Funktion. Der Abzählvers:

»Emil hat ins Bett geschissen,
gerade aufs Paradekissen,
Mutter hat's gesehen
und du kannst gehen!«

Kinder, und keines blieb die Antwort schuldig. Die Frageaktion wurde dann an Ort und Stelle auf den Straßen fortgesetzt und mit der Kamera eine Fülle von Illustrationsmaterial hinzugefügt, so daß hier ein synchroner Schnitt durch die Berliner Kinderkultur der fünfziger Jahre entstanden ist.

Wenn die Mehrzahl der Jungen Fußball und die Mehrzahl der Mädchen Hopse als Lieblingsspiele nennen, so drückt sich darin immer noch eine starke Rollentrennung aus, die aber bei vielen gemeinsamen Spielen auch »überspielt« wird durch Vater-Mutter-Kind, Versteck, Länder-

17

war bei den 7–10jährigen in den fünfziger Jahren große Mode – nicht nur als Schweinigelei, sondern als Spielanleitung beim Betreten einer Gegenwelt, in der die Verbote der Erwachsenen nicht galten und andere Dinge Spaß machten als die erlaubten familiären Verhaltensmuster. Die Spielgruppe bestimmte die Regeln und damit die sozialen Interaktionen, und vielleicht begannen damals zum ersten Mal im weiteren Rahmen Erwachsene, diese Spielwelt der Kinder zu begreifen.

Wir sprachen vom saisonhaften Wiedererwachen alter Spieltraditionen wie besonders Murmeln und die unsterbliche Hopse; noch erstaunlicher war das epidemische Auftauchen neuer Spiele wie Hula-Hupp und später, Anfang der sechziger Jahre, der variantenreiche, strenge Gummitwist, der bei den Kindern der ganzen Welt verbreitet ist.

Mit dem Wirtschaftswunder, dem neuen und üppigen gesellschaftlichen Leben in neuen Wohnungen und Siedlungshäusern, mit den Partys nach amerikanischem Muster kamen auch die Kinder von der Mittelschicht aufwärts zu ihrem Recht. Geburtstagseinladungen wurden zum Prestigeobjekt der Gegenseitigkeit in den Schulklassen, und in den Geschäften gab es allerliebste Einladungsbriefchen zu kaufen, in die man nur den Namen einzusetzen brauchte: dann rollte die Kinderparty nach mehr oder weniger genormtem Vorbild mit Kakaotafel, Verlosungsspielen, Negerkuß-Wettessen und abendlichem Limonadendrink.[12]

Auch in meiner Kindheit gab es Kindergeburtstagseinladungen, aber ihr Zuschnitt war doch sehr viel bescheidener. Überhaupt wucherte in den Fünfzigern der quantitative Bereich der Kinderkultur gewaltig aus. Es war, als wollten die Eltern mit Geschenken das einholen, was Kriegs- und Nachkriegsjahre an farbiger Kinderfreude den Kindern schuldig geblieben waren. Eisenbahnanlagen und Fallerhäuschen füllten die Kinderzimmer ebenso wie aller nur mögliche Zubehör zur Puppenwelt. Zudem erreichte die Technik die Kinder mit immer neuen raffinierten Roller- und Rollschuhmodellen und mit Fahrrädern für jede Altersklasse, die bald zu ständigen Requisiten des Straßenspiels wurden.

Ein anderer wichtiger Indikator der Kinderkultur zeigte sich in der Kinderkleidung, durch die in jenem Jahrzehnt bedeutsame Veränderungen sichtbar wurden: der amerikanische Leitbild-Einfluß, die entschiedene Ablösung von elterlichen Vorschriften, die Herausbildung einer selbständigen Kleidersprache mit sozialem Zeichencharakter.

Zuerst war nach dem Krieg über viele Jahre die Lederhose das beliebteste Kleidungsstück aller deutschen Jungen von München bis Hamburg gewesen.[13] Sie hatte sich zum Zeichen für »Kindheit« schlechthin qualifiziert mit Zustimmung von allen Seiten, denn selten hat ein Kinderkleidungsstück so einhellig gemeinsamen Beifall von Eltern und Kindern gefunden. Ihren Trachtencharakter hatte sie längst eingebüßt und durch die Konfektion und das verhältnismäßig preiswerte Angebot auf allen Kaufhausladentischen einen großen Käuferkreis erreicht. Kein Fleck war auf dem graubraunen Leder zu sehen, kein Waschen und Plätten nötig, kein Zaunpfahl ließ Löcher und Triangels befürchten: also ein ungemein praktisches Kleidungsstück, mit einem sauberen weißen Hemd sogar am Sonntag tragbar und sonst mit jedem Pulli zu kombinieren. Lederhosen wurden zur Jungenskleidung schlechthin und hatten noch dazu den Beigeschmack des typisch deutschen! Ein deutscher Junge trägt Lederhosen!

Vielleicht drückte die Lederhosenkleidung zudem auch etwas aus vom ähnlichen Schicksal vieler Kinder, den

gleichen weiten Straßenspielen, den gleichen hauswirtschaftlichen Schwierigkeiten vieler Mütter. Sie waren ein Kinderkleidungsschlager, später auch für Mädchen.

Abgelöst wurde ihre Epoche wiederum von einem Hosenstil, den Jeans, und dieser Prozeß begann zu Ende der fünfziger Jahre. Viele Eltern konnten sich an solchen amerikanischen Kleidungsstil absolut nicht gewöhnen und verstanden ihn als Ausscheren der Söhne aus dem elternbestimmten Kleidungsverhalten. Dazu kam der Abschied von kindlich nackten Knien und Kniestrümpfen. Alle Kinder wollten lange Hosen, sommers und winters, von 9 Jahren aufwärts.

Und die Mädchen? In Fortsetzung des Diorlooks von 1948 kamen erst die Petticoats auf und machten jedes Mädchen noch mädchenhafter. Aber nicht jede Mutter konnte das ihrer Tochter leisten, waren doch die ersten Jahre des neuen Dezenniums zunächst noch von Notlösungen bestimmt nach dem Motto: Aus 3 mach 1!

*»Die Geschwister der Eltern halfen sich gegenseitig aus. Verwachsene Kleidungsstücke und Schuhe älterer Cousinen und Vettern wurden reihum an die Jüngeren weitergegeben. Eine Schwester meiner Mutter konnte nähen und verstand es, aus abgetragenen Mänteln oder Kleidern noch immer etwas für uns Kinder herzurichten. Sie war meine Patentante. Zu besonderen Anlässen, an Weihnachten oder zum Geburtstag, opferte sie ein Stück aus ihrem eigenen Kleiderschrank, und man bekam ein neues Kleidchen, das noch keine Cousine getragen hatte. Das war dann lange Zeit das Sonntagskleid.*

*Mein Vater nähte für die Buben Hosen aus ehemaligen Eisenbahnermänteln. Das Nähen hatte er von seinem Vater gelernt, der Schneider gewesen war, doch mit seinem Handwerk seine Familie nicht ernähren konnte.*

*Am ersten Schultag durfte ich meinen Lieblingspullover anziehen. Meine Mutter hatte ihn selbst gestrickt. Er war weinrot, und auf der Brust war eine Reihe weißer Herzchen eingearbeitet.«* [14]

Die einst wohlerzogenen und wohlbehüteten Backfische mauserten sich zu Teenagern und gefielen sich – nach dem Idol Brigitte Bardot – in aufgebauschten Röcken über Petticoats aus Glasbattist. Er wurde eine Art von Wirtschaftswundersymbol.

*»Das neue Kleid, meinte sie [meine Mutter], sollte ich vorerst nur sonntags anziehen. Ich hatte mir einen Petticoat dazu gewünscht, aber Mama hatte abgelehnt. Er wäre teurer als das Kleid gewesen. Du kannst einen ganz normalen Unterrock drunter ziehen, hatte sie gesagt... Ich wollte einen Petticoat... Ich hatte feuchte Hände, wünschte einen weiten Petticoat zu tragen wie Tante Barbara, über den Brüsten einen straff gespannten Pulli und wischte mir die Handflächen am Karokleid ab, das ich zur Schule anziehen mußte.«* [15]

Nicht minder begehrt als der Petticoat waren Nylonstrümpfe, die Neuheit aus Amerika! Anfangs besaßen sie noch eine rückwärtige Mittelnaht, aber Ende der 50er kamen die nahtlosen Strümpfe auf den Markt. Es läßt sich heute kaum noch nachempfinden, wie ungeheuer wichtig der Besitz dieser Dinge damals für das Selbstgefühl eines Mädchens war.

Den Gegentyp zum Petticoatgirl verkörperte die knabenhafte Audrey Hepburn in engen schwarzen Hosen und einem viel zu weiten Pulli – vor allem aber mit einer Pferdeschwanzfrisur und Stirnpony. Das war jung und sportlich und ganz toll! Zum ersten Mal in der Nachkriegszeit konnten die Mädchen sich selbst entdecken, ihren Typ suchen und finden, wurde »Teenager« ein eigenes Lebensalter und nicht nur die Vorstufe zum Frauenleben.

Dann fingen die Mädchen auch an, die Lederhosen ihrer Brüder nachzutragen – aber in den Kleinstädten nicht für die Schule! Auf dem Lande setzte sich die »Hosenmode der Frau« zuerst als Arbeitskleidung durch; in den Städten fingen die Teenager damit an, und was es wohl noch kaum gegeben hat: beide Geschlechter folgten dem gleichen Kleidungsgedanken – aus sportlichen, praktischen, bewegungs-

1954 bekamen wir in diesen Wohnblocks, die einer Genossenschaft gehörte, eine kleine 3-Zimmer-Wohnung von ca. 57 m², aber mir erschien sie damals komfortabel, weil sie z. B. Gasanschluß hatte und fließend kaltes Wasser und eine Innentoilette. Wir wohnten da zunächst zu viert, mit meiner Großmutter noch zusammen, und hatten 2 Untermieter, die in einem 6 m² großen Zimmer hausten. Aber nachdem die ausgezogen waren, hatten wir in der Wohnung etwas mehr Platz...

Meine Mutter hat eigentlich immer gearbeitet, schon seit 48 hat sie die gesamte Familie ernährt, denn mein Vater hatte keine Berufsausbildung und hat nach dem Krieg nur sehr schwer eine Arbeit gefunden. Er hat nur so Gelegenheitsarbeiten hin und wieder gemacht. Meine Mutter hat als Schneiderin in einem Bekleidungsgeschäft gearbeitet und hat zeitweise außer den regulären 48 Arbeitsstunden noch 27 Überstunden zusätzlich gemacht. Und angefangen hat sie mit 50 Pf Arbeitslohn pro Stunde.

Mit den Haaren, das war immer ein Drama. Ich mußte lange Haare haben, die gingen fast bis zur Taille. Rechts 'ne Klemme, links 'ne Klemme und dann hinten Zöpfe. Meine Großmutter hatte immer 'nen Teppichkamm, einen eisernen, mit dem kämmte sie mir dann die Haare. Sie ging nicht gerade sanft mit mir um, und es ziepte fürchterlich.

An und für sich, und das wird mir erst jetzt klar, bin ich in einer reinen Frauengemeinschaft aufgewachsen, nachdem mein Vater weg war. Der ist 54 weggegangen, da war ich 7. Das wurde uns auch noch nicht mal erzählt! Er hat uns noch in den Urlaub gebracht, und als wir zurückkamen, war er nicht mehr da. Uns wurde immer erzählt, der ist im Krankenhaus, und dann blieb er aber so lange, daß mir das irgendwie schon spanisch wurde. Ich kann mich noch erinnern, wie ich meine Mutter gefragt habe, wann denn mein Vater wiederkäme, und sie mir gesagt hat, daß er überhaupt nicht wiederkäme, und seitdem habe ich ihn nicht mehr gesehen.

Wir hatten immer Kittelchen und Schürzen zum Spielen an. Ich bin übrigens gerade dabei, aus alten Zeitungen Klopapier zusammenzubündeln. Ich' finde auch diese Körpersprache irre, es ist so richtig der Ausdruck eines schüchternen Mädchens. Ich gucke so'n bißchen von unten, und die Hände halb gefaltet... also, ich find's schrecklich. Ich mußte oft die Ältere und Fürsorgliche zu meinem Bruder sein und hatte oft gar keine Lust, weil der manchmal ein ganz schöner Stinkstiefel war, aber ich war irgendwie immer diejenige, die eins aufs Haupt kriegte, wenn's Krach zwischen uns gab. Der Klügere gibt nach, hieß es dann immer.

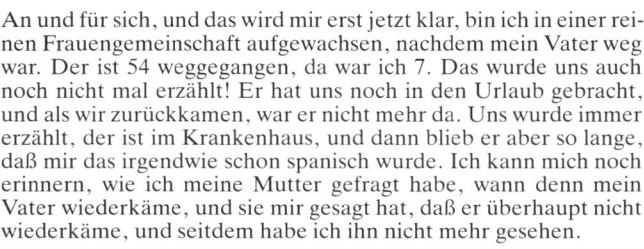

20

Bilder und Texte aus dem Drehbuch zu dem Videofilm »Vier Mädchen: Kindheit in den 50er Jahren – Ein Versuch sich zu erinnern« von Susanne Godefroid und Renate Trusch.

Nach der Konfirmation habe ich von einer Tante 20 DM gekriegt, und dann habe ich mir die Haare endlich abgeschnitten. Da kam ich mir sehr erwachsen vor. Bevor wir dieses Foto machten, gab's noch 'nen Streit, denn ich hatte mir einen Pony schneiden lassen, und meine Mutter war strikt dagegen, also, 'ne Dame hat kein Pony. Den mußte ich rauskämmen, der war zu frivol.

Rechts: Hier war ich mit einer Freundin im Schwimmbad. Wir haben einen ganzen Film von uns abgeknipst. Da hatte ich auch meinen Pony durchgesetzt und die Haare ganz kurz geschnitten. Den Badeanzug hatte ich mir kurz vorher im Kaufhaus gekauft und war sehr unglücklich, weil oben diese Stäbchen drin waren, und ich füllte die doch gar nicht aus. Die waren dann dem entsprechend schlabbrig. Außerdem hatte ich lange Zeit Probleme mit meiner Haut. In meinem Tagebuch fand ich folgende Eintragung: 3. 1. Heute bin ich direkt einmal früh aufgestanden. Trotz des Seesandes sind meine Pickel doch noch nicht weg. Ich glaube, die werde ich nie los!

freundlichen, ästhetischen, erotischen – aus welchen Gründer auch immer – wohl auch aus Gründen einer neuen gleichberechtigten Sozialordnung, die die Jugend am leichtesten zu vollziehen in der Lage war. Sie fühlten sich gut und fühlten sich gut an in diesen Hosen.

*»Wohin man sieht, schauen alle gleich aus, haben alle dieselben Haare, dieselben Klamotten, dieselben Schuhe, reden alle dasselbe Polit-Kauderwelsch, hören denselben Beatgruppen im selben Keller zu – und hübsch bald scheinen sie alle miteinander zu verschmelzen, und jeder, der sich gut anfühlt, ist o. k.«, schrieb ein Journalist um 1960.*

In den fünfziger Jahren war solch Partnerlook noch nicht so ganz einfach durchzuführen. Die Ambivalenz jener Jahre, der große Unterschied zwischen den Generationen mit Mißverständnissen, Schuldgefühlen – aber auch echten Machtkämpfen –, das Gefälle zwischen Stadt und Land, zwischen Großstadt und Kleinstadt, zwischen Trümmerstadt und kriegsverschonter Region –, die Zugehörigkeit zu verschiedenen sozialen Schichten, die Nähe oder Ferne amerikanischer Besatzungsgruppen: all das beeinflußte das Leben in jener Zeit auf die verschiedenste Art und Weise. Mir scheint, daß es Kinder und Jugendliche in diesem Jahrzehnt oft besonders schwer gehabt haben, ihre neu gewonnene Individualität zu artikulieren. Unverstanden von Eltern und Erziehern, die meist genug mit sich selbst zu tun hatten, zogen sie aus zu neuer Freiheit. Was eignete sich besser zum Symbol ihrer unsicheren Gefühle als Kleidung? So möge am Schluß nochmals jenes scharf beobachtende Mädchen Maria Wimmer zu Worte kommen in ihrem rührenden Kampf um Selbständigkeit sowohl gegenüber dem kleinbürgerlichen Elternmilieu wie auch gegenüber den bessergestellten und hochgestochenen Mädchen aus ihrer Klasse:

*»Viele in der Klasse waren besser gekleidet, sie hatten mehr Sachen und schönere. Mir kam es vor, als trügen sie sie mit großer Selbstverständlichkeit und bräuchten sich um ihr Aussehen nicht so viel Kummer zu machen wie ich. Darauf führte ich es auch zurück, daß sie viel sicherer auftraten. Ich empfand es als enorme Belastung, nur durch das zu leben, was man im Kopfe hatte, und damit auf andere Eindruck zu machen. Auch hatte ich das Gefühl, daß einige Lehrer ihre persönliche Freundlichkeit und Zuwendung durchaus nach solchen Äußerlichkeiten verteilten.*

*Da es aussichtslos war, so zu sein wie diejenigen, die ich beneidete, und ich mir so, wie ich war, nicht gefiel, wollte ich wenigstens aussehen wie keiner sonst. Ich ließ mir die Haare auf Streichholzlänge schneiden, wie es gerade in Mode kam und es erst wenige trugen. Wo der Friseur nicht genug weggeschnitten hatte, half ich mit der Rasierklinge nach und schnitt mir Fransen.*

*Aus meinem karierten Faltenrock, der so schnell knitterte und den meine Mutter zeitlos und ich bieder fand, nähte ich mir ein Hemd. [...] Es hatte keine Paßform und sollte auch keine haben. [...] Ich nähte keinen Saum um, sondern franste die Ränder aus. Nach derselben Art strickte ich mir einen Pullover aus dem alten, den ich aufribbelte.*

*Er [...] war wie ein Sack. Aus der abgelegten Arbeitsstrickweste meines Vaters entstand ein Schal, der, mehrmals um den Hals geschlungen, vorne und hinten noch immer lang herabbaumelte. Meine Hose nähte ich an allen Stellen, wo sie abstand, so eng, daß sie am Bein saß wie eine zweite Haut. Von ein paar alten Schuhen löste ich die Sohle. Aus*

*einer Schnur flocht ich lange, dünne Zöpfe, die ich auf die Sohle passend aneinandernähte. Neben der großen Zehe führte ich eine Schnur vorbei, herauf zum Fußgelenk, zwei kleinere kamen von den beiden Seiten, über den Knöcheln wurde alles zusammengeknotet. Das war nun lange Zeit meine Kluft. Viele fanden mich ganz toll; das dürften sie nie von ihrer Mutter aus. Ich fand mich auch gut, trotzdem hätte ich insgeheim noch immer tauschen mögen.*

*Meine Mutter verzweifelte fast. Sie ging mit mir zusammen nicht mehr auf die Straße. Man muß sich ja in Grund und Boden schämen, du siehst aus, als kämst du grad aus einem Zigeunerkarch gelatscht, was sollen bloß die Leute denken, man muß doch noch ein klein bißchen in die Welt passen, das kannst du uns doch nicht antun, man muß doch noch sehn, wo du herkommst, mit dir kann man sich ja nirgendwo mehr blicken lassen, so läuft kein Mensch rum, noch nicht mal der Ärmste aus dem Dorf, sagte sie.*

*Mir war es egal, was diese Leute dachten.«* [16]

Damit hatte dieses Mädchen ein Maß von Freiheit und Selbständigkeit erreicht, wie es damals noch selten war. Das alte Rollenspiel löste sich langsam auf, und die Mädchen fingen an, sich frei zu entscheiden, ob sie ihre biologische Rolle betonen oder neutralisieren oder vergessen wollten. Aber vielleicht ist das eine Überinterpretation? Es muß sich noch zeigen, ob auch unter ungünstigen Bedingungen jene Unabhängigkeit erhalten bleibt, die in den 50er Jahren für die damaligen Kinder und Jugendlichen ihren Anfang nahm.

*Anmerkungen*

1 Mechtel, Angelika: Wir sind arm, wir sind reich. Reinbek b. Hbg. 1979. S. 52
2 Wimmer, Maria: Die Kindheit auf dem Lande. Reinbek b. Hamburg 1978, S. 22 f.
3 Rinser, Luise: Den Wolf umarmen. Frankfurt a. M. 1981, S. 396; zum »Weihnachtsmann« vgl. Weber-Kellermann, Ingeborg: Das Weihnachtsfest. München 1978, Kap. IV.
4 Haidegger, Christine: Zum Fenster hinaus. Reinbek b. Hamburg 1979, S. 52.
5 Miller, Alice: Das Drama des begabten Kindes. Frankfurt a. M. 1979, S. 98
6 Haidegger, Christine: Zum Fenster hinaus. Reinbek b. Hamburg 1979, S. 73
7 Weber-Kellermann, Ingeborg: Die Kindheit. Frankfurt a. M. 1979, S. 253 ff.
8 Blaich, Ute: Milchreis, Colt & Veilchenfänger. Kinderprotokolle. Oldenburg 1977, S. 18
9 Peesch, Reinhard: Das Berliner Kinderspiel der Gegenwart. Berlin 1957.
10 Rühmkorf, Peter: Über das Volksvermögen. Hamburg 1967.
11 Borneman, Ernest: Unsere Kinder im Spiegel ihrer Lieder, Reime, Verse und Rätsel. Freiburg 1973; Die Umwelt des Kindes im Spiegel seiner »verbotenen« Lieder, Reime, Verse und Rätsel. Freiburg 1974.
12 Falkenberg, Regine: Kindergeburtstag. Eine Brauchstudie über Kinder und ihr Fest. Diss. Marburg 1982; Kindergeburtstag. Ein Brauch wird ausgestellt. Museum f. dt. Vkde. Berlin 1984.
13 Vgl. Weber-Kellermann, Ingeborg: Die Kindheit. Frankfurt a. M. 1979, S. 253 ff.; dies.: Der Kinder neue Kleider. 200 Jahre deutsche Kindermoden. Frankfurt a. M., S. 235 ff.
14 Wimmer, Maria: Die Kindheit auf dem Lande.Reinbek b. Hamburg, 1978, S. 31
15 Mechtel, Angelika: Wir sind arm, wir sind reich. Reinbek b. Hamburg, 1979, S. 45, 55, 99, 181.
16 Wimmer, Maria: Die Kindheit auf dem Lande. Reinbek b. Hamburg 1978, S. 114 f.

*Bibliographie*

Bauer, Karl W. und Heinz Hengst (Hrsg.), *Kritische Stichwörter zur Kinderkultur*, München 1978.
Bleuel, Hans Peter, *Kinder in Deutschland*, München 1971.
Borneman, Ernest, *Unsere Kinder im Spiegel ihrer Lieder, Reime, Verse und Rätsel*, Freiburg/Br. 1973.
Ders., *Die Umwelt des Kindes im Spiegel seiner »verbotenen« Lieder, Reime, Verse und Rätsel*, Freiburg/Br. 1974.
Erikson, Erik H., *Kinderspiel und politische Phantasie*, Frankfurt a. M. 1978.
*Felix strickt und Katrin kickt.* Ausstellung des Kindermuseums der Staatlichen Kunsthalle Karlsruhe. Köln 1979.
Heide, Christine, *Kind in Deutschland.* STERN-Bücher, Hamburg 1981.
Lenzen, Klaus-Dieter, *Kinderkultur – die sanfte Anpassung*, Frankfurt a. M. 1978.
Peesch, Reinhard, *Das Berliner Kinderspiel der Gegenwart*, Berlin 1957.
Retter, Hein, *Spielzeug. Handbuch zur Geschichte und Pädagogik der Spielmittel*, Weinheim und Basel 1979.
Weber-Kellermann, Ingeborg, *Die Familie*, Frankfurt a. M. (1976)³ 1984.
Dies., *Die Kindheit*, Frankfurt a. M. 1979.
Dies., und Regine Falkenberg, *Was wir gespielt haben. Erinnerungen an die Kinderzeit*, Frankfurt a. M. 1981.

# Katrin Pallowski

# Wohnen im halben Zimmer

## Jugendzimmer

Interviewerin, Jahrgang 1956: »Und wie sah Ihr Zimmer aus?« Frau D., Jahrgang 1939: »Um Gottes willen, ich hatte nie ein eigenes Zimmer! Nie! Ich hatte in meinem Leben kein eigenes Zimmer!«[1]

»Wie richtet man Jugendzimmer ein?« – das ist Anfang der 50er Jahre kein Thema. Die meisten Jugendlichen haben gar kein Zimmer. Viele haben noch nicht einmal ein eigenes Bett. »Gegenwärtig besitzen in der Stadt«, heißt es in einer Untersuchung von Gerhard Baumert 1952 über Darmstädter Schüler, »mehr als ein Drittel der Zehnjährigen und mehr als ein Viertel der Vierzehnjährigen kein eigenes Bett.« Die meisten von ihnen müssen sich das Bett mit jemandem teilen, die anderen schlafen auf Behelfsbetten. Bei den Achtzehnjährigen ist es immerhin noch jeder zehnte.[2] Einen Raum für sich hat nur eine Minderheit älterer Kinder aus höheren Schichten. Aus der Gruppe der Abiturienten besitzt mehr als die Hälfte der Jungen und etwa ein Drittel der Mädchen ein eigenes Zimmer.[3]

Der Begriff »Wirtschaftswunder« stammt zwar aus den frühen 50er Jahren, doch er meinte damals kaum mehr, als daß es wieder zu essen gab und daß man wieder angemessene Kleidung hatte; was in jenem Begriff heute mitschwingt, ein neuer, vom amerikanischen way of life beeinflußter Lebenszuschnitt, war noch Zukunftsmusik. Im Warenangebot der Geschäfte waren zwar ganz neue Komfortgüter

zum Greifen nahe, doch wer konnte sich das leisten? Ein Kühlschrank kostete 300,– DM, damals das durchschnittliche Monatseinkommen einer Familie; eine Waschmaschine mit Schleuder kostete gar 2000,– DM bis 3000,– DM.

Beengte Wohnverhältnisse blieben die ganzen 50er Jahre über bestehen, hier setzte das »Wirtschaftswunder« am spätesten ein. 1949 fehlten 5 Millionen Wohnungen, 1965 war es noch immer eine halbe Million. Die inzwischen aus dem Boden gestampften Siedlungen erlaubten es, daß die Ausgebombten, die Evakuierten und Flüchtlinge aus Lagern und Notunterkünften ausziehen konnten oder daß man nicht mehr mit drei oder vier Parteien, oft Fremden, zusammenwohnen mußte; aber die alten und die neuen Wohnungen hatten nur 2 bis 2½ Zimmer und eine Durchschnittsgröße von 50 m² – für die Entfaltung einer eigenen Jugendkultur war hier kaum Platz.

Die Wohnungsnot der Nachkriegszeit nimmt in den Erinnerungen von heute 40–50jährigen breiten Raum ein. Sie bedeutete vor allem das Zusammenwohnen mit Verwandten oder gar Fremden.

*»Wir haben uns«, berichtet eine Frau, »in die Zweizimmerwohnung meiner Großeltern mit reingewurschtelt. Das heißt, meine Oma ist ins Wohnzimmer gezogen, auf der Couch hat sie sich ein Bett gerichtet, und im Schlafzimmer war meine Mutter und mein Vater zuerst noch, und uns hat man dann in so Bettchen – meinen Bruder ins kleine Bettchen und mich in so ein altes Bauernbett daneben. Das hat*

*grad noch dahin gepaßt. Und wo dann später mein Vater nicht mehr da war, dann habe ich das Nachbarbett gehabt von meiner Mutter, und mein Bruder hat das alte Bett gehabt. Alle drei in einem Zimmer und die Oma im anderen Zimmer.«* [4]

Neben der Enge wird die heute als äußerst spartanisch empfundene Ausstattung der Wohnungen erinnert: Noch hatte man keine Waschmaschinen und Kühlschränke, kaum Bäder und Etagenheizungen; oft ist von der Gemeinschaftstoilette mit anderen Familien die Rede, vom Plumpsklo und der Küche, in der man zugleich schlief und sich wusch, oder dem kalten Schlafzimmer, in dem die Betten vor dem Schlafengehen mit Wärmflaschen oder angewärmten Ziegelsteinen vorgeheizt wurden:

*»Wir haben noch gebadet mit einer Badewanne, mit einer Zinkbadewanne, die man dann in diese riesige Wohnküche gestellt hat. Und das war naürlich immer ein Mordsaufwand, die Baderei: die Wanne da vom Keller herausschleppen und dann die riesigen Kessel heißmachen und dann: die Badewannen haben unten so Stöpsel – bis man das Wasser wieder abgelassen hat, also das war eine richtige Arbeit. Einmal in der Woche, die ganze Familie.«* [5]

Um sich den gewünschten Freiraum zu verschaffen, suchten viele Jugendliche, die elterliche Wohnung so früh wie möglich zu verlassen: Daß es in den 50er Jahren einen Boom an Früheehen gab, hat sicherlich auch mit den engen Wohnverhältnissen zu tun.

Erst um 1959, also gegen Ende des Jahrzehnts, kann die Mehrheit der Bevölkerung an die Anschaffung teurer Konsumgüter wie Waschmaschinen und Fernsehapparate gehen. Einige Daten aus dem Jahr 1955. Danach besaßen:

Elektrischen Kühlschrank: 10 %
Elektrische Waschmaschine: 9 %
Heißwasserbereiter: 11 %
Staubsauger: 39 %
Elektrisches Bügeleisen: 88 %
Radio: 83 %
Musikschrank: 7 %
Fahrrad: 57 %
Moped: 5 %
Motorrad: 8 %
Motorroller: 2 %
Auto: 6 %
(Allensbach 1956)

## Die 50er Jahre beginnen 1957

»Die flotten 50er Jahre«, wie man sie heute zumeist sieht, als Zeit des Aufbruchs in sozialen Wohlstand und technische Moderne, beginnen erst um 1957/58, und sie reichen weit in die 60er Jahre hinein. Durch Vollbeschäftigung, allmählich steigende Löhne und zunehmende Erwerbstätigkeit von Frauen, auch Ehefrauen und Müttern, die damals als Arbeitskräfte gebraucht und umworben werden, verbessern sich die materiellen Lebensbedingungen in allen Schichten der Bevölkerung.

Auch die Kinder partizipieren nun am neuen Wohnkomfort und an den Erleichterungen, die er in der Hausarbeit mit sich bringt. Eine Kindheit vor 1957 und eine Kindheit nach 1957 – das sind verschiedene Welten. Zwänge, die den Kinderalltag früherer Generationen beherrschten, fallen weg oder mildern sich. Der Umfang, in dem Kinder zuvor

regelmäßig zur Hausarbeit herangezogen wurden, geht zurück. An die Stelle praktisch notwendiger Mithilfe treten jetzt eher pädagogische Überlegungen über die Beteiligung von Kindern an den Pflichten des Familienlebens. Es wird ihnen jetzt auch leichter, Wünsche nach einer eigenen Mode durchzusetzen – während vorher oft schon eine modernere Frisur außerhalb des Möglichen lag:

*»Das hat bestimmt vier Wochen lang einen Kampf gekostet, daß ich zum Friseur hab' dürfen und mir die Fransen machen lassen dürfen. Und ich kann mich an viele Mädchen in meinem Alter erinnern, die einfach einen Pferdeschwanz gehabt haben. Das war damals die Frisur, oder zwei Zöpfe. Auf jeden Fall, man hat selten glatte offene Haare gehabt. Zum einen, denke ich, daß sich das nicht geschickt hat, andererseits wäre ich dann auch auf die Idee gekommen, daß die öfters gewaschen werden müssen, und das war dann auch schon wieder bei den wenigsten Haushalten möglich, weil mit Haarwaschen jeden zweiten Tag, das war ein Riesenaufstand. Das haben die Leute auch nicht machen wollen. Da war es einfach praktischer, die Schwänze sind hinten zusammengesteckt worden, und dann war die Sache fertig. Und Kurzhaarfrisur, denk ich, daß das auch ein Stück weit Angst war, bei meiner Mutter zumindest, weil da ein Schnitt hinmuß, da muß sie alle vier bis sechs Wochen zum Friseur. Das Geld hab' ich gar nicht.«* [6]

Zu den wichtigsten Fortschritten, die die späten 50er Jahre für die Jugendkultur bringen, gehört das eigene Zimmer. Welchen Status Kinder in einer Gesellschaft haben, läßt sich auch an dem Raum messen, der ihnen zugebilligt wird: Kleine und unzweckmäßig eingerichtete Kinderzimmer zeugen von einer unterprivilegierten Stellung der Kinder in Familie und Gesellschaft.

Konservative Pädagogen entdecken das Problem der »Wohlstandskinder«:

Es frage sich, heißt es in einem solchen Traktat von 1959, *»ob diese Kinder, ›für die nichts zu gut ist‹, auch glücklich sind. Es gibt Tyrannen darunter, die unter der Erfüllung all ihrer Wünsche leiden und verkümmern. Ich kenne ein Mädchen, das hat alles, was sich denken läßt. Geld spielt keine Rolle. Aber es kränkelt, ist anfällig, und das alles bei einer körperlichen Konstitution, die man durchaus als gesund und kräftig bezeichnen kann.«* [7]

Einen Lebensstandard, der im Vergleich zu heute noch immer bescheiden ist, als gleichbedeutend mit körperlichem Ruin, und das Kind, das endlich einmal zu wünschen wagen darf, als Tyrannen zu sehen – das sind bezeichnende Überreaktionen auf eine zu Recht als umwälzend empfundene Epoche, die auch den Kindern und Jugendlichen einen erheblich größeren Spielraum als bisher zugestand.

Bisherige Kinderzimmer, die es ohnehin nur in besseren Familien gab, waren nicht nur klein – wie meist auch heute noch –, sie waren auch ungeheizt, nur zum Schlafen gedacht, wurden vollgestellt mit den Möbeln der Erwachsenen und von diesen, zum Beispiel als Schrankzimmer, auch mitbenutzt. Solche Zimmer boten kaum Rückzugsmöglichkeiten, und sie sollten sie auch wohl nicht bieten.

*»Meine Schwester und ich teilten uns ein Zimmer. Es war vollgestellt mit Möbeln. Meine Eltern hatten es eingerichtet aus ihrem alten Schlafzimmer, das sie in einem Jahr, das ein*

*gutes Obstjahr war, ausrangiert hatten. Sie hatten sich etwas ›Neuzeitliches‹ geleistet.*

*Rechts an der Wand standen die großen Ehebetten, in denen wir schliefen, mit hohem Kopf- und Fußteil. Sie standen weit über die Mitte des Zimmers in den Raum hinein. Vom Bett aus schaute man auf zwei breite Schränke, die dicht aufeinandergerückt die gegenüberliegende Wand einnahmen. In einem Schrank hatten wir unsere Kleider, aber es blieb noch viel Platz darin frei. Im anderen bewahrte meine Mutter alte und verwachsene Sachen auf, auch ausgediente, durch die Jahre zerschlissene Bettwäsche. Sie hob alles auf. Ich fand, daß es unnötig viel Platz wegnahm, aber sie konnte sich von nichts trennen und sagte, man wisse nie, wozu man es noch mal brauchen könne. Wenn einer von uns Fieber hatte, riß sie ein Stück Tuch für einen Wadenwickel ab, aber man hätte ein ganzes Hospital damit versorgen können.*

*Zwischen den Fußenden der Betten und den beiden Schränken blieb nur ein kleiner, schmaler Weg frei, über den man an das hintere Bett gelangte. Neben jedem Bett stand ein Nachtschränkchen, aber nur auf meinem stand eine Lampe. Ich hatte sie selbst gemacht, indem ich mit dünnen Weidengerten eine Flasche umflochten und aus demselben Material einen Lampenschirm hergestellt hatte. Neben den Nachtschränkchen standen Kommoden, in einer hatte ich meine Bücher. In die Ecke, zwischen Nachtschränkchen und Kommode, hatte ich einen kleinen, wackligen Tisch gepfercht. Er war schmaler als ein Platz am Schülerpult. Wollte ich allein*

*sein, zog ich mich hierhin zurück. Ein aufgeschlagenes DIN-A4-Heft fand kaum Platz, und mein Ellbogen stieß an die Wand. Brauchte ich ein Buch, legte ich es mir auf die Knie.*

*Man konnte sich hier nicht aufhalten, wir schliefen nur in dem Raum.*

*An einer Stelle an der Wand, die über einem niedrigen Möbelstück frei blieb, hängte ich mir Bilder und Pläne von Orten auf, an denen ich gewesen war. Das war das einzige im Zimmer, was mir das Gefühl gab, daß ich hier zu Hause war.«* [8]

Modellkinderzimmer Ende der 50er Jahre sind schon nicht mehr nur mit abgelegten Erwachsenenmöbeln vollgestellt. Zwar werden sie oft noch von der Mutter zu hausfraulichen Tätigkeiten wie Bügeln oder Nähen mitgenutzt, sind aber schon wesentlich deutlicher auf die Bedürfnisse der Kinder zugeschnitten.

Ab Ende der 50er Jahre beginnen auch viele Familien, den Dachboden als Raum für die Kinder auszubauen oder ihnen wenigstens eine Ecke einzuräumen, die sie auch nach eigenen Vorstellungen gestalten können. Wo es schon ein Kinderzimmer gibt, wird es von zweckfremden Möbeln entrümpelt und zum Wohnschlafzimmer umgebildet. Aus dem Bett macht man eine Liege, ein kleiner Schreibtisch kommt dazu, der Kleiderschrank wird durch Aufkleben einer Tapete in ein modernes Jugendmöbel verwandelt.

Aus der alten Kammer . . .

Und die Liege? Sie entsteht aus dem Sprungrahmen eines normalen Bettes, das mit Füßen versehen wurde. Darauf kommen dann die drei Matratzenteile, von denen zwei grau und eines rot, passend zu den Polstern des Stuhles, bezogen werden. Die Schaumgummirolle am Kopfende erhält einen graurot gestreiften Überzug. Wenn die Hausfrau die Matratzenbezüge an einer Seite mit einem großen Reißverschluß versieht, lassen sie sich sogar mühelos abnehmen und waschen.

Aus: Ratgeber für Haus und Familie 1958/59

## Auf Schatzsuche in der Rumpelkammer

Da ist zum Beispiel ein alter zweitüriger Schrank mit Kugelfüßen, geschweiftem Aufsatz und Zierleisten. Wer mit Hammer und Säge umzugehen versteht, kann ihn leicht selbst modernisieren, wer weniger geschickt ist, überläßt das dem Schreiner. Die Füße werden abgenommen, ebenso der Aufsatz, der nur mit Zapfen verankert ist. Auch die Zierleisten müssen verschwinden, meist kann man sogar die ausladenden Erker kurzerhand absägen. Dann streicht man alles außer den Schranktüren mit schwarzer Lackfarbe an, nachdem die alte Farbe oder die Politur abgebeizt wurde. Die Schranktür bekleben wir mit einer bunten gemusterten, abwaschbaren Tapete oder mit Kunststoff und bringen auf dieser neue, glatte Beschläge an.

. . . wurde ein modernes Zimmer

Vorher war der einzige autonome Raum für Kinder die Straße, die vor allem die Jungen nutzen durften. In den Wohnungen waren sie ständig unter Erwachsenen, von diesen jederzeit ansprechbar und kontrollierbar. Seit Ende der 50er Jahre wird ihnen zunehmend ein eigener Bereich in der Wohnung zugestanden, in dem sie sich ungestört aufhalten und den sie nach ihren Bedürfnissen nutzen können.

## Aus alt mach neu

Für Jugendliche, die sich jetzt ein eigenes Zimmer einrichten konnten, hieß es zunächst, mit den alten Möbelbeständen auszukommen und diese zu modernisieren. Dem neu entstehenden Bedarf nach Tips zum Basteln und Umbauen kam eine umfangreiche Ratgeberliteratur für Teenager und Jugendliche entgegen. Ihr gemeinsamer Tenor ist, für kleine Räume, oft nur Ecken, billige Lösungen zu finden und dabei auch ästhetisch »modern« zu werden.

»Wer«, so heißt es etwa in einem solchen Ratgeberbuch für Mädchen, »vor engem Raum steht und sich fragt: Wie kann ich ihn so einteilen, daß ich wirklich darin leben kann, dem machen die modernen Architekten die Antwort leicht. Es geht nur modern! Die wenigen Leute, die heute noch Raum und Geld und Zeit verschwenden können, mögen wohnen wie in Großmutters Prunksalon. Wer aber mit allem knapp ist, dem kann nur modernes Einrichten helfen. Denn für ihn, den bedrängten normalen Menschen, ist das alles ausgedacht worden. Die moderne Architektur will das kleine Glück des täglichen Lebens sichern.«[9]

Ein typischer Beruf der Zeit war der »Schnörkelschleifer«, an den sich manch einer noch erinnert, ein auf die Glättung alter Möbel spezialisierter Schreiner, der in die Häuser kam.

## Neue Standardmöbel für Jugendzimmer

Die Mehrzweckmöbel, die etwa ein Jahrzehnt lang den Wohnstil prägten, hatten ab Mitte der 60er Jahre ausgedient. Sie wurden nun als Provisorien aus der Zeit der Wohnungsnot empfunden. Aber sie überlebten dort, wo sie immer noch funktional waren: in den meist kleinen, als Wohn-, Arbeits- und Schlafraum genutzten Jugendzimmern. Stringregale mit eingehängten Kästen und Schreibplatten, stoffbespannte Schiebetüren am Schrank, Hoch-, Klapp-, Schrank- und Wandbetten – das waren nicht nur die idealen Jugendmöbel der folgenden Jahrzehnte, sondern auch die historisch ersten Möbel, die im eigentlichen Sinn Jugendmöbel waren.

Das praktische Design der 50er Jahre und die neuen Jugendmöbel der Zeit

Mädchenzimmer

## Mädchenwohnen – Jungenwohnen

Die Mädchenzimmer der 50er Jahre, so zeigen es Ratgeber- und Reklameabbildungen von damals, sollten »mädchenhaft« sein: Volants an Sesseln und Liegen verleihen ihnen einen verspielten Charakter; sie sind mit Blumen und Schmuckgegenständen dekoriert. Die Ästhetik der Jungenzimmer ist strenger. Einfache Wolldecken betonen den nüchternen Stil. Sie sind mit Sport- und technischen Geräten gefüllt. Werden bei Mädchen Attribute der Weiblichkeit hervorgehoben, so bei den Jungen Eigenaktivität und Qualifikationsinteressen. Ein typisches »Damenmöbel« der 50er Jahre, das sich in vielen Mädchenzimmern fand und für das es auch Bastelanleitungen gab, war der »Schminkschreibtisch«, ein »zierlicher Damenschreibtisch«, der statt Schreibutensilien Kosmetika enthielt und in dessen Tischplatte sich ein hochklappbarer Spiegel befand.

Solche Unterschiede in der Einrichtung geben den unterschiedlichen Status der Geschlechter zu erkennen: Während die Nüchternheit der Jungenzimmer Konzentration auf Bildung und Ausbildung signalisiert, dominiert in den Mädchenzimmern Verspieltheit vor Qualifikationszielen.

Die Beschränkungen, die die engen Wohnverhältnisse den Kindern auferlegen, bekommen die Mädchen deutlicher zu spüren als die Jungen: In den Unterschichten haben Jungen eher als Mädchen ein eigenes Bett und in den Mittel- und Oberschichten eher ein eigenes Zimmer. Der Befund von Baumerts Darmstädter Untersuchung, daß in den Abiturklassen mehr als die Hälfte der Jungen, aber nur etwa ein Drittel der Mädchen im Jahr 1950 ein Zimmer für sich haben, wird vom Verfasser so kommentiert:

*»Die Differenz zwischen dem großen Anteil der Knaben, die eigene Zimmer besitzen, und dem geringen entsprechenden Anteil der Mädchen deutet darauf hin, daß die Eltern dazu neigen, für den Sohn größere Opfer zu bringen als für die Tochter. Die Bevorzugung wird häufig damit begründet, daß ein Knabe mehr Bewegungsfreiheit brauche, daß er eigenwilliger und individualistischer sei als ein Mädchen. Aber letzten Endes scheint diese Argumentation auf der höheren Bewertung der männlichen Nachkommen zu beruhen.«* [11]

Auch wo es um Do-it-yourself beim Zimmereinrichten geht, zeigt sich eine festgefügte Rollenteilung. Zwar taucht in der Ratgeberliteratur der Zeit schon einmal der Gedanke auf, eine »Frau von heute« müsse auch eine Steckdose montieren und einen Nagel in die Wand schlagen können, doch in der Regel wird davon ausgegangen, daß eine Säge Jungensache und eine Nähmaschine Mädchensache ist und bleiben soll. »Bitte deinen Vater oder deinen Bruder, dir beim Basteln eines Toilettentischchens zu helfen«, empfiehlt eine Bastelanleitung für Teenagerzimmer, bevor sie fordert: »Nähen mußt du selbst, das ist Ehrensache.«

## Die Mädchen der 50er Jahre
## und die Frauenbewegung 1968

Die 50er Jahre erscheinen im Rückblick meist als eine Zeit umfassender Restauration – nicht zuletzt der herkömmlichen Familienstruktur. Dazu gehört das Bild der wieder verweiblichten Frau. Nachdem die Männer aus Krieg und Gefangenschaft zurückgekommen sind, geht sie wieder ihren eigentlichen Pflichten als Hausfrau und Mutter nach – assistiert von einer natürlich mädchenhaften Tochter, umgeben von Geräten, die die Schinderei der Hausarbeit verringern und ihr ein ganztägiges Fraulichsein ermöglichen.

Auch eine neuere Untersuchung über Jugend und Kindheit in den 50er Jahren, in der Autoren des Jahrgangs 1940 ihre eigenen Erfahrungen mitverarbeiten, sieht das Familienleben jener Zeit als eine einzige Plantage traditionell kleinbürgerlicher Verhaltensweisen:

*»Auch die Familien stellten sich rasch wieder als patriarchalische Kleinfamilie her, nachdem die Väter, soweit sie den Krieg überlebt hatten, zurückgekehrt waren und der extreme materielle Mangel nach der Währungsreform überwunden war. Die Mütter, die sich und ihre Kinder selbständig im Krieg ›durchgebracht‹ hatten, beschränkten sich wieder darauf, Mann und Kindern als ordentliche Hausfrauen zu dienen. Die Kinder und Jugendlichen mußten sich – in allen sozialen Schichten – in die tradierte Rolle des behüteten, nicht an der Sicherung des Lebensunterhalts beteiligten bürgerlich-kleinbürgerlichen Kindes fügen, das sich den Normen und Lebensweisen der Kleinfamilie anzupassen hatte. In den meisten Fällen hatten tradierte Erziehungsnormen und Erziehungsstile auch in den ersten Nachkriegsjahren weiter gegolten, waren aber oft nicht durchzusetzen gewesen. Jetzt lebten sie unreflektiert weiter fort. Ihre autoritäre Durchsetzung diente dazu, Wohlanständigkeit zu demonstrieren.«* [12]

Dabei werden jedoch einige gegenläufige Tendenzen jener Jahre vergessen – eher unauffällige, aber bedeutsame Umbrüche in Sozialisation und Erziehung, ohne die es nicht recht zu erklären wäre, warum die »Restaurationsgeneration« schon wenige Jahre später zur 68er-Generation wurde und warum die Teenager der 50er Jahre zehn Jahre darauf eine neue Frauenbewegung ins Leben riefen. Die 50er Jahre liefern der späteren Rebellion nicht nur die Kritikpunkte, sondern auch etliche Anknüpfungsmöglichkeiten.

Viele Kinder machten damals zum Beispiel die Erfahrung, daß sich durch Krieg und Nachkriegsjahre notgedrungen selbständig gewordene Mütter nicht mehr in die herkömmliche Familienstruktur fügten:

*»Von ihrem Mann war sie ja total enttäuscht«*, sagt eine heute 42jährige Frau über ihre Mutter. *»Andererseits ist meine Mutter sehr stur und hat eben in der Zeit sich selbständig entwickelt und gemacht, was sie wollte, und hat sich dann auch nicht mehr ein- und unterordnen können, glaub ich.«* [13]

Und wenn die Mutter sich mit dem heimkehrenden Mann wieder arrangieren wollte wie zuvor, so zog dies oft die Kritik der Kinder auf sich. Die plötzlich wieder dienende Haltung der Mutter verstärkte bei Mädchen unter Umständen die Entschlossenheit, einmal »alles anders« zu machen:

*»Ich wußte bloß soviel, also schon als Kind, daß ich es nicht so haben will, wie sie es hat. Also, das wußte ich genau. Und daß ich deswegen mit meiner Mutter eigentlich immer*

*Schwierigkeiten gehabt habe, weil sie das von Anfang an gespürt hat, daß ich das nicht ganz akzeptiert habe, wie sie sich verhalten hat. Ich denke, daß ich einfach bei ihr zu wenig Aggressivität gespürt habe, zu wenig Mumm, die Sache jetzt endlich mal selber in die Hand zu nehmen.«* [14]

Und ein Großteil der Kinder und Jugendlichen wuchs ja gar nicht erst in »ordentlichen« Familien mit klassischer Rollenteilung auf. Die gesamten 50er Jahre über sind die vielen alleinstehenden Frauen und Mütter ein Dauerthema, und die Kinder, die von diesem Problem nicht selbst betroffen sind, werden doch bei Freunden und Verwandten damit konfrontiert. Für viele in »Mutterfamilien« lebende Kinder mag die vollständige Familie mit der Mutter als Hausfrau zwar ein Traum- und Leitbild gewesen sein, aber die Fähigkeit zur Unterordnung unter den »Mann im Haus« wurde bei ihnen gar nicht erst eintrainiert, und es konnte kaum ausbleiben, daß sich bei ihnen der Blick für patriarchalische Verhaltensweisen schärfte.

*»Bei uns zu Hause herrscht ordentliches Familienleben, mein Vater geht arbeiten und ernährt uns alle, so daß meine Mutter nicht arbeiten zu gehen braucht.«* (Aus dem Schulaufsatz einer 14jährigen, 1950) [15]

Auch für die Kinder, deren Mütter berufstätig waren, gilt, daß sie nicht in Familien mit traditioneller Rollenteilung aufwuchsen. Es stimmt eben nicht ganz, daß *die* Mütter, wie es oben hieß, sich wieder darauf beschränkten, Mann und Kindern als ordentliche Hausfrauen zu dienen. Viele konnten das gar nicht, weil sie alleinstehend waren oder einen invaliden Mann mitzuversorgen hatten; und viele Mütter blieben oder wurden berufstätig, um den Lebensstandard zu schaffen, der ohne ihre Arbeit nicht erreichbar gewesen wäre. Jedenfalls stieg die Erwerbsquote von Frauen in den 50er Jahren stetig an; die Zahl der berufstätigen Mütter mit Kindern unter vierzehn Jahren verdoppelte sich sogar zwischen 1950 und 1965, und dies, obwohl es nur wenige öffentliche Betreuungsstätten für Kinder gab – und von konservativer Seite ein wahres Feuerwerk gegen die Berufstätigkeit von Müttern losgelassen wurde.

*»Die Sucht, unter allen Umständen zu einem bestimmten Lebenszuschnitt zu gelangen, geht wie ein gefährlicher, ansteckender Bazillus durch die Welt. Ein Kind kommt ohne Fernsehtruhe aus, ohne Motorrad, ohne Plattenspieler und all die vielen anderen Dinge, die das durch seine Mutter verdiente Geld vielleicht anzuschaffen ermöglicht. Aber es kommt nicht ohne Wärme aus. Dann friert der junge Mensch und spricht von der ›Eiszeit des Herzens‹«* [16]

## Softe Jungs – selbstbewußte Mädchen

Obwohl der im Haushalt helfende Ehemann und der strickende Junge sicher weiße Raben waren, zeigt doch das Auftauchen solcher Motive – wie auch des »Haustyrannen« als nur noch komische Figur –, daß in den Geschlechterbeziehungen während der 50er Jahre etwas in Bewegung kam, woran die spätere Frauenbewegung anknüpfen konnte.

Auf der anderen Seite trifft man zunehmend auch das Bild des »widerspenstigen, selbstbewußten« Mädchens der Gegenwart, dessen »Dickköpfigkeit« eng mit dem Berufstätigwerden von Frauen zusammengesehen wird:

*»Heute erklären die selbstbewußt und selbständig gewordenen jungen Mädchen ihren Eltern frisch und frei, daß sie diesen oder jenen Mann heiraten wollen. Nun bedingen andere Zeiten andere Sitten. Eine berufstätige, wirtschaftlich unabhängige Frau von heute kann nicht mehr in den Rahmen gezwungen werden, in dem das wohlbehütete, bis zum Hochzeitstag von den Eltern abhängige junge Mädchen von früher lebte . . . «* [17]

## Ausbildung statt Aussteuer

Auch wenn in der Lebensplanung der meisten Mädchen der Beruf noch immer als Übergangsphase betrachtet und weniger ernsthaft angegangen wurde als bei den Jungen, wurden Ausbildung und Berufstätigkeit für die Mädchen der Nachkriegsgenerationen trotz allem zur Selbstverständlichkeit. Ein wachsendes Angebot an Frauenarbeitsplätzen – etwa mit der Feminisierung der Angestelltenberufe – wirkte dabei ebenso mit wie die Erfahrung der Mütter im Krieg, daß eine Ehe letztlich doch keine sichere Lebensperspektive bot. Mit dieser Entwicklung verlor auch eine der wichtigsten Versorgungsleistungen der patriarchalischen Familie, die Aussteuer, an Bedeutung. Das veränderte nachhaltig den Stellenwert »weiblicher« Tätigkeiten im Haus: Sie dienten nun weit weniger als zuvor der Vorbereitung zum »natürlichen Beruf der Frau«. Zwar nähten die meisten Mädchen auch jetzt, aber sie stickten schon nicht mehr Monogramme in die Wäsche, sondern fertigten sich Kleider, Möbelbezüge und Vorhänge nach ihren Wünschen.

In den Illustrierten- und Reklamebildern, die die gegenwärtige Renaissance der 50er Jahre hervorholt, erscheint jene Zeit als eine skurrile Kulturlandschaft aus der Vergangenheit. Es wird an ihnen kaum deutlich, daß diese Jahre einen epochalen Umbruch, nämlich den Aufbruch in die Gegenwart gemacht haben. Die damaligen Konservativen waren für die sich dort vollziehenden Auflösungserscheinungen sozialer und kultureller Traditionen hellhöriger als viele Linke von heute. An den Mädchenzimmern ist das besonders klar zu erkennen. Ihre Ästhetik wirkt auf den mit heutigen Mode- und Antimodemaßstäben urteilenden Betrachter nur noch kleinkariert; doch dieser Eindruck sollte die Tatsache nicht verdecken, daß sich in diesen Zimmern und mit Hilfe dieser Zimmer eine kulturelle Revolution anbahnte: In den Mädchenzimmern der 50er Jahre wuchsen die rebellischen Frauenzimmer der 70er Jahre heran.

*Anmerkungen*

1 Ruth Dautel, Susanne Göbel: Frauen erinnern Kindheit und Jugend in den 50er Jahren. Interviews. Tübingen 1983.
2 Gerhard Baumert: Jugend der Nachkriegszeit. Lebensverhältnisse und Reaktionsweisen. Darmstadt 1952, S. 26 f.
3 Ebd., S. 32
4 Ruth Dautel, a.a.O.
5 Ebd.
6 Ebd.
7 Ratgeber für Haus und Familie. Die Monatshefte für gute Haushaltsführung 1958/1959.
   (Standort: Werkbund-Archiv Berlin)
8 Maria Wimmer: Die Kindheit auf dem Lande. Reinbek bei Hamburg 1978, S. 84 f.
9 Rosemarie Schittenhelm: Von Tag zu Tag. Das große Mädchenbuch. 1954, S. 169.
10 Ratgeber für Haus und Familie, a.a.O.
11 Gerhard Baumert, a.a.O., S. 32
12 Ulf Preuss-Lausitz u. a.: Kriegskinder, Konsumkinder, Krisenkinder. Zur Sozialisationsgeschichte seit dem Zweiten Weltkrieg. Weinheim und Basel 1983, S. 21 f.
13 Ruth Dautel, a.a.O.
14 Ebd.
15 Gerhard Baumert, a.a.O., S. 48.
16 Ratgeber für Haus und Familie, a.a.O.
17 Ebd.

# Maruta Schmidt

# Meine Schulen

Am 1. September 1950 kam ich in die Schule. Die Schule war ein großer Raum in der »Funker-Kaserne« in Stuttgart-Bad Cannstatt, wo wir mit Tausenden anderen DPs inzwischen wohnten. Alle acht Klassen waren in diesem einen Raum untergebracht, insgesamt vielleicht 60 Schüler – Russen, Polen, Armenier, Tschechen usw. und Letten, wie ich. Die Unterrichtssprache war Deutsch, das hatten wir bei den Bandenkriegen in den Ruinen gegen die schwäbischen Bürgerkinder gelernt – auch brauchten wir eine gemeinsame Sprache, um uns untereinander zu verständigen. Unsere Lehrerin, eine Russin, unterrichtete alle Klassen und alle Fächer, Deutsch, Rechnen, Musik, Geschichte, Biologie, Zeichnen... Ich lernte Schreiben und Rechnen und konnte gleichzeitig hören, was für die Größeren gedacht war. Ich fand das alles spannend – meine kleine Schwester übrigens auch. Sie war gerade vier, damals die Jüngste in unserer Familie, und es war ihr allein zuhause langweilig. Also nahm ich sie mit in die Schule, wenn sie Lust hatte. Sie hatte natürlich noch keine Schiefertafel wie ich: eine Seite liniert, die andere zur Hälfte kariert und zur Hälfte plano mit einem roten Holzrahmen und zwei Läppchen an Bindfäden, einem zum feucht Abwischen und einem zum Trockenreiben. Die Jungs rissen sie mir und den anderen Mädchen ständig ab. Aber ich hatte bald einen Beschützer aus der zweiten Klasse. Bolek war Pole, groß, stark und blond, er hatte einen Roller und war der Anführer einer der multinationalen Kinderbanden. Er stellte mich unter seinen Schutz, so brauchte sich meine kleine Schwester nicht mehr mit den größeren Kindern zu prügeln, um mir wegen meiner Kinderlähmung den rettenden Vorsprung zu verschaffen.

Ende 1951 wurden die Flüchtlingsschulen aufgelöst, wir kamen auf verschiedene »deutsche« Schulen, meine Geschwister und ich in die Schiller-Schule. Die deutschen Kinder und die meisten Lehrer schauten uns schief an: den ganzen Sommer über liefen wir barfuß, auch sonst waren wir nicht sehr ordentlich, auch wenn die meisten von uns gut in der Schule waren. Immerhin bekamen wir Schulspeisung: jeden Tag einen halben Liter Milch oder Kakao. Lehrer, die uns nicht verachteten, wie Fräulein Mehl, liebten wir.

Als ich in der dritten Klasse war, zogen wir nach Steinhaldenfeld in eine Flüchtlingssiedlung im Sozialen Wohnungsbau, die direkt neben einer Nazi-Siedlung aus Einfamilienhäuschen lag. Wir hatten statt zwei jetzt dreieinhalb Zimmer für acht Personen und sogar ein winziges Bad; ich wohnte dort bis zu meinem Abitur. In der neuen Schule waren wir ungefähr gleich viele ausländische und deutsche Kinder. Manche von den Deutschen wohnten in der Barackensiedlung in der Lehmgrube neben der Ziegelei. Einige wohnten auch in den beiden Bunkern, die es in Steinhaldenfeld gab. Drei Meter dicke Mauern, der Schacht bis zum Fenster war länger als das Zimmer breit war. Meine Freundin Isolde, einzige Tochter einer alleinstehenden dunkelhaarigen Frau, lebte dort. Sie war wunderschön und immer gekleidet wie eine Prinzessin. Einige Lehrer haßten und schlugen sie wegen ihrer unmoralischen Mutter. Schlagen war damals noch erlaubt, mit einem Rohrstock über die Fingerknöchel.

Nach der vierten Klasse konnte man in Stuttgart auf die Mittelschule oder die Oberschule überwechseln. Die Eltern der Kinder in diesem Alter in Steinhaldenfeld wurden zusammengerufen und von Beratern des Arbeitsamtes dar-

Pause in einer überbelegten Schule 1958

über belehrt, wie vorteilhaft es für sie wäre, wenn ihre Kinder mit vierzehn Jahren bereits Geld verdienen könnten. Aus meiner Klasse war ich die einzige, die auf die Oberschule überwechselte; ein Junge fiel bei der Aufnahmeprüfung durch; zwei Mädchen gingen auf die Mittelschule, weil sie Sekretärinnen oder Verkäuferinnen werden sollten.

Das »Mädchengymnasium Bad Cannstatt« galt als »modern«, weil wir neben dem üblichen hauswirtschaftlichen Zweig, der nach der siebten Oberschulklasse mit dem »Puddingabitur« endete, einen neusprachlich-naturwissenschaftlichen Zweig hatten. Trotzdem wurden die Mädchenschulen nicht richtig ernst genommen, angeblich wurde von uns nicht so viel verlangt wie von Jungs. Nachdem das Einheitsabitur eingeführt war (ich glaube 1961/62) stellte sich heraus: die Mädchen waren im Durchschnitt besser, sogar in den naturwissenschaftlichen Fächern. Obwohl wir bestimmt nicht bessere Lehrer hatten – eher im Gegenteil. Mich wunderte das gar nicht. Meine Mutter war Mathematiklehrerin, alle vier Mädchen hatten wir ihre Begabung geerbt. Manchmal saßen wir zu fünft bis ein, zwei Uhr nachts im Wohnzimmer und redeten uns die Köpfe heiß über mathematische Probleme, und später, als meine älteste Schwester nach dem Abitur 1959 an der Technischen Hochschule in Stuttgart Architektur zu studieren begann, auch über Kunst und Städtebau. Mein Vater und mein Bruder waren dagegen nie besondere Leuchten in Mathematik und Physik.

Ein einziges Mädchen in meiner Klasse war ein Arbeiterkind, Elke, lange Jahre meine »Nebensitzerin« und Freundin. Ihr Vater arbeitete in einer Textilfabrik, er half ihr, wo er konnte, aber hauptsächlich mußte sie sich allein durchbeißen. Sie war sehr begabt. Ich liebte sie, manchmal hatten wir Streit und waren eifersüchtig, wenn ein neues, interessantes Mädchen in unsere Klasse kam. Später wurde alles anders. Sie hatte früh Freunde, auch mein Bruder war in sie verliebt, und sie fing an, an Gott zu glauben, obwohl sie atheistisch aufgewachsen war. Das ging mir nicht in den Kopf.

Ich meinerseits verehrte inzwischen den Freund meiner zweitältesten Schwester. Er studierte auch Architektur und empfahl mir Bücher von Wolfgang Borchert, Gottfried Benn (den ich haßte), Albert Camus (den ich am meisten liebte, obwohl er auf allen Fotos rauchte), Ingeborg Bachmann, Arno Schmidt, Günter Grass, Ilse Aichinger, Günter Eich. Später schrieb ich über sie in unserer Schülerzeitung – aber das war schon 1960.

Die nächste Klasse wartet schon: »Schicht-Unterricht« 1958

● 1958 beträgt der Anteil der Mädchen an den 4,672 Millionen Volksschülern 49,2 %, an den 314 376 Mittelschülern 53,3 %, an den 779 910 Oberschülern 39,8 %. Unter den 1,935 Mill. Berufsschülern sind 44,1 % Mädchen, unter den 1,371 Mill. Lehrlingen nur 34,1 % (1950 nur 24,9 % von 971 000!).[1]

● 1950 sind nur 18 % der Studienanfänger an den Hochschulen Mädchen; bis 1962 verbessert sich dieser Anteil insbesondere durch die starke Zunahme an den Pädagogischen Hochschulen auf 35 %. Die Abbruchquote bei den Studentinnen liegt in den 50er Jahren zwei- bis dreimal so hoch wie bei den Studenten.[2]

1 Nach: Statistisches Jahrbuch
2 Nach: Helge Pross, Über die Bildungschancen von Mädchen in der Bundesrepublik, Frankfurt/Main 1969

# Gabriele Dietz

## Sozius-Miezen

## Halbstarke Mädchen

Angefangen hat es im Frühjahr 1955 in Berlin. Dort trat eine Gruppe von etwa 20 Jungen auf schweren Motorrädern in Erscheinung, die »aus Übermut allerlei groben Unfug«[1] trieb.

Ihrem Verhalten folgten in den nächsten Monaten und Jahren Jugendliche überall in der Bundesrepublik: die sogenannten »Halbstarken« und ihre »Halbstarken-Krawalle«, über die die Presse ausführlichst und teilweise aufputschend berichtete. Da war vom »besorgniserregenden Zustand unserer Jugend«[2] die Rede, und Polizei, Jugendämter, Pädagogen, Soziologen, Psychologen zerbrachen sich die Köpfe, warum junge Leute zu »randalieren« begannen.

Neu war der Begriff indes nicht. Schon 1905 charakterisierte ein Roman die Halbstarken als »halbwüchsige Knaben und Mädchen..., die elende Brut der lichtlosen Gänge und giftschwangeren Hinterhäuser«, und 1912 erschien sogar ein Roman unter dem Titel »Die Halbstarken«. Zum Massenphänomen aber wurden sie erst in den späten Fünfzigern. Besonders in den Jahren 1956 und 57 folgte »Krawall« auf »Krawall«, wobei es rückblickend sonderbar harmlos anmutet, was den Jugendlichen seinerzeit angelastet wurde.

*»Halbstarke sind alle Jugendlichen, die in größeren oder kleineren Gruppen an Straßenecken, auf Spielplätzen oder in Lokalen müßig und laut albernd herumstehen und dabei auch einen Vorübergehenden, insbesondere junge Mädchen, mit Worten oder auch tätlich belästigen.« Aber: Sie »wenden sich nicht nur gegen andere Bürger, sondern zerstören häufig öffentliche Einrichtungen. So trampeln sie in Anlagen und auf Blumenbeeten herum oder reißen auf Zeltplätzen die Zelte ein... Auf der Straße grölen und randalieren sie und werfen auch gelegentlich Knallkörper...«[3]*

Der typische »Halbstarke« trug möglichst enge, dunkle Hosen und »stark farbige Hemden oder Pullover mit auffallendem Muster«. Dazu eine Jacke wie James Dean in »...denn sie wissen nicht, was sie tun« und, in Ermangelung echt amerikanischer T-Shirts, die Unterhemden verkehrt herum, mit der hohen Ausschnittseite nach vorn. Die Haare wurden zurückgekämmt und waren »oben auf dem Kopf kürzer geschnitten als an den Seiten«. Die »Halbstarken-Bräute« schmückten sich »mit klirrendem Schmuck und Pferdeschwanzfrisur, tragen ausgeschnittene schwarze Pullover und weite Röcke oder enge Hosen.«[4]

Zeitgenössische Beobachter waren sich einig:

*»An Halbstarken-Krawallen nehmen sehr wenige Mädchen teil. Unter den bei Krawallen von April bis Oktober 1956 in Berlin zwangsgestellten 445 Personen waren nur 17 Mädchen. Angeklagt in Zusammenhang mit Krawallen wurden – soweit wir davon Kenntnis haben – in der Bundesrepublik nur zwei Mädchen. Gewöhnlich zeigen sich wesentliche Unterschiede zwischen dem reinen Krawall einerseits und dem Veranstaltungs- und Folge-Krawall andererseits: Die Anzahl der teilnehmenden Mädchen bei reinen Krawallen wird allgemein auf 2 bis 5 Prozent, bei Veranstaltungs- und Folge-Krawallen auf 5 bis 12 Prozent geschätzt.«[5]*

Sie sind zwar dabei, wenn es Randale gibt, halten sich aber auffallend im Hintergrund. Lediglich wenn es zu Aufruhr im Kino, bei Musik- oder Tanzveranstaltungen kam, standen die Mädchen den Jungen in nichts nach.

*Krawall in BREMEN bei der Erstaufführung des Films »Außer Rand und Band« Teil I am 2. November 1956*

*»Vor und nach der Nachmittagsvorstellung konnten keine außergewöhnlichen Wahrnehmungen gemacht werden. Um 20⁰⁰ Uhr sammelte sich jedoch vor dem Palast-Theater eine*

Foto: Schapowalow

**Der Tanz als Ausweg:** Wo den jugendlichen Freunden heißer Rhythmen, einschließlich Rock'n'Roll, die Möglichkeit geboten ist, ihr Temperament im Tanz auszutoben, vergreifen sie sich nie oder nur äußerst selten am Inventar. So praktiziert, ist Rock'n'Roll nicht gefährlicher als Anno dazumal der Walzer. Auch dieser heutige Gesellschaftstanz hat einmal echte Tanzwut ausgelöst.

Foto: Lutetia

**Warnendes Beispiel Paris:** Auch in der französischen Metropole kam es nach einem Bill-Haley-Abend zu Ausschreitungen. Das war vor Berlin und Hamburg. Trotzdem behauptete Haley, ihm sei so etwas niemals vorher passiert.

**Herrn Haleys Rechnung:** Zertrümmerte Stühle, verwüstete Säle. Auf der Anklagebank sitzt nicht der Rock'n'Roll, sondern sein Produzent, Bill Haley. Er hätte wissen müssen, daß seine Art von Musik nicht in Konzertsäle gehört! ▶

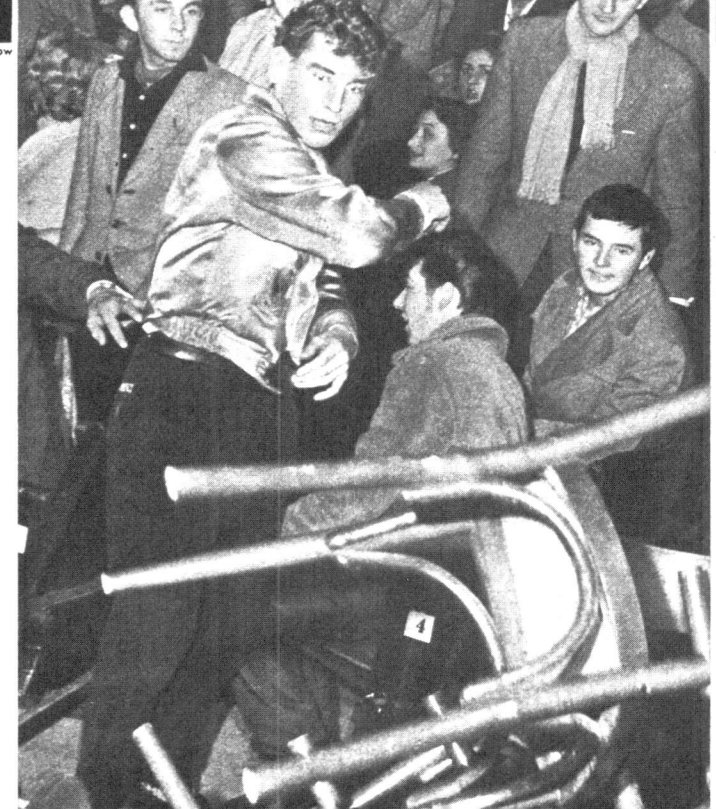

# Rock 'n' Roll

**Berlin, 19. Juni 1957**

Sie schwingen die Hüften, machen akrobatische Verrenkungen, lassen Haare und Röcke wehen, die Fans des Rock 'n' Roll. Dieser neue Tanz aus den USA ist auf dem besten Weg, auch Berlin zu erobern. Überall wo junge Leute zusammenkommen, um zu tanzen, wird auch der Rock 'n' Roll aufs Parkett gelegt.

Vorerst sind es wenige, die sich bei diesem anstrengenden Tanz durch ...lassen.

Menschenmenge, die um $20^{25}$ Uhr auf etwa 500 Personen angestiegen war und versuchte, die Polizei zu provozieren. Um $20^{30}$ Uhr war diese Menschenmenge fast ausnahmslos im Palast-Theater verschwunden, so daß um $20^{35}$ Uhr nur noch eine Gruppe von etwa 20 Jugendlichen, die keine Eintrittskarten mehr bekommen hatte, vor dem Eingang des Palast-Theaters verweilte. Das Palast-Theater war ausverkauft. Die Besucher setzten sich größtenteils aus Jugendlichen zusammen. Im Theater herrschte Hochstimmung. Beim Erscheinen einer »Rock'n'Roll-Szene« auf der Leinwand setzte ein tumultartiges Getöse ein. Einzelne junge Leute pfiffen auf den Fingern, andere bedienten Trillerpfeifen, Autohupen und andere Lärminstrumente. Einzelne Personen sprangen während der Vorstellung von ihren Sitzen hoch, entledigten sich der Oberbekleidung, gestikulierten mit den Armen in der Luft herum und schrien vor Begeisterung.

Nach Schluß der Vorstellung verweilte ein großer Teil der Besucher zunächst vor dem Palast-Theater. Sie bildeten Sprechchöre und riefen immer wieder »Rock'n'Roll«. Nach wenigen Minuten setzten sich etwa 150 Jugendliche, größtenteils auf der Fahrbahn gehend, auf der Straße in Richtung Innenstadt in Bewegung. Sie lärmten und schrien, pfiffen und grölten, dabei immer wieder Sprechchöre bildend. Das beliebteste Thema war »Rock'n'Roll«, aber es wurde auch »Hau-ruck« und »Pfui Polizei« gerufen. Während dieser lose Haufen durch die Straße zog, hinderten einzelne Gruppen durchfahrende Autofahrer an der Weiterfahrt. Durch die zum Teil auf der Fahrbahn stehenden Gruppen wurden vorübergehend auch Straßenbahnzüge zum Halten gezwungen. Gegen $23^{00}$ Uhr hatten sich auf dem Marktplatz etwa 300 Personen versammelt. Es wurde gegrölt, randaliert und gepfiffen. Eine Menge von etwa 100 Personen hatte auf dem Marktplatz einen Kreis gebildet, in dem Jugendliche nach improvisierten »Rock'n'Roll«-Melodien artistische Tanzdarbietungen vorführten.

Kleinere Gruppen versuchten, die Straßenbahnen bei den An- und Abfahrten zu behindern und die Fahrgäste zu belästigen. Ein Autofahrer, der offensichtlich auch dem Kreis der Demonstranten angehörte, verharrte einige Minuten auf den Schienen der Straßenbahn. Als eine Polizeikette zur Räumung des Marktplatzes gebildet wurde, nahmen die Jugendlichen Reißaus, ohne daß vom Gummiknüppel Gebrauch gemacht werden mußte.

Zwischenzeitlich gab es noch einige besondere Vorkommnisse. Ein Vater, der seine Tochter in dem tanzenden Haufen

Elvis gibt Autogramme

nisse. Ein Vater, der seine Tochter in dem tanzenden Haufen entdeckt hatte, sprang durch den Kreis und ohrfeigte sie. Er mußte sich anschließend vor dem grölenden Haufen in eine abfahrbereite Straßenbahn retten.

Rock'n'Roll-Begeisterungsstürme wurden auch aus New York gemeldet, wo sich die Mädchen sogar besonders hervorgetan haben: Dort kam es anläßlich der Uraufführung des Films »Don't Knock the Rock« zu ähnlichen »Ausschreitungen« wie schon bei der Premiere des Elvis-Presley-Films »Love me tender«. Es sammelten sich vor dem Kino so viele Jugendliche – meist Mädchen –, daß der Verkehr lahmgelegt wurde und der Einsatz von 175 Polizeibeamten geboten schien. Mädchen und Jungen tanzten während der Vorstellung in den Gängen und im Foyer, sprangen auf die Kinositze und schrien vor Begeisterung, während draußen die Polizei mit Äpfeln beworfen wurde.[7]
Abgesehen von derartigen Anlässen scheinen Mädchen eher Beiwerk gewesen zu sein. Ein »Halbstarker« erinnert sich:

*»Da waren auch Mädchen dabei. Manche leisteten sich auch ihre Miezen auf dem Sozius, das waren nicht viele – es kam vielleicht auf 10 Mann eine. Die Mädchen machten bei den ausgesprochenen Motorrad-Halbstarken mit. Und das war auch irgendwie der Kern der Leute, die haben am meisten gemacht, die waren beweglich. Die Halbstarken kamen ja nicht aus ›besseren Kreisen‹, und es waren eben Mädchen dabei, die es halt nicht so genau nahmen, und damals nahmen die Mädchen es eigentlich sehr genau ( . . . ) In den Halbstarken-Gruppen gab es dieselben moralischen Vorstellungen wie in der übrigen Bevölkerung. Ein Mädchen, das sich in den Halbstarken-Gruppen rumtrieb, durfte das eigentlich nur mit einem Typen. Es sah nur nach außen schlimm aus.«[8]*

Ein anderer berichtet:

*»Ein großer Krawall ist 1956 an einem Abend ausgebrochen, als aus einer Gruppe von 150 Leuten einer das Mädchen von einem aus 'ner anderen Gruppe nicht respektiert hat . . .«[9]*

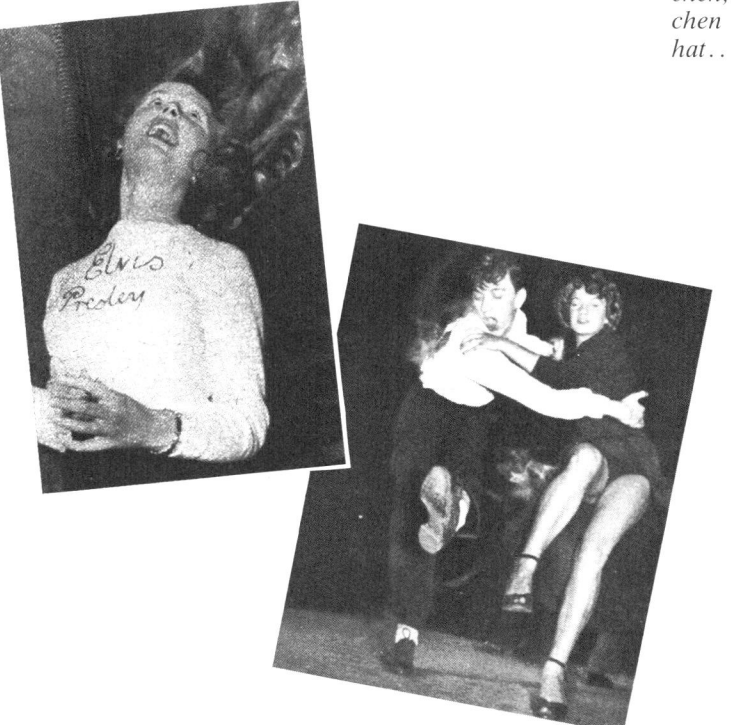

Eins der beteiligten Mädchen berichtet rückblickend über ihre Clique:

»Wir waren ja nur Viertel-Halbstarke, dieser Protest war ganz amorph, dumpf, aber er hatte etwas Aufmüpfiges, er richtete sich gegen eine bestimmte Konsumhaltung. Und der Begriff, den wir, den unsere Leutchen immer benutzt haben, war ›spießig‹. Bloß nicht Spießer, spießig sein! Das war das Schlüsselwort. Für uns war es wichtig, Jazzkeller zu haben und nicht in die schönen gutbürgerlichen Dinger zu gehen. Da waren Leute in Hanau, die richteten irgendwo im Keller 'ne Kneipe ein, das war dann das Protestzentrum. Das war aufmüpfig, richtete sich gegen Eltern, gegen das Spießertum, bedeutete Ausbruch... Wir waren eine Bande, und der Film ›Die Halbstarken‹ war unser Kultfilm. Für mich hat sich das so ausgewirkt, daß ich zum Beispiel zwei Jahre in schwarzer Kluft herumgelaufen bin. Eine Lederjacke hatte ich nicht, aber alles in schwarz, auch die Hosen. Das war wichtig, denn es war ja die Zeit der Petticoats, und das Schwarze war ein Protest dagegen.« [10]

Horst Buchholz und Karin Baal in »Die Halbstarken«.
Unten: Szene aus Marcel Carnés Film »Die Betrogenen«.

Anmerkungen

1 Curt Bondy u.a.: Jugendliche stören die Ordnung. Bericht und Stellungnahme zu den Halbstarkenkrawallen, München 1957, S. 9.
2 Vgl. Bondy: Jugendliche stören... S. 9.
3 ebenda, S. 17f.
4 ebenda, S. 22.
5 ebenda, S. 53.
6 ebenda, S. 41f.
7 Vgl. Bondy: Jugendliche... S. 22f.
8 Zit. n. einem unveröffentlichten Tonbandmitschnitt der Diskussionsveranstaltung mit ehemaligen Halbstarken der Berliner Geschichtswerkstatt von 1983.
9 Zit. n. ebenda.
10 Zit. n. ebenda.

## Ingrid Schmidt-Harzbach

# Rock'n'Roll in Hanau

Tommy

In den 50er Jahren waren wir eine typische Flüchtlingsfamilie. Meine Mutter ist 1944 mit mir und den Kindern ihrer Schwester aus Ostpreußen geflüchtet. Zunächst lebten wir auf dem Lande in der Nähe von Hannover. 1951 sind wir nach Hanau gezogen. Da hatte nämlich mein Vater Arbeit bekommen als Abteilungsleiter im Kaufhof, in der Abteilung für Teppiche und Gardinen. Die neue Wohnung im Sozialen Wohnungsbau war sehr wichtig für uns, genau wie jedes Möbelstück, das neu angeschafft werden konnte. Das waren Symbole dafür, daß es aufwärts ging aus der Armut, in die wir durch Krieg und Flucht geraten waren.

Ich ging auf das Mädchengymnasium in Hanau, das war eine richtige Höhere-Töchter-Schule. Da waren die sozialen Unterschiede schon spürbar. Andere Mädchen konnten Tennis oder auch Klavier spielen, die Eltern hatten Autos und konnten Reisen machen, nach Italien zum Beispiel, das kam gerade in Mode. Das war für mich unerreichbar. Neidisch war ich nicht direkt. Ich holte mir die Bestätigung anders, zum Beispiel habe ich schon sehr früh Nachhilfeunterricht gegeben und mir davon bestimmte Extrawünsche erfüllen können. Außerdem ließ ich mich von Söhnen aus betuchten Familien ausführen.

Wir trafen uns in Cliquen an bestimmten Plätzen in der Stadt, in den Milchbars, wo wir Milch-Shakes, Cola oder Sinalco tranken bis abends 19 Uhr, dann mußten die meisten von uns sowieso nach Hause. In die Milchbar konnten wir als Mädchen einfach so hingehen, allein oder mit einer Freundin. Eine Musikbox gab es da auch, manchmal wurde sogar nachmittags getanzt. Und dann machte das erste Espresso in Hanau auf, das war natürlich todschick. Da gab es richtigen Espresso, und man konnte sich irgendwie erwachsen fühlen. Für diese Nachmittage richteten sich viele Mädchen regelrecht her. Wir trugen zwar damals auch schon lange, enge Hosen – Jeans waren natürlich absolut in – aber auch ganz enge Kleider und Röcke mit Dior-Falte,

die dann beim Rock'n'Roll-Tanzen immer aufriß. In die Schule gingen wir gesitteter. Während ich morgens in der Schule zum Beispiel die Strickjacke brav vorn zugeknöpft hatte, trug ich sie nachmittags in der Eisdiele als Pullover, hinten zwei Knöpfe offen und eingeschlagen als Ausschnitt. Ich war, was Mode anging, durch meinen Vater privilegiert, weil ich vom Kaufhof die Sachen runtergesetzt kriegte. Zweimal im Jahr veranstaltete der Kaufhof Modenschauen, bei denen ich mich – allerdings ziemlich verklemmt – als Teenager-Mannequin über den Laufsteg bewegte. Und die Klamotten gab's dann geschenkt. Damals trugen wir in erster Linie weite, schwingende Röcke und Petticoats, besonders wenn wir in die Milchbar und ins Espresso gingen. Oft hatte ich bis zu sieben Petticoats übereinander angezogen. Oder aber einen Leinenunterrock, der dank Hoffmanns Wäschestärke abstand wie ein Brett und ewig die Perlonstrümpfe zerriß. Oder einen schwingenden Leinenunterrock, in den unten ein Reif gezogen wurde, so daß er sich wie eine Krinoline wölbte. Dazu Stökkelschuhe. Wenn ich ins Schuhgeschäft ging, um von meinem durch Nachhilfestunden verdienten Geld neue Stökkel zu kaufen, nahm ich das Zentimetermaß mit. Unter 10 cm lief nichts. Ich kann mich daran erinnern, daß meine Mutter sich weigerte, mit mir in die Stadt zu gehen. »Du siehst ja aus wie eine wandelnde Käseglocke«, stöhnte sie. Stimmte wohl auch. »Stell doch deinen Fuß nicht immer so affig vor«, meinte sie. Wir waren sowieso ständig in Pose – das rechte Bein etwas vorgestellt, die Hüfte leicht verschoben. Alles im Kino und in Zeitschriften abgeguckt, vorzugsweise von Brigitte Bardot. Deren offensiv zur Schau getragene Sinnlichkeit bewunderte ich sehr.

Mit den Jungs konnten wir uns auch im Kino treffen. Da haben wir in Cliquen zusammengesessen. Und wenn du mit einem Jungen allein ins Kino gegangen bist, natürlich in die letzte Reihe, wurde fürchterlich rumgeknutscht.

Mit Bill

Marilyn läßt grüßen

»Die Halbstarken« zum Beispiel haben wir uns mehrmals angesehen, das war ein richtiger Kultfilm. Wichtig war für mich auch Marion Michael in »Liane, das Mädchen aus dem Urwald«. Diese langen blonden, offenen Haare! Damals saßen wir auch in Cliquen zusammen und verschlangen Heftchen – heute Comics genannt – wie »Akim«, »Sigurd« und »Tarzan« und haben uns als Jane gefühlt... im starken Arm von Tarzan auch mal an einer Liane mitschwingen, das muß wohl eine Traumvorstellung gewesen sein. Und nun gab es einen Film, in dem nicht Tarzan, sondern ein Mädchen sich über die Leinwand schwang, eben Marion Michael. Das fand ich toll.

Überhaupt waren einige Filme prägend. Für mich die mit Marlon Brando und natürlich James Dean in »....denn sie wissen nicht, was sie tun«. Das war auf einmal eine ganz andere Männerfigur. Der weinte und zeigte Gefühle. In Kleidung, Frisur und Gesten haben sich viele Jungen sehr an ihn angelehnt. Außerdem natürlich an Elvis – die Koteletten. Und was den Kamm betraf, hinten in der Hosentasche, ohne ihn ging man damals nicht aus dem Haus, auch die Mädchen nicht.

»Rock around the Clock« lief natürlich auch in Hanau, noch vor der Elvis-Welle. Da mußte man hingehen. Zu Krawallen ist es meines Wissens nicht gekommen. Ein bißchen haben wir aber auch randaliert, mit Kuhglocken und Pfeifkonzerten im Schutze der Dunkelheit. Schwierigkeiten mit den Kinobesitzern gab's eigentlich nie. Vielleicht waren die froh, daß ihre Stühle heil geblieben sind.

Und dann dies Nebeneinander von unterschiedlichsten Gefühlen und Identifikationsbildern. Ob das anderen Mädchen genauso gegangen ist? James Dean und »Die Halbstarken« neben Rudolf Prack in »Wenn abends die Heide träumt«. In diesen Film, den ich bestimmt zweimal gesehen habae, bin ich allein gegangen, weil ich mich geniert habe. Eigentlich fand man sowas ja blöde, ganz besonders Caterina Valente. Also, wenn die »Island in the Sun« von Harry Belafonte auf deutsch sang, das war unmöglich. Überhaupt waren alle deutschen Schlager spießig. Wir hörten Pat Boone, Elvis und Little Richard, das waren die größten Rock'n'Roller.

Wir hatten auch einen Mädchen-Club. Am Nachmittag, wenn eine Mutter mal nicht zu Haus war, haben wir uns da getroffen und ganz tiefschürfende Gespräche geführt oder auch wild getanzt. Ganz heiße Tanzfeten, nur unter Mädchen. Da wurden im Wohnzimmer die Vorhänge zugezogen, es wurde eine Kerze angemacht und dann Elvis gespielt. Hinterher aufgeräumt, als wär nix gewesen. Solche Mädchenclubs gab's viele. Wir haben auch Blutsbrüderschaft wie bei Winnetou geschlossen und uns ewige Freundschaft geschworen. Außerdem gab es noch richtige Mädchenbanden. Ich war auch so eine Bandenchefin. In Trümmergrundstücken veranstalteten wir zusammen mit Jungenbanden Piraten- und Ritterspiele à la Errol Flynn mit gebastelten Holzschwertern. Wilde Spiele und dann einen Tag später wieder mit Petticoat und Stöckel aufgemotzt.

Richtig tanzen, uns wild austoben konnten wir auf

Brigitte Bardot

Idol James Dean

Ich als Brigitte Bardot

Partys. Die waren überhaupt in. Die fingen meist am Sonnabend schon um 18 Uhr an, denn um zehn mußten wir ja zuhause sein. Daß die Mädchen von einem Jungen abgeholt und wieder nach Hause gebracht wurden, gehörte immer dazu, das war bei mir auch so. Na, und dann standen wir abends noch eine Stunde im Hausflur und knutschten. Auch im Winter. Autos hatte ja keiner. Es war manchmal schrecklich kalt. Und wenn ein Hausbewohner kam, fuhren wir sofort auseinander und taten ganz harmlos, trotz zerwühlter Haare und erhitzter Gesichter.

»Zusammenschlafen« war tabu. »Petting« hieß damals das Zauberwort, und dafür gab's ungeschriebene Regeln – grad noch bis zum Bauchnabel, dann hörte es aber auch auf, dann begann das »Forbidden Territory«, wie wir es nannten. Die Jungen drängelten zwar, aber das mußten sie, weil es zu ihrer Rolle gehörte. Mehr wollte eigentlich keiner. Das Geknutsche und das Petting spielte sich meist auf den Partys ab. Die Eltern zogen sich zurück oder waren nicht da, wir waren allein im Wohnzimmer, im Zimmer von der oder dem, der die Party gab oder im Keller... Treue und solche Dinge spielten dabei eine wichtige Rolle. »Willst du mit mir gehn?« fragte der Junge nach dem ersten Kuß, und das Mädchen sagte »Ja«. Und dann ging sie eben mit ihm. Ich hab' das alles nicht so ernst genommen, aber gerade das wurde argwöhnisch betrachtet. Das Nichtsoernstnehmen hing sicherlich damit zusammen, daß meine Eltern mich dazu erzogen hatten, Schule und Ausbildung als das Wichtigste in meinem Leben zu sehen. Das akzep-

tierte ich voll. Unbewußt wußte ich wohl um die Chance, aus der kleinbürgerlichen Enge meiner Umgebung herauszukommen. Ich erinnere mich, daß sich viele Jungens gewundert haben, daß ich sie zuerst geküßt habe. Dieses Vorspiel mit dem mädchenhaften Abwarten paßte mir nicht. »Du bist viel zu schade, um von Schoß zu Schoß zu wandern«, schrieb mir dann auch prompt ein Freund.

Meine Art, mich auffällig zu kleiden, worauf ich immer viel Zeit und Sorgfalt verwandte, und eben diese Unbekümmertheit in bezug auf Freundschaften gaben zu mancherlei Gerüchten Anlaß.

»Miß Hanau« wurde ich zeitweilig genannt, und manche Jungen waren überrascht. daß ich trotz dieser Gerüchte noch Jungfrau war.

Unter uns Mädchen wurde natürlich über unsere erotischen Erfahrungen und Wünsche gesprochen. Klar war aber auch, daß so richtig miteinander schlafen nur bei Verlobung oder in der Ehe lief. Oder wie bei mir, warten, bis »der Richtige« kam. Und keiner der Jungen, mit denen ich was hatte, war wohl dieser »Richtige«, und deshalb konnte ich auch unbefangen den Freund wechseln, obwohl du das als Mädchen nicht zu oft durftest. Der Ausdruck »Miß Hanau« sagte ja einiges über meinen damaligen Ruf aus.

Ich hatte dann schnell einen Riecher dafür, wo es den besten Rock'n'Roll gab, live, in der City-Bar, einem Ort, wo amerikanische Soldaten hinkamen und Prostituierte. Oder auch die Jolly Bar. Dahin durfte ich natürlich nicht. »Höhere Töchter« gingen da nicht hin. Meine Eltern wußten nichts davon, es wurde eben gelogen: wir gehen da und da hin, auf die und die Party oder zum Tanztee.

In der Jolly Bar habe ich Bill kennengelernt. Der sah aus wie James Dean und war auch irgendwie so lässig. Die Treffen mit Bill mußte ich geheimhalten. Wenn mich jemand mit ihm gesehen hätte, wär ich ein »Amiliebchen« gewesen. Das ging nicht. Auch mit ihm blieb's beim Petten. Zu der Zeit war Elvis Presley in Friedberg, in der Nähe von Hanau, stationiert. »I wonna be Elvis Presley's Sergeant«, so'n Schlager gab's damals. In einem der großen Offizierskasinos, wohin mich Bill mitnahm, ist Elvis dann tatsächlich mal gewesen. Das war natürlich ein Wahnsinnserlebnis. Er war nur ganz kurz da, hat auch nicht gesungen, aber es war gnaz toll. Hanau war damals das Rock'n'Roll-Zentrum für GI's.

In die Rock'n'Roll-Bars ging ich zwar auch noch manchmal im Petticoat, aber meistens trug ich da schon enge Hosen, denn zum Rock'n'Roll mit Überschlag, links und rechts auf die Hüfte springen, waren die praktischer. Rock'n'Roll war ja wie ein Ventil, durch das all die Energie, die wir in uns spürten, herausgelassen werden konnte. Das war Lebensfreude und Protest. »Negermusik« hieß es dazu nur von den Erwachsenen. Bei uns ging das soweit, daß wir die Musik wie eine Droge konsumierten. Zwei Stunden ununterbrochen tanzen, daran kann ich mich genau eirnnern. Rekordaufstellen, das gab's auch beim Küssen. Günther und ich haben uns 20 Minuten ohne Pause geküßt und dabei auf die Armbanduhr geschaut.

»Halbstark« waren wir für die Erwachsenen schon wegen dieser »Negermusik«. »Lungert hier nicht so rum«, hieß es auch, wenn wir in der Stadt irgendwo standen. Uns hat es Spaß gemacht, die Bürger zu provozieren. Wir wollten, daß die Spießer sich ärgern, und die fühlten sich durch jede kleine Frechheit provoziert. Sei's vom Schellenpochen oder sonst was. Es störte die Bürger eben in ihrer Ruhe, wenn sie oben aus dem Fenster guckten und wir wegliefen, dann riefen sie uns hinterher: »Ihr Halbstarken«.

Ich wollte raus aus der sozialen Enge zuhause. Ich habe wahnsinnig viel gelesen, nicht nur Liebesromane – dafür ging ich in die Stadtbücherei, sah hinten nach, ob's ein happy-end gab, und wenn sie sich küßten, wurde das Buch ausgeliehen –, nein, auch klassische Texte, mit denen ich mich identifizierte wie Goethes »Werther« und Rilkes »Malte Laurids Brigge«. Das motivierte mich, meine Seelenregungen in Worte zu fassen. In dieser Zeit war ich auch Mitglied im »Filmclub«, einer typischen Erscheinung der Kinokultur der 50er Jahre. Ich war eine leidenschaftliche Kinogängerin. Jeden Sonntagmorgen, im Matinée, liefen Filme wie de Sicas »Fahrraddiebe« und andere Klassiker der Filmgeschichte.

Und neben Rock'n'Roll und amerikanischen Schlagern fand ich es gut, durch die Schule klassische Musik kennenzulernen. Mit meiner Freundin Christel habe ich für den Musikunterricht »Die Mondnacht« von Schubert eingeübt und vorgetragen.

Damals gab's schon die ersten Jazzkeller. Dort verkehrten unterschiedliche Schülercliquen, über die ich Tommy kennenlernte. Er sah ein bißchen aus wie James Dean, und vor allem spielte er Gitarre, in einer Band, die ab und zu auftrat. Gitarrenspielen war längst nicht so üblich wie heute, das war was Besonderes. Tommy wohnte in einem anderen Ort. Da wir kein Telefon hatten, haben wir uns sehr viel geschrieben. Überhaupt fällt mir heute auf, wie sehr wir uns damals – auch unter Freundinnen – unsere Seelenregungen bis ins einzelne geschildert haben, das Briefe-

schreiben kultivierten. Tommy war ein begehrter Junge, zwar fürchterlich schlecht in der Schule, aber er spielte eben Gitarre. Ich hab' ihn aber wohl nicht ernst genug nehmen können, sondern mich nach einer Weile mit meinem »Philosophen« angefreundet. Darunter hat Tommy sehr gelitten und mir den Vorwurf gemacht, daß er für ernsthafte Gespräche über Politik und Philosophie wohl nicht gut genug sei. Und eines abends beim Nachhausebringen hat er mir eine geknallt, und ich bin heulend 'rauf zu meinen Eltern. Da war's dann aus mit Tommy.

Mich interessierte jetzt eine ganz andere Clique, nämlich der Kreis von Studenten der Goldschmiede-Akademie in Hanau. Die brachten ein bißchen Bohème-Flair in die Kleinstadt. Bei denen wurde Rotwein getrunken, das kannte ich bis dahin gar nicht. Und wir lasen François Villon. In dieser Zeit gastierte in der Hanauer Stadthalle Klaus Kinski mit Villon-Balladen. Erwartungsvoll fieberte ich diesem Ereignis entgegen. Kinski ging der Ruf voraus, über die Bühne zu toben mit Schaum vorm Mund. War aber nicht. Aber es war verrucht, total verrucht. So was wie Villon haben wir in der Schule nicht gelesen.

Ein wichtiger Einschnitt in meinem Leben war die Lektüre des Tagebuchs von Anne Frank. Mit der Erschütterung, die dadurch in mir hervorgerufen wurde, bin ich damals sehr allein geblieben, ohne Resonanz bei Lehrern, Eltern und auch bei Freundinnen und Freunden. In dieser Erfahrung sehe ich heute eine der Ursachen für mein späteres Engagement in der Neuen Linken und in der Frauenbewegung.

Die Bekanntschaft mit der Bohème-Clique war der Bruch mit den alten Kreisen. Die schienen mir auf einmal nicht mehr ernsthaft genug. Mein »Philosoph«, Peter hieß er, zum Beispiel hat überhaupt nicht getanzt, und das fand ich toll. Der saß da im schwarzen Rollkragenpullover und mit interessanter Brille und war Existenzialist, hat mir Gedichte geschrieben und gewidmet. Wir lagen stundenlang nebeneinander im Bett und die Grenzen waren schon fließender, aber weiter gingen wir nicht. Die Leute um Peter waren schon älter, hatten eigene Zimmer, die ganz anders eingerichtet waren als üblich. Mit selbstgemalten Bildern. Ich trug jetzt nur noch schwarze Sachen, und der Petticoat war abgemeldet. Ich wollte nie mit der Masse gehen – bloß nicht so sein wie alle! Und vor allem bloß nicht spießig sein. Auf den Existenzialisten-Festen wurde gesungen, Gitarre gespielt, rumphilosophiert und Juliette Greco gehört. Meine Freundin Benita und ich lasen Camus und Sartre. Wir haben uns gegenseitig bei Kerzenlicht einzelne Stellen vorgelesen und dem Sinn nachgespürt.

Mit Benita bin ich dann auch im Sommer 1959 nach Paris getrampt. Unwahrscheinlich noch heute, daß meine Eltern das erlaubt haben, denn damals sind kaum Jungen getrampt. Wir wohnten in einem billigen Hotelzimmer am Place Pigalle oben im 5. Stock und lebten von Baguette, Milch und Käse. Unsere frankophile Zeit hatte begonnen, und Paris war eben das Herz des Existenzialismus. Irgendwie haben wir uns auch als Künstlerinnen, als angehende Malerinnen gefühlt. In der Zeit habe ich auch alles mögliche gesammelt. An den Wänden hing Kunst: Modigliani, Van Gogh, Toulouse-Lautrec, Manet, Monet... Wir haben in Paris in der Rue Huchette von Ionesco »Die kahle Sängerin« gesehen, fühlten uns dort in den Jazzkellern heimisch – überhaupt so richtig im Zentrum des Lebens. Aber Sartre zu besuchen, das haben wir uns dann doch nicht getraut.

gekürzte Tonbandabschrift eines Gespräches von Gabriele Dietz mit Ingrid Schmidt-Harzbach

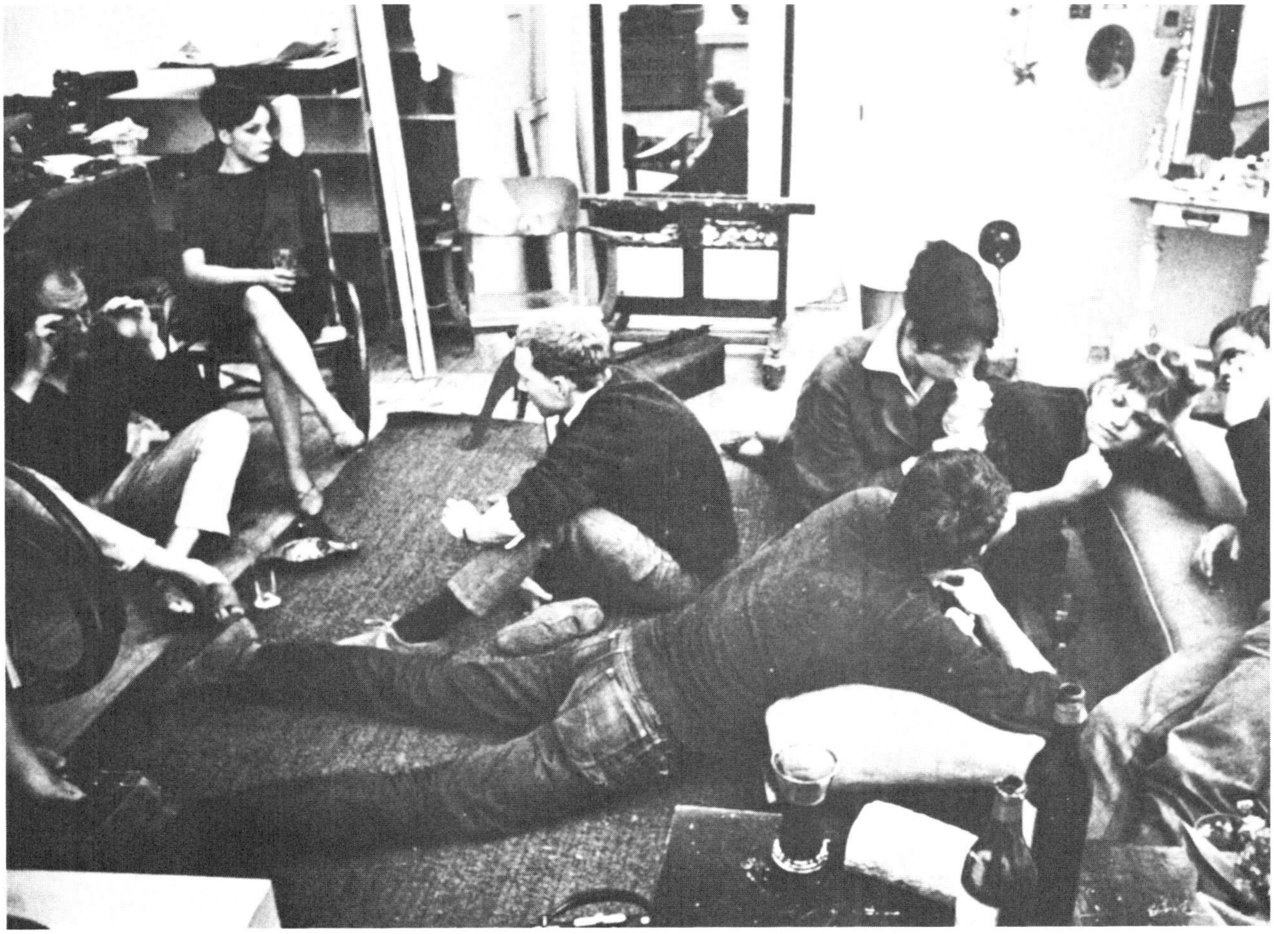

Françoise Sagan, deren Roman »Bonjour Tristesse« Ende der fünfziger Jahre zum Kultbuch wurde. Unzählige Mädchen schnitten sich wie ihr neues Idol Jean Seberg, die in der Verfilmung dieses Buches die Hauptrolle spielte, ihre Haare auf Streichholzlänge.

**Angela Delille / Andrea Grohn**

# Fräulein Grünschnabel

## Backfische, Teenager, Frühreife

In der schönen Literatur und den zahlreichen Benimm-bücher der 50er Jahre schienen Mädchenherzen erst kurz vor dem Heiratstermin zu erwachen. Sie wurden sozusagen von ihrem Traumprinzen nach mindestens achtzehnjähri-gem Dornröschenschlaf wachgeküßt. Diesen Vorgang fei-erte man als die »Verlobung«. Die sexuelle Reife des noch ahnungslosen Mädchens hatte sich anscheinend im Verbor-genen vollzogen.

Die elterlichen Aufsichtspersonen sollten diesen Zu-stand der Ahnungslosigkeit bei ihren Töchtern so lange wie möglich bewahren. Mädchen, insbesondere der mittleren und höheren Schichten, mußten behütet werden, damit sie nicht zu früh mit dem anderen Geschlecht in Kontakt ka-men. Dies war keine leichte Aufgabe mehr, seitdem selbst auf höheren Schulen der Trend zur Koedukation von Jun-gen und Mädchen eingesetzt hatte.

In ihrer schulfreien und arbeitsfreien Zeit sollten sich Mädchen vor allem für sie später nützlichen hausfraulichen Tätigkeiten widmen. Hierbei sollten sie sogar von ihren männlichen Geschwistern getrennt sein.

*»Haltet eure Töchter mit der starken Kraft des mütterlichen Herzens unter Kontrolle, nicht mit der unpersönlichen Strenge der Erziehungsberechtigten. Ihr habt es in einem Punkte leichter als die Väter mit den Söhnen. Töchter gehen euch im Hause zur Hand, wenn ihr es versteht, ihnen klar-zumachen, daß sie in diesem frühzeitig begonnenen Haus-frauenstudium Kenntnisse sammeln, die später stets An-*

*klang finden werden. Und wenn ihr sie hinausgehen laßt zu Sport, Spiel und Tanz und vielleicht auch Flirt, dann tut es nicht, ohne ihnen eine Erkenntnis vermittelt zu haben: daß guter Ruf und die aus natürlicher Zurückhaltung geborene mangelnde Erfahrung mit Männern keineswegs ein Manko, sondern, heute wie einst, wertvollstes Kapital eines jungen Mädchens sind.«* [1]

Mädchenhobbys waren in dieser Idealvorstellung von der braven Tochter vor allen Dingen »Handarbeiten«. Sie näh-te, strickte, stickte und häkelte und erlernte dabei auch das Stopfen und Flicken. Dabei galten Qualität und Quantität der fertiggestellten Produkte den Müttern und anderen weiblichen Verwandten als Maß für »Wohlerzogenheit und Anständigkeit«.

Ein anderes Hobby von Mädchen war das Lesen. Dabei blieben sie zwar auch allein, doch eine lesende Tochter ver-ursachte trotzdem ein ungutes Gefühl bei den Eltern. Ab-gesehen davon, daß Lesen den Eindruck des Faulenzens er-weckte, mußte nun auch noch die Auswahl der Lektüre be-aufsichtigt werden. Gerade in vielen klassischen Texten ging es um Liebe und Liebesverhältnisse in allen Variatio-nen und in den millionenfach verschlungenen Werken ei-ner Margaret Mitchell (Vom Winde verweht) oder Anne-marie Selinko (Desirée) sowieso. Derartige Literatur muß-te ja geradezu die jugendliche Neugier in »Dingen des Ge-schlechtlichen« wecken!

Andere heute übliche Zerstreuung wie Kino oder Fernsehen wurden oft schlichtweg mit einem Verbot belegt, um die »naive Unschuld« der Töchter nicht zu gefährden. Dabei ging es nicht nur um die verwerflichen Inhalte mancher Filme, sondern vor allem um das Kino als beliebten Treffpunkt Jugendlicher, wo sie, der elterlichen Aufsicht entzogen, auch bei den nachmittäglichen Jugendvorstellungen im Dunkeln gut munkeln konnten.

Sportliche Vergnügungen dagegen riefen den Argwohn der Eltern nicht hervor. In einem Sportverein blieben Jungen und Mädchen getrennt. Die Vereine sorgten dafür, daß die Trainingszeiten sich möglichst nicht überschnitten. Und wenn sich dies nicht realisieren ließ, sorgten die Aufsichtspersonen mit äußerster Strenge dafür, daß die Sportskameraden und -kameradinnen sich bei allem wettkämpferischen Eifer nicht näher kamen.

Akzeptabel waren auch die Freizeitgruppen der Kirche oder die Treffen der Pfadfinder. Hier wurde ebenfalls streng darauf geachtet, daß Jungen und Mädchen getrennt blieben. Nur bei dem konfessionell unabhängigen »Bund deutscher Pfadfinder« kam es vor, daß bei gelegentlichen gemeinsamen Festveranstaltungen oder scheinbar zufälligem Zusammentreffen während der »Fahrt« Pfadfinder und Pfadfinderinnen eifrig Koppel, Abzeichen, Halstücher und Messer als Zeichen der Zuneigung (und Treue!)

tauschten oder gar – Gipfel des Wagemuts! – in Gruppen gemeinsam auf Schnitzeljagd gingen oder am Lagerfeuer sangen. Solche Vorfälle brachten denn auch dem BDP lange vor den sechziger Jahren einen zwielichtigen Ruf ein.

Auch die Schule wurde als Treffpunkt akzeptiert. Aber hatten sich männliche und weibliche Mitschüler zu gemeinsamem Lernen privat verabredet, mußte die Aufsicht der Eltern gewährleistet sein. Geschlossene Türen duldeten nur äußerst liberale Eltern, die auf das Anklopfen vor Betreten des »Studierzimmers« dann aber selbstverständlich verzichteten. Die meist engen Wohnungen boten den Lernenden für gewöhnlich sowieso nur einen Platz im Wohnzimmer, in dem die gesamte Familie versammelt saß.

Andere gemeinsame Unternehmungen junger Menschen verschiedenen Geschlechts standen unter dem Ruf der Unmoral und waren verboten. So konnten die von der in Mode gekommenen Reiselust angesteckten Jugendlichen gemeinsame Fahrradtouren oder Wanderausflüge nur selten durchführen, sofern es sich nicht um Schulausflüge handelte und Lehrer oder Lehrerinnen als Hüter der Moral zur Verfügung standen. Rein männliche Reisegruppen waren dabei noch eher denkbar als rein weibliche, denn die Ausübung jungenhafter Abenteuerlust paßte eher in die geschlechtsspezifische Sichtweise der Erwachsenen.

## Biggi zeigt

# Handarbeiten für faule Mädchen

**G**eht es euch genau so, wie es mir ging? Handarbeiten — gewiß, man möchte sie machen, aber man ist ja doch immer ein bißchen faul. Nun, ich fand eine Lösung: Handarbeiten für faule Mädchen. Die Decke z. B. schaffte ich an einem Vormittag, aber nur, weil ich das grobe Leinen, das Mama dazu ausgesucht hatte, mit ganz dickem Perlgarn durchzog und damit auch die Punkte der entstandenen Borte stickte. — Andere hätten dem Teewärmer Blümchen oder Punkte aufgestickt — mir schwebte etwas Moderneres vor: Dem gelben Leinen, es war ein Streifen, heftete ich Watteline unter, nähte ihn zur Rundung zusammen und verstärkte den unteren Saum mit einer Rolle. Die obere Weite hielt ich durch Säumchen ein, schlug den überstehenden Stoff nach innen ein und schloß den Wärmer mit durchgreifenden Stichen. Statt zu besticken, benähte ich die Flächen mit Korallen, die von einer zu lang gewesenen Kette übriggeblieben waren. — Ganz wenig Zeit brauchte ich zum Beutel für ein Wollknäuel: Von einem viereckigen Tuch faltete ich zwei gegenüberliegende Ecken ein, vernähte sie und knotete die beiden anderen Ecken zusammen. — Die Arbeiten haben mir Spaß gemacht; ich freute mich auch darüber, daß ich trotz aller Faulheit etwas geschaffen hatte.

  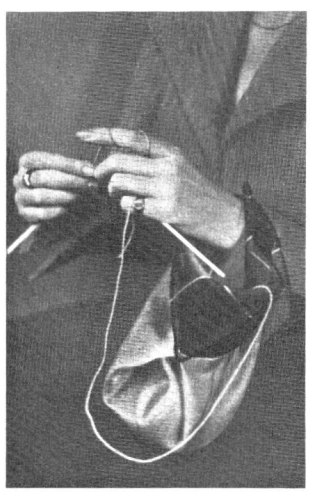

**Das sind meine Handarbeiten für faule Mädchen:** Eine Tischdecke, natürlich ließ sich so dickes Garn nur bei diesem groben Leinen anwenden.

**Der Wärmer** gefällt sogar meiner an sich sehr anspruchsvollen Schwester. Gewiß wegen der roten Korallen auf dem braun gesteppten gelben Leinen.

**Diesen Beutel** habe ich meiner Tante geschenkt, die uns alle „bestrickt": Arbeit von 30 Minuten — und wie viele braucht sie zum Pullover?

Bei diesem **Bastdeckchen** bündelte ich das fadengerade geschnittene Gewebe 2 cm von den Schnittkanten entfernt mit Hohlnahtstichen aus dickem Leinengarn ab und franste dann die Ränder aus.

Fotos: Berger

Aus: Brigitte 21/1954

43

Doch irgendwann mußten auch die sorgfältigst getrennten Geschlechter wieder zueinander geführt werden. Eine solche institutionalisierte Geschlechterzusammenführung ermöglichte die Tanzstunde. Das damals übliche Tanzstundensystem gewährleistete zudem eine scharfe Trennung je nach Schichtzugehörigkeit. »Die Oberschüler und Oberschülerinnen besuchten die feinste, die Mittelschüler und -schülerinnen eben die mittlere und die Lehrlinge, die Sicherheit auf dem Parkett erwerben wollten, die waren praktisch auf Notkurse verwiesen, welche die Angestelltengewerkschaft in ihren Schulungsräumen veranstaltete.«[2]

Aber selbst die Erlaubnis zu diesen Veranstaltungen erhielten manche Mädchen erst nach hartem Ringen mit den Eltern. Einschüchternde Ermahnungen und Strafandrohungen bei jeder Art von Fehlverhalten – vor allem dem »Zu-spät-nach-Hause-kommen« – begleiteten so den wöchentlichen Besuch des Kurses.

Dabei vervollkommnete die Tanzschule das Auftreten ihrer Töchter in einer den Eltern nur angenehmen Weise. Außer den Schritten der als zivilisiert geltenden »Gesellschaftstänze« lernten die Jugendlichen Körperhaltung, Tischmanieren und gesellschaftliche Umgangsformen.

Eine allzu strenge Erziehung der Mädchen konnte – so wurden die Eltern belehrt – allerdings auch Nachteile haben. Waren diese zu spröde, wußten sie ihre weiblichen Reize nur wenig zur Schau zu stellen und »passend« einzusetzen, galten sie als bemitleidenswerte »Mauerblümchen« – und minderten damit ihre Heiratschancen. Hatten die Eltern aber realisiert, daß die Töchter männlichem Zuspruch nicht abgeneigt und schon im Begriff waren, eine engere Auswahl zu treffen, ließen sie neue Maßnahmen zur Vorsicht walten.

Zu etwaigen Tanztees am Sonntagnachmittag zur Kontaktaufnahme bzw. Kontaktintensivierung zwischen den Jugendlichen konnte eine ältere Aufsichtsperson durchaus

mitentsandt werden, die auf die moralische Integrität der jungen Mädchen achtete. Wurde dabei eine engere Bindung der Tochter entdeckt, gehörte es »zum guten Ton« und zur Vorsicht der Eltern, den Auserwählten ins elterliche Haus zur Begutachtung einzuladen. Bei dem familiären Vorstellungsgespräch bei Kaffee und Kuchen vergewisserte man sich der ordentlichen Herkunft des jungen Mannes, seiner soliden Ausbildung und seiner »festen Absichten«. Erst wenn die männliche Person allen Anfechtungen zum Trotz sich als würdiger Begleitschutz der Tochter herausgestellt hatte, waren für diese z. B. abendliche Kinobesuche erlaubt. Dabei ermahnt Frau Pappritz Liebespaare, auf ein zärtliches tête à tête zu verzichten, nicht nur um den hinter ihnen Sitzenden einen ungestörten Blick auf die Leinwand zu ermöglichen (die Kinositze standen nämlich »auf Lücke«).

Verfügte der nunmehr Verlobte über einen fahrbaren Untersatz, bot sich den Paaren die Möglichkeit, gemeinsame Sonntagsausflüge zu unternehmen. Nicht selten schlossen sich diesen Unternehmungen die zukünftigen Schwiegereltern an, oder sie schickten jüngere Geschwister der Braut zur Beaufsichtigung mit. Das pünktliche Abliefern der Töchter zum vereinbarten Zeitpunkt im elterlichen Hause war eine Selbstverständlichkeit für den jungen Mann.

Mit dem offiziellen Akt der Verlobung wurde dem jungen Paar hin und wieder auch erlaubt, unbeaufsichtigt Zeit mit einander zu verbringen. Verlor sich dabei allerdings das Bild vom »idealen Partner«, mußte die Verlobung offiziell gelöst werden. Spätestens die zweite Entlobung war ein Skandal. Bis 1957 konnte die Entlobte – wegen der »Wertminderung« – vom ehemaligen Zukünftigen sogar ein »Kranzgeld« einklagen.

Das junge Mädchen glitt somit aus der Obhut der Eltern »unbeschadet« in die Obhut des zukünftigen Ehemannes, es blieb kontinuierlich einem strengen Reglement und permanenter Kontrolle ausgesetzt. Eigene Erfahrungen und selbständiges Handeln waren nicht erwünscht. Leitbild dieser Sozialisation junger Mädchen war die opferbereite und gefügige Ehefrau und Mutter. Dabei schien es keine Rolle zu spielen, daß eben dieses Leitbild im Krieg und in der Nachkriegszeit ruiniert worden war: es erwuchs ebenso unbeschadet aus den Trümmern wie der Traum von der heilen Wirtschaftswunderwelt. Und doch war alle Mühe meist vergebens: dem Idealbild einer »braven Tochter« wurden nur die wenigsten gerecht. Die meisten Töchter waren brav nur zum Schein, den sie mit Heimlichkeiten, Ausreden und kleinen Lügen aufrecht erhielten.

# Knigge-Rat

**Das Straßen-Gesetz**

*Auf der Gefahrenseite* hat der Herr zu gehen, wenn seine Dame die Straße überquert. Er soll sie vor herannahenden Autos und ihren Schmutzspritzern schützen. Bis jetzt galt die Vorschrift: Der Herr geht links. Ganz gleich, was seiner Dame passierte — die korrekte Form wurde peinlich genau gewahrt.

**Das Stuhl-Gesetz**

*Bei weitem Sommerrock* darf die Dame jetzt die Beine übereinanderschlagen. Früher, weil sich der [...]schutz für den gangsformen auf den guten Geschmack der Damenwelt verlassen. Was im[...] Café erlaubt ist [...] und um [...] Rock und selbst. Das Wippen mit den Fuß[...]spitzen [...]

## Die Teenager-Party

Das A und O des kleinen Hausballs für die heranwachsende Jugend ist die Tanzmusik, die entweder vom Radio oder einem Plattenspieler geliefert wird. (Tonbandaufnahmen sind am ausgiebigsten.) Die Möbel verschwinden größtenteils aus allen Zimmern, in denen getanzt wird; trotzdem muß am Rand für einige Sitzgelegenheiten gesorgt werden.

*Morgen Hausball.* Ebenso lustig wie der Ball selbst sind die gemeinsamen Vorbereitungen zu dem Fest. Alle intimen Freunde des Hauses werden sich mit Feuereifer an der Dekoration beteiligen. Die bunten Papiergirlanden, die von Wand zu Wand gezogen werden, sind fast unerläßlich, und an Stelle der Bilder werden Plakate aufgehängt. Sie werden selbst gemalt, natürlich mit Beziehung auf die Eingeladenen. Jeder spiele seinen eigenen Picasso. Da sich im Zauber des Lichtes auch der nüchternste Raum verklärt und jedes Mauerblümchen im Kerzenschein zu blühen beginnt, sind Lampions immer von Erfolg begleitet.

*Das Büffet.* Das Büffet wird im Nebenzimmer oder in der ruhigen Ecke des Tanzraumes aufgebaut. Natürlich wird es schon vor dem Eintreffen der Gäste mit allem Dazugehörigen versehen und von der Gastgeberin in der ersten größeren Tanzpause eröffnet. Die Gäste bedienen sich selbst. Wenn Mangel an Sitzgelegenheiten herrscht, legt man Kissen auf den Boden, und jeder Herr kann zu Füßen seiner Angebeteten sitzen.
In der Mitte des Büffets befinden sich die Platten und Schüsseln, zu beiden Seiten sind die Teller, Servietten und Bestecke gestapelt. Welches sind nun die Hauptbestandteile eines kalten Büffets bei einer Teenager-Party? Kalter Braten, Schinken, halbierte Eier auf russische Art zurechtgemacht, verschiedene Salate, belegte Brötchen, gefüllte Tomaten, pikante Fischchen und was der schönen Dinge mehr sind. Aber auch die Süßigkeiten dürfen nicht fehlen, Törtchen und kleineres Gebäck sind zu bevorzugen. Auf Tischschmuck oder besondere Dekoration des kalten Büffets verzichten wir, die appetitlichen Platten bieten genug des Schmuckes, alles andere würde nur zu Unordnung führen.
Abgegessene Teller dürfen niemals auf das Büffet neben die noch gefüllten Schüsseln gestellt werden, daher muß eine Abstellmöglichkeit geschaffen werden, wie überhaupt während des ganzen Abends vom Gastgeber für eine gewisse Ordnung gesorgt werden soll. So lassen sich zwei halbvolle Platten zu einer neu angerichteten vereinen, und die benützten Teller werden zwischendurch rasch abgewaschen.

*Die ideale Lösung* ist immer der Teewagen, mit dem alles Überflüssige hinausbefördert wird. Sehr rasch erweist sich bei derartigen Maßnahmen auch, wer von den Buben zum Kavalier geboren ist.
Mammi und Pappi glänzen die meiste Zeit durch Abwesenheit. Die Hausfrau begrüßt kurz ihre jugendlichen Gäste und hat im Hintergrund ein wachsames Auge auf den Ablauf des Festes. Vor allem das »Gesüff« muß ihrer Kontrolle unterliegen. Wahlloses Durcheinandertrinken, oft verursacht durch mitgebrachte Flaschen, führt zu einer nicht beabsichtigten Entwicklung der Tanzerei. Vielleicht läßt sich durch einen vorher ausgegebenen kleinen Fahrplan das »Mitbringsel« steuern. Standardgetränk ist meistens eine Bowle, mit der aber nicht jede Art von Durstgefühl gestillt werden muß. Zusätzliche kühle, alkoholfreie Getränke erfüllen bestens ihren Zweck. Neuerdings verachtet die Jugend nichts, was aus Milch hergestellt wird. Milchflips werden sogar als außerordentlich schick empfunden.

*Laute Feste.* Da Tanzereien mit einer beachtlichen Lautstärke verbunden sind und das übliche Maß an Unruhe in einem Mietshaus erheblich überschreiten, empfiehlt es sich, vorher bei den unmittelbaren Nachbarn Erkundigungen einzuziehen, ob irgendwelche Vorbehalte gegen das Fest bestehen. Gar zu oft festet man ja nicht; ein- oder zweimal im Jahr wird es auch der zuwiderste Nachbar hinnehmen müssen.

Aus: M. M. Gehrke, Selbst ist die Frau, 1958

# Wie behandelt man einen Liebhaber?

Für solche Fragen sind bekanntlich die Französinnen zuständig. Und darum erteilt Constanze einer charmanten jungen Französin das Wort. Es ist die reizende Cécile Aubry, die mit dem überaus umstrittenen Film „Manon" Weltberühmtheit erlangt hat. Inzwischen hat sie in Amerika in dem Film „Die schwarze Rose" die Hauptrolle gespielt, und ihr letzter Partner war Hans Albers als Ritter „Blaubart". In New York wurde Cécile Aubry von dem bekannten Fotografen Nick de Morgoli gefragt, wie ein junges, wohlerzogenes Mädchen in der Wohnung ihrer Eltern einen jungen Mann empfängt, der ernste Absichten hat, und den sie wohlwollend in die engere Wahl ihrer Bewerber gezogen hat. Cécile überlegte ein Weilchen, dann sagte sie: „Bitte, Monsieur, ich werde es Ihnen zeigen." Lächelnd fügte sie hinzu: „Natürlich auf französische Art!"

**1**

„Es hat geklingelt. Als wohlerzogenes Mädchen hat man schreckliches Herzklopfen zu haben, denn es ist ja — er. Bevor man die Tür öffnet, prüft man genau, ob das Kleid ordentlich sitzt. Und die Frisur. Und die Maquillage, also das Lippenrot und die Augenbrauen. Dann faßt man sich ein Herz und die Türklinke. Und in diesem Augenblick ist man ganz Dame, absolut sicher, gewandt und liebenswürdig. Eine ganz leichte, gut gespielte Befangenheit macht sich sehr hübsch. Denn man darf dem Mann das Gefühl seiner sogenannten Überlegenheit nie ganz nehmen."

**2**

„Im Salon bieten Sie ihm mit beiden Händen eine Tasse Kaffee. Sie sitzen in der Sofaecke ziemlich weit entfernt von ihm, weil sich das schickt und — weil Sie auf diese Weise Ihre Figur besser zur Geltung bringen. Blicken Sie etwas zu ihm auf, erhöhen Sie ihn mit Ihren Blicken. Das schmeichelt seiner Eitelkeit und läßt Sie selbst als sehr hingebungsfähig erscheinen. Lassen Sie es ihn nicht fühlen, wenn er sich ziemlich linkisch und blöde benimmt. Das entmutigt ihn vielleicht. Denn wenn er schon ernsthaft in Frage kommt, dann soll er auch den Mut nicht verlieren."

**3**

„Wenn er Sie in der Ferne der Sofaecke genügend im Ganzen bestaunt hat, dürfen Sie ihm etwas mehr Nähe gönnen. Sie stehen auf, wenn er Ihnen eine Schmeichelei sagt, drehen ihm dabei etwas verschämt den Rücken zu und setzen sich, noch immer schamhaft abgewandt, wieder auf das Sofa. Auf diese Weise können Sie ihm näherrücken, und es sieht so aus, als wollten Sie ihn abweisen. Dann wenden Sie sich ihm mit einer leichten Drehung des Kopfes zu und lächeln über das nächste Kompliment leicht verschämt und doch angenehm berührt in die Kaffeetasse hinein."

**4**

„Wenn er nicht ein hoffnungsloser Fall von Schüchternheit ist, werden ihn Ihre hübschen Schultern und die zarte Linie Ihres Nackens reizen, Ihnen etwas darüber zu sagen. Stellen Sie die Kaffeetasse jetzt auf das Tischchen zurück und wenden Sie ihm, indem Sie die Hand auf die Sofalehne legen, Ihr Gesicht voll zu. Wetten, daß er Sie sofort küssen will? Er wäre kein Mann, wenigstens kein Mann für Sie, wenn er es nicht versuchte. Er bittet Sie also um einen Kuß. Darauf wenden Sie den Kopf etwas zur Seite und deuten auf die Wange."

**5**

„Selbstverständlich nimmt er das für eine Erlaubnis, Sie nicht nur auf den bezeichneten Punkt zu küssen. Und Sie haben auch gar nicht erwartet, daß er sich an Ihre Vorschrift hält. In dem Augenblick aber, wo er es wirklich riskiert, erstarren Sie zu Eis. Empört wenden Sie sich von diesem Frechling ab. Sie erheben die Hand, als wollten Sie ihm eine Ohrfeige geben. Aber nur als ob. Und Sie blicken ihn so an, daß er sich sofort entschuldigt. Hat er sich entschuldigt, so tun Sie, als wollten Sie ihm diesmal verzeihen . . ."

**6**

„. . . und strecken Sie ihm beide Hände — verstehen Sie, beide Hände, nicht nur eine — zum Kuß hin. Mit dem charmantesten Lächeln, das Sie fertig bekommen. Aber damit muß es dann auch für diesen Nachmittag genug sein. Jedes Mehr ist zuviel. Er wird dann auch selbst sagen, er müsse jetzt gehen. Er stehen auf, begleiten ihn zur Garderobe, er nimmt Hut und Handschuhe, verabschiedet sich ohne Handkuß, aber mit vielsagendem Blick. Sie warten an der Tür, bis er sich auf der Treppe noch einmal umschaut und dann — aus sicherer Entfernung — mit Kußhand!"

Fotos Nick de Morgoli

Verhaltensregeln im Umgang mit Männern, aus: Constanze 21/1951

Sabine Sinjen (mitte) in dem Film »Die Frühreifen«

## »Die Frühreifen«

Die Kleinkinder der Vorkriegs- und Kriegsjahre, die mit letzten Kräften bis zum Kriegsende durchgebracht worden waren, die Kinder der Nachkriegsjahre, die ebenso wie ihre Mütter und Väter, falls vorhanden, für das Überleben der Familie sorgen mußten, waren in die Pubertät gekommen. Nicht alle verbargen ihre ersten sexuellen Regungen und Empfindungen hinter der Naivität, die eine neu erwachte Prüderie zur Schau tragende Eltern von ihnen erwarteten.

Schon 1950 erhob der Bischof von Fulda, D. Johannes Dietz, mahnend seinen Finger: »Unter der heutigen Jugend ist ein erschreckender moralischer Tiefstand zu verzeichnen. Das sexuelle Problem taucht schon in den untersten Klassen der Volksschulen auf.«[3]

Aber nicht nur die katholische Kirche, welche die Bedrohungen von Seiten des »Geschlechtlichen« seit jeher als erste wahrnahm, auch »normale« Eltern waren entsetzt, »wie das Fräulein Grünschnabel schnodderig wie ein burschikoser Flegel über sehr verletzliche Dinge daherredet. Was ist geschehen? Die Kleine ist doch noch gar nicht in dem Alter.«[4]

Wie Illustrierte und Wochenschauen der 50er Jahre berichten, trieben die Mädchen, kaum waren sie dreizehn, vierzehn Jahre alt, Sport und tanzten Samba, kletterten auf Barstühle (bei einem Milchgetränk natürlich) und sagten, wenn man ihnen einen Cocktail oder eine Zigarette anbot,

nicht immer nein. Je nach Gemütsverfassung hörten sie Jazz oder Vico Torriani.

Sie liebten zu enge Pullover und ausgeschnittene Kleider und wahlweise »Perlons« oder Dreiviertelhosen.[5] Nicht immer wurde diese neue »Gattung Frau« liebevoll und augenzwinkernd angenommen.

Die »moderne Kleidung« der jungen Mädchen, »Hosen, an denen die Nieten zu platzen drohen, Kleider, die wie Fesseln den Körper umspannen, Pullis, in denen das Atmen schwerfällt«, gingen »zu weit«, waren Ursache für moralische Vorhaltungen und hatten Ordnungsmaßnahmen in Schule und Lehrbetrieb zur Folge. Denn es waren natürlich nicht vorrangig die Kleider, die Mißfallen erregten, sondern die damit verbundene Betonung der sexuellen Reize der kokettierenden jungen Mädchen.

Erklärungen für das Phänomen der scheinbar »Frühreifen« gab es viele:

Mediziner prognostizierten eine früher einsetzende Menstruation und schrieben: »Die Pubertät hat sich vorverlagert!« Die Reifung zur Frau setzte ihrer Ansicht nach nun im Alter zwischen zwölf und dreizehn Jahren ein.

Journalistinnen der Zeitschrift Constanze versuchten zu diesem Phänomen eine Umfrage zu starten, in der sie verwirrten Müttern mit der Frage: »Möchten Sie, daß Ihre Tochter...?« Fotos von »gemischtgeschlechtlich« zeltenden Jugendlichen, allein zu zweit und eng umschlungen spazierenden Pärchen u.ä. vorhielten. Aber: Die Mütter antworteten nicht, sie sprachen nicht »über so was«.[6]

Soziologen machten Umwelteinflüsse verantwortlich, selbstverständlich differenziert nach städtischer und ländlicher Sozialisation: »Die körperliche Arbeit auf dem Land wirkt sich als Bremselement aus und läßt die allgemeine Entwicklung wie auch das Längenwachstum nicht zu schnell vonstatten gehen. Es fehlen hier jene Einflüsse, die in der Stadt die sexuelle Entwicklung beschleunigen, die ja nicht allein biologisch gedeutet werden darf. Enthemmende Elemente sind: die Erotisierung durch Film, Kabarett und Magazine, sowie die auf Reiz abgestellte Ernährung, daneben allzu früher Genuß von Nikotin und Alkohol.«[7]

Und noch eine weitere Erklärung hielt die Wissenschaft bereit: »Die mögliche Ursache für die Erscheinung könnte aber in der Klimaverschiebung in Europa zu suchen sein.« Demnach blieb abzuwarten, »ob sich unter diesen sichtbar werdenden Einflüssen das im deutschen Raum aufwachsende vierzehnjährige Mädchen demnächst ganz allgemein etwa soweit entwickelt wie die gleichaltrige Süditalienerin, deren normale körperliche Reife bisher durchschnittlich einer achtzehnjährigen Deutschen entsprach«.[8]

Pädagoginnen machen ungünstige Familienverhältnisse für die frühen »geschlechtlichen Begegnungen« ihrer Schützlinge verantwortlich. Sie seien meist in unvollständigen Familien aufgewachsen, d. h. unehelich, als »Scheidungsopfer« oder allein mit der Mutter, wenn der Vater gefallen war oder vermißt wurde. Die Wohnungen seien selten »ordnungsgemäß« gewesen, häufig durch Untervermietung viel zu eng. »Jugendliche, die in solchen Verhältnissen aufwachsen müssen und an den Erwachsenen oft kein gutes Vorbild haben, haben weniger Bedenken dagegen, Beziehungen zum anderen Geschlecht aufzunehmen.«[9]

Das Schwergewicht all dieser Fragen lag nach Ansicht der Soziologen, Theologen, Mediziner, Erzieher etc. »nicht in der sexuellen Auswirkung der körperlichen Frühreife, sondern darin, daß sie der Entfaltung geistiger Fähigkeiten Kräfte entzieht. Nicht nur die begleitenden Anzeichen wie Nervosität, Unfähigkeit sich zu konzentrieren, Zerfahrenheit und leichte Ermüdbarkeit wirken hier hemmend, sondern allzu frühe Liebeserfahrungen. Sie kranken meist an der Überbewertung der körperlichen Befriedigung, weil der Geist für die seelische Bearbeitung noch nicht aufnahmebereit genug ist.«[10]

Die meisten aber machten die frühe Erwerbstätigkeit junger Mädchen für die »Vorverlagerung« sexueller Reife verantwortlich. Wenn die Mädchen mit vierzehn Jahren aus der Schule kamen, eine Lehre begannen oder in die Fabrik gingen und eigenes Geld verdienten, verloren die Eltern angeblich viel zu früh die Kontrolle.

Diese Problematik wird in dem Film »Die Frühreifen« von Josef von Baky aus dem Jahre 1958 aufgegriffen. In der filmischen Handlung sucht Sabine Sinjen in ihrer ersten Filmrolle »geschändet« den Freitod; Heidi Brühl spielt ein Mädchen, das durch einen »altmodischen«, strengen Vater und einen »dummen Hang zum Luxus« in »schlechte Gesellschaft« gerät, nach einigen Wirren aber wieder in die Arme ihres sie ehrlich liebenden rechtschaffenden Freundes zurückfindet.[11]

Die in dem Film dargestellten Abstufungen »pubertärer Verkommenheit« verdeutlichen die damals vorherrschende Meinung über diese Problematik.

Ein Faible für modische Kleidung, Jazz und Schlagermusik etc. galten als Vorstufen eines Prozesses, an dessen

Ende womöglich eine uneheliche Schwangerschaft stand, wenn nicht gar der Selbstmord.

Es paßte nicht zu der Lebensauffassung der Erwachsenen, die vom Wiederaufbau und der Sicherung materiellen Wohlstands geprägt war, das Leistungsdenken und die Leitbilder einer neuen Konsumgesellschaft auch nur im entferntesten in Frage zu stellen.

Man bescheinigte den Jugendlichen eine frühere körperliche Reife, und hielt es gleichzeitig für ein Fehlen geistiger Reife, wenn sie sich nicht an die gesellschaftlichen Regeln und Normen hielten.

Die Medien jedenfalls lieferten nach und nach neue Vorbilder auf Hochglanzpapier. Die Filmhelden und -heldinnen wurden zur originalgetreuen Kopie freigegeben. Die Industrie beschaffte benötigte Accessoires der neuen westlichen Freiheit: Jeans, Petticoats und Kofferradios. Die deutsche Jugend, die »aus dem Gröbsten 'raus war«, entdeckte die Annehmlichkeiten der Wirtschaftswundergesellschaft. Problematisch erschienen dabei nur die »Begleiterscheinungen« wie die »Sucht, Geld zu verdienen ohne Lehre oder Studium oder zu schnell aufschießendes Geltungsbewußtsein: bei vielen Mädchen z. B. der Drang zum Entdecktwerden zum Film, der über Schönheitskonkurrenz oder das Titelbild einer Illustrierten führt«.[12] Hinzu kam, daß »... Jugendliche den ganzen Tag und oft noch bis spät abends sich selbst überlassen sind ...«, dann wird eine »... Liebe oder das, was sie dafür halten, zum einzigen Lebensinhalt«.[13]

Der Theologe Thielecke erkannte unfehlbar die Zeichen der Zeit. Tausende von Jugendlichen flüchteten sich in die Liebe: »Nicht ausgefüllt sucht man die Erfüllung voreilig beim anderen Geschlecht.« Das »Gegenüber mit dem Nichts« belaste und verführe gleichermaßen auch unzählige Erwachsene zu der »Einung mit dem Du«, wie im katholischen Fachjargon der 50er Jahre der Geschlechtsverkehr genannt wurde.

So waren es letztenendes nicht die »Jungmädchenallüren« der Halb- oder »Viertelstarken« und ihr »modischer Terror«, wie die Constanze berichtete, unter denen die Eltern litten. Es ging vielmehr wie seit eh und je um die drohenden Schwangerschaften und die etwaigen vorehelichen Kinder ihrer »frühreifen Töchter«, die schreienden Merkmale praktizierter Unmoral.

Dies zu verhindern, galten die Verbote, Beschränkungen, Drohungen der Eltern. Der Satz: »Komm mir ja nicht mit einem Kind nach Hause!« bei jeder passenden und unpassenden Gelegenheit gesagt, geflucht, gedroht, geschrien, je nach gesellschaftlicher Schichtzugehörigkeit, hängt einer ganzen Frauengeneration noch in den Ohren.

Aufklärung über Verhütungsmittel sahen nur wenige als ein geeignetes Mittel an, eine Schwangerschaft ihrer Tochter zu verhindern.

»Man könnte alle Mädchen viel früher und viel eingehender über Verhütungsmaßregeln belehren. Einen Augenblick lang tauchte dieser Gedanke auf, aber wurde schnell wieder verworfen. Denn es ist sicher: Mit einer so radikalen Aufklärung würde man zugleich auch viele Hemmungen beseitigen.«[14] Auf jeden Fall hätte man verhindert, daß so viele Minderjährige Mütter wurden:

1959 wurden 45 Kinder von Mädchen unter fünfzehn Jahren geboren, 239 von fünfzehnjährigen, 1094 von sechzehnjährigen und 4388 von siebzehnjährigen, letztere allerdings nur zur Hälfte nichtehelich.[15] Die Legalisierung dieser

Nächste Seiten aus: Quick 15/1959

## ➤ Woran starb der Backfisch?

**Der Hang zum Bunten** prägt heute das Aussehen junger Mädchen. Verkäufer meinen, diese Vorliebe für leuchtende, aufeinander abgestimmte Farben gehe auf den sonnigen Süden zurück: Ein Mädchen in einer Handelsschul-Klasse etwa brauche nur von der Sommerreise nach Italien mit einem bunten Rock zurückkehren — schon will die ganze Schul-Klasse etwas Ähnliches.

### ...an der Italien-Sehnsucht?

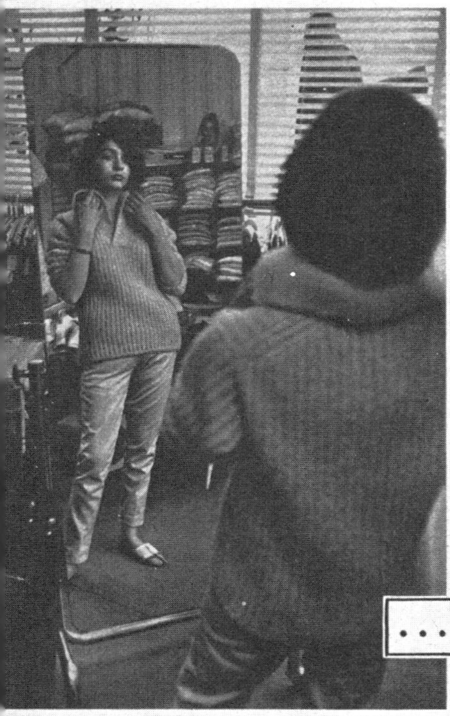

**Überweite Pullover** aus dicker, locker gestrickter Wolle, legere, hängende Strickjacken — das ist mehr als eine äußere Hülle. Es ist ein Bekenntnis zu einer neuen Lebensform. Dazu gehört auch der Sport. Er gilt nicht mehr — wie in der „guten alten Zeit" — als unfein, er wird auch nicht mehr — wie im Dritten Reich — in schlotternden Trainingsanzügen betrieben. Sport ist heute eine „schicke" Sache, und das findet auch in einer sportlichen Teenager-Mode seinen Ausdruck.

### ... am „schicken" Sport?

**Farbige Lederjacken** sind gegenwärtig der letzte Schrei unter den jungen Damen von 13 bis 19. Begonnen hat die „Ledermode" unter den Teenagern mit den James-Dean-Filmen, veredelt wurde sie jetzt durch französische Filme, in denen die Stars in modisch geschnittener Lederkleidung auftraten. Mode-Geschäfte für junge Mädchen schwören darauf: ist ein Film bei der Jugend ein Erfolg, dann dauert es nicht lange und jede Jung-Kundin verlangt ein typisches Stück „Star-Kleidung".

### ... am Einfluß des Films?

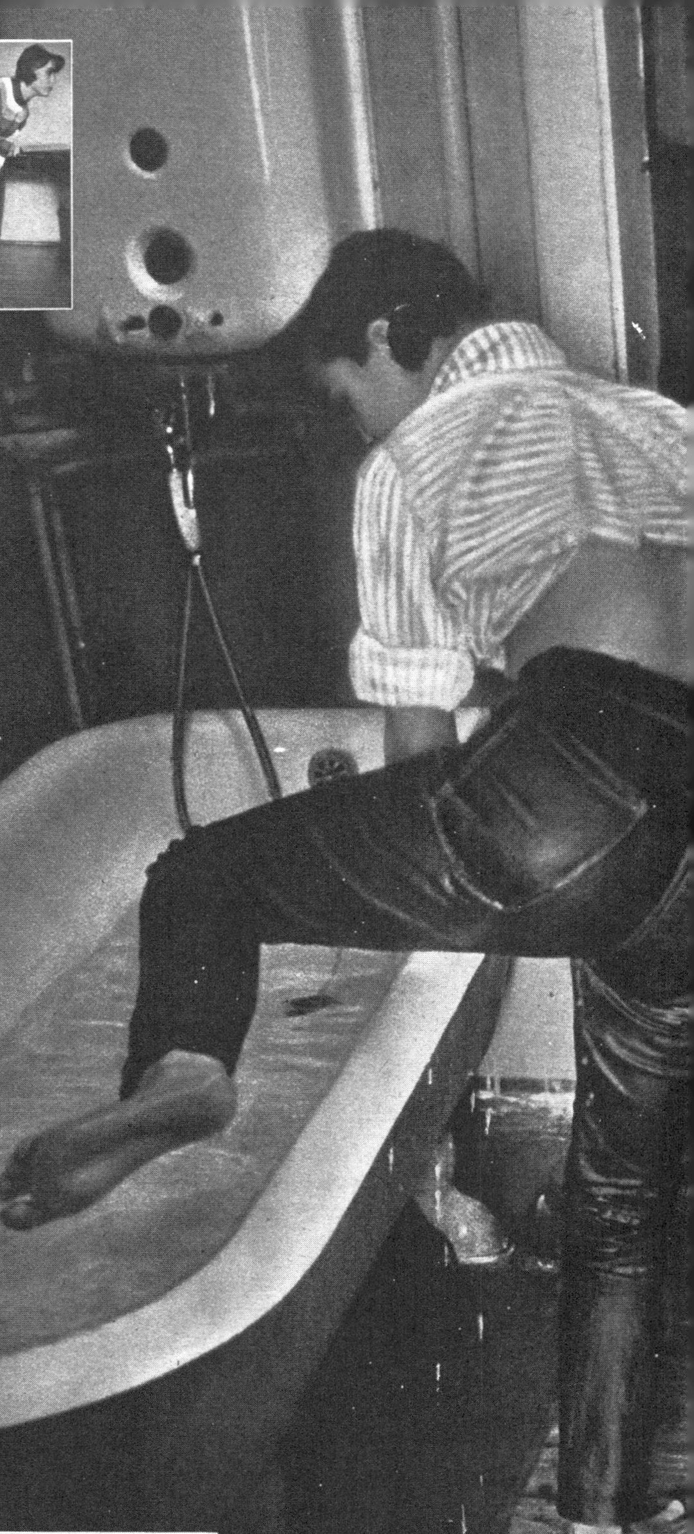

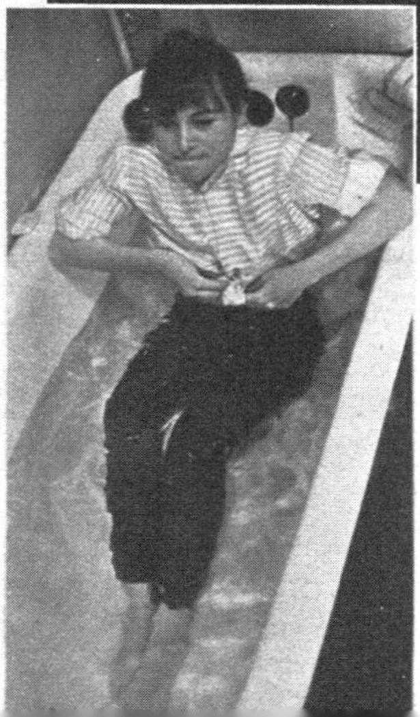

## Hosen-Behandlung nach alter Husaren-Art

**D**rei Dinge machten dem Backfisch den Garaus. Einmal war es unzweifelhaft der Einfluß des Films mit seinen saloppen Wild-West-Typen. Zum anderen war es der langsame Struktur-Wandel der Familie, der die jungen Menschen zwang, früher selbständig zu werden: das Problem des Schichtunterrichtes, das Problem der Schlüsselkinder, der arbeitenden

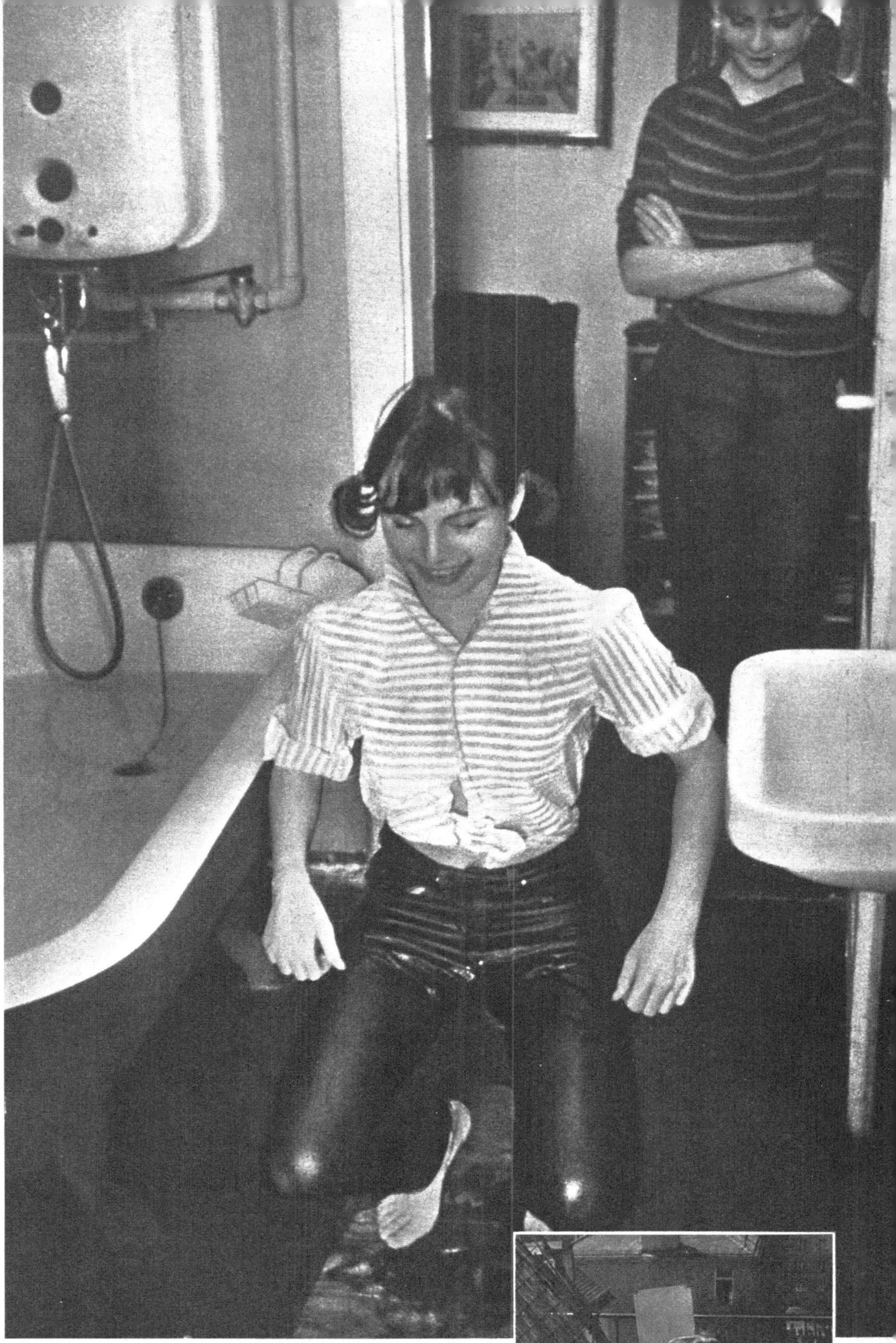

**Blue-Jeans,** die traditionellen Beinkleider der Cowboys, sind zum Wahrzeichen der Teenager geworden. Sie sind billig, sie sind praktisch, unverwüstlich und „zünftig". Aber kein Laden liefert sie passend (links oben). So werden sie erst einmal aufgetrennt und enger gemacht. Dann kommt die Hauptsache: wie weiland die Husaren vor der großen Parade steigen die jungen Damen mit den Hosen ins heiße Wasser (links unten) und warten, bis das Gewebe durch und durch naß ist. Dann werden die „Jeans" am Körper getrocknet. Ein paar Kniebeugen (oben und rechts) verhindern, daß die Hose zu eng zum Sitzen wird. Doch für den Spaziergang sitzt sie wie ein Strumpf.

Mütter, all das spielt mit. Doch ein Drittes kommt hinzu: das Wirtschaftswunder. Der äußere Wohlstand dokumentiert sich vielleicht nur im Tourenrad für die Tochter. Oder im Plattenschrank voller Elvis-Presley-Schlager. Er brachte aber den jungen Mädchen auch eine besondere Mode, die sich nur wenig nach den jeweils gültigen Linien aus Paris ausrichtete. Mit Ho-

sen, bunten Farben und hängenden Pullovern protestieren die Teenager gegen eine Welt, in die sie sich noch nicht ganz hineingelebt haben. Es ist ihre Art des Sturms und Drangs — und es ist nicht die schlechteste. Daß sie Hosen tragen, macht sie nicht manierenlos. Sieht man sie im Theater, dann sind sie so adrett und hübsch — mit glockigen Röcken voller

Petticoats — wie niemals ein Backfisch erschien. Daß sie schlotternde Jacken tragen, macht sie nicht unhöflich oder unschicklich. Sie benehmen sich in der Mehrzahl so, wie man es manchem Schalterbeamten wünschen möchte. Und wem der Typ des Teenagers nicht gefällt, der mag bedenken, daß Schimpfen und Kopfschütteln bei jungen Menschen noch nie Erfolg hatte.

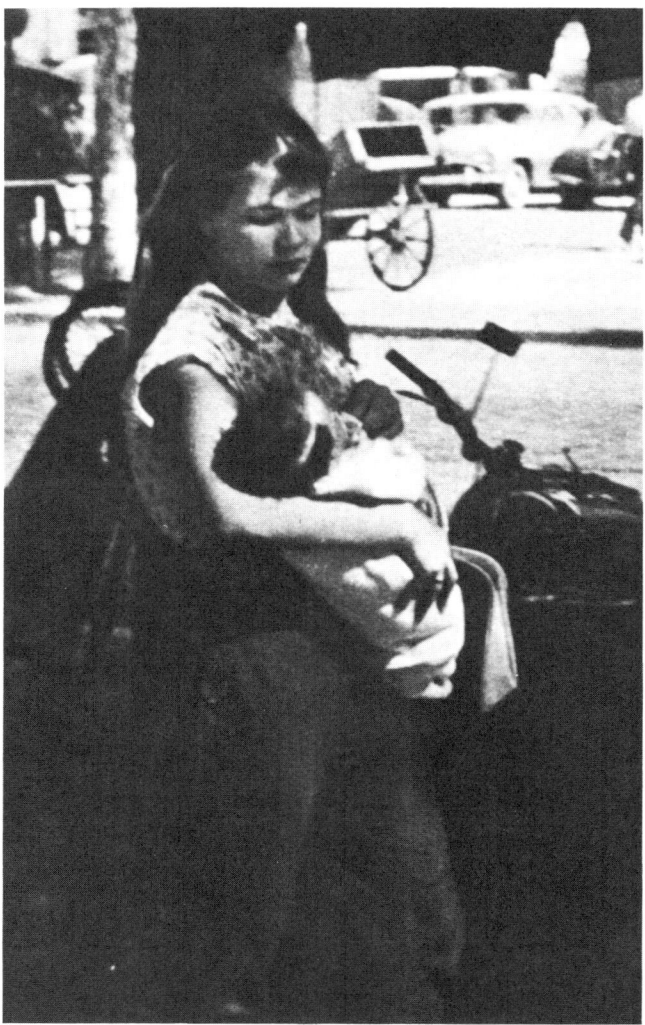

Die ganz jungen Mütter
Aus: Constanze 15/1959, rechts aus: Constanze 9/1953

## Aufklärung – was ist das?

Die sogenannte Aufklärungsliteratur der 50er Jahre beschäftigte sich mit der moralischen und sittlichen Entwicklung Jugendlicher, konstatierte die Bedeutung »offener, nüchterner, ehrlicher, sachlicher« Aufklärung und benannte nichts. Doch ein Teil der »fortschrittlichen« Soziologen und Pädagogen hielt eine weitgehende Aufklärung bereits in einer Zeit, in der »es keine Tabus mehr gab«, für außerordentlich wichtig.[16] Sie hatten Untersuchungen durchgeführt, die ergaben, daß insgesamt sehr »viele Fünfzehn- bis Sechzehnjährige schon einen Freund« hatten, wobei die Berufstätigen gegenüber den Oberschülerinnen überwogen. Der Katholik Wolfgang Fischer behauptete in seinem Buch »Der junge Mensch« sogar, daß rund 70% bis 80% der sechzehn- bis siebzehnjährigen Mädchen in Stadt und Land bereits defloriert seien.[17]

Ein gewisser Grund für sexuelle Aufklärung wurde in den 50er Jahren übermäßig diskutiert. Von der Boulevardpresse gierig aufgegriffen und verbreitet waren dies die »Sittlichkeitsverbrechen«, die von sogenannten »bösen Onkeln« oder »Kinderfreunden« an Kindern begangen wurden. Die zu Höflichkeit und Gehorsam erzogenen und in sexuellen Angelegenheiten völlig arglosen und unwissenden Kinder mußten ja in ein Dilemma geraten, denn die Warnung vor den Absichten solcher »sexuell entarteter« Männer verlangte eine »gewisse Deutlichkeit«.[18]

Ansonsten wurde die Aufklärung über geschlechtliche Probleme als erzieherische Aufgabe nur ernst genommen, um der »Versexualisierung« durch Film und Illustrierte entgegenzuwirken.

Aufgeklärt werden sollten noch »unverdorbene« Kinder, deren »naive Fragen«, ihrem Entwicklungsstand angemessen, befriedigend beantwortet werden mußten. Dem »Sexuellen« sollte jegliche Sensation genommen werden, d. h. die Erzieher sollten ruhig und nicht empört und schon gar nicht »mit hochrotem Kopf stammelnd« antworten. Der »Peinlichkeit der Situation« wegen wurde empfohlen, Jugendlichen, die im Kindesalter nicht aufgeklärt worden waren, aber doch schon über ein »Halbwissen« verfügten, lieber ein »wertvolles« Buch zu diesem Thema in die Hand zu geben.[19]

Mit »Natürlichkeit« sollte auch auf die Fragen der Kinder nach »auf der Straße aufgeschnappten schlechten Worten« reagiert werden:

*»Die achtjährige Erika wächst unbehütet auf. Der Vater ist tot, die Mutter muß verdienen. So bringt Erika manche Stunde auf der Straße zu und nicht immer in der besten Gesellschaft. Eines Tages erwähnt die Mutter eine junge Frau aus der Nachbarschaft. Das lebhafte Schulmädel platzt heraus: ›Du Mutter, die Frau Lessing ist schwanger!‹ Im nächsten Augenblick bekommt sie einen dunkelroten Kopf, sieht die Mutter erschrocken an und erwartet offenbar einen Verweis. Es ist ihr deutlich anzumerken, daß auf der Straße mit ihren Spielkameraden in einer Weise über diese Dinge gesprochen wurde, die sie vor der Mutter zu verheimlichen wünscht. Die Mutter bleibt ganz ruhig: Ja, Erika, Frau Lessing ist schwanger, sie erwartet ein Kind. Es wächst in ihr drin, daher ist sie in letzter Zeit recht dick geworden, und es wird nicht mehr lange dauern, bis das Kind zur Welt kommt. Aber, Erika, man sagt für gewöhnlich nicht, daß eine Frau schwanger ist. Das Wort ist schon richtig, und die Ärzte gebrauchen es. Unter gut erzogenen Menschen sagt man aber lieber, daß eine Frau guter Hoffnung ist oder ein Kind er-*

Schwangerschaften durch die Ehe war in den meisten Fällen die »Lösung«. »Frühehen« wurden zu einem Phänomen der 50er Jahre:

1957 war jede fünfte Braut minderjährig, d. h. unter 21 Jahren. Mit Zustimmung der Eltern durften Mädchen per Gesetz ab sechzehn Jahren heiraten, Jungen ab achtzehn; waren sie jünger, so entschied das Vormundschaftsgericht.

Alles in allem waren die sogenannten frühreifen Mädchen ebenso eine Ausnahme wie die braven Töchter. Die Mehrheit der Mädchen in den 50er Jahren verhielt sich angepaßt. Die meisten wagten nicht, die moralischen Wertmaßstäbe ihrer Mütter anzuzweifeln oder gar in Frage zu stellen. Die Mädchen wurden zur Selbstbeherrschung erzogen, Sorglosigkeit wurde als ein Makel bewertet. Auch diejenigen, die sich nicht explizit an die Regeln der Eltern hielten, mußten lernen, eine passive Rolle zu übernehmen. Wenn sie eine Freundschaft oder einen Flirt anbahnen wollten, mußten sie sorgfältig den Anschein vermeiden, als übernähmen sie die Initiative. Viele Mädchen haben ihre Jugend daher als eine Phase des Wartens empfunden. Auch die Ausbildung bot ihnen kein Ziel, sondern erschien eher als ein »Zeitvertreib« in einer Übergangsphase.

Der Mittelpunkt, um den sich die Gedanken sowohl der braven, als auch der aufmüpfigen Mädchen drehten, war stets das andere Geschlecht.

# Der gute Onkel

**K**ürzlich fuhren zwei Rundfunk-Reporter durch Hamburg, sprachen kleine Mädchen an und forderten sie unter irgendeinem Vorwand auf, in das Auto einzusteigen und mitzukommen. Fast alle waren sofort dazu bereit. Das Experiment zeigt, daß weit mehr geschehen muß, um so eindrucksvoll wie möglich vor gefährlichen „Kinderfreunden" zu warnen. Eine solche Warnung ist ein Film, den Constanze zusammen mit der Hamburger Polizei gedreht hat und über den wir auf dieser Seite berichten. Er ist ein Dokumentarfilm ohne Berufsschauspieler und er läuft nur im Beiprogramm der Filmtheater. Trotzdem bekam er drei der höchsten Prädikate: „wertvoll", „jugendfrei" und „jugendfördernd". Und der Kultur-Film-Dienst Richard Appeldorn, der diesen Streifen verleiht, konnte ihm schon nach seinen ersten Erfahrungen ein viertes, freilich inoffizielles Prädikat geben: ungewöhnlich publikumswirksam. Unsere Bilder erzählen die Handlung des Films.

**Mit zwölf Jahren weiß man** natürlich längst, daß man niemals mit einem Fremden mitgehen darf. Die kleine Rollschuhläuferin würde bestimmt nicht auf einen „Mitschnacker" hereinfallen, der sie mit einer Tüte Bonbons in den Wald oder in einen Ruinenkeller locken wollte. Aber davon ist hier ja auch keine Rede. Dem feinen Herrn in dem großen Wagen hat ja nur gefallen, wie gut sie Rollschuh laufen kann, und nun will er sie zu den Rollschuhmeisterschaften einladen. Schade, daß sie keine Zeit mehr hat, der Mutter Bescheid zu sagen, aber der Herr wird sie ja mit dem Wagen auch wieder zurückbringen, und dann ist sie bis sechs Uhr ganz bestimmt zu Hause. So steigt sie beruhigt in den Wagen.

**Um acht Uhr abends** aber wartet die Mutter noch immer vergeblich. Sie glaubt noch nicht, daß etwas Schlimmes vorgefallen ist, aber es läßt sie ihr keine Ruhe. Sie muß die Polizei benachrichtigen. Der Beamte im Polizeirevier macht sich seine eigenen Gedanken, aber er registriert nüchtern wie immer: Name ... Alter ... Kleidung ...

**An alle Polizeistationen** geht noch in der Nacht die Vermißtenmeldung durch Fernsprecher, Funk oder Fernschreiber. Jede Polizeistreife, jeder Funkwagen wird benachrichtigt. Aber die Nacht vergeht, und nirgends findet sich eine Spur von dem vermißten Kind. Es gibt kaum noch Zweifel: hier muß ein furchtbares Verbrechen geschehen sein.

**Ein Fernfahrer fand** am Morgen des nächsten Tages am Straßenrand nahe bei einem Wald ein Paar Rollschuhe. Er selbst hat keine Kinder. Er schenkt die Rollschuhe der Wirtin, bei der er manchmal einkehrt. Ihr Junge wird die Dinger gebrauchen können. Komisch, was Kinder alles verlieren! Und an den unmöglichsten Plätzen! Eigne Schuld!

**Den ganzen Tag spielt** das Radio in der kleinen Gartenwirtschaft. Niemand hört mehr zu, wenn die Nachrichten kommen. Aber plötzlich schrickt die Wirtin auf: „Haben Sie das gehört? Ein Kind vermißt ... es hatte Rollschuhe an! Sind das womöglich die Rollschuhe, die der Fernfahrer gefunden und bei ihr abgegeben hat!"

**Der kleinste Hinweis** kann für die Polizei von großem Nutzen sein. Auch hier war es so. Die Wirtin hatte der Kriminalpolizei ihren Verdacht gemeldet. Sie konnte sogar die Nummer des Lastzuges angeben, der inzwischen irgendwo auf der Autobahn fährt. Die Polizei stoppt ihn ab und nimmt den Fahrer gleich mit zur Vernehmung.

**Jetzt kann die Suche** beginnen. An der Stelle, an der die Rollschuhe gefunden wurden, nehmen Hunde die Spur des vermißten Kindes auf. Stundenlang wird der Wald durchstreift. Da bietet sich plötzlich ein erschreckendes Bild: unter einem Gebüsch liegt der Körper der Zwölfjährigen. Das Mädchen ist tot. Von dem Mörder fehlt jede Spur.

**Ein Beamter untersucht** den Leichnam und die Fundstelle. Jedes Blatt, jedes Papierstück wird umgewendet. Jedes Wollfädchen könnte ein Beweismittel sein. Aber alles Suchen bleibt vergebens. Außer einer Sportzeitung wird nichts gefunden. Auch die Polizeihunde verlieren schnell die Spur des Täters. Sie kommen nur bis zu der Autostraße.

**Ein Schlosserlehrling** liest in der Zeitung den Bericht über den Tod der kleinen Rollschuhläuferin. „Die habe ich gesehen!" ruft er aus, „die stieg zu so einem feinen Max in einen Mercedes 300. Beinahe hätte der mich noch umgefahren, so eilig hatte er es. Den erkenne ich bestimmt wieder, wenn ich ihn sehe!" Er geht sofort zur Polizei.

**Bei seiner Vernehmung** kann der Lehrling Wagen und Fahrer genau beschreiben. Er hat die Polizei damit auf eine Spur gebracht, die sie allein nie hätte finden können. Alle Inhaber von großen Mercedes-Wagen werden überprüft und scheiden als Täter aus. Schließlich bleibt nur ein Wagen übrig, der zu einer Autovermietung gehört.

**Stundenlang leugnete** der Mann, der am Mordtage jenen Wagen gemietet hatte, aber schließlich muß er sich als Mörder bekennen. Seine Strafe ist ihm sicher, er wird sich nie wieder an einem Kind vergreifen können. Und doch: an der nächsten Ecke kann einem anderen Kind eine neue Gefahr drohen. Dieser Film sollte alle Eltern warnen.

Fotos: Laudt

wartet. Nicht wahr, du merkst dir das?‹ Das Kind sah die Mutter erleichtert an. Es hatte geglaubt, daß es sich hier um verbotene Dinge handle, über die man nicht sprechen dürfe! Und nun konnte sie mit der Mutter einfach darüber reden! Erika hat sich später immer mit allen Fragen ohne jede Scheu an die Mutter gewendet und es gab hier keinerlei Schwierigkeiten mit ihr.«[20]

Die Antwort auf die Frage, wo denn die Kinder herkommen, scheint zwar einfach:

»Sie wachsen im Bauch der Mutter«, aber das Wort »Bauch« bereitet manchen Frauen schon die ersten Schwierigkeiten in der Aufklärung. Sie empfinden bereits dieses Wort als unpassend, ja unanständig und möchten es lieber durch das Wort Leib oder gar den poetischen Ausdruck »unter dem Herzen« ersetzen. Das wäre aber verkehrt. Ein Kind kann sich darunter nichts rechtes vorstellen. Dagegen ist ihm der Bauch ein wohlbekannter Begriff. Es kennt sein eigenes vorstehendes Bäuchlein und weiß z. B. daß dieses wehtut, wenn man es allzu vollstopft.«[21]

Dabei nimmt das naive Kind »die einfache Beantwortung« seiner Frage hin. So etwa die Antwort auf die Frage, wie denn die Kinder aus der Mutter herauskommen.

»Die Antwort lautet: ›Die Kinder kommen zwischen den Beinen der Mutter aus ihrem Körper heraus. (Der Siebenjährige kann das Wort Körper schon gut verstehen.) Du weißt, daß in dieser Gegend auch andere Dinge den Körper verlassen. Die Kinder kommen durch eine eigene Öffnung aus dem Körper der Mutter heraus. Diese ist für gewöhnlich nur klein, aber das Kind macht sie weiter und kommt schon durch.‹ Der Siebenjährige sah die Mutter nachdenklich an: ›Mutter, das muß doch aber weh tun?‹ ›Ja, das tut auch weh und ist für die Mutter eine große Arbeit. Sie nimmt sie aber gern auf sich, weil sie ja ihre Kinder haben will. Sie hat dabei Schmerzen und muß sich anstrengen. Deshalb liegt sie nach der Geburt eines Kindes ein paar Tage im Bett. Sie muß sich ausruhen.‹«[22]

Und wenn ein Kind wissen will, warum Mann und Frau sich äußerlich stark unterscheiden:

»Der Körper der Frau hat die Aufgabe, Kinder zu gebären. Damit in ihrem Leib Raum für ein Baby ist, müssen ihre Hüften breiter und ihr Unterleib länger sein als beim Mann. Ihre Brüste dehnen sich aus, so daß sie ihrem Baby nach der Geburt Milch geben kann. Der Körper des Mannes ist dazu geschaffen, schwere Arbeit zu verrichten, wie z. B. Graben und Bauen. Männer haben deshalb breitere Schultern und stärkere Muskeln.«[23]

Das »natürliche Schamgefühl« sollten die noch »unverdorbenen Kinder« – vor allem die Mädchen – jedoch auch erlernen:

»Diese Zurückhaltung müssen wir besonders unseren Mädeln anerziehen. Von den Reifejahren an müssen sie begreifen, daß sie auch über alle Abweichungen in der Tätigkeit der Fortpflanzungsorgane nur mit dem nächststehenden Menschen sprechen sollen. Dies ist zunächst die Mutter, später dann der Ehegatte und der Arzt. Im übrigen haben sie ein taktvolles Stillschweigen zu bewahren. Wir müssen in der Erziehung unserer Mädel von früher Jugend an achten auf

das richtige Maß von Offenheit und innerer Freiheit einerseits, andererseits aber auf das richtige Schamgefühl und die nötige Zurückhaltung.«[24]

Als sehr prekär galt die Frage nach dem Vorgang der Zeugung. 1951 druckte die Constanze eine Geschichte ab, die dem Kind angeblich gleichmütig vorgelesen werden konnte. Augenfälliges Merkmal dieses Textes ist die alberne Verharmlosung des Zeugungsvorganges. Die damals obligatorischen Rückgriffe auf die Natur und ähnliche Vorgänge im Tier- und Pflanzenreich wurden auch hier auf menschliches Verhalten übertragen:

»...die Natur (hat) dem Körper der männlichen Tiere und Menschen gleichfalls ein solches Stäbchen mitgegeben, mit denen sie zwar nicht das fertige Samenkorn, wohl aber die Säfte, die zu seinem Aufbau beitragen sollen, in die Erde, d. h. in den mütterlichen Schoß hineinbringen können.«[25]

Dem aufgeweckten Kind fällt jedoch auch Unpassendes auf: »Bekommen auch unverheiratete Frauen Kinder?« Die einzig »richtige Antwort« darauf:

»Wenn ein Mann und eine Frau sich so lieb haben, daß sie Kinder haben wollen, dann wollen sie auch fürs ganze Leben zusammen bleiben. Sie lassen sich trauen. Die Frau bekommt den Namen des Mannes, sie wird seine Frau. Es kommt manchmal vor, daß ein Mann und eine Frau sich das vorher nicht richtig überlegen. Sie finden sich zusammen und es entsteht ein Kind, ehe sie verheiratet sind. Danach sagt der eine Teil: Nein, ich mag nicht, ich will dich nicht heiraten. Das ist aber niemals in Ordnung.«[26]

Eine Trennung von Sexualität, Fortpflanzung und Ehe schien undenkbar. Verhütung von Schwangerschaften konnte so auch kein Thema von Aufklärung sein. Die medizinischen Bücher beschrieben ausführlich die Vorgänge der Zellteilung und -vereinigung, soweit der Wissenschaft bis dahin bekannt, und kamen dem Vokabular der katholischen Kirche damit sehr nahe, die von »der Keimzellenvereinigung« bei der »Einung mit dem Du« sprach.

In Großstädten wie Berlin gab es bereits Ende der 50er Jahre Bestrebungen, Aufklärung in die Lehrpläne der Schulen aufzunehmen. Bei der Erörterung »hygienischer Probleme« hielt man es aber für angebracht, den Aufklärungsunterricht für Jungen und Mädchen getrennt zu veranstalten. So war es die Turnlehrerin, die den Mädchen Kenntnisse über das bedeutsame Ereignis ihrer ersten Menstruation vermitteln sollte. Der monatliche »Austausch des Blutes« sei zwar keine Krankheit, hörten sie dann, aber Grund genug für »Unpäßlichkeit«, die z. B. das Fehlen am Sportunterricht entschuldigen konnte. An ihren »schlechten Tagen« sollten sich Mädchen vor körperlicher Anstrengung hüten. Die Verhaltensregeln für Mädchen zielten darauf ab, die Tage der Menstruation als negativ zu empfinden, dem »übel riechenden Blut« durch peinlichste Sauberkeit und allerlei »erfrischende Zusätze« jegliche Natürlichkeit zu nehmen. Übrig blieb das Gefühl der Peinlichkeit und des weiblichen Makels.

»In dieser Zeit entwickeln sich auch die Brüste des Mädchens. Die in den Brüsten befindlichen milcherzeugenden Drüsen werden größer, damit das Mädchen, wenn es verheiratet und Mutter wird, sein Baby stillen kann. In der Zeit des Wachsens sind die Brüste zart und empfindlich. In diesem

Alter beginnen die Mädchen, Büstenhalter zu tragen und sich in besonderem Maße für schöne Kleider zu interessieren. Dabei sind manche Mädchen, wenn ihre Brüste sich zu entwickeln beginnen, noch auffallend jung, während andere schon wesentlich älter sind. Auch die Stärke der Brüste ist sehr verschieden. Sie sind mitunter selbst am Ende der Reifezeit noch klein, wohingegen sie bei anderen schon früh voll in Erscheinung treten. Merken wir uns: all diese Unterschiede sind durchaus natürlich und normal.

Andere Teile des Mädchenkörpers verändern sich ebenfalls. Die Geschlechtsorgane wachsen. Durch die sich rundenden Hüften wird die Erscheinung weiblicher, und das Näherrücken der vollen Geschlechtsreife veranlaßt die Mädchen, gelegentlich mal einen Lippenstift oder ein Parfüm auszuprobieren. Auch die Pflege und Tracht des Haares beanspruchen mehr und mehr ihr Interesse. Diese auf das Äußere verwendete Sorgfalt bezeichnet einen neuen Abschnitt auf dem Wege zur Reife.«

Anmerkungen

1 Pappritz, Erika: Etikette, Marbach 1956, S. 123.
2 Rutschky, Michaela: Guter Ton bei schlechter Klassenlage, in: Freibeuter Nr. 23, Berlin 1985, S. 68–74.
3 Constanze, Heft 4, 1951
4 ebd.
5 Constanze, Heft 7, 1954, S. 17.
6 Constanze, Heft 25, 1950, S. 7.
7 Constanze, Heft 4, 1951.
8 ebd.
9 Constanze, Heft 7, 1958, S. 20.
10 Constanze, Heft 4, 1951.
11 BZ Nr. 258, 1958.
12 Constanze, Heft 4, 1951.
13 Constanze, Heft 7, 1958, S. 24.
14 ebd.
15 vgl. Statistische Jahrbücher 1959.
16 Kurth, G.: Bild, Jugend, Sexualität, Rheinfelden 1966, S. 15.
17 Fischer, W.: Der junge Mensch, Freiburg 1956, S. 17.
18 Haarer, Johanna: Unsere Schulkinder, München 1955, S. 125/126.
19 ebd., S. 125.
20 ebd.
21 ebd., S. 116.
22 ebd., S. 117.
23 Beck, Lester F.: Das Werden des Menschen, München/Berlin 1949, S. 29.
24 Haarer, a.a.O., S. 124.
25 Constanze, Heft 6, 1951, S. 3ff.
26 Haarer, a.a.O., S. 122/123

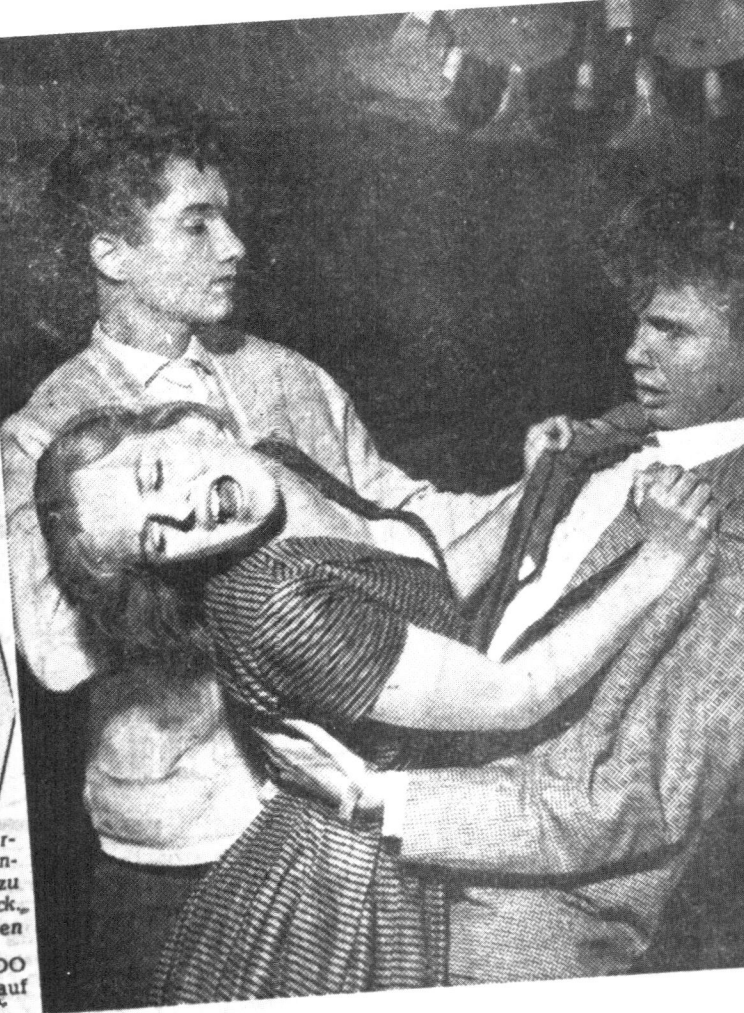

das ALLE angeht — Kinder und Eltern:

„...hreifen"

...sseur Josef von Baky ...inen Film, der das ...en Jugend aufrollt. ...lärte mir Josef von ...i. Man kann die- ...nd etwas vor- — genau wie ...it allein damit ...starken!"

...ltern nicht — den ...hon gar nicht.

...hbuchautoren des ... „Die Frühreifen" ...ich zu diesem Pro- ...e handfeste Ge- ...infallen lassen; da ... junge Menschen, ...liet und ehrlich lie- ...r der Vater des ...ein verbitterter ...ist streng, alt- ...verständnislos. ...sen die jungen ...h treffen — und

dann gibt es zu Haus wieder Krach...

Krach aber gibt es schließlich auch zwischen Inge und ihrem Freund. Das junge Mädchen hat einen dummen Hang zum Luxus und gerät dadurch in schlechte Gesell-

EIN BÖSES ERWACHEN gibt es für Inge (Heidi Brühl). Betrunkene Verehrer sind unangenehm... (Links: Christian Wolff; rechts: Peter Kraus).

schaft. Erst nach bitteren Erkenntnissen und Demütigungen findet Inge den Weg zu ihrem Jugendfreund zurück.
Joachim Wilksen
*
Lesen Sie, was MANDO zu dem gleichen Problem auf Seite 8 zu sagen hat.

# Helma Sanders-Brahms

# Tanzstunde mit Sartre

Strümpfe waren aus hellbrauner filziger Wolle und kratzten und waren am Knie gestopft, solange man ein Kind war. Sie hingen an einem weißen Hemd mit zwei Strapsenbändern, die vorn und hinten von den Schultern an aufgenäht waren und die Strümpfe mit kleinen Gummiknöpfen hielten, über die eine Metallschließe gezogen werden mußte. Zeichen der Erniedrigung. Dann, irgendwann um die Konfirmationszeit, gab es die ersten Perlonstrümpfe. In einem knisternden Päckchen, auf dem schöne Frauenbeine abgebildet waren, die sich umeinander ringelten wie zwei geknickte und vielfach ausgebeulte Schlangen.

Man mußte das Päckchen vorsichtig aufmachen, am besten mit Handschuhen, denn immer hatte man an der Hand ein Stückchen harte Haut oder einen gerissenen Nagel, und daran blieben die feinen Fäden, aus denen die Strümpfe gewirkt waren, so leicht hängen, und bevor man den Strumpf auch nur über den Fuß gestreift hatte, rieselten schon die Laufmaschen. Und mit Laufmaschen konnte man doch nicht gehen, da hieß es, die schönen Strümpfe wieder in das schöne Paket stecken und die alten braunen Kinderstrümpfe anziehen, kratzend und beißend wie sie waren und mit dieser erniedrigenden Zugehörigkeit zur Kinderzeit.

Die Perlonstrümpfe sahen an den Beinen nicht aus wie an den gemalten Beinen auf dem Päckchen und nicht wie an den Beinen der Filmstars in den Illustrierten. Sie glänzten zu sehr und waren zu hart, sie warfen Beulen und Falten am Knie, vorn die Beule, in der Kniekehle die Falten.

Man streckte die Beine aus und versuchte sie so zu stellen, daß die Knie eingedrückt waren und die Fesseln schmal wirkten, aber es half nur wenig. »Kälberknie« sagte meine schöne Tante mitleidig und drehte sich auf ihren hohen Absätzen.

Immerhin gehörten zu den Perlonstrümpfen diese kleinen Gürtel aus weißem Perlon mit Perlonspitze, die sich um meine mageren Hüften legten, als wäre ich schon eine Frau. Und das Leibchen, wie man das Strapsenhemd nannte, brauchte man nicht mehr anzuziehen, es sei denn, alle Perlonstrümpfe hatten Laufmaschen. Es gab Frauen, zu denen man die schönen Strümpfe brachte, wenn sie Laufmaschen hatten, und die nahmen dann die Laufmaschen auf. Meist in Heimarbeit. Das war etwas, was man gut machen konnte, wenn man zu Hause kleine Kinder hatte. So sah ich bei meinen Strumpflieferungen jedesmal ein Stück schreiende, jammernde, schimpfende Wirklichkeit durch den Haustürspalt, an dem ich mein Päckchen abgab und abholte, ich sah die müden Frauen, an deren Füßen noch ein Krabbelkind hing, während sie meine Münzen entgegennahmen. Mein bißchen Taschengeld, für das ich eigentlich Bücher kaufen wollte ...

Aber nein, lieber die Strümpfe besitzen, dies Stück knisternde Erotik an den Beinen. Ein Mann müßte darüber streichen, ein Mann müßte einen begehren für diese schönen Beine, so hieß es in den Illustrierten und im Kino. Ja, eigentlich müßten alle Männer pfeifen, wenn man in diesen schönen Strümpfen vorüberging, und pro Tag müßte man einen Heiratsantrag bekommen, wenn man keine Versagerin sein wollte. Aber bei mir waren die Männer so nicht.

Die Jungs vom Gymnasium waren picklig und ungelenk, und es ließ sich nicht mit ihnen reden. So wenig wie mit meinen Klassenkameradinnen, die, je mehr sie waren, um so mehr kicherten und alberten und sich für nichts mehr interessierten außer für Liebesgeschichten und Klatsch.

Bücher waren die Zeit wert, die man mit ihnen verbrachte. Aber dafür war man mit Büchern allein. Man lernte niemanden kennen. Man kriegte einen krummen Rücken. Man wurde blaß. Häßlich. Also mußte man sich bewegen. Die Stühle vorm Radio wegräumen, wenn die Eltern nicht zu Haus waren. Tanzen, wie die Frauen im Kino. Leidenschaftlich. Bis man keinen Atem mehr hatte. Bis man hinfiel. Große Bewegungen. Spagat und Sprünge und Drehungen. Und dann wieder lesen. Sartres »Die Fliegen«. Das Theater! So müßte man sein. Nicht eine dumme Ziege mit Lippenstift und hohen Hacken und Korselett, sondern in schwarz gekleidet und ernsthaft und mit den Eltern rechtend. Ihr Nazis! Ihr habt alles nicht gewußt? Erzählt mir doch nichts. Ihr habt das genau gewußt. Aber Eure Sicherheit war Euch lieber. Nein, ich will nie so werden wie Ihr. Ich will wahrhaftig sein, und ich will kämpfen, und ich will nie wieder so ein Deutschland. Meinen Vater schleppte ich in das SPD-Jugendheim, zu den »Sozis«, ich zwang ihn, »Bei Nacht und Nebel« zu sehen. Ich las Bert-Brecht-Gedichte in der Klasse. Ich verfaßte einen Artikel in der Schülerzeitung gegen den herrschenden Deutschunterricht. Nicht Bergengruen und Carossa, sondern Brecht und Kafka und Celan und Nelly Sachs und Anna Seghers. Die Lehrerschaft empörte sich. In der nächsten Nummer der Schülerzeitung schlug ich vor, einen Literaturclub zu gründen, um diese Autoren allein zu lesen, wenn die Schule sie schon nicht in den Unterricht aufnehmen wollte. Ich ging zum »Haus der Jugend«, mietete einen Raum, für donnerstags nachmittags. Ein paar Jungen, ein paar Mädchen kamen. Kamen jeden Donnerstag. Es wurde sehr schön. Wir lasen. Manchmal eigenes. Meistens Lorca, übersetzt, Camus, übersetzt, Sartre, übersetzt, Thomas und Heinrich Mann. Eine Schauspielschülerin aus Ostberlin trug Brecht vor, es gab einen Tag für Hermann Hesse, einen für Kafka.

Ich ließ meine Haare wachsen, schnitt mir einen Pony, zog lange schwarze geschlitzte Hosen an, die mir eine Klassenkameradin vererbt hatte, dazu Rollkragenpullover und Dufflecoat, und umrandete meine Augen mit schwarzer Farbe und meine Gedanken mit Weltuntergangsstimmung. Ich fühlte mich ins Nichts hineingeworfen und spielte Jazzplatten und kaute an den Fingernägeln und dokterte an meinen pubertären Pickeln herum. Zum Theater wollte ich, das Theater war das leuchtende Ziel von Monat zu Monat, von einem Jugend-Abonnement-Abend zum anderen, ich zitterte dem Augenblick entgegen, in dem ich das blinkende Foyer wieder betreten durfte, in dem der rote Samt des Sessels wieder die nackte Stelle am Oberschenkel berührte, die man vor der Erfindung der Strumpfhose da hatte, wo die Strapse die Strümpfe hielten; der Geruch und der Staub und die leichte Kälte von der offenen Bühne, wenn der Vorhang sich teilte und zurückglitt vor der anderen Welt aus Pappe und Schminke, berauschte mich, und noch mehr die Gesichter, die Körper, die Stimmen der Männer und Frauen, die da stehen und spielen durften. Das wollte ich auch, wenn mich auch alle auslachten und »Storchbein« zu mir sagten.

Ich arbeitete an mir. Seitenweise lernte ich Shakespeare auswendig, als ob die Schönheit der Zeilen, die ich im Kopf trug, in meinen Körper, in mein Gesicht hineinwachsen und es schöner machen könnten in einem langsamen Umwandlungsprozeß von innen nach außen. In die Milchbar gegenüber dem Theater setzte ich mich mit meinen Büchern und wartete, daß einer der Schauspieler käme, um schnell zwischen den Proben einen Espresso zu trinken; das geschah bisweilen, und ich begann, ihre Gesten und Redeweisen zu studieren, und langsam bröckelte das Bild ihrer tadelsfreien Vollkommenheit, ihre Gestelztheiten

Juliette Greco

57

fingen an, mich zu stören, ihre Eitelkeit stieß mich ab, ich sah, auch ihre Schönheit war zum großen Teil geliehen.

Perlonstrümpfe sind nicht mehr wichtig, ich habe ein paar schwarze lange Hosen, und ich hab' einen schwarzen Rollkragenpullover, und wenn ich ganz schön sein will, binde ich einen breiten roten Gürtel um, und meine Haare trage ich offen, sobald ich um die Hausecke bin, denn meine Mutter erlaubt offenes Haar nicht.

Ich hab' sie wachsen lassen, die Haare, die vorher, in der Tanzstunde, noch halblang und scheußlich waren. Die Tanzstunde war eine Folter. Das Warten in der Reihe auf den erlösenden Start der Jungengruppe auf der anderen Seite. Aufforderung zum Tanz. Man muß reden mit ihnen. Aber wie? Sie verstehen einen doch gar nicht. Er hält einen am Rücken, mit schwitzender Hand an einer falschen Stelle, und seine Pickel sind mir ganz nahe, ich kann sie zählen, wie beim Zahnarzt, wenn man die Dachpfannen vom Haus gegenüber zählt, die man durchs Praxisfenster sieht. Wir müßten uns unterhalten, er eröffnet die Konversation und tritt mir auf den Fuß, und jetzt verheddere ich mich mit meinen eigenen Füßen, ich sage: Verzeihung, und er lächelt verzeihend, und ich sage: Ja, wir müßten uns unterhalten, und ich frage: Schon die »Fliegen« von Sartre gelesen, um einen Anfang zu machen, und er fragt: was is'n das, und ich sag': Theaterstück, und er sagt: Theater find'

ich blöd, besonders diese modernen Sachen, und ich sag': Ja, das ist so'ne moderne Sache und verstumme. Die Musik geht: Aloa-ohe--aloa-ohe, die Hawaigitarren wimmern, und ich denke, als Frau taug' ich ja gar nichts, ich müßt' mehr Interesse zeigen, und ich frage: Für Autos interessierst du dich doch? Klar, sagt er und tritt mir wieder auf den Fuß. Opel? werfe ich in die Debatte. Nee, mehr Ford, sagt er nach einem Nachdenken. Oder so'n Amischlitten. Chrysler, sage ich mit Kennermiene. Cadillac, gibt er zurück, und ich nicke. Ja, das wär was. Und wir schweigen wieder. Aloa-ohe. Dies mit den Fliegen, sagt er, hast du das gelesen? Ich nicke. Frauen, die so'n Zeug lesen, find' ich beknackt, sagt er. Ich werde rot und ganz still. Ich hab' das so zufällig gelesen, verrate ich mich und meine innersten Ambitionen, weil ich doch möchte, daß er mich fragt, ob er mich nach Hause bringen darf. Na ja, sagt er, so was liest man doch nicht zufällig. Er hat mich ertappt. Frauen, sagt er, also von Frauen habe ich so'ne bestimmte Meinung. So? sage ich. Ja, sagt er. Aloa--aloa-ohe. Frauen sollten erstmal, ja, schön sein und anschmiegsam und gut kochen sollten sie können und kinderlieb sein und tierlieb und auf keinen Fall intellektuell. Ich bin nicht intellektuell, behaupte ich. Ha, sagt er. Der Tanz klingt aus, die Hawaigitarren schluchzen ein letztes Mal. Er bringt mich an meinen Platz. Dreht über die Schulter eine Kurzverbeugung hin. Ich sehe

auf meine Perlonstrümpfe. Der Boden wankt unter mir. Ich bin keine Frau. Ich hab' versagt, ich werde immer versagen. Ich werde mich in das Kochbuch meiner Mutter vertiefen, und morgen werde ich mir eine Modezeitschrift kaufen, Constanze; heute fahre ich allein in der Straßenbahn nach Hause.

Ein andermal geht es anders aus. Da fährt er mit mir, der Herr bringt die Dame heim. Ich habe wohl meine Hauptfehler vermieden, und nun geht so ein Gespräch in der Straßenbahn weiter, über eine halbe Stunde bis zu unserer Haustür reden wir über Cadillac und Chrysler, und ich bin anschmiegsam und lache und plausche wie eine richtige Frau und denke die ganze Zeit, daß ich mich noch nie zuvor so grauslich gelangweilt habe, und als er endlich weg ist, breche ich in ein Freudengeschrei aus und renne in mein Zimmer und umarme alle meine Bücher, eins nach dem andern, den schwarzen Sartre mit der roten Schrift, den olivgrünen Suhrkamp-Brecht, die Spectaculums und die Thomas Manns, Else Lasker-Schüler und Benn und Heine und Kafka, Heinrich Manns »Untertan« in Rororo und Wedekind.

Meine Mitschülerinnen sind schon geküßt worden, eine hat sogar schon mit einem Jungen geschlafen, mit einem Großen, viel älteren. Mich hat noch keiner auch nur entfernt... dabei hab' ich doch eine Taille und... ja, Busen

noch nicht, und das Gesicht ist so bücherwürmig, vielleicht liegt es doch daran.

Der schönste Ort gleich nach dem Theater ist die Buchhandlung. Hier kann man bei den Büchern sein und ist doch nicht ganz allein. Manchmal kommt jemand, der Bücher kauft, die man gern selber hätte, oder der sie eben nicht kauft, obwohl er sie auch gern besäße, aber kein Geld hat, wie ich. Jemand spricht mit mir, über Bücher. Wir gehen zusammen nach Hause. Er wohnt ungefähr in meiner Richtung. Wir gehen durch den Botanischen Garten. Es ist Anfang September, die Bäume sind ganz dunkelgrün, kurz vor dem Herbst. Wir setzen uns auf eine Bank und reden über Bücher. Dann sind wir still, weil wir ausgeredet haben und auf das Rascheln in den Büschen hören, das kurz vor dem Herbst anfängt. Dann küßt er mich, mit schmalen Lippen, wir wissen nicht, wie man küßt, wir wissen nur, es gehört dazu, und wir küssen einander wie Geschwister. Es ist schon Abendnebel da, als wir nach Hause gehen. Auf den Straßen gibt es noch kaum Autos. Perlonstrümpfe hatte ich keine an, ich konnte nicht verführerisch damit rascheln, und ich machte auch keine Konversation über Cadillacs.

Wir wollten die »Fliegen« zusammen lesen, er Orest, ich Elektra. Wir wollten beide zum Theater. Deshalb hatte ich nach einiger Zeit so ein Gefühl, als liebte ich ihn.

# *Literatur*

## Nelly Sachs

wurde 1891 als Kind einer großbürgerlichen Familie in Berlin geboren. Sie wollte eigentlich Tänzerin werden, schrieb aber schon mit siebzehn die ersten Gedichte und veröffentlichte 1921 ihr erstes Buch »Legenden und Erzählungen« – noch wenig beachtet.

Nelly Sachs war Jüdin. 1940 erhielten sie und ihre Mutter die Aufforderung, sich in einem Arbeitslager für Juden zu melden. Das hätte KZ und Tod bedeutet. Die schwedische Dichterin Selma Lagerlöff, mit der Nelly Sachs schon jahrelang korrespondierte, erwirkte für die Frauen Schweden-Visa, so daß beide im Mai 1940 nach Schweden emigrieren konnten. Mutter und Tochter überlebten. Die gesamte übrige Familie kam im Konzentrationslager um.

Nelly Sachs blieb auch nach 1945 in Schweden. Sie wurde eine der bekanntesten deutschen Lyrikerinnen, in deren Werk die Leiden des jüdischen Volkes, vor allem der europäischen Juden in der Zeit des Faschismus, zentrales Thema waren. Ausgezeichnet mit vielen Preisen (Preis des schwedischen Lyrikerverbandes 1958, Literaturpreis des Kulturkreises der Deutschen Industrie 1959, Meersburger Drostepreis für Dichterinnen 1960, Literaturpreis der Stadt Dortmund – fortan Nelly Sachs-Preis – 1961, Friedenspreis des Deutschen Buchhandels 1965), wurde ihr schließlich die höchste literarische Auszeichnung überhaupt zuteil: sie erhielt 1966 den Nobelpreis für Literatur für ihre Gedichtbände »In den Wohnungen des Todes« (1947), »Sternverdunklung« (1949), »Und niemand weiß weiter« (1957) und viele andere.

Nelly Sachs starb 1976.

## Anna Seghers

geboren im Jahre 1900 in Mainz, deutsche Jüdin. Für ihr erstes Buch »Aufstand der Fischer von St. Barbara« erhielt sie noch im Jahre des Erscheinens, 1928, den Kleist-Preis. Den Faschismus überlebte Anna Seghers, die nach einer Verhaftung der Nazis noch einmal freigekommen war, durch Flucht nach Frankreich und schließlich über San Domingo nach Mexiko.

Bereits 1928 war sie der KPD beigetreten und wurde Mitglied im Bund proletarisch-revolutionärer Schriftsteller. In Mexiko trat sie dem Bund »Freies Deutschland« bei. 1942 erschien im Exil ihr wohl berühmtester Roman »Das siebte Kreuz«, zunächst in englischer Sprache in den USA mit einer Startauflage von 600 000 Exemplaren. Das Buch wurde ein Welterfolg. Roman und Verfilmung klärten Millionen Menschen in vielen Ländern über die Verbrechen der Nazis in den Konzentrationslagern auf – außer in Deutschland.

1955 mit Thomas Mann bei der Schiller-Ehrung in Weimar

1947 kehrte Anna Seghers nach Deutschland zurück und ließ sich in Ostberlin nieder. Im gleichen Jahr war es noch möglich, der international berühmten Autorin in Darmstadt den Büchner-Preis zu verleihen. In den fünfziger Jahren brachte allein der Ostberliner Aufbau Verlag zehn Bücher und eine Gesamtausgabe in acht Bänden von ihr heraus, darunter »Die Toten bleiben jung« (1949) und verschiedene Bände mit Erzählungen. In der DDR mit Preisen überhäuft (Nationalpreise der DDR 1951 und 1959, Internationaler Leninpreis 1951, Ehrendoktorin der Universität Jena 1959 und Präsidentin des Demokratischen Schriftsteller Verbandes seit seiner Gründung, um nur die Ehrungen und Auszeichnungen eines Jahrzehnts zu nennen), wurde ihr Werk im Zuge des Kalten Krieges in der Bundesrepublik zunehmend abgelehnt. Ihre Parteiname für den Sozialismus, zum Beispiel in ihrem Roman »Die Entscheidung« von 1959, wurde als literarisch schwach disqualifiziert, wobei eher ihre politische Auseinandersetzung mit dem Aufbau des Staates in der DDR als ihre Prosa gemeint war.

Anna Seghers ist 1983 gestorben.

## Luise Rinser

1911 in Pritzling bei Landsberg (Bayern) geboren, gehört Luise Rinser heute zu den bekanntesten Schriftstellerinnen der Bundesrepublik. Lehrerin seit 1935, wurde sie wenige Jahre später aus dem Schuldienst entlassen, weil sie sich geweigert hatte, der NSDAP beizutreten. 1944 wurde sie inhaftiert, und nur das Ende des Krieges bewahrte sie vor dem Galgen.

Nach ihrem Erstling »Die gläsernen Ringe« von 1941 hatte Luise Rinser während des Faschismus noch zwei weitere

Die Katholikin Rinser 1958 zur Audienz bei Papst Pius XII.

getötet, und ihre Hoffnung, geliebt zu werden ...«, heißt es darin.

1951 war sie erstmalig Gast der »Gruppe 47«, wo sie ihren späteren Mann Günter Eich kennenlernte. Eich, der insbesondere mit seinen Hörspielen die bundesdeutsche Literatur der fünfziger Jahre nachhaltig prägte, und Ilse Aichinger heirateten 1953. Sie war inzwischen Verlagslektorin und später Redakteurin beim Süddeutschen Rundfunk geworden und hatte kaum veröffentlicht.

*»Da hat ihm immer ein Knopf an dem einen Hemd gefehlt und dann zwei, ich habe sie ihm nicht angenäht, aber ich hab¹ dann mein Hörspiel ›Knöpfe‹ geschrieben.«*

Romane geschrieben, die aber nicht mehr erscheinen durften. Erst mit ihren Gefängnis-Erlebnissen, 1946 unter dem Titel »Gefängnis-Tagebuch« veröffentlicht, brachte sie sich wieder in Erinnerung und wurde 1948 mit der Erzählung »Jan Lobel aus Warschau« bekannt. Ein großes Publikum errang sie 1950 mit ihrem Roman »Mitte des Lebens«.

In den fünfziger Jahren veröffentlichte sie acht weitere Bücher, in denen sich ihre konsequente Hinwendung zum Katholizismus deutlich zeigt.

*»Wenn man das Evangelium liest, kommt man zum Sozialismus in seiner menschlichsten Form. Die Amtskirche ist nicht die Kirche allein. Die Kirche, die ich meine, ist revolutionär, wie die Botschaft Christi revolutionär gewesen ist«*, sagt sie und schrieb: *»So lange untröstlich sein, bis alle getröstet sind.«*

Ilsa Aichinger mit ihrer Zwillingsschwester Helga

## Ilse Aichinger

ist Österreicherin, geboren 1921 in Wien – als »Mischling«. Ihre Großeltern waren Juden. Zwar durfte sie noch ihr Abitur machen, aber nicht mehr die Universität besuchen. Die Ausreise nach England gelang nur der Zwillingsschwester. Ilse Aichinger, ihre Mutter und ihre Großmutter blieben in Wien, von wo aus die Großmutter 1942 in ein KZ deportiert wurde. Sie kam nicht zurück.

Nach dem Kriege begann Ilse Aichinger zunächst Medizin zu studieren. 1948 erschien dann ihr Roman »Die größere Hoffnung«, mit dem sie sofort bekannt wurde.

»Ihre Schuld war, geboren zu sein, ihre Angst war,

## Ingeborg Bachmann

Die wohl bekannteste deutschsprachige Dichterin der fünfziger Jahre wurde 1926 in Klagenfurt/Österreich geboren. Zwei Gedichtbände, »Die gestundete Zeit« (1953) und »Anrufung des großen Bären« (1956) machten sie auf Anhieb berühmt. Sie veröffentlichte nach diesen Lyrikbänden keine weiteren Gedichte, sondern wandte sich der Prosa zu. Für ihr Hörspiel »Der gute Gott von Manhattan« erhielt sie 1958 den Hörspielpreis der Kriegsblinden. In dem Hörspiel geht ein Bombenleger durch New York und sprengt Liebespaare in den Himmel. Auch Jan und Jennifer, ein junges Paar, sollen seine Opfer werden – doch nur sie kommt um. Jan ist für einen Moment aus dem Liebestaumel ausgebrochen und in der Hotelbar, als die Bombe explodiert.

Ingeborg Bachmann, die außer Gedichten, Hörspielen, Romanen und Erzählungen auch Opern-Libretti schrieb, war die erste Dozentin im Rahmen der Frankfurter Poetik-Vorlesungen im Wintersemester 1959/60. Sie häufte Auszeichnung auf Aufzeichnung (Preis der »Gruppe 47« im Jahre 1953, Literaturpreis des Kulturkreises der Deutschen Industrie 1957, Literaturpreis der Freien Hansestadt Bremen im selben Jahr und etliche weitere) und war seit 1957 korrespondierendes Mitglied der Deutschen Akademie für Sprache und Dichtung Darmstadt. Ihr anhaltender Ruhm begründet sich auf die zwei erstveröffentlichten Gedichtbände. Ihre spätere Prosa wurde von der Kritik eher zurückhaltend-kritisch aufgenommen.

Ingeborg Bachmann starb 1973 in Rom.

# Gisela Breitling

## Kunst und Künstlerinnen in den 50er Jahren

documenta-Besucher vor einem Bild von Jackson Pollock

*Sieben Jahre später*
*in einem Totenhaus*
*trinken die Henker von gestern*
*den goldenen Becher aus...*
(Ingeborg Bachmann,
Früher Mittag, 1952)

Sieben Jahre später hatte sich die Sprache um einige handliche Vokabeln bereichert: »Stunde Null«, »unbewältigte Vergangenheit«, »jüngste Vergangenheit«, »Neubeginn«, »Wirtschaftswunder«...: Lossprechungsformeln, mit deren Hilfe verdrängt, vergessen, verharmlost werden konnte.

So entsprach auch die Beschäftigung mit moderner Kunst weniger dem Bedürfnis, nun endlich, nach zwölf Jahren der Abschottung, den Anschluß an internationale Entwicklungen zu bekommen – vielmehr war sie beabsichtigtes Ergebnis umfangreicher Kulturabkommen und Verträge im Rahmen eines Erziehungsprogramms der Westalliierten. Der Aufwand an Metaphysik, der damals getrieben wurde, um die Öffentlichkeit mit dieser – abstrakten – Kunst vertraut zu machen, spricht nicht nur gegen die unverzüglich auf den Plan tretenden Missionare der Moderne, die Feuilletonisten und Kunstschriftsteller; er macht mißtrauisch gegen das Vorhaben überhaupt. Ging es da wirklich um Kunst? Über die hätte sich doch auch anders reden lassen.

Jedenfalls nicht unbedingt so, wie der Maler und Essayist Albert Paris Gütersloh das macht: er verkehrt das Vorhaben der Abstraktion ins genaue Gegenteil, indem er einen besonderen Naturalismus, ja, Naturalismus schlechthin daraus macht: »Der Blick durchs Mikroskop in die inne-re Welt der Dinge hat eine neue Natur geoffenbart. Und wenn wir bisher vor der Epidermis der Dinge,... dem äußeren Anschein... haltmachen mußten, so blicken wir jetzt in ihren innersten Mechanismus.«[1] Gütersloh spricht von »Siegern« und »Besiegten« auf dem Gebiet der Kunst, vom Künstler, der »wie ein leidenschaftlicher Spieler« handelt oder wie ein »Soldat von hohem persönlichem Mut und unbewußtem militärischem Genie«, meint aber andererseits, der Künstler greife zu Pinsel oder Feder, um sich von den bedrängenden Eindrücken zu befreien, »die, wenn sie nicht schnell und bis auf den letzten Rest aus unserem Nervensystem herausbefördert werden, den Zusammenbruch dieses Nervensystems verursachen würden«. Kunst als Therapie. Im Künstler, im »Idealbild seines Selbstes«, sind »Mutters Schicksal und Vaters sternregierender Geist« (sic) vereint. Künstlersein bedeutet aber auch »eine spezifische Geisteshaltung, die in sich und durch sich selber sich vollendet und *der Werke nicht bedarf*«, bedeutet »Leben im Vogelfreien«, ist »außerhalb jeder Zeit durch seinen eigenen kühn erfundenen Anachronismus«,[2] ist Zugehörigkeit zu einem geheimen Orden mit dem »Gelübde zu schweigen, einsam zu sein, mit der Welt zu brechen«. Künstler und Kunstwerk befinden sich in einer Sphäre »außerhalb der Notwendigkeit«, in der neben ihnen »nur Engel... dauerhaft leben können«.

Dieser »Jargon der Eigentlichkeit«, weder in sich schlüssig, noch in irgendeiner Weise hilfreich für das Verständnis von Kunst, gehörte in den 50er Jahren zum Repertoire der Deuter und Interpreten. Vieles davon wirkt bis in die Gegenwart weiter. Nun ist Kunstinterpretation nicht überflüssig, sondern notwendig. Aber in den 50er Jahren wurde nicht erklärt, nicht erhellt, sondern verdunkelt. Weshalb?

Es gab einleuchtende Gründe für die Bevorzugung abstrakter oder gegenstandsloser bildnerischer Gestaltung. Sowohl die Nazis als auch der sowjetische Realismus hatten den Gegenstand in Mißkredit gebracht. Die sichtbare Welt war von doktrinären Betrachtungsweisen usurpiert, verbraucht und ausgelaugt, so daß sie für die Künstlerinnen und Künstler vorderhand nicht verfügbar schien. Die Polarisierung der Künste hatte jedoch schon nach der Jahrhundertwende und vor allem in den 20er Jahren begonnen, wo sich auf der einen Seite Neue Sachlichkeit und engagierte Kunst um eine neue Deutung der Wirklichkeit bemühten und im Gegensatz dazu verschiedene experimentelle Gestaltungweisen zur Entwicklung abstrakter Bildkonzeptionen führten. Um zu verstehen, was in den Künsten vor sich gegangen war, um erklären zu können, statt zu raunen, hätte gewagt werden müssen, was bis heute aussteht: eine kritische Analyse von Kunst und Gesellschaft der 20er Jahre.[3]

Stattdessen berief man sich auf jene Zeit als auf etwas allein durch die Verfemung seitens der Nazis Gesichertes – ein nicht sehr zulänglicher Grund –, und eher gläubig als bewußt war man verzweifelt auf der Suche nach einer Orientierung, die Sicherheit bot und Endgültiges, für immer Gültiges verhieß.

Aber es gab noch andere, außerkünstlerische Gründe für die Verteidigung der »Moderne«. Während nämlich die »Umkehr«, die innere Abkehr vom Faschismus nur zögernd bzw. gar nicht vollzogen wurde, ließ sich in der Kunst demonstrativ Gesinnungswandel verkünden, der keinem wehtat und daher dort um so entschiedener verfochten wurde, je weniger die Absicht bestand, andernorts damit Ernst zu machen. Die von den Kulturbehörden und -funktionären durchgesetzten Neuerungen in der Kunst (bis hin zur »documenta« in Kassel) hatten den Zweck und den Effekt, daß sich in ihrem Schatten die Restauration desto ungestörter betreiben ließ. Nicht zufällig war es der Bundesverband der Deutschen Industrie (BDI), der mit besonderem Nachdruck und viel Mäzenatengeld die abstrakte Kunst förderte. Statt der endlichen Freiheit etablierte sich daher unversehens eine neue rigide Kunstdoktrin. Künstler, die bereits den Nazis mißliebig und mit Ausstellungsverbot belegt worden waren, Otto Dix, Karl Schmidt-Rottluff, Gerhard Marcks und Max Pechstein, wurden 1953 in der Hamburger Künstlerbund-Ausstellung ausjuriert. Nicht mehr den »gegenstandslosen«, sondern den »figurativen« Künstlern galten nun die Ausstellungsverbote, die diesmal nicht von Staats wegen, sondern von einflußreichen Kritikern und Juroren erwirkt wurden.

Professoren der Berliner Hochschule für bildende Kunst (Steinplatz) 1953. Von l. n. r.: Hans Thiemann, Max Kaus, Alexander Camaro, Hans Jähnisch, Woty Werner, Theodor Werner. Vorn: Rénée Sintenis. Hinten rechts: Bernhard Heiliger

Grethe Jürgens vor ihrem Ölbild »Liebespaar« von 1931

Jenny Wiegmann, Männertorso, 1934

Bei dem Versuch, die von den Nazis verfolgten Künstler zu rehabilitieren, fiel unter den Tisch, was nicht in die Ästhetik-Vorstellungen der 50er Jahre paßte, links orientierte politisch engagierte Kunst beispielsweise. Gänzlich aus dem Blick geriet jedoch (wie immer, wenn eine vergangene Epoche neu bewertet wird) die Tatsache, daß auch Künstler*innen* als »entartet« verfolgt, mit Ausstellungsverbot belegt, in den Selbstmord oder die Emigration getrieben oder im KZ umgebracht worden waren. Bis heute ist kaum bekannt, daß ein großer Teil der Werke von *Paula Modersohn-Becker* von den Nazis vernichtet worden ist. Wandbilder der Hamburger Malerin *Anita Rée* wurden ebenso zerstört wie Gemälde der Kölner »Imaginistin« *Alexandra Povorina*, weitere im Dritten Reich verfolgte

Künstlerinnen sind die der »Dresdner Secession« nahestehende *Elfriede Lohse-Wächtler*, die Kommunistin *Alice Lex-Nerlinger*, die Kunstlehrerin *Annot*, die der Neuen Sachlichkeit angehörende *Käthe Hoch*; um nur einige wenige Namen zu nennen.[4]

Im Mittelpunkt der Wahrnehmung ehemals als »entartet« verfemter Künstler standen in den 50er Jahren Franz Marc und August Macke sowie van Gogh, dessen Sonnenblumen allenthalben die Wohnzimmer zierten – eher aufgrund eines Mißverständnisses als durch wirkliche Beziehung zu seiner Kunst. Unter den Zeitgenossen der älteren Generation hatte neben Picasso damals Nolde den wahrscheinlich größten Einfluß. Und die *neuen* Größen der 50er Jahre hießen Fritz Winter, Willi Baumeister, Manessier, Heinz Trökes und Werner Gilles, sie hießen Eduard Bargheer, Werner Heldt und Georg Meistermann...

## Wo waren die Frauen?

Es ist schwierig, sich ein genaueres Bild über die Arbeit der Künstlerinnen in den 50er Jahren zu machen. In »allgemein gehaltenen« Publikationen über die Kunst der damaligen Zeit wurden sie vergessen: auch die der 20er-Jahre-Avantgarde angehörenden Frauen der älteren Generation blieben unerwähnt.

*Hannah Höch* lebte zurückgezogen und vergessen in Berlin; erst gegen Ende der 50er Jahre erinnerte man sich ihrer, und erst die Frauenbewegung machte sie wieder angemessen bekannt. *Grete Jürgens* stellte 1951 im Wilhelm-Busch-Museum in Hannover aus – danach nicht mehr. *Greta Overbeck* studierte Glasmalerei; im Kunstbetrieb kam sie nicht vor. *Hanna Nagel* schlug sich mit Buchillustrationen durch, zunehmend unter schwerer Krankheit leidend.

Hanna Nagel: Sonderbarer Traum, nach 1947

Jeanne Mammen, Gegenseitige Beschuldigung, o. J. (zwischen 1947 und 1975)

*Meret Oppenheim*, Mythos der 20er Jahre, lebte zurückgezogen und fast vergessen in Basel. Nirgendwo waren ihre Werke zu sehen, nirgends wurde ihr Name genannt, indessen ihre männlichen Künstlerkollegen von damals zu internationalem Ruhm aufstiegen. *Jeanne Mammen* hatte während der Nazizeit nicht ausgestellt; in den 50er Jahren gab es nur eine einzige Ausstellung von ihr. *Alice Lex-Nerlinger*, *Alexandra Povorina* und *Lea Grundig* lebten und arbeiteten in der DDR und traten daher im bundesrepublikanischen Kunstbetrieb schon gar nicht in Erscheinung.

Aber selbst Ausstellungen und Ehrungen verhalfen den Frauen nicht zu jener öffentlichen Präsenz, durch die ihre Kunst anerkannter Bestandteil der Entwicklung allgemein hätte werden können.

*Irmgard Wessel-Zumloh*, die damals der mittleren Generation angehörte, hatte ab 1950 mehrere Einzelausstellun-

Irmgard Wessel-Zumloh, Hellgrundig, 1959/60

Ida Kerkovius, Blumenstilleben, undatiert

Sophie Taeuber-Arp, plans profilés en courbes et plan, 1935

gen und erhielt in den 50er Jahren drei angesehene Kunst-
preise. In den damaligen Publikationen ist sie dennoch
nicht zu finden, obwohl ihre Malerei einen bedeutenden
Beitrag gerade zur Kunst dieser Zeit darstellt und obwohl
sie den erwähnten männlichen Kollegen zumindest Gleich-
rangiges geleistet hat. *Charlotte Berend-Corinth* war 1939
in die USA ausgewandert. 1956 stellte sie in New York aus,
danach in Berlin und München und erreichte damit kaum
mehr als Achtungserfolge im Schatten ihres Mannes Lovis
Corinth. Der Württembergische Kunstverein stellte 1948
die Malerin *Ida Kerkovius* in einer großen Einzelausstel-
lung vor. 1950 wurde sie Mitglied des Deutschen Künstler-
bundes, 1954 erhielt sie den baden-württembergischen
Preis für Malerei und 1959 neben dem Bundesverdienst-
kreuz den Titel Professor h. c. zu ihrem 80. Geburtstag. Im
gleichen Jahr fand eine große Retrospektive ihres Werks
statt. Trotzdem blieb sie weiterhin nur einem kleinen Kreis
bekannt. Von den Bildhauerinnen erreichte nur *Brigitte
Matschinsky-Denninghoff* mehr als Insider-Bekanntheit,
und unter den Malerinnen nahmen zwei etwa den Platz
ein, der ihnen zukommt: *Sophie Taeuber-Arp* und *Sonja
Delaunay*. Doch scheint dies eher zufällig eingedenk all
der unerwähnten und unterschätzten Kolleginnen. (In Re-
lation zu ihnen bedeutet vereinzelte Berühmtheit keine gerechte Rangzuweisung, sondern eher ein Indiz für die Beliebigkeit im Umgang mit den Leistungen von Frauen.)

An der Qualität kann es nicht liegen. Viele der damals
sehr geschätzten Künstler (Bargheer, Gilles, Cavael, Leve-

Remedios Varo, Despedida, 1958

Vieira da Silva, Le Desastre, 1942

Dorothea Tanning, Begegnung, 1952

dag u. a.) erweisen sich im Rückblick höchstens als geschmackvoll. Selbst über Franz Marcs Bedeutung als Maler ließe sich schließlich streiten (es wird übrigens gar nicht erst versucht); in den 50er Jahren wären leiseste Zweifel die schiere Blasphemie gewesen. Nicht mehr streiten läßt sich über die künstlerische Leistung des seinerzeit omnipräsenten Otto Mueller, vor dessen Zigeunerinnen die Kunstgeschichte immer noch nicht haltmacht. Mit unbegreiflicher Anhänglichkeit schleppt sie sich weiterhin an ihm ab.

Was die Frauen anbelangt, bietet auch die internationale Kunstszene kein besseres Bild: die Künstlerinnen werden verdrängt, ignoriert, unterschätzt. So wurde die tschechische Malerin *Marie Toyen* (Maria Cernisowa) zwar 1953 und 1955 in Paris ausgestellt – in den 20er Jahren befand sie sich im Zentrum der Avantgarde und stand in Verbindung zu allen bedeutenden Vertretern von Dada, Kubismus, Bauhaus, Futurismus etc., doch wurde ihr Werk in den Würdigungen dieser Kunstrichtungen in den 50er Jahren allenfalls am Rande erwähnt. Auch *Dorothea Tanning*, eine der bedeutendsten Künstlerpersönlichkeiten des Surrealismus überhaupt, kommt in den entsprechenden Ver-

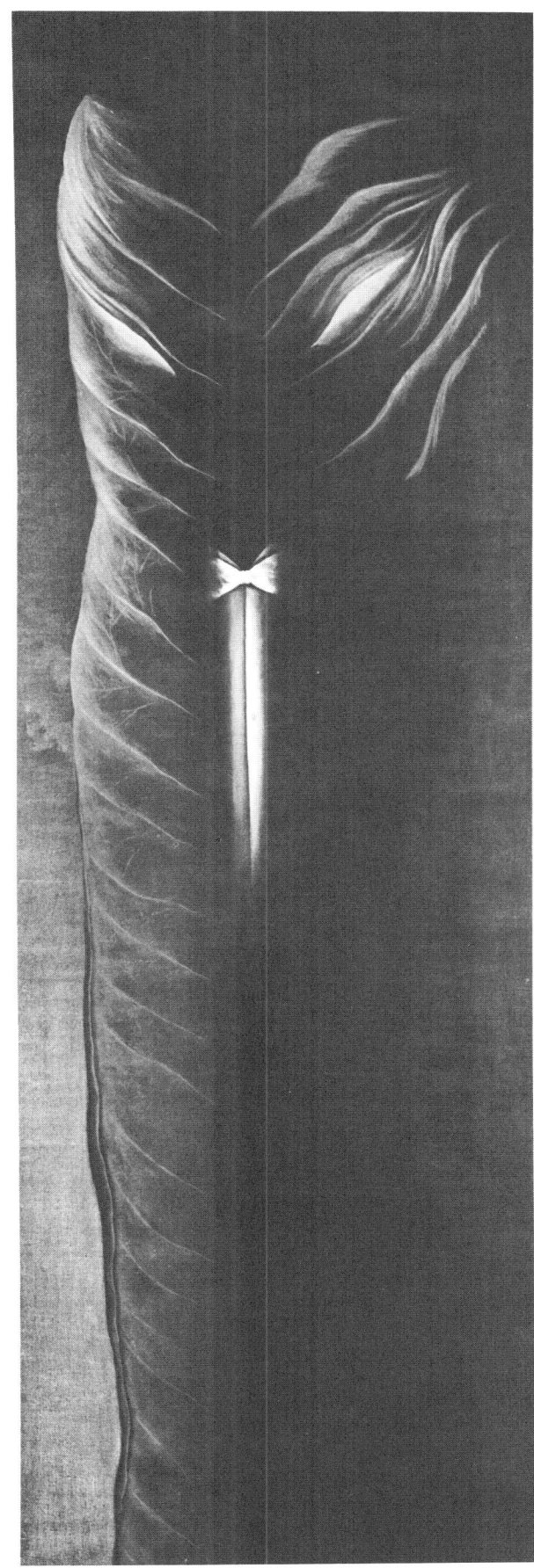

Marie Cernisova Toyen, In den Adern schwelt Feuer, 1955

öffentlichungen kaum vor. Sie fehlt beispielsweise auch in André Bretons grundlegendem Buch »Le Surrealisme et la Peinture«.

Hierzulande noch immer unbekannt ist auch die südamerikanische Surrealistin *Remedios Varo*.

Zu einer ihrem Rang entsprechenden Berühmtheit brachte es selbst die aus Lissabon stammende Malerin *Vieira da Silva* nicht, die seit Mitte der 50er Jahre in Frankreich lebte. Dort stellte sie kontinuierlich aus, und viele ihrer Werke befinden sich in französischen Museen. Sie wurden auch da und dort in deutschen Kunstzeitschriften abgebildet. Trotz ihres Erfolgs und ihres beachtlichen Beitrags zur Kunst nicht nur der damaligen Zeit, gilt für sie (wie für Frauen allgemein), daß sie bislang nicht wirklich als Bestandteil der Kunstentwicklung wahrgenommen wird.

Als die italienischen Bildhauer Marino Marini und Emilio Greco hierzulande gezeigt und bekannt gemacht wurden, blieb auch die bedeutendste Figur der »Römischen Schule«, *Antonietta Raphaël*, unberücksichtigt. *Germaine Richier* hatte zwar mehr Erfolg, doch würde auch sie kaum jemand in einem Atemzug beispielsweise mit Max Ernst, Marino Marini und Henry Moore nennen. Auch die lange Zeit in Italien, später in Berlin tätige Bildhauerin *Jenny Wiegmann* ist nach wie vor unterschätzt.[5]

Germaine Richier,
La Grande sauterelle,
1946–1947

Antonietta Raphaël, Porträt M. Mafai, 1940

Bele Bachem, Der Traum der Ophelia

## Randbezirke der Kunst

Zwei Künstlerinnen allerdings haben in den 50er Jahren große Bekanntheit erreicht, die Malerin *Bele Bachem* und die Designerin *Elsbeth Kupferoth*, doch dieser Erfolg ist zweischneidig, erklärbar zum einen aus der Zeit, zum anderen aus einer besonderen Haltung gegenüber Frauen, denen Ruhm immer dann bereitwillig gegönnt wird, wenn die Gefahr einer ernstzunehmenden Konkurrenz entfällt. Beide Künstlerinnen arbeiteten auf Gebieten, die mit »Weiblichkeit« vereinbar waren: die eine malte Bilder, die der Kennerblick als Kitsch verurteilen konnte, die andere entwarf Stoffmuster – eine Tätigkeit, die der weiblichen Sphäre von Mode und Kunsthandwerk zugehört.

Die 50er Jahre waren prüde, und die Abstraktheit der Kunst bot keinen Raum für erotische Träume und Sinnlichkeit. Die Künstler hatten die Sartre'sche Existenzphiloso-

phie adaptiert und sahen sich »verurteilt, frei zu sein und sich selber zu entwerfen«[2]... Die in Kunst und Philosophie ausgedrückte Verlassenheit im »Entwurf des Selbst« vertrieb (eher aufgrund eines Mißverständnisses) Erotik und Sinnlichkeit in exotische Fernen: wo du nicht bist, da ist das Glück. Die Kunst war körperlos und intellektuell und trotz ihres Gestus von rauschhafter Schaffensvitalität eher düster und dröge. Erotik und Vitalität gerannen zur intimen Beziehung »des Künstlers« zu seinem Material, zu Farbe, Leinwand etc., wurden zum Schaffensprozeß und in ihm sublimiert.

Eine diffuse Sehnsucht, die in den Künsten sich nicht gespiegelt sah, suchte ihre Paradiese nun anderswo, in den niederen Bezirken am Rande der Kunst, wo sich zwischen allerhand Nippes, Schnörkelkram und Niedlichkeiten träumen und vergessen ließ: Frankophilie, Italien und Hawaii-Strände, Orte, die nicht vorgesehen waren in der herben Strenge der asketisch-analytischen Sphäre der abstrakten Kunst. Was dort unbeschrieben und unsichtbar geblieben war, tauchte in den surrealistischen Bildern ans Licht. Doch diese Bilder beleuchteten eine eher abgründig-be-

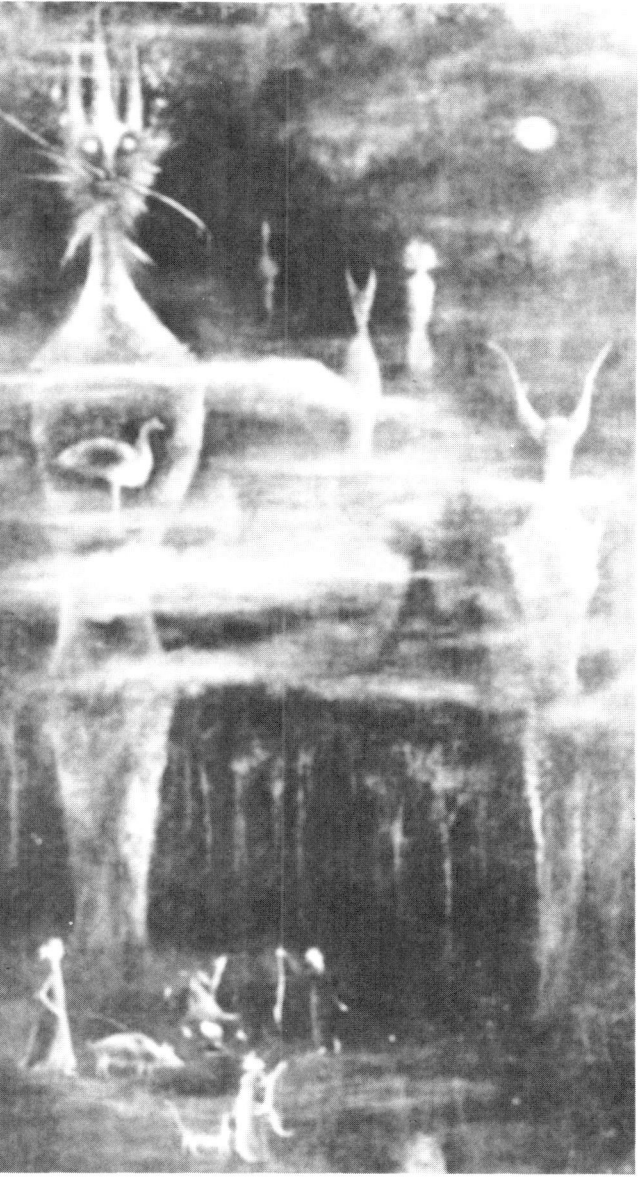

Leonora Carrington, L'endroit du trésor, 1956

Elsbeth Kupferoth, 1953. Rechts ein von ihr entworfenes Neujahrstuch, 1954, Werbegeschenk der Pausa AG

drohliche Welt im innersten Ich und die Erotik, von der da die Rede war, hatte vampirhafte Züge. Es war nicht gut sein in diesen dunkel-grellen Bezirken des Unterbewußten, in die die Malerei beispielsweise von *Toyen*, *Tanning* oder *Leonora Carrington* hinabführte.

Am Rand solcher Abgründe siedelte sich *Bele Bachems* Kunst an. Nicht das Geheimnisvolle oder Hintersinnige war ihre Sache, sondern verspielte Koketterie: eine Mischung aus Frivolität und Naivität. Ihre großäugigen Frauen, die in phantastischen Gewändern auf winzigen, verschnörkelten Stühlchen saßen, entblößten mit Unschuldsblick apfelförmige Brüste und verhießen erotische Vergnügungen von liebenswürdigem Charme, die keine Schamgrenze verletzten, umgeben von gutmütig und sanft aussehenden Jünglingen, von denen nichts Unschickliches zu befürchten war. Bele Bachem hatte sprudelnde Phantasie, untrügliches Farbgefühl und Witz. Ihre Malerei kam dem Wunsch entgegen, einmal alles nicht ganz so ernst, sondern ein bißchen auf die Schippe zu nehmen, ein keineswegs kratzbürstiger, eher frivoler Widerstand gegenüber bohrenden Fragen und drängenden Problemen. Bele Bachem gehört zwar alles in allem eher in die Nachbarschaft von Jean Eiffel als in die von Mac Zimmermann – aber, wie immer man sie im Rückblick einordnet, in den 50er Jahren hatte sie prägenden Anteil an Zeitstil und Lebensgefühl.

Die zweite einflußreiche Künstlerin ihrer Zeit, *Elsbeth Kupferoth*, »die Kupferoth«, war ein Star unter den damaligen Designern und verkörperte den Typ der selbständigen, emanzipierten Frau der 50er Jahre. Ihre Tapeten- und Dekorationsstoff-Muster wurden kilometerweise gedruckt und unzählige Wohnungen und öffentliche Gebäude mit ihnen ausgestattet.

Wie man sich mit dem ersten Wirschaftswundergeld kultiviert und »modern« einrichten solle, war damals Gegenstand tiefschürfender Erörterungen und rief hochkarätige Gremien auf den Plan. Die gesamte Avantgarde der Malerei passierte Revue auf Stoffen und Tapeten, Vasen und Tellern. Dem Stoffdessin kam eine weit größere Bedeutung zu als das heute der Fall ist.

Die Entwürfe der Kupferoth waren geschmackvoll und elegant. Sie besaßen trotz ihrer großen Verbreitung ein exklusiv-kultiviertes Flair. Obwohl sie ganz auf der Linie des Zeitgeschmacks lag, war die Handschrift der Kupferoth unverkennbar. Von ähnlichen Dessins anderer unterschieden sich die ihren durch Geschmack und farbiges Raffinement.

## Exkurs

1957 erschien in der sehr verbreiteten Taschenbuchreihe »Bücher des Wissens« Werner Hofmanns »Zeichen und Gestalt – die Malerei des 20. Jahrhunderts. Unter den 252 im Text angeführten Personen werden fünf Frauen genannt (das sind 2%): die Malerinnen *Gontscharowa*, *Becker-Modersohn*, *Münter*, *Da Silva* und *Taeuber-Arp*. Einer einzigen unter ihnen (Taeuber-Arp) wurde die Ehre einer Abbildung zuteil, die Übrigen werden lediglich namentlich erwähnt und zwar so: »Der Beitrag Norddeutschlands mit Emil Nolde und Paula Modersohn-Becker setzt 1905 ein.« (S. 39)... »Um 1910 entwickeln Michael Larionoff und Natalia Gontscharowa den Rayonismus«, ... etc. Einen ganzen Satz hat Hofmann außer Taeuber-Arp keiner Künstlerin gegönnt, doch sind Maler von so fragwürdigem Rang wie etwa Josef Mickl oder Rolf Wagner mit Abbildungen vertreten, zahlreiche weitere namentlich genannt. Daß Taeuber-Arp eine derartige Sonderstellung eingeräumt wird, erweist sich damit als Willkür, nicht als fundierte Einschätzung: es hätte ebensogut eine andere oder gar keine sein können. Hofmanns Buch war so etwas wie ein Standardwerk. So ziemlich alle mit Kunst befaßten Leute besaßen es.

Tempi Passati? 1983 (nach zehn Jahren Frauenbewegung) wurde in der Akademie der Künste, Berlin, die Nachkriegszeit rekapituliert. Zu der Ausstellung »Grauzonen – Farbwelten, Kunst und Zeitbilder 1945–1955« erschien ein Katalog.[3] 627 Namen enthält das Register im

Anhang. Unter diesen finden sich 26 Namen von Frauen, deren Anteil sich damit seit Hofmann von 2 auf 4 % verdoppelt hat. Vier der Genannten sind Schlagersängerinnen (!), eine ist Kunstkritikerin, Carola Giedion-Welcker, eine in der Tat sehr einflußreiche Persönlichkeit der damaligen Zeit, eine ist Autorin eines Buchs über Innenarchitektur, eine Porzellandesignerin. Dann werden genannt zwei weitere Designerinnen, drei Galeristinnen, die Kunstsammlerin Peggy Guggenheim und die Kultusministerin von Nordrhein-Westfalen, Christine Teusch. Ein Frauenname kommt folgendermaßen ins Register: »... mein Lippenstift ist nicht kußecht, aber dafür von Elsa Schiaparelli in shokking-pink...«, eine andere wird erwähnt, weil sie die Gattin eines höheren Militärs ist. Freie bildende Künstlerinnen sind nur neun der genannten Frauen, ganze drei von ihnen sind mit Abbildungen vertreten (neben der Designerin *Elsbeth Kupferoth*). Unter ihnen wird die Bildhauerin *Brigitte Matschinsky-Denninghoff* mit zehn Erwähnungen und vier Abbildungen besonders herausgestellt. Da ihre Hervorhebung jedoch in keinem Verhältnis steht zur sonstigen Präsenz bzw. Abwesenheit von Frauen bei dieser Nachkriegs-Retrospektive, ist sie ebenso zufällig und unverbindlich wie die Würdigung von *Taeuber-Arp* bei Hofmann. Solche Beliebigkeit vermittelt Ausstellungsbesucher/inne/n und Katalogbenutzer/inne/n dies: außer der erwähnten Künstlerin gibt es keine, die nennenswert wäre; was Frauen sonst gemacht haben, ist bedeutungslos, d.h., es rangiert noch unterhalb der mittelmäßigen Erzeugnisse von Männern, die in solchen Darstellungen ja auch vorkommen.

## Schlußbemerkung

Wir stellen fest: In den 50er Jahren versuchten die Künstlerinnen, die die Nazizeit im Lande überlebt hatten oder aus der Emigration zurückgekehrt waren, ihre unterbrochene Tätigkeit wieder aufzunehmen (genau wie ihre männlichen Kollegen): die einen hatten dabei mehr, die anderen weniger Erfolg. Bei allgemeinen Analysen der Kunst der Zeit traten sie jedoch kaum in Erscheinung. Im Kulturbetrieb wie überhaupt in der damaligen Zeit hatten die Frauen den Männern Platz zu machen und die Positionen zu räumen, die sie während des Krieges und unmittelbar danach innehatten.

Die Geschichte der Kunst von Frauen in dieser Zeit ist noch nicht geschrieben.

Brigitte Matschinsky-Denninghoff, um 1955

*Anmerkungen*

1 Albert Paris Gütersloh, Zur Situation der modernen Kunst, Wien 1963. Die in diesem Band veröffentlichten Texte entstanden zum größten Teil in den 50er Jahren.
2 Gütersloh, a.a.O., S. 42. Hervorhebung G. B. In diametralem Gegensatz dazu steht Sartres Postulat: der Mensch ist, was er vollbringt. »Es gibt keine andere Genialität als die sich in Kunstwerken ausdrückt.« Sartre, Drei Essays, Berlin 1968, S. 23.
3 Auch anläßlich der unter den Auspizien des Europarates durchgeführten 15. europäischen Kunstausstellung »Tendenzen der 20er Jahre« (Berlin 1977) wurde die Gelegenheit zu einer kritischen Analyse versäumt.
4 Eine über wenige Beispiele hinausgehende Namensnennung verfemter Künstlerinnen ist im Rahmen dieses Beitrags nicht möglich. Siehe hierzu auch: Lea Vergine, L'altra metà dell'avanguardia, Mailand 1980, und »Die Kunst der verlorenen Generation«.
5 Leider konnten hier nur Namen angeführt werden. Auf die Arbeit der Künstlerinnen im Einzelnen einzugehen, würde den Rahmen dieses Aufsatzes sprengen, Charakterisierungen der einen oder anderen in einem Nebensatz schienen mir unangemessen.
6 Sartre, a.a.O., S. 16

# Ingrid Langer

# In letzter Konsequenz ... Uranbergwerk!

## Die Gleichberechtigung in Grundgesetz und Bürgerlichem Gesetzbuch

Elisabeth Lüders eröffnet die konstituierende Sitzung des Bundestages am 6. 10. 1953

Es ist einigermaßen schwierig, eine Beschreibung der Situation der Frauen und Familien in den fünfziger Jahren zu versuchen, weil wir über die wichtige Zeit davor – die Zeit von 1945–1949 – nur sehr ungenau informiert sind. Wir wissen kaum etwas darüber, wie viele Frauen in dieser Zeit erwerbstätig waren, welche Rolle sie in der Wiederorganisation des Lebens, des Alltags dieser Zeit gespielt haben; wie sie sich in ihren Rollen als Trümmerfrauen, als Schwarzmarkthändlerinnen, als Flüchtlingsfrauen, als alleinstehende Mütter, die auf ihre verschollenen Männer warten, schließlich als Soldatenwitwen durchs Leben gebracht, wie sie die Familien erhalten und wie sie im Alltag den Weg aus dem Chaos in die relative Normalität der fünfziger Jahre gebahnt und gefunden haben. Ist schon die politische Geschichte dieser Jahre wenig erhellt, wieviel weniger ist es die Alltagsgeschichte, die oft die eigentliche Geschichte der Frauen ist.

Die soziologische Familienforschung ist sich insoweit einig, daß die Familie fast als einzige tragende, intakte Institution in der unmittelbaren Nachkriegszeit übriggeblieben war. Alle anderen Institutionen wie Regierung, Verwaltung und Betriebe waren außer Kraft gesetzt oder zerstört. Evakuierungen, Flucht, Aussiedlung hatten riesige Menschenmengen durcheinandergewirbelt und an neuen Orten zusammengeführt. Nicht zuletzt auch die gewaltigen Verluste in der Zivilbevölkerung durch die Bombardierungen hatten viele Bindungen wie Vereine, Nachbarschaften, Verwandtschaftskreise aufgelöst. Das Alltagsleben konnte sich nur in dieser kleinsten Gruppe, der Familie, wieder organisieren. Es ist klar, daß hier den Frauen und Müttern die Hauptlast zufiel. Viele Männer waren gefallen oder noch in Kriegsgefangenschaft. In dieser Zeit, in der »soziale Typisierungen nach Schicht, Beruf, Bildung, Religion [ . . . ] gegenüber Schicksalskategorien wie Heimkehrer, Flüchtling, Kriegsgefangener, Kriegerwitwe, Displaced person, KZ-Häftling«[1] in den Hintergrund traten, verfügten Frauen wohl auch über besondere Fähigkeiten zur Bewältigung dieser Situation. Sie werden immer noch dazu erzogen, direkte Beziehungen aufrechtzuerhalten und zu pflegen.

Eine sehenswerte Abteilung des Historischen Museums in Frankfurt[2] zeigte uns die Frauen dieser Zeit unter den Stichworten: Chaos, Vergewaltigung, Hunger, Flüchtlinge, Wohnungsnot, schwarzer Markt und – damit zusammenhängend – Prostitution, Mischlingskinder, Mißtrauen der Männer, Eheprobleme. Das Deutschland von 1945/46 war ein Land der Frauen.[3] Wie bekannt, war aber die langersehnte Heimkehr der Männer aus der Kriegsgefangenschaft oft gefolgt von einer schweren Ehekrise, sei es, weil die Frauen das Steuer der Familie wieder aus der Hand geben sollten, das sie sehr lange hatten halten müssen, sei es, daß die Männer sich nicht wieder zurechtfanden und die Frauen ausgleichen mußten.

## Frauenausschüsse

1945 entstehen in fast allen großen Städten die sogenannten Frauenausschüsse. Sie setzen sich für einen demokratischen Neubeginn, für den Frieden und für die Gleichberechtigung der Geschlechter ein. Ähnlich wie die antifaschistischen Arbeiterausschüsse sind sie überparteilich organisiert. Zum Teil werden sie später in bürgerliche Frauenverbände übergehen, die sich 1949 zum westzonalen Dachverband »Deutscher Frauenring« vereinigen. 1947 wird in Berlin der »Demokratische Frauenbund Deutschlands« (DFD) gegründet, in dem sich sozialistisch orientierte Frauen zusammenschließen. Wenn auch als überparteilicher, interzonaler Dachverband gegründet, so blieb er doch – Symptom der beginnenden Spaltung – im wesentlichen auf die Sowjetzone beschränkt. Eine Neugründung des DFD 1950 in der Bundesrepublik wurde kurz nach der KPD 1957 verboten. Ein Teil der linken Mitglieder der Frauenausschüsse arbeitete auch in der SPD und KPD mit. Die Besatzungsmächte unterstützten die parlamentarische Vertretung von Frauen. So machten es die Amerikaner und Briten bei den ersten Parlamenten auf kommunaler und Landesebene, deren Mitglieder noch nicht gewählt, sondern mit Zustimmung der Alliierten ernannt wurden, zur Bedingung, daß Frauen angemessen vertreten seien.[4]

Gabriele Strecker erinnert sich an den Beginn dieser Frauenausschüsse in Frankfurt:

»Schon Ende 1945 hatten sich in Frankfurt Frauen zusammengefunden, Überlebende, die in der Opposition gestanden hatten, Frauen, die schon in der alten Frauenbewegung tätig gewesen waren, aber auch neue, bisher unbekannte Frauen, die einfach als Menschen fühlten, daß ihnen die Zeit eine Chance bot und sie etwas tun mußten. Am 25.1.1946 kam der Öffentlichkeit ein Aufruf zu Gesicht, der in 8 Punkten die Ziele von 14 Frauen enthielt. Sie bezeichneten sich selbst als Frankfurter Frauenausschuß, der zur Bildung einer großen Frauenorganisation aufrief, die allen Frauen aus allen Schichten und jeden Alters helfend und beratend zur Seite stehen wollte. Er forderte die Frauen aller Städte und Gemeinden auf, lokale Frauenausschüsse zu gründen, die dann später in einer einheitlichen Organisation unter Leitung des Frankfurter Frauenausschusses zusammengefaßt werden sollten mit dem Fernziel einer Vereinigung aller Frauenorganisationen in ganz Deutschland. Die 8 Programmpunkte:*

1. *Gleichberechtigung der Frau*
2. *Mitwirkung in der Verwaltung*
3. *Gleiches Recht auf Arbeit und gleicher Lohn*
4. *Gerechte Beteiligung der Frau in den Berufsvertretungen*
5. *Hinzuziehung im Rechtswesen*
6. *Neuordnung des Familienrechts*
7. *Mehr Frauen in führenden Stellen und im Erziehungswesen*
8. *Höhere Wertschätzung der Frauenarbeit [ . . . ]«*[5]

Zeugnisse dieser Art sind selten. Um die Entwicklung in den fünfziger Jahren besser verstehen zu können, wäre es wichtig, mehr über die Geschichte der Frauen in dieser für die Entwicklung der Bundesrepublik entscheidenden Phase zu wissen. Frauen müssen einen entscheidenden Anteil am Aufbau in dieser Zeit gehabt haben. Glücklicherweise leben einige der bestimmenden Frauen dieser Zeit noch und können selbst Auskunft geben.

Friederike Nadig (SPD), Dr. jur. Elisabeth Selbert (SPD),
Dr. Dr. h. c. Helene Weber (CDU), Helene Wessel (Zentrum)

## Die »Mütter des Grundgesetzes«

Eine von ihnen ist Dr. Elisabeth Selbert, eine der vier
»Mütter des Grundgesetzes«, also Mitglied des Parlamentarischen Rates. Inzwischen über achtzig Jahre alt, ist sie in
letzter Zeit wieder stärker ins öffentliche Interesse gerückt. Die Anwältin und Notarin hatte Ende der zwanziger
Jahre mit einer Arbeit über das Zerrüttungsprinzip im Ehescheidungsrecht promoviert,[6] die sich heute geradezu prophetisch liest: Das Zerrüttungsprinzip ist 1977 im neuen
Ehescheidungsrecht verwirklicht worden. Sie war Mitglied
des Vorstands der SPD und Abgeordnete im Hessischen
Landtag; ihr Name ist verbunden mit der Durchsetzung des
Artikels 3, Abs. 2 GG, des Gleichberechtigungsartikels.
Die drei anderen »Mütter des Grundgesetzes« waren:
Dr. Helene Weber, damals 68 Jahre alt, 1919 eine der
jüngsten Teilnehmerinnen an der deutschen Nationalversammlung, in der Weimarer Republik Mitglied des Zentrums, nach 1945 Mitglied der CDU; Helene Wessel, Zentrum, gehörte später der gesamtdeutschen Partei und
schließlich der SPD an, aus der sozialen Arbeit gekommen,
1969 gestorben, und Frieda Nadig, SPD, die ebenfalls aus
der sozialen Arbeit kam. Im November 1948 rief sie die
Frauen zur Anteilnahme am Prozeß der Entstehung des
Grundgesetzes auf; sie war von 1949–1961 Mitglied des
deutschen Bundestages und starb 1970.

In der Weimarer Reichsverfassung lautete der Artikel
109 Abs. 2: »Männer und Frauen haben die gleichen staatsbürgerlichen Rechte und Pflichten.« Diese Einschränkung
auf die »staatsbürgerlichen Rechte und Pflichten« hatte wesentliche Auswirkungen: so blieb das ganze Familienrecht
und die dadurch festgelegte unterschiedliche Stellung von
Mann und Frau durch diesen Verfassungsgrundsatz unberührt. Deshalb gingen fortschrittliche Frauen und Männer
davon aus, daß diese Einschränkung wegfallen und der
Gleichberechtigungsartikel nun eindeutig lauten müsse:
»Männer und Frauen sind gleichberechtigt.« Elisabeth Selbert hatte zuerst Schwierigkeiten, ihren Antrag auf diese

Formulierung in der eigenen Fraktion durchzusetzen.
Schon dort begegnete ihr der Einwand, daß ein Rechtschaos folgen müsse, wenn diese Formulierung als Grundrecht, das ja Gesetzgebung, Exekutive und die Rechtspflege binde, in die Verfassung aufgenommen werde. Als sie
sich in der Fraktion durchgesetzt hatte, begann der Kampf
im Hauptausschuß des Parlamentarischen Rats. Elisabeth
Selbert in der Begründung ihres Antrags vor dem Hauptausschuß, nachdem er schon einmal im Ausschuß für
Grundsatzfragen abgelehnt worden war:

*»[ . . . ] in meinen kühnsten Träumen habe ich nicht erwartet,
daß dieser Antrag abgelehnt würde. Es ist eine Selbstverständlichkeit, daß man heute weitergehen muß als in Weimar
und daß man den Frauen die Gleichberechtigung auf allen
Gebieten geben muß. Die Frau soll nicht nur in staatsbürgerlichen Dingen gleichstehen, sondern muß auf allen Gebieten
dem Manne gleichgestellt werden.«*[7]

Dagegen wurde vor allem ins Feld geführt, daß dann »alle
Bestimmungen unseres BGB, die diesem Gleichheitssatz
widersprechen, nichtig« seien – so ein CSU-Abgeordneter.[8] Er gab damit die Meinung der Mehrheit der Mitglieder des Hauptausschusses wieder, obwohl schon damals
vorgesehen war, daß bis 31. 3. 1953 alle der Gleichberechtigung entgegenstehenden Regelungen des bürgerlichen
Rechts zu verändern seien (der spätere Art. 117 GG). Carlo Schmid, SPD, versuchte vermittelnd, obwohl er den Antrag Selbert unterstützte, diese Bestimmungen des Bürgerlichen Gesetzbuches (BGB) zum Schutz der Frauen umzuinterpretieren: »Diese Bestimmungen, die die Frau in ihren Rechtshandlungen an gewisse Genehmigungen bindet,
sind getroffen worden, um die Frauen zu schützen«. Zwischenruf Renner, KPD: »Diese Version ist neu! Für einen
Sozialisten absolut neu!« Schmids weitere Begründung
zeigt, wie wenig der ernste materielle Gehalt dieser Veränderungen damals erkannt wurde: »Es handelt sich also genau gesehen darum, daß die Frau erwartet, daß diese fürsorgliche Vormundschaft über sie aufgehoben wird. Es
geht den Frauen letzten Endes [ . . . ] um die Ehre und nicht
um die ›Besserstellung‹.«[9] Immerhin kam der Parlamentarische Rat am Ende ohne Gegenvoten überein, auch den
sehr viel weiter gehenden Antrag der KPD, eingebracht
von Renner, in der schließlich beschlossenen Formel enthalten zu sehen: »Das entscheidende Recht, das man der
Frau geben muß, ist das der im Beruf stehenden Frau auf
gleichen Lohn für gleiche Arbeit.« Das ist ein wichtiges Detail der damaligen Beratungen – auch für den heutigen
Kampf der Frauen um gleichen Lohn für gleiche Arbeit.[10]

## Die überraschten Väter

Doch vorerst lehnte der Hauptausschuß in erster Lesung
den Antrag Selbert am 3. 12. 1948 mit 11 : 9 Stimmen wieder
ab. Daraufhin erhob sich ein von Frauen entfachter außerparlamentarischer Sturm. Frau Selbert (in der 2. Lesung
am 18. 1. 1949): »Ich betrachte es als meine Ehrenpflicht,
bei dieser Gelegenheit einige der Frauenverbände zu nennen, die sich in so dankenswerter Weise gerührt haben. So
hat die Industriegewerkschaft Metall, in der 40 000 Gewerkschaftlerinnen organisiert sind, eine Eingabe an uns
gerichtet. Weiter der Frauenring der britischen Zone, der
Süddeutsche Frauenarbeitskreis, die weiblichen Mitglieder des freien Gewerkschaftsbundes Hessen. Sämtliche
weibliche Abgeordneten sämtlicher Landtage außer Bay-

ern, ob es in Bayern keine weiblichen Abgeordneten im Parlament gibt?«[11] Bezeichnenderweise waren die »Väter« des Grundgesetzes davon überrascht: »Ich glaube, daß ich für die überwiegende Anzahl aller deutschen Männer und insbesondere aller deutschen Ehemänner spreche, wenn ich sage, daß der Grundsatz der Gleichberechtigung von Mann und Frau uns zumindest seit 1918 bereits so in Fleisch und Blut übergegangen ist, daß uns die Debatte etwas überrascht hat«, so ein CDU-Abgeordneter.[12] Wie weit der Hinweis von Frau Dr. Selbert auf den damaligen Frauenüberschuß von 7 Millionen ein übriges getan hat, mag dahingestellt bleiben, aber er soll hier zitiert werden: »Alle ›Aber‹ sollten [...] ausgeschaltet sein, da mit den Stimmen der Frauen als Wählerinnen gerechnet werden muß [...] und wir auf 100 Wähler 170 Wählerinnen rechnen.«[13] Als die Formulierung »Männer und Frauen sind gleichberechtigt« in 2. Lesung angenommen wurde, war Elisabeth Selbert sich durchaus der historischen Bedeutung ihres Sieges bewußt. Sie schildert das bewegend in einem Vortrag von 1978:

*»Ich hatte gesiegt, und ich weiß nicht, ob ich Ihnen das Gefühl beschreiben kann, das ich in diesem Augenblick gehabt habe. Ich hatte einen Zipfel der Macht in meiner Hand gehabt und diesen Zipfel der Macht, den habe ich ausgenützt, aber auch in voller Tiefe, in aller Tiefe, in aller Weite, die mir theoretisch zur Verfügung stand. Und es war die Sternstunde meines Lebens, als die Gleichberechtigung der Frau damit zur Annahme kam.«[14]*

## Der Gleichberechtigungsgrundsatz wird verwässert

Der Gleichberechtigungsartikel war also in der weitestgehenden Fassung in das Grundgesetz aufgenommen worden. Da Art. 117 Abs. 1 GG bestimmt, daß das entgegenstehende Recht dieser Norm anzupassen sei, jedenfalls aber nicht länger als bis 31. März 1953 in Kraft bleiben durfte, mußten die Teile des Familienrechts im BGB verändert werden, in denen zentrale Vorrechte des Ehemannes und Vaters verankert waren. Doch auch diese Rechtsreform war nur gegen massive Widerstände durchzusetzen. Es gab gewichtige juristische Meinungen, die bestrebt waren, den Willen des Parlamentarischen Rates auszuhöhlen oder zumindest zu verwässern. Sie gingen davon aus, daß Mann und Frau in natürlicher Weise verschieden seien und daß sich dies auch im Recht niederschlagen müsse; ja sie gingen sogar so weit zu erklären, das männliche Entscheidungsrecht in allen Fragen, die das gemeinsame Leben der Eheleute betreffen (§ 1354 BGB), der väterliche »Stichentscheid« sowie die »Alleinvertretungsmacht« des Vaters (§§ 1628, 1629 BGB) stünden mit dem Gleichberechtigungsartikel im Einklang. Man berief sich dazu auf die »natürliche Ordnung« der Ehe und eine »gewisse natürliche Präponderanz des Mannes«! Auch die beiden Kirchen schalteten sich im Frühjahr 1952 mit warnenden, ja fast drohenden Schreiben vom Rat der Evangelischen Kirchen in Deutschland sowie dem Vorsitzenden der Deutschen Bischofskonferenz, Kardinal Frings, in diesen Prozeß ein. Auch sie sahen die »natürliche Eheordnung« durch diese Reform bedroht. Für sie sei die innerfamiliäre Entscheidungsgewalt des Mannes unverzichtbar!

Nun begann eine recht unwürdige gesetzgeberische Prozedur. Erst im Oktober 1952 leitete die Regierung Adenauer dem Bundestag einen ersten Entwurf des Gleichberech-

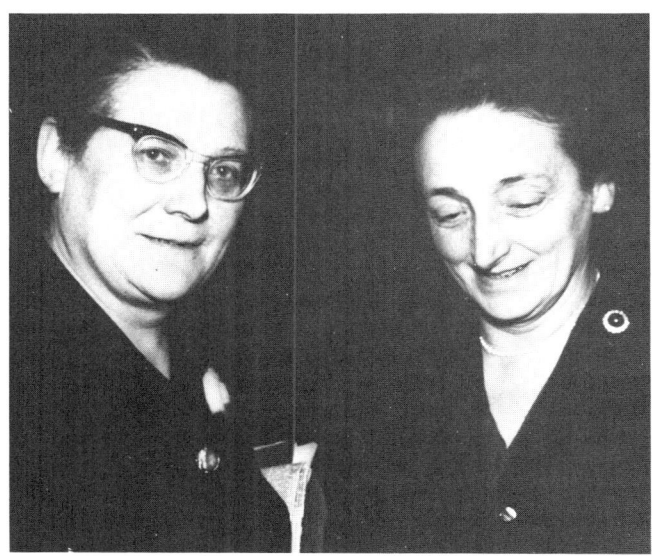

Helene Wessel und Luise Albertz (SPD), die 1946 bis zu ihrem Tode 1979 Oberbürgermeisterin in Oberhausen sowie 1949 bis 1969 Mitglied des Bundestages war. Luise Albertz stammte aus einer sozialistischen Arbeiterfamilie des Ruhrgebiets; sie war in den 50er Jahren insbesondere im Kampf gegen die Atombewaffnung aktiv; in den 60er Jahren setzte sie sich gegen das Zechensterben, für die Verständigung mit den sozialistischen Ländern und, gemeinsam mit ihrem Kulturreferenten Hilmar Hoffmann, durch Schaffung der »Oberhausener Kurzfilmtage« für die Förderung des »jungen deutschen Films« ein. Sie war und blieb die einzige Oberbürgermeisterin der BRD.

tigungsgesetzes zu, obwohl das Grundgesetz für diese Rechtsreform einen Termin gesetzt hatte, der schon sechs Monate später ablief.[15] Dazu enthielt der Gesetzentwurf offenkundig eine Reihe verfassungswidriger Bestimmungen, so vor allem nach wie vor das Alleinentscheidungsrecht des Mannes (§ 1354 BGB). Die parlamentarische Behandlung dieses Gesetzentwurfs lief nur schleppend an, Anträge der SPD-Fraktion auf Beschleunigung des Verfahrens wurden abgelehnt. Es war klar, daß die Frist nicht einzuhalten sein würde. Damit jedoch am 1.4.1953, mit dem ja alle dem Gleichberechtigungsartikel entgegenstehenden Bestimmungen ihre Gültigkeit verlieren sollten, kein Rechtsvakuum entstehe, versuchten die Regierungsparteien über einen Verfassungsänderungsantrag, diese Frist um weitere zwei Jahre bis Ende März 1955 hinauszuschieben. SPD und KPD stimmten jedoch dagegen, und damit trat ab April 1953 tatsächlich eine Art »gesetzloser Zustand« ein, die Gleichberechtigung von Mann und Frau betreffend, den die Gerichte auszufüllen hatten. In diesem »Rechtsvakuum« versuchte die juristische »herrschende Lehre« zumindest die Positionen des Regierungsentwurfs von 1952 festzuschreiben: hier hatte es geheißen, mit Rücksicht auf Art. 6 GG könne eine »Entscheidungsbefugnis des Mannes nicht entbehrt werden«. Es wurde so versucht, den »Schutz von Ehe und Familie« zum Grenzwall gegen eine »Überflutung mit Gleichberechtigung« zu machen.

Es war schließlich das Bundesverfassungsgericht, das allen Versuchen, die durch den Art. 117 GG gesetzte Frist weiter zu verlängern, einen Riegel vorschob. Es entschied, daß »seit dem Ablauf der in Art. 117 Abs. 1 GG gesetzten Frist [...] Mann und Frau auch im Bereich von Ehe und Familie gleichberechtigt seien.« Gleichzeitig stellten die Rich-

**Was werden die Frauen dazu sagen?**

**Männer verlangen Gleichberechtigung**

Alle Mädchen müssen einen Beruf erlernen! Erst dann können sie die Pflichten übernehmen, die das Gesetz ihnen aufbürden wird. Unser Bild zeigt Schülerinnen der Landeskunstschule Hamburg. Zu unserem Artikel auf den Seiten 643/646.

Foto: Rosemarie Cl...

ter fest, daß der Gleichberechtigungsgrundsatz in Art. 3 Abs. 2 GG eine »echte Rechtsnorm« sei. Nach ihr seien die Richter jetzt aufgerufen, mit ihren Mitteln das entstandene Rechtsvakuum zu füllen. Die weiteren Ausführungen in der Urteilsbegründung zeigten jedoch eine deutliche Verkürzung des Gehalts des Gleichberechtigungsartikels, wie er im Parlamentarischen Rat gesehen worden war. So wurde das Differenzierungsverbot z. T. eingeschränkt: »Differenzierungen [...], die auf Unterschiedlichkeit der Lebensumstände beruhen, bleiben von dem Differenzierungsverbot unberührt.« Inhaltlich führten die Richter dazu aus, daß »beide Ehegatten zum Unterhalt der Familie nach ihren Kräften beizutragen haben, [...] der Mann durch außerhäusliche Erwerbstätigkeit und Bereitstellung von Barmitteln, die Frau durch Haushaltsführung und Sorge für die Kinder.« [16] Damit schrieben sie die unterschiedliche Rollenverteilung in der Familie fest.

Die Regierung brachte daraufhin ihren Entwurf von 1952 ohne Änderungen zugunsten der Frau erneut in den Bundestag ein. In der parlamentarischen Auseinandersetzung waren vor allem die folgenden Regelungen umstritten:

– das männliche Entscheidungsrecht in allen Angelegenheiten des gemeinschaftlichen Lebens der Ehegatten (§ 1354 Reg. Entw.)

– der väterliche Stichentscheid in Fragen der elterlichen Gewalt sowie die Alleinvertretungsmacht des Vaters für die Kinder (§§ 1628, 1629 Reg. Entw.)

– sowie die Zuordnung der vorrangigen Pflicht zur Haushaltsführung zur Ehefrau und zur Berufsausübung zum Ehemann (§§ 1356, 1360 Reg. Entw.).

## Der Vater wahrt das Wohl der Familie

Was bedeuten diese Regelungen und warum waren sie so umstritten?

In seinen wesentlichen Teilen lautete der § 1354 des Regierungsentwurfs:

*»Die Ehegatten haben alle Angelegenheiten, die das gemeinsame eheliche Leben betreffen, in gegenseitigem Einvernehmen zu regeln. Bei Meinungsverschiedenheiten müssen sie versuchen, sich zu einigen. Können sie sich nicht einigen, so entscheidet der Mann; er hat auf die Auffassung der Frau Rücksicht zu nehmen. Widerspricht seine Entscheidung dem Wohl der Familie, so ist die Entscheidung für die Frau nicht verbindlich.«* [17]

Trotz aller Abmilderungen bedeutete dies, daß der Mann das letzte Wort haben würde – und zwar nur deshalb, weil er der Mann war. Der Frau wurde zwar zugestanden, daß sie eine Entscheidung dann nicht annehmen müsse, wenn sie dem Wohl der Familie nicht entsprach. Doch mußte sie, um hier Recht zu bekommen, das Gericht anrufen und diesen Sachverhalt beweisen, das heißt, sie mußte den Richter davon überzeugen, daß der vom Mann durchgesetzte Wohnort, der Hauskauf oder auch nur die Urlaubsentscheidung dem Wohl der Familie, nicht etwa – was ja auch möglich wäre –, ihrem eigenen Wohl widersprach. Das würde sich die Ehefrau in den meisten Fällen sehr überlegen und eher die eheherrliche Entscheidung schlucken. Und genau dies wurde auch bezweckt! Umgekehrt konnte der Mann darauf vertrauen, daß er sich schließlich kraft Manneswort durchsetzen werde. Er mußte sich daher nicht übermäßig auf die Argumentation seiner Frau einlassen.

In der Frage der »elterlichen Gewalt«, wie es damals noch hieß, hatte der Entwurf des Gleichberechtigungsgesetzes einen Fortschritt gegenüber dem vorherigen Recht gebracht. Nach der alten Vorschrift war es nämlich allein der Vater, der Name, Schule, Ausbildung, Aussteuer und so weiter für die Kinder zu bestimmen hatte, die Mutter trat lediglich in diese Rechte ein, wenn der Vater ausfiel. Wie sehr die Frauen hier nur Lückenbüßer-Funktion hatten, wird daran deutlich, daß eine Witwe mit Kindern, die wieder heiratete, nicht die elterliche Gewalt für ihre in die Ehe gebrachten Kinder behielt: Sie ging auf den neuen »Vater«, auf ihren neuen Ehemann über. Die geschiedene Frau konnte die elterliche Gewalt auch dann nicht bekommen, wenn die Kinder bei ihr lebten. Sie blieb beim Vater. – Damit war es nach dem Stichtag, dem 1. 4. 1953, an dem der Art. 3 Abs. 2 Grundgesetz unmittelbar geltendes Recht wurde, vorbei. Die Gerichte entschieden in der nun folgenden »gesetzlosen Zeit« durchweg so, daß die elterliche Gewalt Vater und Mutter gemeinsam übertragen wurde. Sie hielten auch in ihrer weit überwiegenden Mehrheit den sogenannten Stichentscheid des Vaters für nicht vereinbar mit dem Gleichberechtigungsartikel des Grundgesetzes. Konnten sich die Eltern nicht einigen, mußten daher die Gerichte entscheiden.

Entgegen dieser schon eingeübten Praxis sah der Regierungsentwurf zum Gleichberechtigungsgesetz den Stichentscheid des Vaters wieder vor. Zwar wurde festgelegt, daß das minderjährige Kind unter der elterlichen Gewalt von Vater und Mutter stehe (§ 1626), daß beide die Verantwortung tragen und sich einigen sollten (§ 1627), doch für den Fall, daß keine Einigung zustande kam, war vor-

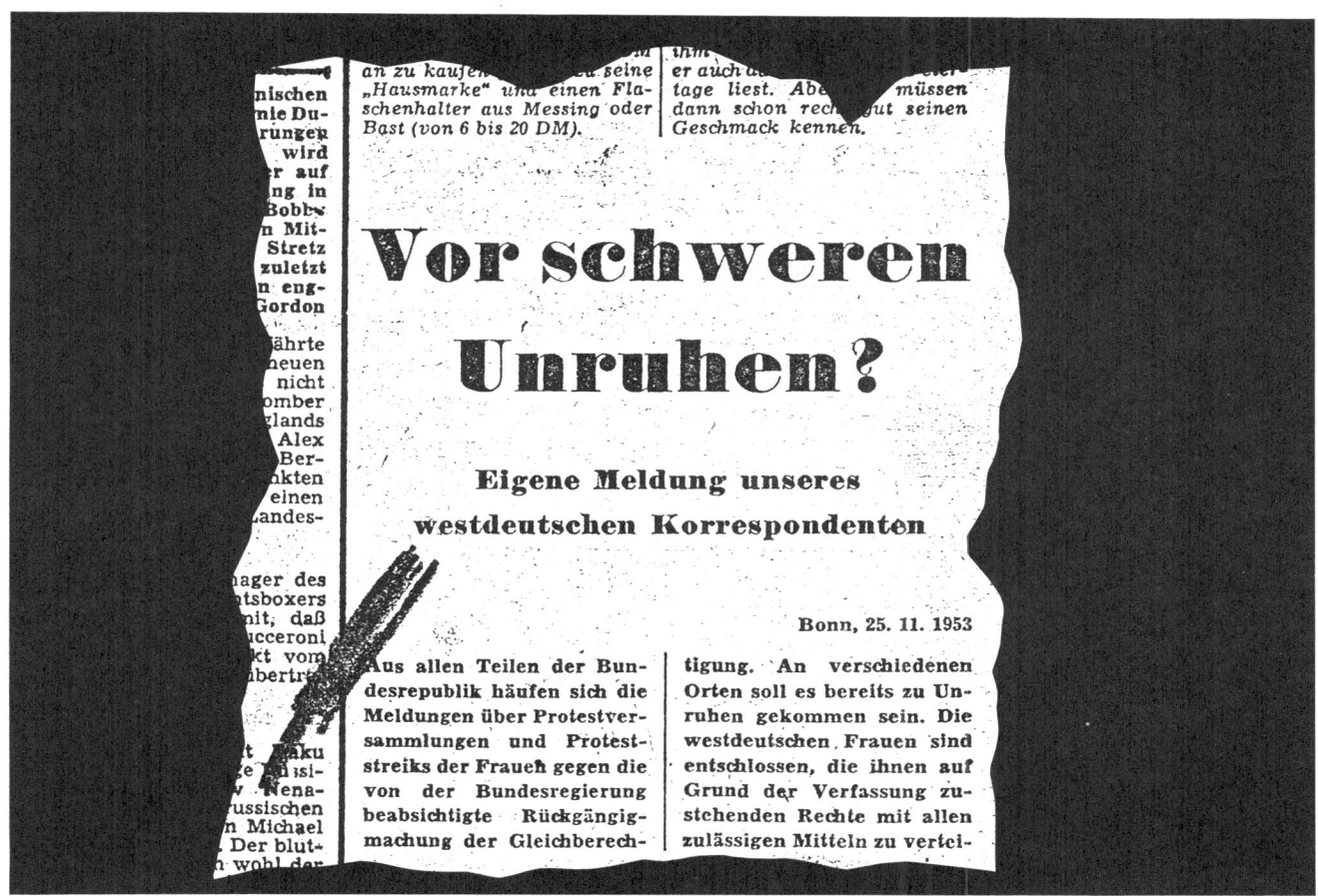

an zu kaufe... ...e seine »Hausmarke« und einen Fla-schenhalter aus Messing oder Bast (von 6 bis 20 DM).

...hm... er auch... tage liest. Abe... müssen Geschmack kennen. schon rech...ut seinen

# Vor schweren Unruhen?

## Eigene Meldung unseres westdeutschen Korrespondenten

Bonn, 25. 11. 1953

Aus allen Teilen der Bun-desrepublik häufen sich die Meldungen über Protestver-sammlungen und Protest-streiks der Frauen gegen die von der Bundesregierung beabsichtigte Rückgängig-machung der Gleichberech-

tigung. An verschiedenen Orten soll es bereits zu Un-ruhen gekommen sein. Die westdeutschen Frauen sind entschlossen, die ihnen auf Grund der Verfassung zu-stehenden Rechte mit allen zulässigen Mitteln zu vertei-

»Constanzes« Wunschvorstellung: diesen Artikel hätte sie gern gebracht. Aber die Mehrheit der Frauen hatte 1953 bereits aufgegeben.

gesehen, daß der Vater entscheiden sollte (§ 1628).

Auch blieb die Vertretung der Kinder nach außen dem Vater vorbehalten (§ 1629). Die Mutter erhielt dieses Recht nur in den Fällen, in denen sie die elterliche Gewalt allein ausübte. Der Vater behielt die Vertretung selbst dann, wenn er sich eines schweren Vergehens schuldig ge-macht hatte; sie konnte ihm nur durch ein besonderes Ver-fahren entzogen werden.

## Schutz von Ehe und Familie – gegen die Frauen?

In den Bundestagsdebatten zum Regierungsentwurf zum Gleichberechtigungsgesetz prallten gerade in den Fragen zum Entscheidungsrecht des Ehemannes und Vaters die Meinungen hart aufeinander. SPD und FDP brachten eige-ne Entwürfe ein, in denen die umstrittenen Entscheidungs-vollmachten des Mannes gestrichen waren.

Bundesminister Neumayer, FDP, zu den umstrittenen Regelungen im Regierungsentwurf:

»Können sich die Ehegatten nicht einigen, so muß im Inter-esse der Familie die Entscheidung der einzelnen Angelegen-heiten dem Ehegatten übertragen werden, der nach der na-türlichen Ordnung von Ehe und Familie, wie sie das Leben selbst entwickelt hat, diese Entscheidung treffen muß. Das ist der Mann.«[18]

Neben der »natürlichen Ordnung« gibt es noch einen ande-ren, gewichtigen Grund, der vor allem von der CDU/CSU gegen die Gleichberechtigung ins Feld geführt wird: der

Schutz von Ehe und Familie, der vielbeschworene Art. 6 Abs. 1 GG.

Der Abgeordnete Dr. Weber, CDU/CSU, zitiert dazu aus einem Urteil des 5. Zivilsenats des Bundesgerichtshofs vom 14. 7. 1953:

»›Bei ihrer Entscheidung werden sich die Gerichte davon lei-ten lassen müssen, daß nicht jede Rechtsungleichheit durch Artikel 3 Abs. 2 des Grundgesetzes ausgeschlossen wird. Daß insbesondere nicht aus doktrinären Gedankengängen heraus eine formale Gleichstellung von Mann und Frau auch da herbeigeführt werden darf, wo der in Artikel 6, Abs. 1 GG besonders anerkannte Schutz der Ehe und Fami-lie oder die in Artikel 6 Abs. 2 ebenda hervorgehobenen Interessen der Kinder einer völligen Gleichstellung beider Geschlechter in der Ehe Schranken setzen.‹« Er bekräftigt: »Diese Auffassung haben wir stets vertreten; wir werden sie bei der Beratung dieses Gesetzentwurfs beibehalten: keine Gefährdung von Ehe und Familie; alles tun, um Ehe und Fa-milie zu schützen und zu fördern; alles vermeiden, was Ehe und Familie gefährden und ihre Bande lockern kann.«[19]

In beiden Sitzungen sprachen sich die weiblichen Abgeord-neten, die sich an der Debatte beteiligten, quer durch alle Fraktionen gegen die männlichen Entscheidungsrechte aus. Mit einer Ausnahme: die CDU-Abgeordnete Dr. He-lene Weber, eine der Mütter des Grundgesetzes. Sie be-kennt in dieser Debatte, sie habe schon dem Gleichberech-tigungsartikel: »Männer und Frauen sind gleichberechtigt« nur »zögernd« zugestimmt.[20] Alle anderen Frauen vertre-

77

# Wer heiratet, wird entlassen!

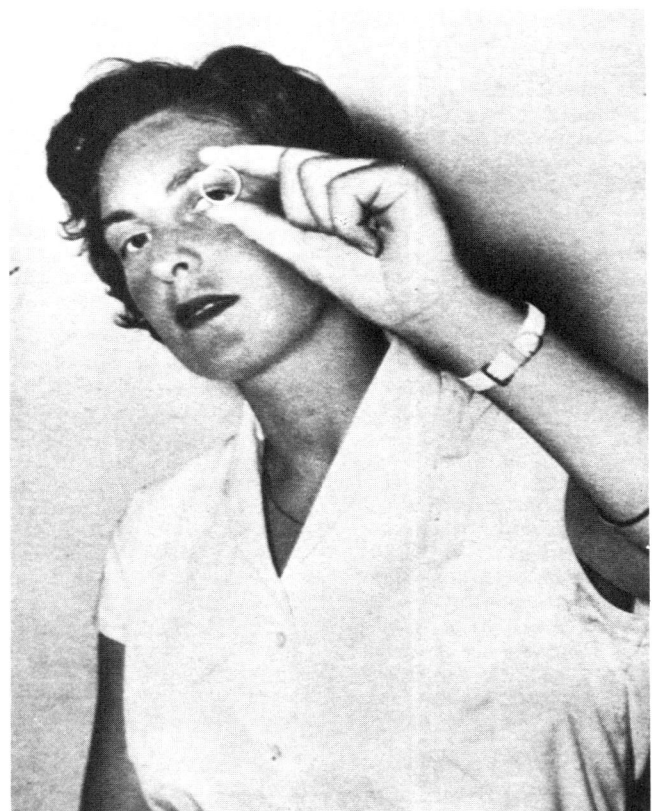

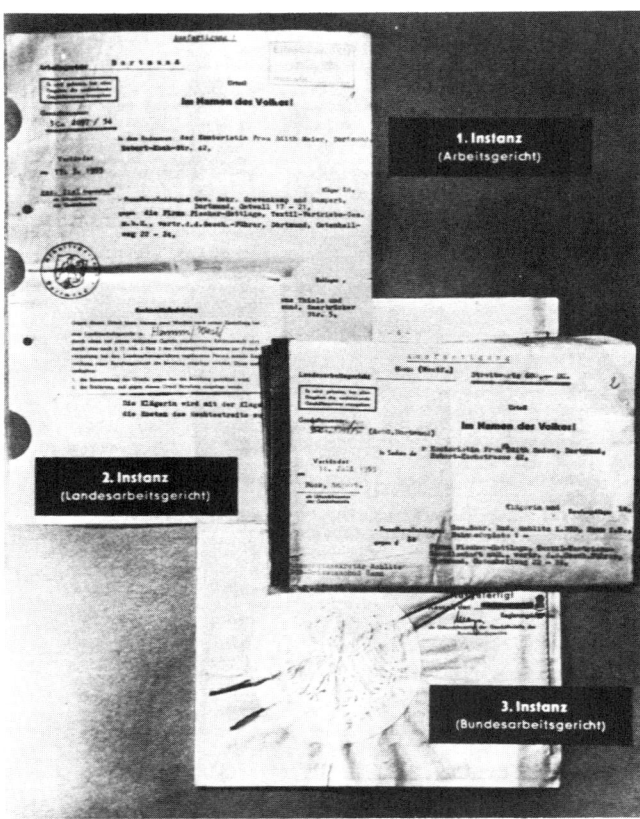

Berufsverbot durch Ehering: Bis 1957 war es in vielen Berufszweigen üblich, wenn auch nicht ausdrücklich rechtmäßig, Frauen im Falle der Verheiratung zu entlassen. Dagegen klagten die Pflegerin Irmgard Krüger und die Kontoristin Edith Maier. In der 3. Instanz bekamen sie recht.

ten – zum Teil auch gegen ihre Fraktionskollegen – klar eine andere Meinung. So fordert Frau Dr. Schwarzhaupt, CDU/CSU: »Ich wäre für eine Streichung von § 1354 und für eine Änderung der §§ 1628 und 1629«.[21] Sie begründet dies mit der Veränderung der Familie und sagt: »Es kann aber nicht Sache des Familienrechts sein, hier durch Aufrechterhaltung einer patriarchalischen Ordnung diese institutionellen Bindungen zu ersetzen«.[22] Auch die Gräfin Finckenstein, GB/BHE (Gesamtdeutscher Bund / Bund der Heimatvertriebenen und Entrechteten), setzt sich in Gegensatz zu ihrem Fraktionskollegen Dr. Czermak, der betont hatte, daß »die Mehrheit – nicht alle – meiner politischen Freunde grundsätzlich für diese Gesetzesbestimmungen im Sinne des Regierungsentwurfs« seien: »Wir stehen dabei primär auf dem Standpunkt, daß der Mann der Erhalter und Ernährer und die Frau das Herz der Familie sein soll«. Er schließt beschwörend: »Wir wollen eine echte Gleichberechtigung von Mann und Frau und keine formale Gleichmacherei«.[23] Dagegen Gräfin Finckenstein:

Man kann »heute nicht mehr von der althergebrachten Ordnung, die dem Mann die Vorhand in wichtigen Entscheidungen ließ, sprechen. Man kann es bedauern oder auch nicht, daß sich diese Ordnung überlebt hat... Ich glaube, daß man kein gutes Werk tut, wenn man eine Regelung trifft, die ver-

sucht, die alte Ordnung wieder herzustellen«. Auch sie fordert »die ersatzlose Streichung des § 1354... die Herstellung der völligen Gleichwertigkeit von Mann und Frau bei allen Entscheidungen.«[24]

In einer temperamentvollen und witzigen Rede tritt Frau Dr. Dr. h. c. Lüders, FDLP (sie war wie Dr. Helene Weber schon Mitglied des Weimarer Reichstages) für die Gleichberechtigung der Frauen ein: »Wir wünschen keine Generalvollmacht für den Mann... wie sie in den §§ 1354 und 1628 enthalten ist.« Sie bezieht sich auf das Grundgesetz und stellt fest: »Wir sind äußerst erstaunt über den fortgesetzten Versuch, mit kasuistischen Seitensprüngen und evidenter Unlogik um die zwingenden Vorschriften der Verfassung herumzugehen.« Sie erinnert daran, daß die Frauen »schon vor und immer wieder nach der Schaffung des Bürgerlichen Gesetzbuches die Rechtsgleichheit für ihre Stellung in Ehe und Familie, in Gesellschaft und Staat« gefordert hätten. Doch:

»Die Antwort – wenn wir überhaupt eine bekamen – betonte dann immer wieder voll rührender Besorgnis, wir Frauen wüßten selber nicht, was uns frommt! Deshalb sagt man kurzerhand nein... Unsere angebliche Hilfsbedürftigkeit steht doch in einem auffallenden Gegensatz zu den überaus bewegten Appellen an unsere weibliche Einsicht, an unseren

**Ab 1. Juli 1958:**

# Meine Frau hat mehr zu sagen

Das neue Gleichberechtigungsgesetz für Eheleute tritt in wenigen Tagen in Kraft

**Ein zweifelhaftes Geschäft** *versucht Herr Lemke. Er braucht Geld für den nächsten Kegelabend und will deshalb seinen Radioapparat versetzen. Aber ohne Einwilligung seiner Frau wird ihm kein Leihhaus einen Groschen für sein Rundfunkgerät geben. Nach dem neuen Gesetz kann kein Verheirateter mehr über Haushaltsgegenstände frei verfügen, auch dann nicht, wenn sie ihm selbst gehören. Das Gesetz geht davon aus, daß die Ehepartner untereinander einig sein sollen*

Horrorvisionen im Patriarchat: Anschreiben lassen, Wertgegenstände versetzen, Autos verkaufen – nur mit Einwilligung der Ehefrau!

*weiblichen Instinkt, an den unvergleichlichen Wert unserer Urteilskraft und an unsere Zuverlässigkeit im persönlichen und sogar im öffentlichen Leben. Der volle Chor dieser Lobpreisungen ertönt regelmäßig vor jeder Wahl. . . . «* [25]

Die Zeiten seien vorbei, in denen die Frau nach dem Rezept von Wilhelm Busch leben solle:

*»Bei eines Strumpfes Bereitung*
*sitzt sie im Morgenhabit*
*er liest in der ›Kölnischen Zeitung‹*
*und teilt ihr das Nötigste mit«.* [26]

Frau Dr. Lüders befürchtet, daß die Entscheidungsvollmacht des Mannes auch das Recht der Frau, erwerbstätig sein zu können, einschränken könne. Der Mann hat nach dem Gleichberechtigungsgesetz zwar nicht mehr das Recht, das Arbeitsverhältnis seiner Frau zu kündigen, und der Ehefrau wurde das Recht auf Erwerbstätigkeit zugestanden – jedoch nur: »... soweit dies mit ihren Pflichten in Ehe und Familie vereinbar ist«. (§ 1356) Dieses Recht werde aber, so Frau Lüders, »illusorisch durch die §§ 1354 und 1628, weil dann der Mann die Entscheidung darüber hat, was mit den Pflichten der Frau in der Familie vereinbar ist und was nicht.« Am Ende fährt sie denen in die Parade, die

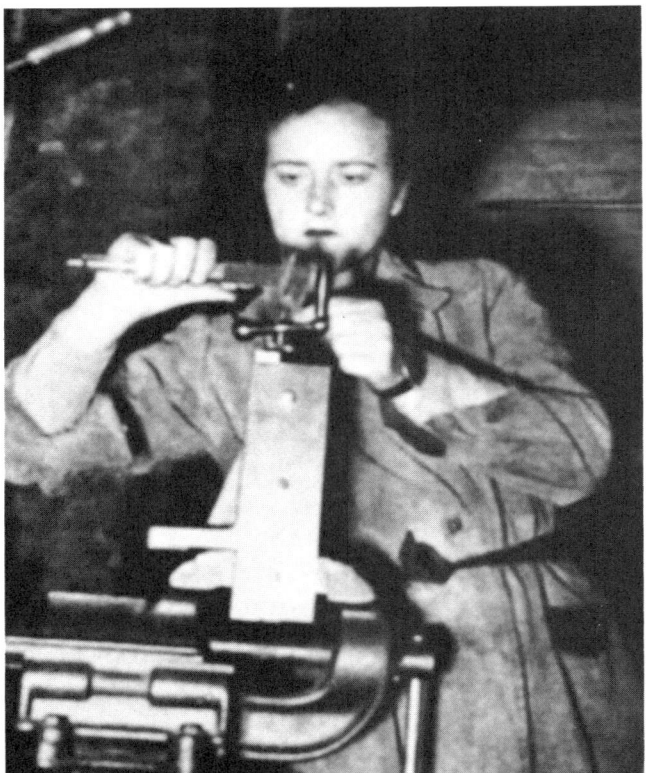

F. Emons, die erste Frau in der Bundesrepublik, die die Mechaniker-Meisterprüfung ablegte.

Die Frau als Unternehmer – in den 50er Jahren erstaunlich oft Thema von Illustriertenberichten. Hier die Berliner Schlagerproduzentin Sigrid Volkmann.

den alten Rechtszustand durch die »vorgegebene göttliche Ordnung« gerechtfertigt hatten. »Wer von uns«, so fragt sie, kann sich anmaßen, etwas über die »vorgegebene göttliche Ordnung aussagen zu können? Ich glaube, niemand!«[27]

Auch Frau Nadig und Frau Wolff, beide SPD, sowie Frau Dr. Ilk, FDP, beziehen eindeutig Stellung. Frau Nadig erinnert daran, »daß in der öffentlichen Meinung schon jetzt gleiches Recht zwischen Mann und Frau stärker akzeptiert wird, als man es bei der CDU/CSU wahrhaben will.«[28] Zum väterlichen Stichentscheid führt sie aus:

*»Der § 1627 spricht von der elterlichen Gewalt. Aus den §§ 1628 und 1629 ergibt sich aber eindeutig, daß es sich nur um eine väterliche Gewalt handelt ... Dazu kommt noch, daß das Recht der Vertretung des Kindes ausschließlich dem Vater übertragen ist. Wie lebensfremd ist diese Regelung! In der Praxis wird in unzähligen Fällen die Vertretung durch die Mutter vorgenommen. Das, was sie täglich tut, will der Gesetzgeber ihr vorenthalten; nur weil wir vor Jahrhunderten im Patriarchat lebten. ... War es nicht diese Frauengeneration, die durch ihre körperliche und geistige Leistung mit dazu beitrug, unseren staatlichen Zusammenbruch zu überwinden? Jahrelang haben die Frauen die elterliche Gewalt und die elterlichen Pflichten allein ausüben müssen. Daß der Gesetzgeber jetzt der Mutter die Rechte über ihre Kinder vorenthalten will, ist nicht nur kurzsichtig, sondern auch nicht zu verantworten.«[29]*

## Wuermelings Vision

Nun – die Herren Abgeordneten der CDU/CSU, DP, GB/BHE sowie die Herren Familienminister, CDU/CSU, und Justizminister, FDP, waren da sehr anderer Meinung!

Doch muß vorausgeschickt werden, daß der vormalige Justizminister Dehler, FDP, in einer großartigen Rede gegen den Regierungsentwurf Stellung bezog und für den sehr viel liberaleren FDP-Entwurf warb. Der SPD-Abgeordnete Metzger, der den SPD-Entwurf einbrachte, kämpfte ebenfalls dafür, die umstrittenen Entscheidungsrechte des Mannes zu streichen – wie dies auch der SPD-Entwurf vorsah. Metzger geht auch hart mit der Rede des Familienministers ins Gericht:

*»...ich habe noch selten so viel Folgeunrichtiges gehört wie heute morgen in dem, was uns der Herr Familienminister vorgesetzt hat. Wenn die Frage auftaucht, ob wir einen Familienminister nötig haben – ich glaube, heute morgen ist der Beweis dafür erbracht worden, daß er nicht nötig ist.«[30]*

Womit hat der Familienminister die ungleiche rechtliche Stellung von Mann und Frau gerechtfertigt, deren glühendster Verfechter er war?

Einmal aus dem »Wesen der Ehe« und der sich daraus ergebenden Autorität: »Wenn das Familienoberhaupt als Inhaber und Träger der Autorität als Ersatz einer fehlenden Einigung zwischen Mann und Frau entscheidet, so tut er das nicht im eigenen Namen, sondern kraft seines Amtes innerhalb der Familienordnung.« Auf den Zuruf der Abgeordneten Frau Wolff, SPD: »Auch wenn das Familienoberhaupt ein Trottel ist!« antwortete er: »Die Abhängigkeit der Autorität vom Familienamt ergibt sich daraus, daß die Frau selbstverständlich den Platz des Mannes einnimmt, wenn dieser versagt.« Zuruf: »Also Trottel-Paragraph!« Wuermeling geißelt den Individualismus; der Sinn für den Ordnungs- und Institutionencharakter der Familie sei verlorengegangen: »Die recht verstandene Familienautorität verstößt ... nicht gegen den Grundsatz der Gleichberechtigung. ... Solche Mißdeutung sieht in der Gleichberechtigung nichts anderes als schematische Gleichmacherei, Gleichsetzung und Gleichbehandlung.« Zur Bestärkung zieht er den Art. 213 des Code civile in der Fassung von 1942 heran: »Der Mann ist das Haupt der Familie. ...« Als er durch einen Zwischenruf auf den Art. 16 der Straßburger Konvention aufmerksam gemacht wird, in dem es heißt: »Männer und Frauen müssen bei der Erziehung, müssen während der Ehe und bei der Auflösung der Ehe gleiche Rechte haben«, antwortet der Minister: »Ich sehe keinen Widerspruch zwischen der Auffassung dieser Konvention und dem, was ich hier vortrage.« Zwischenruf aus der SPD: »Dann sind Sie blind, Herr Wuermeling! Setzen Sie sich eine bessere Brille auf!« – Unerschütterlich bekennt er: »Auch dem Volk als Träger der Staatsgewalt in der Demokratie kann es nicht erlaubt sein, in seinen Gesetzen die Wesensordnung der Familie zu mißachten oder gar zu zerstören.« Als er von einer »unbegründeten Schlechterstellung der Frau im bürgerlichen Gesetzbuch« spricht und von Frau Dr. Ilk, FDP, gefragt wird, wann denn eine Schlechterstellung der Ehefrau begründet sei und ob sich das mit der Gleichberechtigung vertrage, bleibt er die Antwort schuldig.[31] Doch weiß er, wohin das alles führt: »Wir wollen und müssen für unsere Frauen als Beschützer auftreten, um ihre Würde und höhere Stellung in der Gesellschaft zu decken, damit sie nicht durch solche Verrücktheiten in ein Kollektiv abrutschen, das im Uranbergbau endet«, so hatte er in einer Rede in Stuttgart ausgeführt. In der Debatte bekräftigte er dies:

*»Wohin schließlich eine totale Gleichberechtigung und Gleichsetzung von Mann und Frau in letzter Konsequenz führt, zeigt uns ein Blick in die Ostzone. ... In der letzten Konsequenz enden diese Dinge dann im Kohlen- oder Uranbergwerk.«* [32]

Während dem männlichen Alleinentscheidungsrecht in zweiter Lesung doch noch knapp die Zustimmung des Par-

laments verweigert wurde, gelang diese Ablehnung schon nicht mehr beim Stichentscheid und der Alleinvertretung des Vaters. Das Gleichberechtigungsgesetz wurde mit diesen Regelungen am 21. 6. 1957 im Bundesgesetzblatt verkündet. Doch war das Bundesverfassungsgericht zumindest im Falle der §§ 1628 und 1629 BGB nicht dieser Meinung. Im Juli 1959 erklärte es den Stichentscheid und den Alleinvertretungsanspruch des Vaters für unvereinbar mit dem Gleichberechtigungsgrundsatz und damit für nichtig.

*Anmerkungen*

1 Friedrich H. Tenbruck, Alltagsnormen und Lebensgefühle in der Bundesrepublik, in: Richard Löwenthal u. Hans-Peter Schwarz (Hg.), Die zweite Republik, Stuttgart 1974, S. 291.
2 Frauenalltag und Frauenbewegung im 20. Jahrhundert, Teil der Abteilung 20. Jahrhundert im Historischen Museum Frankfurt, vgl. dazu auch: Frauenalltag und Frauenbewegung im 20. Jahrhundert, Materialsammlung in der Abteilung 20. Jahrhundert im Historischen Museum Frankfurt, Bde. I–IV. Frankfurt/Main 1980.
3 Vgl. Gabriele Strecker, Hundert Jahre Frauenbewegung in Deutschland, hg. v. Büro für Frauenfragen in der Gesellschaft zur Gestaltung des öffentlichen Lebens, Wiesbaden o. J., S. 33.
4 Vgl. hierzu auch Gabriele Bremme, Die politische Rolle der Frau in Deutschland, Göttingen 1956.
5 Gabriele Strecker, a.a.O., S. 33 ff.
6 Elisabeth Selbert, Ehezerrüttung als Scheidungsgrund, Diss. Kassel, 1930.
7 Verhandlungen des Hauptausschusses des Parlamentarischen Rates, 1948/49, S. 206.
8 ebd.
9 ebd., S. 208.
10 ebd., S. 206, 541 u. 548.
11 ebd., S. 540.
12 ebd., S. 538.
13 ebd., S. 207.
14 Frauenalltag und Frauenbewegung, Bd. IV, zusammengestellt v. Annette Kuhn u. Doris Schubert, Frankfurt am Main 1980, S. 121.
15 BTZ-Drucksache I/3802
16 BVerfGE, Nr. 15 vom 18. 12. 1953, Bd. 3, 1954, S. 225–248.
17 BT-Drucksache II/224.
18 Stenographische Berichte des Deutschen Bundestages. 2. WP, 15. Sitzung, vom 12. Februar 1954, S. 474.
19 ebd., S. 479.
20 ebd., S. 512.
21 ebd., S. 499.
22 ebd., S. 500.
23 ebd., S. 502 ff.
24 ebd., S. 511 f.
25 ebd., S. 504 ff.
26 ebd., S. 507.
27 ebd., S. 508 f.
28 ebd., S. 485.
29 ebd., S. 486.
30 ebd., S. 494.
31 ebd., S. 488 ff.
32 ebd., S. 492 ff.

»Ich schätze die Frauen in erster Linie als Konsumentinnen – natürlich auch sonst!« Die erste Hälfte dieses Satzes prägte Professor Ludwig Erhard als Wirtschaftsminister, die zweite als Charmeur beim Empfang, den die Bundesregierung den Unternehmerinnen in der Godesberger Redoute gab. (Originaluntersschrift im »Stern« 1957)

# Ingrid Schöll

# Frauenprotest gegen die Wiederbewaffnung

Polizeieinsatz bei einer Korea-Demonstration Ende 1950 in Westdeutschland

Noch im Dezember 1949 sagt der erste westdeutsche Bundeskanzler, Konrad Adenauer:

*»Ich möchte ein für allemal klarstellen, daß ich grundsätzlich gegen eine Wiederbewaffnung der Bundesrepublik und folglich auch gegen die Schaffung einer neuen Wehrmacht bin. Wir Deutschen haben in zwei Weltkriegen bereits soviel Blut vergossen und haben auch viel zu wenig Menschen, als daß wir uns erlauben könnten, ein solches Projekt durchzuführen.«* [1]

Doch schon ein halbes Jahr später erklärt er in der New York Times das Gegenteil. Er spricht dort von der »Notwendigkeit... einer starken deutschen Verteidigungskraft« und bittet kurz nach diesem Interview die drei Alliierten Hochkommissare in der Bundesrepublik, ihm den Aufbau einer »Abwehrtruppe« zu gewähren. Diese »Verteidigungskraft« wolle er »bis zum Frühjahr 1951... in Form von freiwilligen Formationen bis zu einer Gesamtstärke von 150000 Mann« aufstellen. Er zeigt sich gegenüber den Hohen Kommissaren überzeugt davon, daß es »im Laufe von wenigen Monaten möglich sein würde, eine beträchtliche Anzahl tüchtiger Leute zusammenzustellen«,[2] wenn man ihm die Unterlagen, die die Westalliierten in den vergangenen Jahren über alle ehemaligen Offiziere in Westdeutschland gesammelt hätten, zugänglich machen würde. Adenauer erinnert an die kasernierte Volkspolizei

in der DDR. In weiteren Gesprächen mit den Hohen Kommissaren äußert er ein abgrundtiefes Mißtrauen gegenüber der Sowjetunion und mutmaßt, daß die östliche Siegermacht eine Einverleibung der Bundesrepublik in den Ostblock anstrebe. Hinter diesen Äußerungen steht die Furcht vor einer »Koreanisierung« der Bundesrepublik.[3]

In der Tat ist Korea ein einschneidendes Ereignis der bundesdeutschen Nachkriegsgeschichte: Fünf Jahre nach Kriegsende wieder ein gefährlicher bewaffneter Konflikt, denn beide Großmächte sind an einer Nahtstelle gegenseitiger Interessensphären miteinander konfrontiert. In der Bundesrepublik macht sich angesichts der Parallelen (beide Länder sind geteilt und stehen unter dem Einfluß einer Großmacht) Kriegs-, ja Weltkriegsangst breit. Unter dem bedrückenden Eindruck dieses Konflikts der Supermächte kann die Remilitarisierung in der Regierung und bald auch in der Öffentlichkeit wieder zum Thema werden.[4]

Adenauers Ankündigung bleibt indes nicht unumstritten. Opposition aus den eigenen Reihen wird laut. Der Innenminister und spätere Bundespräsident Gustav Heinemann zieht die Konsequenzen und tritt aus Protest gegen die Wiederbewaffnungspläne der Bundesregierung zurück. Auch die SPD, die KPD, Teile der Kirchen und außerparlamentarische Gruppierungen protestieren. Die Kritiker werfen der Bundesregierung Korea-Hysterie vor.[5] Sie warnen vor einer Zementierung der deutschen Teilung und einer Verschärfung des Ost-West-Konflikts am »iron curt«, dem Eisernen Vorhang. Vergebens fordern die Aufrüstungsgegner zu Verhandlungen mit der DDR und der Sowjetunion auf.

Viele Menschen wollen aber die Entscheidung für ein deutsches Militär nicht hinnehmen.[6] Anfang der 50er formiert sich so der Widerstand. Und Frauen spielen hier eine Rolle, die sich aufzuschreiben lohnt.

Der Frauenprotest gegen die Wiederbewaffnung Westdeutschlands wird hauptsächlich von zwei Organisationen getragen: Der Westdeutschen Frauenfriedensbewegung (WFFB) und dem Demokratischen Frauenbund Deutschlands (DFD).

## Westdeutsche Frauenfriedensbewegung

Die WFFB ist ein Zusammenschluß meist unorganisierter Frauen aus allen Bevölkerungsschichten. Die Frauen arbeiten ehrenamtlich und nutzen die monatlich erscheinende WFFB-Zeitschrift »Frau und Frieden« zur Verbreitung ihrer Gedanken zur Rolle der Frau im Friedenskampf.[7] Eine tiefe Gläubigkeit und die Sorge um das Wohl ihrer Familie lassen viele Frauen nicht ruhen in ihrem Engagement gegen die Pläne der Adenauer-Regierung.

*»Du, Mutter, am Herd, weigere Dich, zu kochen, denn Du bist es, die ihr Kind im Luftschutzkeller gebären soll.
Du, Mutter, im Roten Kreuz, weigere Dich, Deinen Dienst zu tun, sonst wirst Du das Blut Deines Kindes nicht stillen können.«*

An anderer Stelle heißt es:

*»Einer Frau und Mutter, die im Kampf um die Erhaltung ihrer Söhne und ihres ihr in Liebe und Treue angetrauten Gatten selbst Opfer auf sich nimmt, gebührt größte Ehre und Anerkennung. Wir lassen uns nicht mehr von falschen Vorstellungen einfangen, über Heldentod und Heldenmütter. Wenn Ihr nicht imstand seid, friedlich zu regieren, dann verschwindet sofort von Euren Posten.
Denn wir beherzigen das alte Sprichwort:
Frieden ernährt – Unfrieden verzehrt.«*[7]

Über den ersten Kongreß der WFFB im Oktober 1951 lesen wir:

*»Am Sonntag fand in Velbert in aller Stille eine Masseninvasion von Frauen aus dem Bundesgebiet statt. Sie waren zur Teilnahme an dem ›Frauenfriedenskongreß‹ im ›Rheinischen Hof‹ geladen, der sich den ganzen Sonntag über erstreckte.... Es war keine öffentliche Kundgebung, sondern die Teilnehmer waren dazu einzeln geladen worden. Es stand auch keine Organisation dahinter, sondern eine ganze Reihe von Frauen, die im öffentlichen Leben eine Rolle spielen. Bundestagsabgeordnete waren darunter, Pfarrfrauen, eine Betriebsrätin, eine Bereitschaftsleiterin des Roten Kreuzes und Doktorinnen... Wenn da und dort sogar in Zeitungen behauptet wurde, dieser Friedenskongreß sei eine kommunistische Angelegenheit, so wollen wir das nicht wiederholen. Es waren insgesamt 816 Frauen anwesend. Von ihnen gehörten nach eigenen Angaben 46 der KPD und 62 dem mit dieser Partei sympathisierenden Demokratischen Frauenbund an.«*[8]

Die Frauen des WFFB lehnen jede parteipolitische Bindung ab, auch wenn in ihren Reihen Mitglieder aller politischer Parteien zu finden sind. Sie befürworten eine Zusammenarbeit mit allen, die für die Sicherung des Friedens eintreten. In der WFFB sind insbesondere auch viele berufstätige Frauen tätig, gezielt wird unter den Fürsorgerinnen und Lehrerinnen geworben.[9]

## Demokratischer Frauenbund Deutschlands

Die WFFB kooperiert – in konsequenter Verfolgung ihres friedenspolitischen Zieles – in einigen ihrer Aktionen mit dem DFD.[10]

In der Bundesrepublik wird der Demokratische Frauenbund 1950 gegründet, in Berlin und in der damaligen sowjetischen Besatzungszone schon einige Jahre früher. Der DFD hat den Anspruch, parteiunabhängig zu agieren, ist aber in Programm und Aktionen eng an die Kommunistische Partei gebunden. Seine erste Vorsitzende, Lilly Wächter, ist Mitglied der SPD, wird aber bald aus ihrer Partei

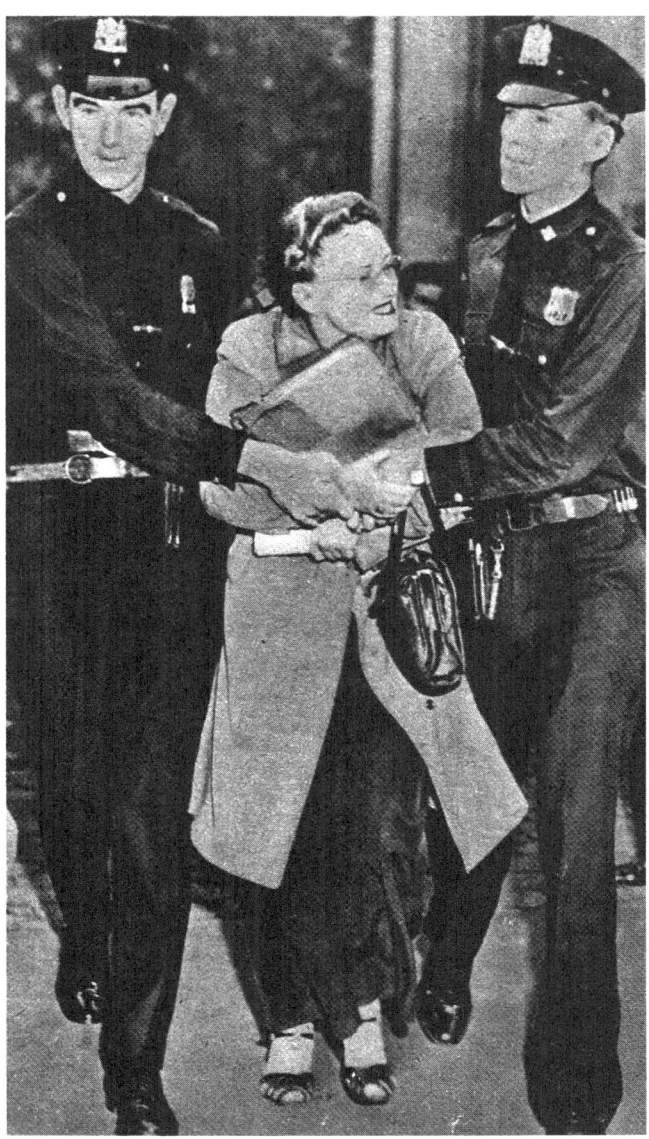

Festnahme von Hilda Brown in USA, Vorsitzende der Internationalen Frauenföderation (IDFF). In Westdeutschland wurde vor allem Lilly Wächter, Vorsitzende des DFD, wegen ihrer Vorträge über ihre Reise nach Korea 1951 inhaftiert. Die in der IDFF zusammengeschlossenen Frauenorganisationen vertraten die Ansicht, daß die USA in Korea unrechtmäßig intervenierten.

Hysterie des Kalten Krieges: 1953 wurden die fortschrittlichen amerikanischen Naturwissenschaftler Julius und Ethel Rosenberg wegen Spionage für die Sowjetunion festgenommen und zum Tode verurteilt. Weltweite Proteste vor allem von Frauenorganisationen konnten ihre Hinrichtung auf dem elektrischen Stuhl nicht verhindern. Die Anklage erwies sich später als Justizirrtum. Im Bild: Demonstration der Düsseldorfer DFD-Gruppe am 11. 6. 1953.

ausgeschlossen. Dezidierter als der WFFB betont der Demokratische Frauenbund immer wieder die Beziehung zwischen den politischen und wirtschaftlichen Folgen der Wiederaufrüstung:

»Die Wiederaufrüstung ist aber nicht nur eine schwere Bedrohung des Friedens, sondern verschlingt Unsummen, die bitter nötig gebraucht werden, um die dringendsten Lebensbedürfnisse unseres Volkes zu erfüllen.« [11]

In der »Stuttgarter Plattform« des DFD aus dem Jahre 1951 lesen wir über seine Ziele:

»Wir Mütter und Frauen des Demokratischen Frauenbundes Deutschlands sind uns der großen Verantwortung bewußt, die wir vor unseren Kindern und unserem Volk und vor der ganzen Menschheit tragen. Wir wollen keine Mühe scheuen und jeden Tag etwas tun, um das Vertrauen und die Mitarbeit aller deutschen Frauen in unserem Ringen um den Frieden zu gewinnen. Wir Mitglieder des Demokratischen Frauenbundes Deutschlands wollen mit allen friedliebenden Kräften für ein besseres Leben in einem einigen Vaterland zusammenarbeiten. Bei dieser Friedensarbeit ist uns die Unterstützung der friedliebenden Frauen der ganzen Welt sicher. Nie wieder sollen Söhne deutscher Mütter andere Völker überfallen und damit unser und das Glück anderer Mütter zerstören.« [12]

Der DFD ist seit seiner Gründung der Verfolgung ausgesetzt, seine Arbeit wird behindert, Aktionen und Veranstaltungen werden untersagt.[13] Viele Frauen leisten ihre Widerstandsarbeit in dieser Frauenorganisation unter großen psychischen, physischen und materiellen Opfern. Der Verfassungsschutz observiert die Aktionen der Organisation, in der auch Kommunistinnen aktiv mitarbeiten. Häufig werden die Frauen verhaftet.

»Aber die Frauen sind die ganze Nacht festgehalten und erst am anderen Morgen entlassen worden. Und ich weiß, daß manche Frau dabei war, manche Mutter, z. B. eine Frau mit vier Kindern, die sagte: ›Lassen Sie mich doch gehen, ich muß zu meinen Kindern‹.« [14]

## Frauen leisten Widerstand

»Mit einem Schlage wurde das anders. Buchstäblich mit einem Schlage, als ich Mitte August 1950, ich meine am 18., in der friedlichen Ruhe des kleinen Bades Salzuflen an einem Freitagnachmittag um drei Uhr im ›Mittag‹ von einem Interview las, das Adenauer der New York Times gegeben hatte und worin er von der Möglichkeit, ja ich muß wohl sagen, der Unvermeidlichkeit eines Krieges zwischen den USA und der Sowjetunion sprach, nämlich, sobald die Russen auch Bomben hätten und darum ›zurückschlagen würden‹, wenn die Amis anfingen. Dann käme es auf die alten Waffengattungen an, und da sei es wichtig, daß die Bundesrepublik Soldaten hätte usw. Das war nach dem Zweiten Weltkrieg der eigentliche Anfang meiner Arbeit für den Frieden. Alles andere ergab sich zwangsläufig: Erster leidenschaftlicher Protestbrief an Adenauer. Wie viele sind ihm gefolgt! Die meisten ohne Entgegnung, manche durch seine Kanzlei beantwortet.« [15]

So schildert Klara Marie Faßbinder ihren Einstieg in die Frauenfriedensbewegung. Unverheiratet, überzeugte

Christin, in ihrem Lehrberuf seit Jahren aktiv (zuletzt als Professorin an der Bonner Pädagogischen Akademie und dort wegen ihrer politischen Aktivität frühzeitig ›in Ruhestand‹ versetzt), kennt die engagierte Intellektuelle nach dem Krieg nur ein Ziel: Sicherung des Friedens. Ihr wesentlicher Vorschlag zur Erreichung dieses Zieles ist einfach, nicht neu und dennoch außergewöhnlich: Völkerverständigung durch Begegnungen der Menschen verschiedener Nationen. Klara Marie Faßbinder bereist viele Länder der Welt, besucht mit Frauendelegationen der WFFB sozialistische Länder, ist als eine der ersten Westdeutschen in der DDR und in der UdSSR und scheut sich auch in den sechziger Jahren im hohen Alter nicht vor anstrengenden Visiten nach Übersee.[16]

Aber nicht nur einzelne Persönlichkeiten engagieren sich in dieser Zeit für den Frieden. 1950 erscheint der berühmte Aufsatz »Wenn es wieder Krieg gibt, hülfe uns Frauen dann ein Generalstreik?«[17] in der Frauenzeitschrift »Constanze«. »Constanze« fordert ihre Leserinnen auf, im Falle neuer kriegerischer Auseinandersetzungen sämtliche Arbeits- und Dienstleistungen in Familie und Beruf zu verweigern, um so das militärische Räderwerk zum Stillstand zu bringen.

Im Rahmen der gesamten Oppositionsbewegung gegen die Remilitarisierung werden zu Beginn der 50er Jahre selbstorganisierte Volksbefragungen durchgeführt. Die Bundesregierung hat eine offizielle Befragung abgelehnt, diese Volksbefragungen finden daher ab April 1951 weitgehend illegal, oft polizeilich verfolgt statt. Und doch, im März 1952 gibt der »Hauptausschuß für Volksbefragung« bekannt: von über neun Millionen Befragten haben sich 94 % gegen die Remilitarisierung und für den Abschluß eines Friedenvertrages ausgesprochen. Initiiert worden war diese Bewegung zur Volksbefragung von Pastor Martin Niemöller und Gustav Heinemann nach dem »Essener Friedenskongreß« Anfang 1951. Getragen wird die Volksbefragung von vielen Organisationen aller politischen Richtungen. Insbesondere die Frauen des DFD engagieren sich in diesen Befragungsaktionen, befragen dabei auch Tausende Arbeiter vor den Fabriktoren im Ruhrgebiet. Mit Parolen wie »Butter statt Kanonen«, »DFD – unsere Muttis kämpfen für den Frieden«, an Regenschirmen, Kinderwagen und Luftballons angebracht, ziehen sie protestierend auf die Straßen. Die Frauen suchen Gespräche mit Abgeordneten, schreiben Bitt- und Protestbriefe, ja halten sogar – beklemmende Parallele – Mahnwache vor den Häusern der Abgeordneten ab. Aus der Chronik ihrer Aktionen:

*»Frauen und Mütter in den Städten und auf dem Lande!...
Zögert keinen Tag mehr, um den Frauen und Männern im Bundestag zu sagen, daß sie bei der im September/Oktober erfolgenden neuen Behandlung des Generalvertrages gegen dieses Vertragswerk stimmen müssen, wenn sie – wie sie es bei der Wahl versprochen haben – Vertreter des Volkes sein wollen. Schreibt an die Abgeordneten Tausende Briefe! Besucht sie in ihren Wohnungen! Sprecht auch mit ihren Frauen! Jeder Abgeordnete soll durch uns wissen, wie das Volk sich entschieden hat, damit keiner von ihnen sagen kann: ›Ich habe nicht gewußt, was das Volk will.‹«*[18]

*»Seit ihrem Bestehen bemüht sich die Westdeutsche Frauenfriedensbewegung um die Verständigung unter den Völkern und vor allem der Deutschen untereinander. Aus dieser inneren Verpflichtung heraus hat sie zum 19. November die*

Die katholische Pazifistin Christa Thomas, die auf Grund ihrer leitenden Tätigkeit im Hauptausschuß für Volksbefragung unter der Anklage stand, eine »verfassungsfeindliche« Organisation mitgegründet zu haben, nach dem Freispruch.

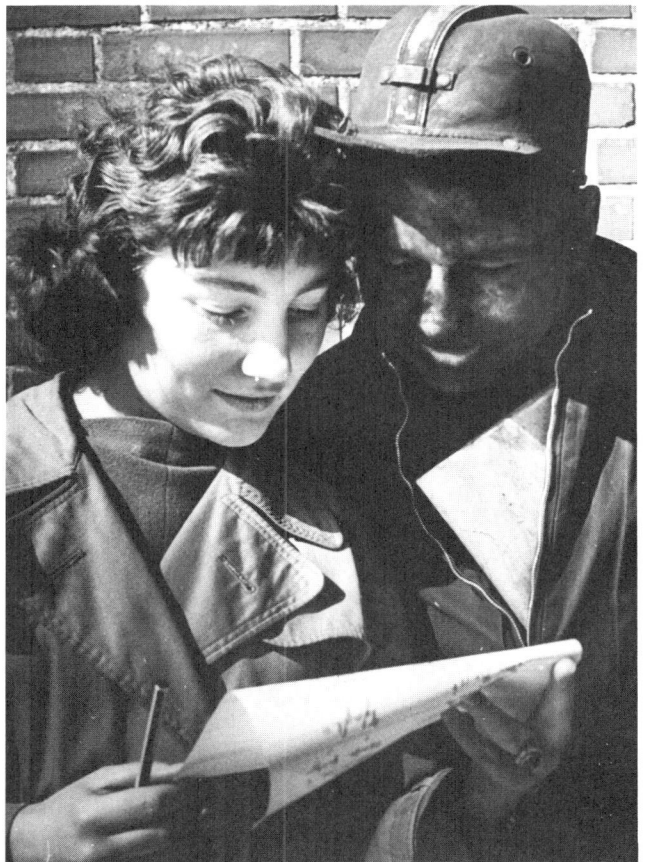

Unterschriftenaktion vorm Zechentor in Bochum

meine
Gesinnung

muß ich heute ins
Gefängnis

Emmi Meier nach ihrer Verurteilung vor dem Gefängnis Vechta. Wie sie wurden Hunderte von Frauen (und Männern) vor und nach dem Verbot der KPD und ihr nahestehender Organisationen verfolgt. So wurde z. B. auch Herta Dürrbeck 1955, nachdem ihre Immunität als niedersächsische Landtagsabgeordnete der KPD erloschen war, angeklagt, verurteilt und eingekerkert. Wie Emmi Meier hatte sie sich u. a. für die Aktion »Frohe Ferien für unsere Kinder« – in der DDR – eingesetzt. Sie kam ins selbe Gefängnis, in dem sie bereits im Faschismus anderthalb Jahre in der Nachbarzelle verbracht hatte. Als erschwerend wurde ihr vorgeworfen, daß sie weder durch die Verfolgung im Faschismus, noch durch erlittene körperliche und seelische Schäden von ihrer politischen Haltung Abstand genommen hatte. Erst gegen Mitte der 60er Jahre nahmen diese politischen Prozesse langsam ein Ende.

*weiblichen Abgeordneten des Bundestages und der Landtage, sowie führende Vertreterinnen des geistigen und öffentlichen Lebens, der Betriebe und der Gewerkschaften zu einer Aussprache und Beratung eingeladen.«* [19]

1952 organisieren die Frauen im Bonner Hofgarten eine erste große Demonstration. Hauptrednerin ist Helene Wessel, die in der Gesamtdeutschen Volkspartei zusammen mit Gustav Heinemann gegen die von Adenauer forcierte Wiederaufrüstung der Bundesrepublik kämpft. Die Friedensfrauen senden ein Telegramm an den Bundeskanzler:

*»1600 Frauen vom Friedenstag der Westdeutschen Frauenfriedensbewegung in Bonn beschwören Sie, Generalvertrag und Verteidigungsbeitrag nicht zu unterzeichnen, bevor der Bundestag gesprochen hat und glaubhafte Verständigungsmöglichkeiten mit allen vier Besatzungsmächten bis zum Äußersten versucht worden sind.«* [20]

Einige hundert Meter weiter, im Bundestag, wird über die Wiederbewaffnung debattiert. Auch hier ergreifen Frauen das Wort, allerdings mit ganz anderer Stoßrichtung:

*»Wenn ich in dieser Stunde dem so erregten Gespräch der Männer als Frau etwas hinzufügen möchte, dann darum, weil der Bundestag an dem inneren Kampf zwischen Herz und Verstand, der sich in den letzten Wochen in unzähligen Frauenherzen entsponnen hat, am Widerstreit der Gedanken und Gefühle nicht vorübergehen kann, und weil ich der Meinung bin, daß das Ja zum kleineren Übel nicht nur von Männern gesprochen werden muß... Weil mich das zutiefst erfüllt, weil mich das bis in mein Innerstes bewegt, stehe ich hier und bringe diesen winzigen Beitrag der Frau zum Gespräch der Männer.«* [21]

Die CDU-Abgeordnete Aenne Brauksiepe spricht das Ja zur Remilitarisierung aus, viele weitere Frauen nehmen es ohne Gegenwehr hin. Und so kann es geschehen, daß trotz vielfältiger Aktivitäten der Widerstandsgruppen in der Bundesrepublik, trotz vieler Aktionen gerade von Frauen, ihre Männer und Söhne vor der drohenden Rekrutierung zu bewahren, der Widerstand gegen die Remilitarisierung scheitert. Nach der Unterzeichnung der Verträge über die sogenannte Europäische Verteidigungsgemeinschaft (EVG) im Frühjahr 1952 schlägt die Bundesregierung eine weitere sowjetische Verhandlungsnote im Spätsommer desselben Jahres aus. Die Verträge gehen im November 1952 in die zweite und im März 1953 in die dritte Lesung. Sie werden mit überwältigender Mehrheit angenommen. [22] Maria Deku, CSU-Landtagsabgeordnete und aktives Mitglied des WFFB, schrieb damals:

*»Wenn Deutschland noch eine Geschichte beschieden sein sollte, so wird dieser 19. März einmal als der schwärzeste Tag des deutschen Parlamentarismus und dieser volksfernen Nachkriegs-Demokratie bezeichnet werden. Erstmalig dürfte es auch sein, daß eine Volksvertretung ihre Zustimmung zu einem so verbindlichen Staatsvertrag gegeben hat, bei dem wesentliche Zusatzprotokolle ihr gar nicht zugänglich und bekannt gewesen sind...«* [23]

Im Jahre 1954 flackert der Widerstand nochmals auf, beflügelt durch ein französisches Veto gegen diese deutschen Pläne. Doch die Einigung mit Frankreich kommt schnell zustande und so kann auch die vor allem von SPD-Kreisen getragene »Paulskirchenbewegung« Anfang 1955 die Westintegration der Bundesrepublik nicht aufhalten. Am 5. 5. 55 werden alle entsprechenden Vertragswerke unterzeichnet. [24]

Zu fragen bleibt, worin das Scheitern der Bewegung gegen die Wiederbewaffnung, speziell der Frauenfriedensbewegung, begründet liegt. Haben nicht alle Frauen den Krieg grausam erlebt? Einen Krieg, den sie »nicht angezettelt hatten«? Haben sie nicht Bomben, Vergewaltigungen ertragen, das Land aus Trümmern wieder aufgebaut? Vielleicht dies dazu:

Die Mehrzahl der Frauen wird von den Aktionen der Frauenfriedensbewegung nicht angesprochen: die politische Abstinenz der Frauen nach der NS-Erfahrung, der Einfluß der Kirchen, die die Politik Adenauers weitgehend bejahen, spielen hier sicher eine große Rolle. Daß viele Frauen trotz der Wiederbewaffnung apathisch bleiben, liegt meines Erachtens aber vor allen Dingen an der Kriegsangst, die durch den 1950 in Korea ausbrechenden Konflikt

Mütter verabschieden die ersten Rekruten der Bundeswehr ...

ganz Westdeutschland ergreift. Rückblickend erzählt eine Frau:

*»Anfang 50 hat man gedacht, es gibt wieder Krieg. Es war eine ganz unruhige Zeit nachher, und jedes hat sich geduckt und hat Angst gehabt... Und ich habe mich dermaßen reingesteigert, weil ich da das zweite Kind erwartet habe... Aber mein Mann hat mich dann ganz aufgerichtet und hat gesagt, Du darfst überhaupt nicht dran denken. Wir haben damals dann den Adenauer gehabt, und das war ja so ein schlauer Fuchs. Der hat mit viel Diplomatie viel verhindert, also politisch. Und damals hab' ich mir gesagt, jetzt lasse ich mich auf gar nichts mehr ein, sonst ist man mit den Nerven total am Ende, und habe mich auch ganz umstellen müssen. Man hat die Angst und den Schrecken in sich gehabt, noch lange.«* [25]

Die Furcht vor einem »kommunistischen Überfall« wächst, und Umfragen aus dieser Zeit belegen, daß die Zahl derer, die eine Wiederbewaffnung zum Schutz vor einer drohen-den »Sowjetisierung« fordern, nicht zuletzt unter dem Eindruck der Pressepolitik der Regierung ansteigt. [26]

Neben der Kriegsangst spielt ein zweiter Faktor eine wesentliche Rolle: Die neue, alte Rollenzuweisung, das heißt die völlige Restauration tradierter weiblicher Rollenmuster nach den jetzt überstandenen Jahren des »Zusammenbruchs«. Die Nachkriegsgesellschaft hätte sich ohne die freiwillige Reproduktions- und Überlebensarbeit der Frauen in dieser kurzen Zeit nicht wieder stabilisieren können. Jetzt, ab 1950, sind diese Wiederaufbauarbeiten vielfach abgeschlossen. Einige Frauen werden in ihren Nachkriegsberufen überflüssig, andere werden von Männern verdrängt oder suchen selbst den Rückzug in die Privatsphäre und das häusliche Glück. Die ideologische Verankerung dieser Rückbesinnung auf die familiären Verpflichtungen der Frau in die Politik durch die regierende CDU kommt hinzu. Oft fehlt es den Frauen auch an Informationsmöglichkeiten:

Die Atom-Wespe

Das jüngste Kind der Atomangst-Sensationen:

# Die Atom-Wespe

Ein QUICK-Bericht

Die Angst vor Strahlenschäden und Atomtod überlagerte gegen Mitte der 50er Jahre nach und nach die ursprüngliche Atom-Euphorie. 80 Dachverbände von Frauenorganisationen (darunter die Hauptabteilung »Frauen« des DGB) veröffentlichten 1955 einen Aufruf gegen zivile Atomschäden. In der Bevölkerung fanden die unwahrscheinlichsten Katastrophenmeldungen offene Ohren (Quick, 1956).

*»Von Frauendemonstrationen Anfang der 50er Jahre habe ich nichts mitbekommen, obwohl ich mitten in Düsseldorf gearbeitet hatte. Frauengruppen – Frauenprobleme, so etwas gab es doch gar nicht für mich. Und genau genommen wußte ich auch gar nicht, worum es genau ging, wenn über Wiederaufrüstung gesprochen wurde. Wir hatten damals kein Geld, um eine Tageszeitung zu beziehen. Wir hatten inzwischen drei Kinder.«*[27]

»Keine Experimente«, es sind mehrheitlich die Frauen, die diesen Slogan und damit die CDU wählen. Durch eine geschickte Politik versteht es vor allem der damalige Wirtschaftsminister Erhard, das Interesse der Frauen auf den Mikrokosmos Familie und auf die ordnende Verantwortung der Frauen in diesem Sektor abzuleiten:

*»Folgen Sie auch im Lärm des Wahlkampfs keiner anderen Stimme als der Ihres Gewissens als Wirtschaftsminister Ihrer Familie. Sie können ja nicht wie andere Minister einfach zurücktreten, wenn es schief geht. Sie müssen es in Ihrem eigenen kleinen Reich austragen und aushalten, wenn unüberlegt gewählt worden ist und die Wirtschaft dann falsch regiert wird.«*[28]

Staatliches Handeln ist wesensgleich mit privatem, funktioniert das private nicht, leidet der Staat. Ursache staatlichen Wohlergehens ist somit die Vernunft der Hausfrauen. Im Haushalt lassen sich viele weibliche Interessen kanalisieren. Sieht man von den aus Existenzgründen auf Erwerbstätigkeit angewiesenen Frauen ab, so zeigt sich häufig diese neue »alte« Rollenübernahme bürgerlichen Wirtschaftens durch die Hausfrauen. Akzeptiert wird, was dem Staat nutzt! Kritik an staatlichem Handeln bringt Unordnung, Wirrnis und Entbehrungen, so glauben viele. Und diese haben sie ja gerade erst hinter sich gelassen.

Tua res agitur – es geht um Deine Sache! Mit diesem die Bildungsbürgerin charakterisierenden Appell hat Klara Marie Faßbinder die Frauen in »Frau und Frieden« 1953 an die Wahlurnen gerufen. Doch die CDU gewinnt die Wahlen mit großem Erfolg – getragen von einer großen Mehrheit weiblicher Wählerstimmen. Frau Faßbinder kann ihre Enttäuschung darüber nicht verhehlen: Der »kirchliche Einfluß darf nicht übersehen werden, wenn er auch bei vielen noch mehr von dem anderen überwogen wurde: dem materiellen Interesse... Bisher ist es uns gut gegangen, warum sollten wir jemanden anders wählen?,[29] so analysiert sie nachdenklich das Wahlverhalten vieler Frauen.

Die Mehrzahl der Wählerinnen sucht ein stabiles politisches Grundmuster, delegiert gerade politische Entscheidungen oft an Männer – einfachster Weg: Verheiratete schließen sich dem Wahl-Urteil des Ehemannes an![30] Das Interesse für den privaten Wiederaufbau dominiert den Lebensalltag, hinzu kommt die auch in den Medien sichtbare Restauration des tradierten männlichen Politikerbildes. Nach der »hochpolitischen Überlebens- und Wiederaufbauarbeit« der Frauen geht die Verwaltung des Wiederaufgebauten nahtlos in die Verantwortung von Männern über. Viele Frauen begnügen sich mit der politischen Selbstbeschränkung im Ehrenamt.

Und doch: Trotz ihrer relativen Schwäche stellten die Frauen der Frauenfriedensbewegung für die Befürworter der Wiederaufrüstung eine Gefahr dar. Wie anders läßt sich die permanente Observation und Einschüchterung ihrer Aktionen erklären.[31] Mögliche Gründe dieser Furcht vor den Frauenaktivitäten:
- die gefühlsbetonte »weibliche« (aus der gängigen klischeehaften Sichtweise vieler männlicher Politiker »irrationale«) Grundhaltung der Frauen, die sich den klassischen Kontrollmaßstäben entzog;
- der neudefinierte Bildungsanspruch, beispielsweise das Argument Faßbinders, Vorurteile durch Reisen – vor allem in sozialistische Länder – abzubauen;
- die christliche Basis vieler Friedenskämpferinnen, die sich damit gegen die Haltung der beiden großen Kirchen stellten.

Die damalige Frauenfriedensbewegung hatte schwierige Ausgangsbedingungen: sowohl innen- als auch außenpolitisch waren die Handlungsmöglichkeiten der Opposition in Anbetracht der Mehrheitsverhältnisse im Bundestag, des Besatzungsstatus und der Personalunion von Kanzler und Außenminister Adenauer kompliziert. Viele Frauen mußten zudem materielle Opfer bringen, ihre politische Tätigkeit unter persönlichen und gesellschaftlichen Diskriminierungen (»Fünfte Kolonne Moskaus«) ausüben. Ganz abgesehen vom gesamtgesellschaftlichen Habitus einer paralysierten Nachkriegsgesellschaft, die »Ruhe und Sicherheit, kein Risiko, kein Wagnis, das die Politik der unmittelbaren Verständigung mit der DDR und der Sowjetunion in sich zu bergen schien« anstrebte.[32]

Schon in den 50er Jahren: Sitzblockaden vor Raketen-Depots. Rückwärts fahren mußten die Autos einer britischen Raketen-Einheit in Dortmund-Brackel, weil in einer Aktion gewaltfreien Widerstandes sitzende Frauen und Männer die Einfahrt zum Raketen-Gelände besetzt hielten.

Doch nicht nur das: Selbstkritisch müssen wir reflektieren, daß auch die Frauen damals Fehler machten. So konzentrierte sich der DFD in seiner Arbeit sehr stark auf allgemeinpolitische Forderungen, erschien daher vielen Frauen als »verlängerter (Frauen-)Arm« der KPD. Problematisch war beispielsweise auch die pathetisch-beschwörende Sprache, mit der der DFD die Frauen anzusprechen suchte.[33] Sicherlich hatte der DFD auch weniger selbständigen, parteiunabhängigen Handlungsspielraum als die WFFB.

Die WFFB war parteiungebunden. Sie argumentierte zumeist mit dem universalen Friedensbegriff aller Mütter. Oft wurde auch, das zeigen die Illustrationen in »Frau und Frieden«, die gebildete Leserin, die geschulte Intellektuelle angesprochen. Wirkte aber nicht das »Tua res agitur« einer Klara Marie Faßbinder – selbst mit deutscher Übersetzung – ausgrenzend? Und nicht zuletzt: die Fixierung auf die Mutterrolle in der Argumentation der WFFB, die Betonung ihrer Rolle als Gebärende, Hüterin, Erzieherin, fürsorgende Frau und Mutter – hat dieses Frauenbild damals alle Frauen erreicht? Waren nicht auch einige enttäuscht, etwa durch die Erfahrungen einer Kriegsehe? Wie dachten die Alleinstehenden? Hier sind noch viele Fragen offen.

Wir stellen heute rückblickend fest: Unser Verhältnis zur Kirche, zur Ehe und auch zur Rolle der Familie hat sich gewandelt, nicht zuletzt durch die Erfahrungen unserer Mütter. Geblieben ist das Engagement der Frauen für den Frieden, mit neuen, aus unserer heutigen Situation resultierenden Inhalten und Formen.

Protestveranstaltung des »Reichsbundes der Kriegsbeschädigten und Kriegsopfer« im September 1959 in der Dortmunder Westfalenhalle gegen die »Reformvorschläge« von Bundesarbeitsminister Theodor Blank zum Einfrieren der Renten von 3,5 Millionen betroffenen Kriegsopfern. Überraschend war die große Zahl der weiblichen Teilnehmer. Ähnliche Kundgebungen mit teilweise bis zu 100000 Beteiligten fanden 1959 in der ganzen Bundesrepublik statt.

Prof. Dr. Renate Riemeck (vierte von links) war 1958 maßgeblich an der Initiative gegen die Atombewaffnung beteiligt. Seit dieser Zeit wurde sie mehr und mehr in ihrem Lehramt behindert; im Juli 1960 entzog man ihr die Prüfungsberechtigung. Im Dezember 1960 legte sie wegen dieses faktischen Berufsverbots ihr Lehramt an der Pädagogischen Hochschule in Wuppertal nieder.

*Anmerkungen*

1 Weymar, Paul: Konrad Adenauer, München 1955, S. 494. Zitiert nach: Albrecht, Ulrich: Die Wiederaufrüstung der Bundesrepublik, Köln 1980, S. 90.
2 Adenauer, Konrad: Erinnerungen 1945–1953, Stuttgart 1965, S. 350 ff.
3 vgl. ebd., S. 355.
4 Über den Ausbruch des Korea-Krieges und seine politischen Folgewirkungen für die westdeutsche Wiederbewaffnung wird kontrovers diskutiert. Hier nur zwei Literaturangaben: Horowitz, David: Kalter Krieg. Hintergründe der US-Außenpolitik von Jalta bis Vietnam, Berlin 1980; Mai, Gunther: Westliche Sicherheitspolitik im Kalten Krieg. Der Korea-Krieg und die deutsche Wiederbewaffnung 1950, Boppard 1977.
5 Mai a.a.O., S. 110 ff.
6 Verschiedenen Meinungsumfragen, die teilweise auch von Zeitungen durchgeführt wurden, ist zu entnehmen, daß vor dem Koreakrieg mehr als die Hälfte der Westdeutschen gegen eine Wiederbewaffnung war. Danach sank dieser Anteil auf rund 40 % der Befragten, um in der zweiten Hälfte der fünfziger Jahre, insbesondere während der Kampagne gegen die Atombewaffnung, wieder auf ca. 65 % anzusteigen.
7 Über die WFFB berichtet u. a.: Swiderski, Gabi: Die Westdeutsche Frauenfriedensbewegung in den 50er Jahren. In: Ergebnisse Bd. 21, Hamburg 1983. Mitgliederzahlen der WFFB wurden nicht erhoben; beteiligt waren aber mit Sicherheit mehrere tausend Frauen, da allein zu einze nen regionalen Treffen und Veranstaltungen der WFFB jeweils 500 bis 900 Frauen erschienen, bei einem Kongreß in Bonn 1952 sogar 1600. Die Auflage von »Frau und Frieden« dürfte ebenfalls einige tausend betragen haben.
8 »Frau und Frieden« 2/1952.
9 Nyssen, Elke: Die Westdeutsche Frauenfriedensbewegung. In: Feministische Studien »Krieg und Unfrieden«, 3. Jg., Nov. 1984, Nr. 2, S. 66–77, hier: S. 72, und Swiderski, a.a.O., die einiges zur Biographie der WFFB-Frauen schreibt.
10 Bereits im Oktober 1951 hatte der DFD 11 494 Mitglieder, bei seinem Verbot 1957 rund 28 000. Zum DFD vgl. insbesc ndere Nödinger, Ingeborg: Frauen gegen Wiederaufrüstung, Frankfurt/Main 1983, und Nödinger, Ingeborg: Für Frieden und Gleichberechtigung: Der Demokratische Frauenbund Deutschlands. In: Florence Hervé (Hrsg.): Geschichte der deutschen Frauenbewegung, Köln 1982, S. 187–205.
11 Nödinger, Frauen gegen Wiederaufrüstung, S. 64.
12 ebd.
13 Hier nur ein Beispiel aus Hessen: In der Neuen Zeitung vom 31. 8. 1950 gibt der Hessische Innenminister bekannt, daß Organisationen, in denen Kommunisten arbeiten, ab sofort keine Räumlichkeiten mehr zur Verfügung gestellt werden. Diese Maßnahme trifft auch den DFD.
14 Nyssen, a.a.O. S. 72.
15 Faßbinder, Klara Marie: Begegnungen und Entscheidungen, Darmstadt 1961, S. 1970.
16 Vgl. dazu: Faßbinder, a.a.O. sowi e die Schilderungen in Baur, Hannecläre/Fölsing, Günter (Hrsg.): Das politische En gagement des Christen heute, Bonn 170.
17 »Wenn es wieder Krieg gäbe – hülfe uns dann ein Generalstreik der Frauen?« In: Constanze, Heft 1, 1950, S. 7; abgedruckt in: Frauenalltag und Frauenbewegung im 20. Jahrhundert. Materialsammlung zu der Abteilung 20. Jahrhundert im Historischen Museum Frankfurt. Bd. 4. Zusammengestellt von A. Kuhn und D. Schubert, Frankfurt 1980, S. 143 ff.
18 Frau und Frieden 8/1952.
19 Frau und Frieden 12/1952.
20 Zitiert nach: Swiderski, a.a.O. S. 42.
21 Funke, Lieselotte: Frauen sprechen im Bundestag, Stuttgart 1979, S. 20 und 22.
22 Über die Debatte im Deutschen Bundestag und die von Maria Deku angesprochenen juristischen Bedenken berichtet s ehr anschaulich: Baring, Arnulf: Im Anfang war Adenauer, München 2. Aufl. 1982.
23 Frau und Frieden 4/1953.
24 vgl. Rupp, Hans Karl: Außerparlamentarische Opposition in der Ära Adenauer, Köln 1980. S. 49.
25 König, Gudrun: »Man hat vertrennt, vertrennt und wieder vertrennt.« Erinnerungen an den Nachkriegsalltag. In: Freier, Anna Elisabeth / Kuhn, Annette (Hrsg.): Frauen in der Geschichte, Bd. V, Düsseldorf 1984, S. 386–409, hier: S. 403.
26 Vgl. Anm. 4 sowie die Angaben der Umfragen in den Statistischen Jahrbüchern dieser Jahre.
27 »Bewegte Zeiten«. Düsseldorfer Frauen in den fünfziger Jahren. Hrsg.: Demokratische Fraueninitiative, Düsseldorf 1982.
28 Bundeswirtschaftsminister Erhard im Wahlkampf 1953, abgedruckt in: Wiggershaus, Renate: Geschichte der Frauen und der Frauenbewegung in der Bundesrepublik Deutschland und in der Deutschen Demokratischen Republik nach 1945, Wuppertal 1978, S. 57 f.
29 Faßbinder, Klara Marie: Wachen st unser Auftrag. In: Frau und Frieden 10/1953.
30 Vgl. Elsner, Ilse: Ihre Hoheit, die Wählerin. In: Neue Gesellschaft, Heft 3, 1957, und Donner, Erika: Die Frau in der deutschen Politik. In: Gewerkschaftliche Monatshefte, Heft 6, 1957.
31 Der DFD wird im Zuge der KPD-Verfolgung 1957 verboten. Gegen die WFFB strengt die Landesregierung von Rheinland-Pfalz 1960 einen Verbotsprozeß an. Gustav Heinemann und Diether Posser vertreten die Frauen in diesem Prozeß; die Landesregierung verliert.
32 Frau und Frieden 10/1953.
33 Vgl. dazu die Dokumente in Nödinger, Frauen gegen Wideraufrüstung, a.a.O. Dort heißt es beispielsweise auf S. 45: »Die Freundinnen der Gruppe Ansbach aus der Landesorganisation Bayern schrieben uns zur Jahreswende diese Zeilen, über die wir uns alle sehr gefreut haben: ›In Erfüllung unseres Wettbewerbes, den wir auf der II. Org. Konferenz in Berlin abgeschlossen haben, nahmen 10 Ansbacher Freundinnen des DFD sich vor, in Amberg eine neue Gruppe des DFD zu gründen.‹« Die Anrede »Freundinnen« sowie auch die Wettbewerbsform der Mitgliedergewinnung mögen auf viele Frauen befremdlich gew rkt haben.

Links:

»Kampf dem Atomtod!« Unter diesem Motto fanden 1958 zahllose Großveranstaltungen (meist unter Beteiligung führender SPD-Politiker wie Helmut Schmidt u. a.) und Demonstratioen gegen die von der CDU geplante Atombewaffnung der Bundeswehr statt.

## Sibylle Meyer / Eva Schulze

# Von Wirtschaftswunder keine Spur

## Die ökonomische und soziale Situation alleinstehender Frauen

*»Als unverheiratete Frau war man nur ein halber Mensch. Überall gab's nur Paare. In vielen Situationen hab' ich deswegen einfach einen Ehering getragen, um nicht schief angesehen zu werden.«* [1]

Die 50er Jahre brachten neben dem wirtschaftlichen Aufschwung eine neue Welle der Familienideologie, die Ehe und Familie als alleingültige Lebensform forderte. Die Realität sah jedoch anders aus.

Liest man die Statistiken der 50er Jahre, wird deutlich, daß ⅓ aller West-Berliner Haushalte keinen männlichen »Haushaltsvorstand« hatte. Diese Quote blieb während der 50er Jahre konstant.[2] 7 Millionen Frauen[3] in Deutschland hatten ihren Mann durch den Krieg verloren oder fanden wegen des »Männermangels« keinen Ehepartner. 4 Millionen deutsche Soldaten waren im 2. Weltkrieg gefallen, 6–7 Millionen waren noch Jahre nach Kriegsende in Gefangenschaft.[4] Auf 1000 Männer wurden 1945 in der Berliner Bevölkerungsfortschreibung 1717 Frauen registriert.

Noch 1950 waren die Frauen weit in der Überzahl: Auf 1000 Männer trafen dann 1353 Frauen. Gerade in der Altersgruppe ab 30 Jahren war die Frauenmehrheit bzw. der »Männermangel« besonders gravierend. Noch 1959 wurden in West-Berlin in der Altersgruppe der 30- bis 40jährigen auf 1000 Männer 1474 Frauen gezählt. Mit zunehmendem Alter vergrößerte sich diese Differenz noch. Bei den 65jährigen und älteren waren es 1872 Frauen gegenüber 1000 Männern (im Vergleich dazu kamen in der BRD auf 1000 Männer 1124 Frauen).[5]

Diese beträchtliche Gruppe von »alleinstehenden« Frauen, um deren Situation es hier gehen soll,[6] stand jenseits des gesellschaftlichen Leitbildes von Ehe und Familie der 50er Jahre. Sie waren in den 50er Jahren Diskriminierungen auf unterschiedlichen Ebenen ausgesetzt.

Der Begriff »alleinstehend« kennzeichnet heute wie damals Frauen, die ohne Mann leben, das heißt, entweder ihren Mann verloren haben, keinen Partner fanden oder nicht heiraten wollten.

Der Begriff bringt sowohl die gesellschaftliche Bewertung der »Alleinstehenden« als auch die gesellschaftliche Norm von Ehe und Familie zum Ausdruck: Wenn Frauen nicht verheiratet sind, suggeriert die Definition »alleinstehend«, sie seien alleine.

Alleinstehende Frauen in den 50er Jahren wurden als »unvollständige Familien« erfaßt, denn die Vollständigkeit der Familie wurde durch die Zusammensetzung von Mann, Frau und Kindern definiert. »Alleinstehende Frauen«, respektive »unvollständige Familien« erschienen als Abweichung von der gesellschaftlichen Norm.

Jedoch: die sogenannten »Alleinstehenden« waren keineswegs »alleine«, sondern lebten mit Kindern, Eltern, Verwandten und/oder Freundinnen zusammen. Die Haushalte bestanden überwiegend aus Frauen, die zusammen wirtschafteten und wohnten. Diese Gemeinschaften waren in den Kriegsjahren aufgrund der äußeren Ereignisse entstanden. Frauen hatten sich mit anderen Frauen zusammengetan, um den Alltag unter den sich kontinuierlich verschlechternden Bedingungen in den letzten Kriegsjahren besser bewältigen zu können. Meist hatte auch die Zerstörung der Wohnungen durch den Bombenkrieg ein Zusammenziehen mit Verwandten oder Freunden notwendig gemacht. Gerade wenn Frauen Kinder hatten, waren sie auf die Unterstützung von anderen angewiesen. Diejenigen,

die ohne verwandtschaftliche oder nachbarschaftliche Hilfe bei der Kinderbetreuung auskommen mußten, hatten es besonders schwer, denn es gab kaum eine staatlich organisierte Kinderbetreuung.

Obwohl als Notgemeinschaften unter dem Zwang der Ereignisse entstanden, entwickelten sich diese Gemeinschaften zu echten Solidargemeinschaften, die durchgängig während der 50er Jahre weiterbestanden. Meist waren die Frauen für Angehörige, die weder Rente noch sonstige finanzielle Einnahmen hatten, über Jahre hinweg allein verantwortlich. Sie mußten versuchen, nicht nur für sich selbst ohne Unterstützung durch einen Mann, sondern ebenso für ihre »Restfamilie« zu sorgen.

Frau Hildebrandt beispielsweise lebte damals mit ihrer Mutter und Großmutter und versorgte beide mit ihrem Einkommen, denn Vater und Großvater waren im Krieg gefallen.

*»Ich hatte nun die Verantwortung für zwei alte Leute. Meine Mutter war nicht mehr jung, und meine Großmutter war noch älter. Meine Mutter hat von meinem Vater keine Rente gekriegt, denn er war selbständig und hat nicht geklebt. Und bis sie eine Kriegsrente bekam, das hat bis 1953 gedauert. Es war aber so wenig, daß sie davon nicht leben konnte. Und meine Großmutter war auch so ein Fall. Mein Großvater war ein reicher Mann. Er hat von den Zinsen seiner Aktien gelebt. Na, und durch die Währungsreform hatten sie alles verloren. Nun stand sie mit 80 Jahren vor dem Nichts.«* [7]

Der Beginn der 50er Jahre hatte die Stabilisierung des Geldwerts und die Normalisierung des Arbeitsmarkts gebracht. Hamstern, Tauschen und Schwarzhandel, womit viele Frauen sich und ihre Angehörigen in den 40er Jahren über Wasser gehalten hatten, verloren an Bedeutung. Statt dessen wurde es immer wichtiger, einen gutbezahlten Beruf zu haben, um das eigene und das Auskommen der »Restfamilie« zu sichern. Frauen wurden jedoch auf dem Arbeitsmarkt empfindlich benachteiligt. Bei der Stellenbesetzung wurden in den späten 40er und frühen 50er Jahren Kriegsheimkehrer bevorzugt. Die Beschäftigung von Frauen in typischen Männerberufen, die in der unmittelbaren Nachkriegszeit weit verbreitet war, wurde wegen der Rückkehr der Männer und der Wiederinkraftsetzung der Arbeitsschutzbestimmungen schrittweise abgebaut. Während 1946 z. B. im Bau- und Baunebengewerbe 49 711 Frauen arbeiteten, waren es Ende 1950 nur noch 11 146.[8] Auch in anderen Berufsgruppen verloren Frauen aus diesen Gründen ihre Arbeit oder wurden in schlechter bezahlte Tätigkeitsbereiche abgedrängt.

1950 gab es nur 1 481 weibliche gegenüber 32 447 männlichen Facharbeitern. Hinzu kam, daß das Ausbildungsniveau für Mädchen in den 50er Jahren sehr niedrig war, so daß viele keine Chance auf einen qualifizierten Arbeitsplatz hatten. Für viele junge Frauen war es gerade Anfang der 50er Jahre fast unmöglich, nach der Schule einen Arbeits- oder Ausbildungsplatz zu bekommen.[9]

Auch was die Löhne betraf, wurden Frauen diskriminiert. Sie verdienten höchstens zwei Drittel dessen, was Männer für die gleiche Arbeit bekamen. Ein männlicher Facharbeiter verdiente im März 1950 in West-Berlin im Durchschnitt wöchentlich 64,28 DM brutto, eine Facharbeiterin 39,42 DM. Dies zeigt, wie schlecht die finanzielle Situation vieler Frauen im Vergleich zu ihren männlichen Kollegen ausgesehen haben muß.[10]

Das Lohneinkommen reichte für Alleinstehende und

deren Angehörige kaum zum Leben. Mehr als die Hälfte des Einkommens mußte Anfang der 50er Jahre für Lebensmittel ausgegeben werden; Miete, Heizung, Strom und kleinere Anschaffungen belasteten die knappe Haushaltskasse. Allein ein Paar Damenschuhe kostete 1950 29,60 DM, ein einfaches Damenkleid bereits 58,– DM. Die Frauen mußten eisern sparen. Aus dieser Zeit berichtet Frau Friedrich, Jahrgang 1923, aus Reinickendorf:

*»Und ich mußte die ganzen Jahre für meine Mutter und meinen Bruder sorgen. Die hatten ja nichts. Meine Mutter hat erst ab 1952 eine Witwenrente bekommen, und die war so niedrig, daß ich von meinem Lohn abgeben mußte. Also, wenn ich mit meinen 180 Mark Gehalt nach Hause kam, hab' ich immer gesagt: ›Bald spannst du 'ne Strippe an der Tür‹, damit ich gleich Kopf stehe und mir alles aus den Taschen fällt. Ich hatte eigentlich gar kein Geld für mich übrig. Ich konnte mir überhaupt keine Garderobe kaufen. Darunter habe ich ziemlich gelitten. Ich hatte Kolleginnen, die im Elternhaus nichts abgeben mußten und die sich viel leisten konnten, während ich Ernährer war und alles machen mußte. Da war manchmal gar nicht schön. Das ist eigentlich immer so geblieben, solange meine Mutter lebte. 1963 ist sie gestorben. So lange mußte ich für sie dasein und auch für meinen Bruder, denn der ging noch zur Schule.«* [11]

Erschwerend kam für Frauen die zunehmende Erwerbslosigkeit hinzu, von der in der ersten Hälfte der 50er Jahre in West-Berlin und in den Westzonen über 2 Millionen Menschen betroffen waren. In Berlin war die Quote der Erwerbslosen besonders hoch, da schon während der Blockade und der drohenden endgültigen Teilung von Ost und West eine Reihe von Betrieben die »Insel« West-Berlin verlassen hatte. Mehr als 50 Großbetriebe, darunter Wintershall, Lorenz und einige Versicherungskonzerne, verlegten ihre Produktonsstätten in die Westzonen. Die damit verbundene Einbuße von Arbeitsplätzen ließ die Erwerbslosenzahlen in Berlin noch schneller ansteigen als in den Westzonen. Die Krise traf Frauen härter als Männer; nach der Statistik des Landesarbeitsamts Berlin waren 1951 in West-Berlin 277 449 Personen arbeitslos gemeldet, davon waren 42,4 % Männer und 57,6 % Frauen.[12]

Das Risiko, arbeitslos zu werden, war für Frauen größer als für Männer. Jede fürchtete sich vor Entlassung. Die »Alleinstehenden« traf eine Kündigung oder die Unsicherheit des Arbeitsplatzes genau so hart wie einen männlichen Haushaltsvorstand einer sogenannten vollständigen Familie. Denn in der Regel waren sie nicht allein, sondern ihre Angehörigen – Mütter, Großmütter, jüngere Geschwister, Kinder – waren auf ihr Einkommen angewiesen. Der Verlust des Arbeitsplatzes bedeutete für diese Haushalte, daß sie mit ihren Einkünften unter die Armutsgrenze sanken.

Die Einführung des Bundesversorgungsgesetzes, das die Versorgung der Kriegsopfer und Hinterbliebenen von den 50er Jahren an regelte, konnte die materielle Schlechterstellung der alleinstehenden Frauen und ihrer Familien nicht auffangen, da die Mindestsätze der Witwen- und Waisenrenten sehr niedrig waren. Vor allem mußten die Frauen, deren Männer vermißt waren, sich dazu entschließen, ihn für tot erklären zu lassen, um eine Anerkennung als Anspruchsberechtigte zu erhalten. Den meisten fiel dieser Schritt sehr schwer, da sie oft jahrelang noch hofften, ihre Männer wiederzusehen.

Erst ab 1957 verbesserte sich die Lage der Hinterbliebenen allmählich. Durch die Rentenänderung der damaligen Bundesregierung wurden die Witwen- und Waisenrenten um durchschnittlich 80 % erhöht.[13]

Ein anderes Problem, unter dem alleinstehende Frauen und ihre Angehörigen besonders zu leiden hatten, war die in den 50er Jahren andauernde Wohnraumnot. Der 1949 einsetzende Bauboom verbesserte die Wohnungslage nur allmählich. Noch 1950 lebte die Hälfte aller Haushalte in Berlin (West) in Untermietverhältnissen, und auch 1955 gab es noch immer Notunterkünfte.[14] Alleinstehende Frauen, die nicht mit anderen Familienangehörigen oder mit einer Freundin zusammenwohnten, hatten es besonders

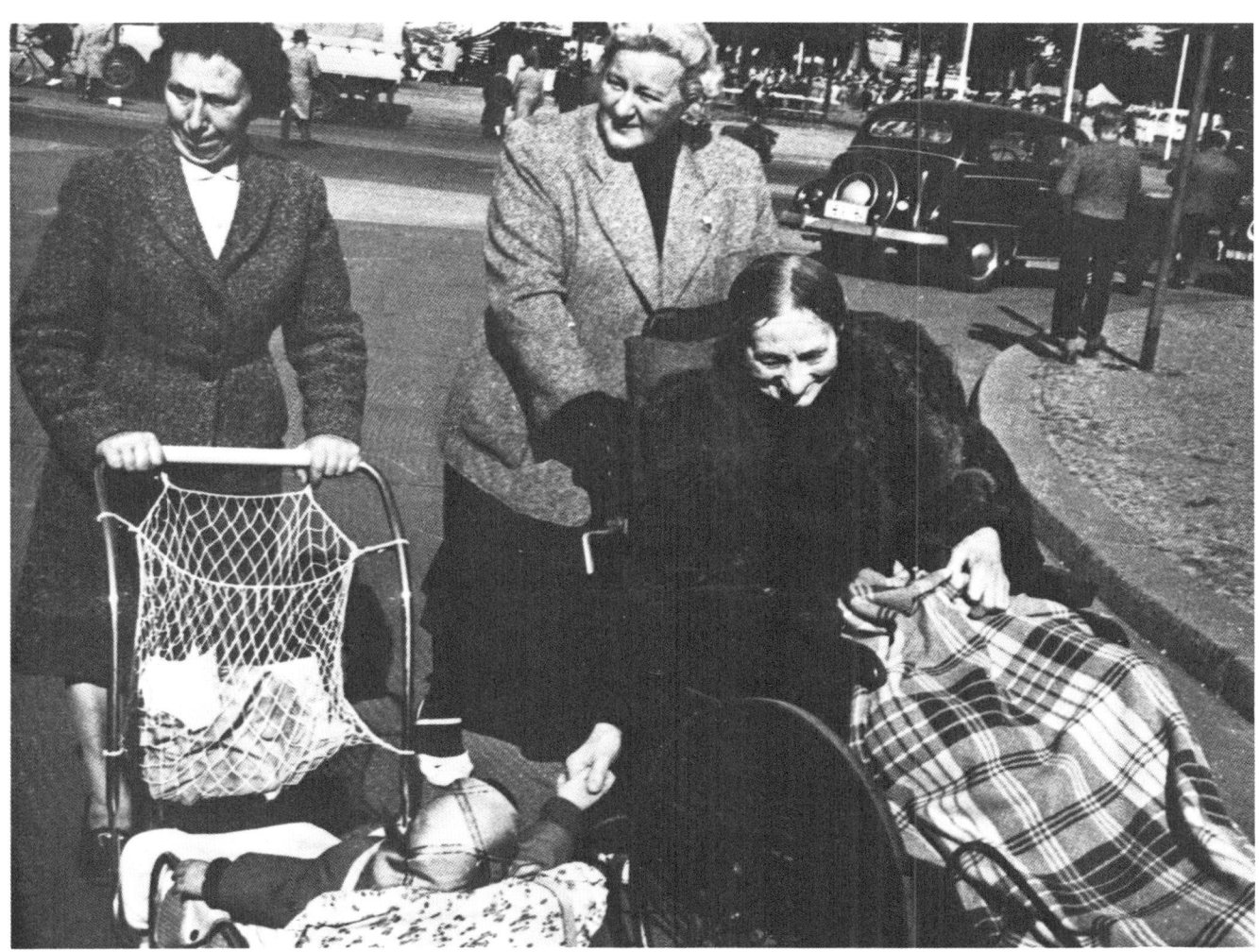

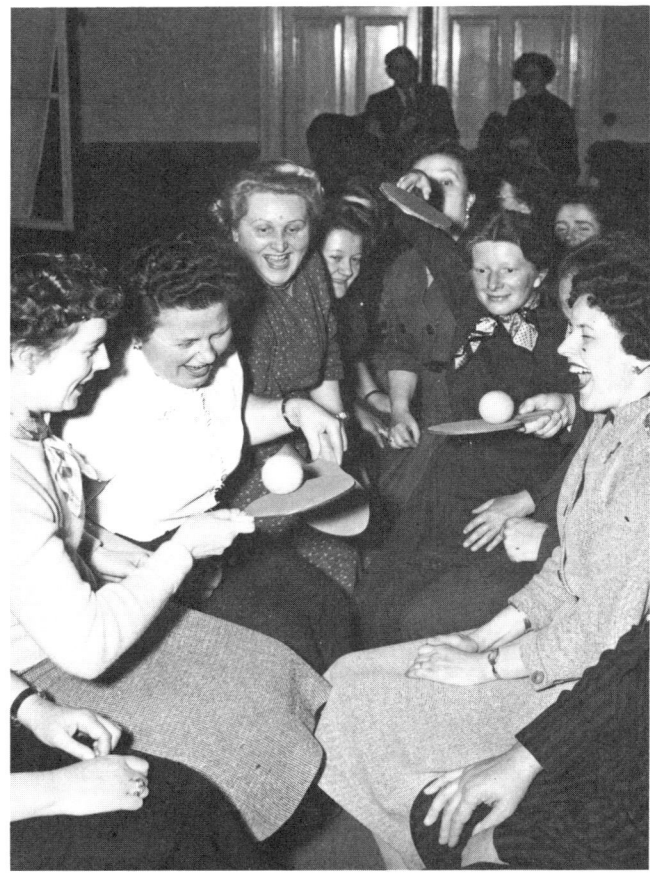

schwer, denn die neu gebauten Wohnungen waren nur für Familien konzipiert. Einer alleinstehenden Frau stand nach Ansicht der Behörden nur ein Zimmer mit Kochnische zu, und diese »Kleinstwohnungen« gab es selten. Deshalb forderten Frauenvereine und -verbände, aber auch die Frauenausschüsse der Parteien den verstärkten Bau von kleinen Wohnungen. Eine eigens wegen der Probleme alleinstehender Frauen einberufene Frauenkonferenz der SPD im Oktober 1955[15] beschloß die Verpflichtung der Baugesellschaften, eine gewisse Anzahl von Kleinstwohnungen je Wohnblock zu errichten, denn nichts sei »schlimmer als das Dasein als ›möbliertes Fräulein‹ über Jahre hinaus«.[16] Trotz dieser politischen Stellungnahmen und Forderungen blieb der Umzug in einen Neubau für viele alleinstehende Frauen ein Traum.

Wie schwierig es sich gestaltete, als alleinstehende Frau zu einer Wohnung zu kommen, beschrieb Frau Ostrowski, Jahrgang 1921. Sie lebte lange Zeit in Untermiete bei einer älteren Witwe, bevor sie endlich eine Wohnung bekam:

*»So ungefähr 1953 bin ich aus dem möblierten Zimmer raus und hab' ne Wohnung gekriegt – in der Karl-Marx-Straße. Eine Einzimmerwohnung ohne Strom, ohne Gas, mit Außentoilette. Aber ich konnte zuschließen, und es war meins. Ich hab' mir dann Strom legen lassen und hab' elektrisch gekocht. Die Außentoilette, die konnte ich natürlich nicht ersetzen. Das war so: Vom Hof 'ne Doppeltür, und dann waren Sie in der Küche, und von dort mußten Sie drei Stufen hoch, dann waren Sie im Zimmer. Und das Zimmer war unterkellert. Und dann bin ich mal runtergegangen nach dem Keller, und da hab ich gesehen, daß von unten alles abgestützt war. Das hatte ich vorher nicht gewußt. Das war näm-*

*lich eine dieser Notwohnungen, die es damals gab. Aber ich war ja heilfroh, daß ich überhaupt eine Wohnung hatte. Und dann hab' ich die Küche, alles neu machen lassen. Aber eines Tages denk' ich, ›Mensch, was ist denn da in der Küche unter dem Bett?‹. Meine Tochter hat in der Küche geschlafen, und ich habe im Zimmer geschlafen, damit wir beide uns nicht störten. Und da war unter ihrem Bett so ein Pilz. Ich habe mir den ganz sachte abgemacht und in Zeitungspapier gewickelt, und damit bin ich zum Wohnungsamt gegangen. Wie ich da reinkomme, lege ich das Paket mit dem Pilz auf den Tisch. Die Herren haben gleich daran geschnuppert. ›Das riecht ja so nach Pilz!‹ ›Ja‹, sag' ich, ›ich hab ne Champignon-Züchtung zu Hause‹. Und dann habe ich das ausgepackt, und die sind mit dem Ding durch das ganze Wohnungsamt gelaufen. Sage ich: ›Das will ich aber wieder zurück haben.‹ Na ja, und dann haben sie mir den Prüfer geschickt. Dann hat der gesagt: ›Also, wissen Sie, Tausende würden Sie beneiden.‹ Weil ich nun alles hab' schön machen lassen. Und dann kam mal so ein Älterer, mit dem hab' ich Kaffee getrunken, und wir haben uns unterhalten. Der hat gesagt, er würde versuchen, irgend was für mich zu tun. Das war 1954. Da kriegte ich dann die Wohnung hier zugewiesen. Und seitdem wohne ich hier in der Wohnung. Normalerweise stand mir bloß 'ne Kochstube zu. Eine Frau mit Kind bekam nur eine Kochstube, mit Kochgelegenheit im Zimmer, und dann meistenteils die Toilette auf der Treppe. Und hier hatte ich nun Stube und Küche. Als ich hier die Wohnung kriegte, 1954, das war eine richtige Erlösung. Da hatten noch viele Frauen keine richtige Bleibe. Ich war ganz glücklich. Im September 1954 bin ich hier eingezogen. Ich war die erste Mieterin im Haus. Jetzt wohne ich über dreißig Jahre hier drin. Und langsam konnte ich mir dann Stück für*

Stück kaufen, als ich mir meine Wohnung eingerichtet habe. Wahrscheinlich hänge ich deswegen so an jedem einzelnen Stück, weil das so zusammengewürfelt ist.«[17]

Wie Frau Ostrowski konnten sich alleinstehende Frauen auch erst spät Möbel- und Einrichtungsstücke leisten. In den meisten Altbauwohnungen standen bis weit in die 60er Jahre die Möbel, die der Krieg verschont hatte und die nicht als Heizmaterial verwendet worden waren. Perlonstrümpfe, Tütenlampen, Music-Box und Eisschränke oder das erste Auto, Attribute, die wir heute mit den 50er Jahren verbinden, konnten sich nur wenige leisten. Das Wirtschaftswunder fand also nicht für alle statt.

Für Frau Friedrich zum Beispiel, Jahrgang 1923, wurde das Leben erst ab Mitte der 60er Jahre leichter:

*»Besser geworden ist es für mich eigentlich erst ab 1965. Mein kleiner Bruder war dann schon aus dem Haus, und meine Mutter lebte nicht mehr. Vorher mußte ich alleine für die beiden sorgen, und soviel verdient habe ich auch nicht. Ab da konnte ich mir ab und zu mal etwas von meinem Lohn leisten. Aber ich sehe es heute so, um so mehr habe ich mein Leben später genossen. Also, genießen konnte ich auch nur in einem gewissen Rahmen, aber ich wußte es zu schätzen, absolut. Ab 1970 bin ich dann die ersten Male in Urlaub gefahren. Das war schön! Na, und dadurch, daß ich immer gearbeitet habe, habe ich natürlich auch heute 'ne ganz gute Rente.«[18]*

Alleinstehende Frauen waren in den 50er Jahren nicht nur materiell schlechter gestellt, sondern auch in bezug auf den sozialen Status. Die Rückkehr der Männer aus der Kriegs-gefangenschaft teilte die Frauen in verheiratete und alleinstehende. Jetzt erst erlangte der Begriff »alleinstehend« seine heutige Bedeutung. In dem Maße, wie sich die Verhältnisse normalisierten, konnte wieder definiert und festgeschrieben werden, was »nicht normal« war. Für Alleinstehende wurde dies zu einer bitteren Erfahrung, denn im Zuge der Wiederherstellung von ehe und Familie als gesellschaftliche Norm wurden alleinstehende Frauen und ihre Lebensform zunehmend diskriminiert. Frauenhaushalte galten von da an nur noch als Notlösungen für »alte Jungfern« und die, die »keinen Mann abbekamen«. Frauengemeinschaften wurden als »minderwertige« und »wenig erstrebenswerte« Lebensform hingestellt und zur »Notgemeinschaft« deklassiert, obwohl sie von den Frauen selbst, auch ohne das Vorhandensein eines männlichen »Haushaltsvorstands«, als intakte Familienverbände erlebt wurden. Was vorher kollektives Schicksal einer überwiegenden Mehrheit von Frauen war, wurde nun zum Anlaß der Ausgrenzung und später zunehmenden Diskriminierung derer, die allein, d. h. Witwe oder unverheiratet waren und blieben.

Die Medien der 50er Jahre sind ein Spiegel dieser Bewertung. Unsere Analyse der Frauenzeitschriften und Illustrierten[19] ergab, daß im Gegensatz zu den ersten Nachkriegsjahren, in denen vor allem Probleme der Frauen *ohne* Männer thematisiert wurden, Anfang der 50er Jahre über 80 % der Artikel zu Ehe- und Familienproblemen Stellung nahmen. Die Probleme der Frauen ohne Männer wurden kaum noch behandelt, was beim Leser den Eindruck erwecken konnte, daß es nur noch verheiratete Frauen gab.

Die Veränderung der gesellschaftlichen Bewertung der

»Alleinstehenden« scheint uns der Schlüssel zum Verständnis der besonderen Lebensbedingungen der alleinstehenden Frauen zu sein. Trotz ihrer emotionalen Absicherung in ihren »Familien« haben unsere Interviewpartnerinnen unter den spezifischen Diskriminierungen ihrer Lebensform gelitten, die oft »nur« in kleinen Unachtsamkeiten ihren Ausdruck fanden. Meist waren es »nur« kleine »Nadelstiche«, mangelndes Einfühlungsvermögen und Taktlosigkeiten, die verletzend waren. Teilweise mußten sie allerdings auch massive Einschränkungen ihrer Lebensfreude hinnehmen; oft wurde alleinstehenden Frauen ohne männlichen Begleiter das Betreten von Restaurants erschwert. Diese sexistische Ausgrenzung war noch bis weit in die 60er Jahre hinein üblich.

Frau Hildebrandt, Jahrgang 1912, erzählte ein Erlebnis, das sie zusammen mit ihrer Schwester hatte:

*»Sie werden ja nie bei verheirateten Leuten eingeladen, als Alleinstehender, auch nicht zusammen. Wir haben da mal ein sehr nettes Erlebnis gehabt. Wir fahren ja immer nach Kleinkirchheim in Urlaub, und da war auch ein großer Kreis, der wurde immer größer. Und wir waren natürlich, wie das meisten so ist, mit Längen die Ältesten und trotzdem die Vergnügtesten. Und da hat ein Herr für alle Damen Rosen gekauft. Ich weiß nicht, wo der plötzlich die Rosen her hatte. Für alle Damen eine Rose, für uns beide zusammen eine. Da habe ich gesagt: ›Wer kriegt den Stiel, und wer kriegt die Blüte?‹ Der hat das nicht zur Kenntnis genommen. Aber es war auch, weil seine Frau dabei war. Die anderen waren alle verheiratete Frauen, die er mit einer Rose beglückt hat. Aber ich fand das furchtbar, daß wir zusammen eine Rose gekriegt haben. Und immer wieder, wenn die Leute mit Ehefrauen sind, dann haben Sie es als Alleinstehende wahnsinnig schwer. Wenn Sie natürlich in der Runde sind, ist es etwas anderes. Aber wenn Verabredungen getroffen werden, dann tun sich nur die Ehepaare zusammen. Und übriggeblieben waren wir.«* [20]

Diese Beispiele aus unserer Untersuchung zeigen deutlich, wie sich die Diskriminierungen auf ökonomischer und sozialer Ebene gerade in den 50er Jahren auswirkten. Die Interviewpartnerinnen haben jedoch nicht aufgehört zu versuchen, das Beste aus ihrer Lebenssituation zu machen. Die Erfahrungen der End- und Nachkriegsjahre, die solidarischen Zusammenhänge mit Verwandten und anderen Frauen gaben ihnen die nötige Stärke, und ihre daraus gewachsene Selbständigkeit gab ihnen das nötige Selbstbewußtsein. Sie haben diese Selbständigkeit überwiegend nicht gewollt oder gar gesucht, sondern die Abwesenheit der Männer ließ ihnen keine Wahl. Dies bedeutete einerseits bittere Erfahrung und erforderte Umlernen und Umdenken, war aber andererseits für viele auch eine Chance zur Stärke und Eigenständigkeit. Dies hatte zur Folge, daß die Frauen lernten, weniger männerorientiert zu handeln. Sie mußten ein neues Selbstverständnis als Frau entwickeln, und viele wollten deshalb die geschlechtsspezifische Rollen- und Machtverteilung zwischen Männern und Frauen nicht mehr akzeptieren. Frau Friedrich sagte dazu:

*»Ich hab' zwar 52 geheiratet, aber das war ein absoluter Reinfall, das ging auch sehr schnell zu Ende. Ich habe aber aus der Ehe eine Tochter und jetzt zwei süße Enkelkinder. Damit ist der Zweck erfüllt. Ich bin vielleicht auch, wollen mal sagen, zu selbstbewußt gewesen, um nun unbedingt darauf versessen zu sein, von einem Mann umhegt und gepflegt zu werden. Und wenn man mal einen Mann braucht, muß man ja nicht gleich heiraten. Man muß sich ja auch nicht gleich 'ne Kuh kaufen, wenn man mal ein bißchen Milch trinken will...«* [21]

Anmerkungen

1 Interview Nr. 23, Berlin 1983, Transkript, S. 39
2 Statistisches Jahrbuch, Berlin 1961, S. 23
3 Probleme der alleinstehenden Frau,
  SPD-Schriftenreihe für Frauenfragen Nr. 1, Bonn 1955, S. 5
4 Zur Geschichte der deutschen Kriegsgefangenen des II. Weltkrieges, Bd. XII. Die deutschen Kriegsgefangenen des II. Weltkrieges. Eine Zusammenfassung, München 1974, S. 200–201
5 Statistisches Jahrbuch der Bundesreupblik Deutschland, 1952, S. 13
  Statistisches Jahrbuch der Bundesrepublik Deutschland, 1954, S. 31
  Statistisches Jahrbuch der Bundesrepublik Deutschland, 1962, S. 34
  Soziologischer Almanach, 1975, S. 39
  Statistisches Jahrbuch Berlin, 1961, S. 23
6 Meyer S./Schulze E. »Wie wir das alles geschafft haben.« Alleinstehende Frauen berichten über ihr Leben nach 1945, 3. Auflage, München 1985
7 Interview Nr. 5, Berlin 1983, Transkript S. 57
8 Statistisches Amt Berlin (Hrsg.), Berlin in Zahlen, 1947–49, Statistisches Jahrbuch Berlin, 1950–1961
9 Statistisches Jahrbuch Berlin, 1955
10 Statistisches Jahrbuch der Bundesrepublik Deutschland, 1954, S. 477
11 Interview Nr. 4, Berlin 1983, S. 42
12 Berlin in Zahlen 1952, S. 70
   Berlin in Zahlen 1953, S. 73
   Statistisches Jahrbuch der Bundesrepublik Deutschland, 1954, S. 85
   Statistisches Jahrbuch der Bundesrepublik Deutschland, 1961, S. 129
13 Grube, Frank; Richter, Gerhard; Das Wirtschaftswunder. Unser Weg in den Wohlstand, Hamburg 1983, S. 99
14 Statistisches Landesamt Berlin (Hrsg.),
   Statistisches Jahrbuch Berlin 1953, S. 148
15 Probleme der alleinstehendenFrauen, a.a.O.
16 ebenda, S. 22
17 Interview Nr. 19, Berlin 1983, Transkript, S. 44
18 Interview Nr. 4, Berlin 1983, Transkript, S. 76
19 Meyer, S., Schulze, E., »Alleine war's schwieriger und einfacher zugleich«. Veränderung gesellschaftlicher Bewertung und individueller Erfahrung alleinstehender Frauen in Berlin 1943–1955 in: A. Freier, A. Kuhn (Hrsg.), Frauen in der Geschichte V. Düsseldorf 1984, S. 373 ff.
20 Interview Nr. 5, Berlin 1983, Transkript S. 39
21 Interview Nr. 4, Berlin 1983, Transkript S. 36

# Ulla Ralfs

# „Gleicher Lohn für gleiche Leistungen"

## Gewerkschaftsfrauen in den 50er Jahren

### Die Aufbruchphase

Als sich der Deutsche Gewerkschaftsbund (DGB) 1949 auf seinem Gründungskongreß in München als organisatorische Einheit rekonstituierte, schien es um die Sache der Frauen in seinen eigenen Reihen gut zu stehen. Hier, auf dem Gründungskongreß, wurde nicht nur ein Grundsatzprogramm verabschiedet, das in seinen Grundsätzen, Richtlinien und Forderungen als antikapitalistisches gilt,[1] hier wurden auch in einem Extrapunkt der Tagesordnung Forderungen für die erwerbstätigen Frauen diskutiert und verabschiedet. Eine Selbstverständlichkeit?

Aus heutiger Sicht mag das so erscheinen:

Wir kennen die Dramaturgie großer Gewerkschaftskonferenzen und -kongresse, empfinden die Diskussion um die Lage erwerbstätiger Frauen oft als bloßes Ritual und die aufgestellten Forderungen als Leerformeln, denen auf der politischen Handlungsebene selten eine folgenreiche Praxis entspricht. Aber damals – 1949 – war die Sache der Frauen innerhalb der gewerkschaftlichen Organisationen noch nicht eingespielt.

Die Frauen und Männer, die zu diesem Zeitpunkt die offizielle gewerkschaftliche Politik repräsentierten und maß-

geblich die verschiedenen Funktionärsebenen bestimmten, hatten alle schon von 1920 bis 1933 in ähnlichen Funktionen gestanden.[2]

Trotz vielfacher Bemühungen war es den weiblichen Funktionärinnen aber in der Zeit der Weimarer Republik nicht gelungen, das Thema »Weibliche Erwerbsarbeit und die Organisierung von Frauen« zu einem gesonderten Tagesordnungspunkt auf einem der Gewerkschaftskongresse des Allgemeinen Deutschen Gewerkschaftsbundes (ADGB), des Vorläufers des DGB, zu machen. Statt dessen mußten sie in zwei besonders kritischen Phasen: bei der Demobilmachung nach dem Ersten Weltkrieg und in der Weltwirtschaftskrise zu Beginn der 30er Jahre, erleben, daß sich die männlichen Gewerkschaftsfunktionäre als Wächter der Arbeitsteilung zwischen den Geschlechtern begriffen und sich die Lösung wirtschaftlicher Probleme durch die Zurückdrängung von Frauen aus dem Erwerbsleben versprachen. So nannte das Correspondenzblatt der Gewerkschaften 1919 als Grund für die »Demobilmachung« der Frauen, also die Verdrängung vieler verheirateter und lediger Frauen aus dem Erwerbsleben, »...daß den männlichen Arbeitskräften, vor allem den Kriegsteilnehmern eine ausreichende Zahl auskömmlicher Arbeitsplätze gesichert sein muß.«[3] Und 1931 stellte der Bundesausschuß des ADGB den Aufbau von Wirtschaftssiedlungen am Rande der Städte als ein Modell zur Bewältigung der Arbeitslosigkeit mit den Worten vor: »Frauen und Kinder können ihre Freizeit günstig verwenden für den Gartenbau und geringe Viehzucht. Die Frau wird somit wieder dem Haushalt zugeführt, und sie kann sich der Erziehung der Kinder widmen, wodurch gleichzeitig der Arbeitsmarkt entlastet wird.«[4]

Für diese Politik mußten die Organisationen der Arbeiterbewegung einen Preis bezahlen: Zu Beginn der 20er Jahre traten viele Frauen aus den Gewerkschaften aus, danach blieb die weibliche Beteiligung in den Gewerkschaften konstant niedrig. Die Frauen versagten der SPD, die allgemein als gewerkschaftsfreundlich galt, breite Unterstützung, verweigerten sich der »großen Politik«. An die nicht zuletzt auch durch die Arbeiterbewegung geprägten und verfestigten Vorstellungen vom Wesen und den Aufgaben der Frau konnten die Nationalsozialisten anknüpfen und sie für ihre Zwecke ausschlachten.

Diese historischen Erfahrungen konnten beim Wiederaufbau der Gewerkschaften nach 1945 nicht einfach verdrängt werden, und so traten die Gewerkschafterinnen für eine eigenständige politische Praxis der Frauen innerhalb der Gewerkschaften ein. Sie forderten die Einrichtung von Frauenreferaten, denn »viele Fragen, die sich heute ergeben, würden nicht mehr als ungelöste Aufgaben vor uns stehen, wenn man sie nach 1918, als sie sich ebenfalls bemerkbar machten, zum Teil nicht als vorübergehende, zeitbedingte Erscheinung abgetan hätte.«[5] Ihre Forderung nach der Einrichtung solcher Referate fand Gehör und konnte durchgesetzt werden. Kaum einer wagte zu widersprechen: Mit Selbstbewußtsein verwiesen die Frauen auf ihre Leistungen beim Wiederaufbau der Wirtschaft und der Gewerkschaften nach dem Ende des Zweiten Weltkriegs.

Auf allen Organisationsebenen des DGB, den örtlichen, bezirklichen und auf der Bundesebene, wurden Frauenreferate bzw. -abteilungen und Frauenausschüsse eingerichtet. In den Frauenausschüssen verständigten sich die aktiven Kolleginnen über ihre Forderungen, und die Frauenabteilungen unterstützten sie bei diesem Prozeß, bzw. trugen die Belange und die Forderungen der Frauen in die übrige Organisationsarbeit hinein. Dieses Organisationsmodell übernahmen viele Einzelgewerkschaften des DGB, insbesondere solche mit hohen Frauenanteilen in der Gesamtmitgliedschaft: die Industriegewerkschaft (IG) Metall, die IG Chemie / Papier / Keramik, die IG Textil und Bekleidung, die Gewerkschaft Öffentliche Dienste, Transport und Verkehr (ÖTV) und die Gewerkschaft Handel, Banken und Versicherungen (HBV). Voller Stolz konnten die aktiven Gewerkschafterinnen auf einen steigenden Organisationsgrad verweisen, der zu Beginn der 50er Jahre mit über 17 % in der Gesamtheit der Organisierten bei weitem den Organisationsgrad von Frauen in der Weimarer Republik übertraf. Damals – insbesondere Ende der 20er und zu Beginn der 30er Jahre – hatte der nämlich – trotz vergleichbarer Erwerbsquote – knapp über 10 % betragen. In ihren zentralen Forderungen waren sich die Gewerkschaftsfrauen einig: Das Recht auf Erwerbsarbeit und der gleiche Lohn für gleiche Arbeiten und Leistungen sollten endlich durchgesetzt werden. Mit ihrer Arbeit in den Frauenausschüssen und den Abteilungen wollten sie innerhalb der gesamten Organisationen für diese Forderungen werben und streiten. Wenn diese Ziele erreicht seien – so

die Gewerkschaftsfrauen – könnten sie getrost auf die Frauenausschüsse und -abteilungen verzichten.

Nun: Die Frauenreferate sind keine Provisorien geblieben. Sie existieren heute noch. Und nach wie vor streiten Gewerkschafterinnen für ein uneingeschränktes Recht der Frauen auf Erwerbsarbeit und für den gleichen Lohn bei gleicher Leistung. Verfolgen wir also den Weg der Gewerkschafterinnen durch die Institution Gewerkschaft. Was ist aus ihrer Offensive geworden, ihrem Versuch, die Frauen nicht wieder ins politische Abseits drängen und die Frauenarbeit in den Gewerkschaften nicht wieder zu einer einflußlosen Spielwiese degradieren zu lassen? Was unternahmen sie, um ihren Forderungen Gehör zu verschaffen und für deren Durchsetzung zu werben?

## Das Qualifikationsproblem

Zuerst einmal: Die Gewerkschafterinnen diskutierten kompetent und lebhaft auf ihren Konferenzen. Das belegen die Protokolle der ersten Frauenkonferenzen des DGB und seiner Einzelgewerkschaften. Die anwesenden Vorstandsmänner stellten immer wieder erstaunt die Qualität der Diskussionen, die rege Beteiligung und nicht zuletzt die Kompetenz der Frauen in der Beherrschung der komplizierten Konferenzmaschinerie fest.[6] Die Frauen aber reagierten selber mit Unsicherheit. Wohl wissend, daß die Männer an ihren Kompetenzen und Fähigkeiten zweifeln, forderten sie von sich viel. Und so brachten sie eine wahre Antragsflut zur Qualifizierung weiblicher Funktionäre ein.

Das Dilemma einer solchen Frauenqualifizierungspolitik deutet sich schon an: Das hohe Durchschnittsalter der aktiven Funktionärinnen und die Tatsache, daß viele alleinstehend oder zumindest nicht mehr für die Versorgung kleiner Kinder zuständig waren, weist die gewerkschaftliche Frauenarbeit in den 50er Jahren als eine politische Arbeit aus, die eine große und zunehmend größer werdende Gruppe erwerbstätiger Frauen ausschloß: die Frauen mit kleinen Kindern.[7] Für diese Frauen wurden die Barrieren für eine aktive Gewerkschaftsarbeit immer unüberwindbarer. Dem politischen Anspruch, die Interessen aller erwerbstätigen Frauen zu vertreten und eine eigenständige Interessenvertretung zu ermöglichen, standen die von den aktiven Gewerkschafterinnen nicht durchbrochenen Ausformungen der politischen Kultur in den Gewerkschaften gegenüber. Diese politische Kultur orientierte sich weiterhin an dem von allen Familienaufgaben befreiten männlichen Gewerkschafter, der seine ganze Kraft und Freizeit in die politische Arbeit einbringen konnte. Sie war ausgerichtet auf eine ehrenamtliche Feierabendtätigkeit und eine diesen Zeitstrukturen folgende hauptamtliche Tätigkeit. Sie war in ihren hierarchischen Strukturen außerdem von der Vorstellung geprägt, daß die Führung einer solchen Organisation nur von besonders bewährten Personen geleistet werden kann, und als bewährt galt, wer die zeitlich aufwendige »Ochsentour« durch die vielen Organisationsgremien gegangen war.

Das bedeutete, sich auf der betrieblichen Ebene im Betriebsrat, dem Vertrauenskörper oder der Gewerkschaftsgruppe zu bewähren und viel Kraft und Freizeit in diese Arbeit zu investieren. Das bedeutete, sich in verschiedene Organisationsgremien delegieren zu lassen, an Schulungen teilzunehmen, informelle Kontakte zu pflegen, den »Stammtisch« nach getaner Arbeit aufzusuchen, Feierabende und Wochenenden zu »opfern«. Das bedeutete, erst einmal hauptamtliche Tätigkeit, keine geregelte

Arbeitszeit und Arbeitszeiten, die weit über dem gesellschaftlichen Durchschnitt lagen. Für die Frauen bedeutete das zusätzlich, sich überall mit dem Zweifel auseinanderzusetzen, den die Männer gegenüber den Kompetenzen und Führungsqualitäten der politisch aktiven Frauen anmeldeten.

Die Statistiken über die Beteiligung von Frauen auf den verschiedenen Funktionärsebenen bilden die Folgen dieser »Ochsentour« deutlich ab: Während die Frauen auf der betrieblichen und örtlichen Ebene entsprechend ihrer Mitgliedsstärke überall präsent waren, schwand ihre Zahl, je höher die Organisationsebenen angesiedelt waren. Unter den hauptamtlichen Funktionären wurde ihr Anteil zur unbedeutenden Größe. Selbst in der IG Textil und Bekleidung (Organisationsanteil der Frauen über 50 %), war im Bundesvorstand immer nur eine Frau.

Kein Wunder, daß sich Selbstzweifel und Zweifel an den Qualifikationen von Frauen immer mehr einschleichen. Am Ende fordern die Funktionärinnen spezielle Bildungsangebote für Frauen mit der Begründung, daß diese überhaupt erst auf den Stand der männlichen Funktionäre gebracht werden müßten.

## Vom Recht auf Arbeit zum besonderen Arbeitsschutz für Frauen

Bald nach dem Ende des Zweiten Weltkriegs wurden die ersten Beamtinnen und weiblichen Angestellten aus dem Öffentlichen Dienst entlassen, um den heimkehrenden Männern die Arbeitsplätze zu räumen. Die staatlichen Instanzen beriefen sich dabei auf einen Paragraphen des Beamtengesetzes, den die Nazis 1937 in dieses Gesetz aufgenommen hatten und der lautete:

*»Ein verheirateter, weiblicher Beamter ist zu entlassen, wenn er es beantragt oder wenn seine wirtschaftliche Versorgung nach der Höhe des Familieneinkommens gesichert erscheint. Die oberste Dienstbehörde entscheidet endgültig darüber, ob die wirtschaftliche Lage als gesichert erscheint....«*

Die Gewerkschaftsfrauen protestierten gegen eine solche Praxis. In ihrer Stellungnahme heißt es:

*»Wir fordern, daß solche Versuche sofort unterbunden werden, denn der Grundsatz der Gleichberechtigung der Frauen, der von den Gewerkschaften vertreten wird, muß sich auch im Wirtschaftsleben unseres Volkes Geltung verschaffen. Die Tatsache, daß es in der Hauptsache Frauen waren, die das Wirtschaftsleben während des Krieges aufrechterhielten, muß insofern gewürdigt werden, daß heute nach dem Kriege jeder Frau das Recht auf Arbeit zugestanden wird.«* [8]

Hier geht es um ein Recht auf Erwerbsarbeit ohne Wenn und Aber: ein Recht, das unteilbar ist, also jeder Frau ohne Berücksichtigung ihres Familienstandes zugestanden und für sie eingeklagt wird. Erwerbsarbeit von Frauen erscheint in dieser Perspektive als notwendige Voraussetzung für deren Selbständigkeit und als Garant für eine von Männern unabhängige Lebensplanung von Frauen. Dieser positive Bezug zur weiblichen Erwerbsarbeit ist unmittelbar geprägt von eigenen Erfahrungen: Die Gewerkschaftsfrauen hatten in ihrer Lebensgeschichte erfahren, daß es ratsamer ist, sich auf die eigene Arbeits- und Versorgungfähigkeit als auf die der Männer zu verlassen.

Wenige Jahre später ist diese offensiv vertretene Forderung nach einem Recht auf Arbeit für alle Frauen einer defensiven Auffassung der Berufstätigkeit gewichen. In den Argumentationen geht es nunmehr um *Not* und *Notlösungen* und nicht mehr um selbstverständliche Rechte. Die Frauen – so heißt es in den gewerkschaftlichen Publikationen, und so sagen es die Gewerkschafterinnen selber – arbeiten nur, weil sie sich in aktueller wirtschaftlicher Not befinden: die vielen alleinstehenden, verwitweten, geschiedenen, ledigen Frauen, weil sie keinen Mann haben, der sie versorgt, und die verheirateten Frauen, weil sie einen Mann haben, der aufgrund der wirtschaftlichen Lage (noch) nicht genug verdient, um seine Familie, seine Frau zu ernähren. Mit Bedauern registrieren die Gewerkschaftsfrauen die Zunahme erwerbstätiger Mütter mit Kindern unter vierzehn Jahren.[9] Mit Bedauern registrieren sie die Notwendigkeit weiblicher Erwerbstätigkeit schlechthin.

In Übereinstimmung mit dieser gewandelten Einstellung zur Berufstätigkeit fordern sie, körperliche Zusatzbelastungen von den erwerbstätigen Frauen fernzuhalten: Sie konzentrieren sich auf einen besonderen Arbeitsschutz für Frauen. Getreu dieser Grundstimmung nimmt es nicht wunder, wenn die wenigen kritischen Stimmen ungehört bleiben, denen es im Zusammenhang mit der Lohnfrage nicht darum geht, dem Manne als Ernährer und Geldbringer der Familie erstmal einen ausreichenden Verdienst zu sichern, sondern um die Verbesserung der Lohnsituation von Frauen. Die Forderung »Gleicher Lohn für gleiche Leistung« kann bei dieser Grundhaltung nur noch passiv und verbal behauptet werden, aber sie wird nicht mehr mit Nachdruck in die tarifpolitischen Auseinandersetzungen der damaligen Zeit eingebracht.

Es ist in der Tat ein historisches Phänomen, daß gerade mit dem Anstieg der Frauenerwerbsquote und der Zunahme der Frauenbeschäftigung in der Mitte der 50er Jahre sich in den Köpfen aktiver Gewerkschafterinnen immer stärker die Vorstellung von der Bedeutungslosigkeit der Erwerbsarbeit und dem Vorrang der Haus- und Familienarbeit der Frauen durchsetzt. Und es ist ebenso interessant, daß darin nicht mehr ein gesellschaftlicher Zustand gesehen wird, der verändert werden kann und muß, eine Herausforderung, die Beziehung zwischen den Geschlechtern zu entwickeln und die Arbeitsteilung im kleinen und im großen neu anzugehen, sondern ein *quasi naturhaft* gegebener Zustand, der zwar durch geringe Veränderungen und Reformen erträglicher und leichter lebbar, aber nicht in seinen wesentlichen Grundzügen geändert werden kann. Indem die Gewerkschaftsfrauen die Erwerbsarbeit von Frauen als *notwendiges Übel* oder als *Zuverdienst* begreifen und die Haus- und Familienarbeit ja nicht als Arbeit, sondern als *Aufgaben* und *Pflichten* ansehen, die dem weiblichen Geschlecht qua biologischer Konstitution unentrinnbar aufgezwungen sind, tragen sie dazu bei, daß die tatsächlichen Arbeiten und Leistungen der Frauen *unsichtbar* werden können.

## Gleicher Lohn für *gleichwertige* Arbeit: Aber was macht den Wert der Frauenarbeit aus?

Der Wandel in den Einstellungen läßt sich aber nicht nur im Hinblick auf die Erwerbstätigkeit sondern auch im Hinblick auf das Problem der angemessenen Entlohnung feststellen. Auch in diesem Bereich spannt sich der Bogen von offensiv vorgetragenen Forderungen und Vorstellungen zu außerordentlich defensiven Argumentationsmustern.

Als sich die Gewerkschaftsfrauen vor dem Gründungskongreß des DGB (1949) zusammen setzen und ihre Forderungen zur Gestaltung des Tarifwesens beraten, weisen sie alle tarifpolitischen Konzeptionen, die das Prinzip des »Soziallohnes« beinhalten, energisch zurück. »Soziallohn«: darunter wurde ein Lohnfindungssystem begriffen, das in der Weimarer Republik in seinem Kernbereich von den Unternehmern und den Gewerkschaften getragen und praktiziert, von den Nationalsozialisten nach der Zerschlagung der Gewerkschaften in den »lohnordnenden Maßnahmen« bruchlos fortgesetzt und von den Alliierten nach dem Ende des Zweiten Weltkrieges durch die Kontrollratsdirektiven nicht aufgehoben wurde. »Soziallohn«: das bedeutete, daß in jeder Lohngruppe Abschläge für weibliche Arbeitnehmer festgeschrieben wurden mit der Begründung: Der Mann ist der Ernährer der Familie, deshalb hat er einen Anspruch auf einen Familienlohn; die Frau ist nur für ihre eigene Versorgung zuständig; deshalb hat sie auch nur einen Anspruch auf einen Individuallohn... Die ersten Tarifverträge, die nach dem Ende des Zweiten Weltkrieges abgeschlossen wurden, knüpfen an diese Tradition an und enthalten Abschläge für alle weiblichen Arbeitnehmer.[10]

In der Textilindustrie fanden ab Mitte der 50er Jahre eine Reihe von großen Streiks statt. Die Mehrheit der Textil-Beschäftigten waren Frauen; ihr gewerkschaftlicher Organisationsgrad und ihre Kampfbereitschaft waren hier am höchsten. Allerdings wehrten sich die Textil-Industriellen auch am hartnäckigsten gegen die Lohngleichheit für Frauen und den Abschluß einheitlicher Tarifverträge. Die größten Streiks fanden im Bielefelder Raum und in Rheine statt.

Die Gewerkschaftsfrauen unterstützen und fördern offensiv alle Initiativen von Frauen, gegen eine solche Praxis gerichtlich vorzugehen, um das Gleichberechtigungsgebot des Grundgesetzes auch im lohnpolitischen Bereich einzuklagen. Den ersten Prozeß in Sachen Lohngleichheit konnte die Industriegewerkschaft Holz durch Revision beim Bundesarbeitsgericht (BAG) gewinnen. In diesem Verfahren ging es um Frauen, die als Hilfsarbeiterinnen bei einer kleinen Firma beschäftigt waren und nachweisbar die gleichen Tätigkeiten wie die als Hilfsarbeiter eingestellten Männer verrichten mußten. In seinem Urteil (1955) hatte der BAG den Frauen das Recht auf 92,– DM vorenthaltenen Lohn zugebilligt und zugleich wesentliche Teile aller

damals geltenden Tarifverträge für verfassungswidrig erklärt.[11] Damit war die Frage höchstrichterlich entschieden, daß Frauen bei gleicher Arbeit den gleichen Lohn wie Männer zu beanspruchen hatten. Der Tarifvertrag, um den es in diesem Prozeß ging, sah eine Lohnabschlagsklausel für weibliche Arbeitnehmer vor, die zwischen 20 und 25 % der vergleichbaren Männerlöhne betrug.

In seinem Urteilsspruch äußerte sich das BAG aber nicht nur zur Frage der Lohngleichheit bei gleichen und unmittelbar vergleichbaren Arbeiten: es befaßte sich auch mit der Gleichwertigkeit von nicht vergleichbaren Tätigkeiten. Die Gleichwertigkeit spezifisch weiblicher Tätigkeiten – so das Gericht – dürfe nicht einseitig vom Arbeitgeber

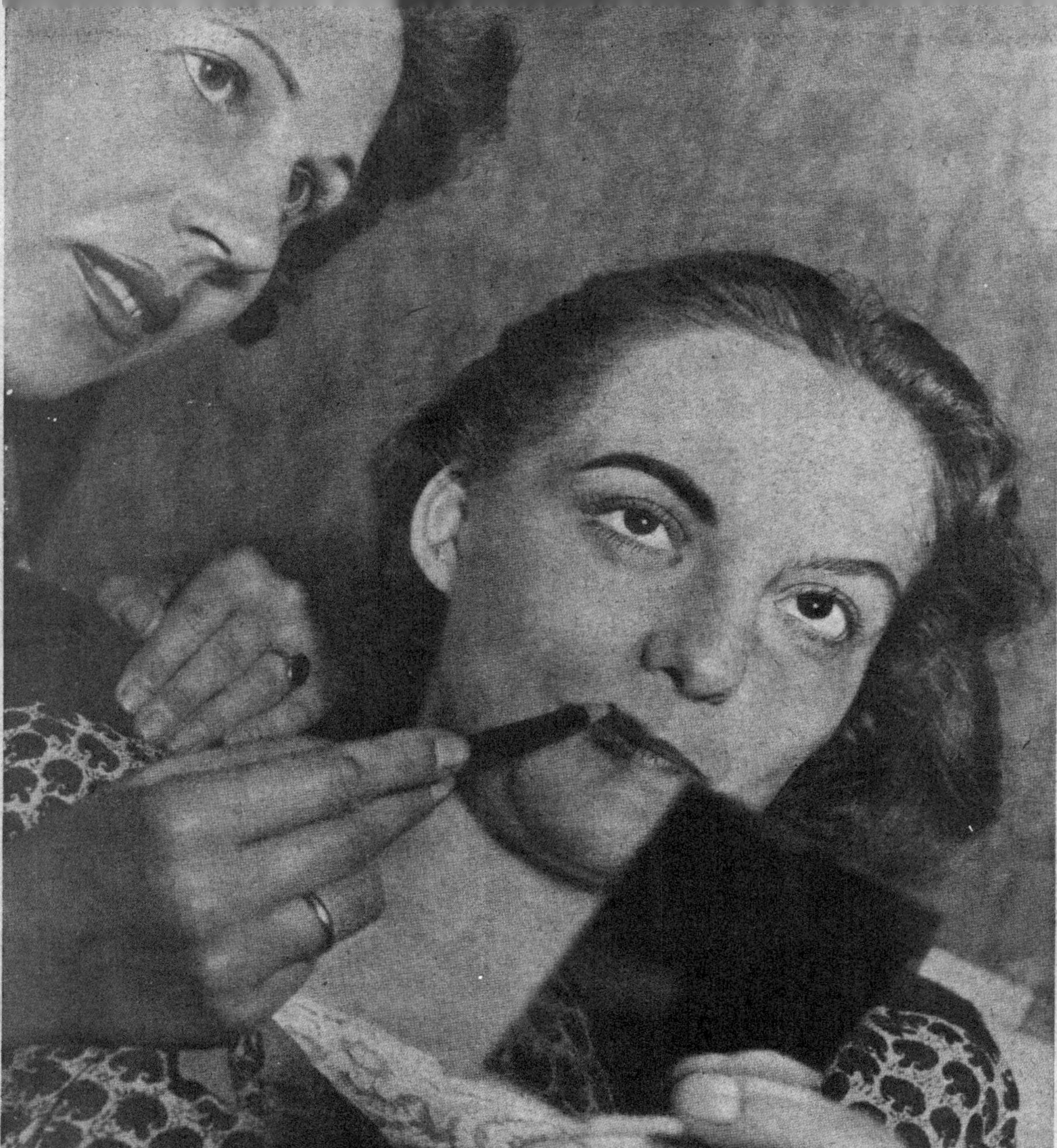

"Bitte nicht mehr watscheln", ermahn[t] Tanzlehrerin ihre Schülerinnen und [...] sie während der ersten Versuche an [...] Hand. Schreiten kann nur, wer aus [der] Hüfte heraus geht. Ehe es richtig k[...] werden manchmal die Knie etwas v[...]

Ein schöner Rücken kann auch entzück[en], nicht aber den Chef, wenn seine Sekre[tärin] das Arbeitszimmer so betritt. Dortm[under] Arbeitsamt lehrt sie: Beim Betreten [des] Chefzimmers stets den Blick auf den h[inter] dem Schreibtisch thronenden Allgewalt[...]

Nur eine Hälfte des Gesichts schminkt die Kosmetikerin. Sommersprossen und struppige Augenbrauen verschwinden dabei. Noch ein paar Tage, dann hat Ingrid Noll ebenfalls „den Bogen raus" und wird die ihr schon angebotene Stellung antreten. Bis dahin hat der Gebrauch des Konturenstifts für die Lippen seine Schrecken verloren und Ingrids Selbstbewußtsein wächst ständig. Fotos: Helmuth Prinz

# Make-up für Arbeitslose

## Neue Wege zu Schreibmaschine und Stenoblock

Es ist nicht alltäglich, wenn Beamte die ausgefahrenen Gleise behördlicher Vorschriften und Gewohnheiten verlassen. Frau Kösters, die im Dortmunder Arbeitsamt als Regierungsamtmann die weiblichen Angestellten betreut, geht einen neuen Weg, um Frauen „um die Dreißig" wieder in Stellungen zu bringen. Sie hat nämlich herausgefunden, daß der dezente Gebrauch von Schönheitsmitteln und die Ausbildung der fraulichen Grazie viel zum Erfolg beitragen. Deshalb veranstaltet das Arbeitsamt Kurse für richtiges „Make — up" in Aussehen und Haltung, an denen arbeitslose Sekretärinnen kostenlos teilnehmen können. Der Erfolg hat Frau Kösters schon recht gegeben: als die Industrie von dieser neuen Ausbildung erfuhr, kamen die ersten Angebote für Bewerberinnen, die Können mit Charme vereinen und noch dazu hübsch sind.

„So sitzt eine Bardame", sagt Frau Kösters und meint damit die übereinandergeschlagenen Beine in Nylons und eleganten Knöchel-Spangenschuhen. Eine gute Sekretärin stellt die Füße nebeneinander, schließt die Knie und legt die Hände darauf. Es ist gar nicht so einfach, sich vollendet gut zu benehmen. Die Schreibmaschine will heutzutage erobert sein.

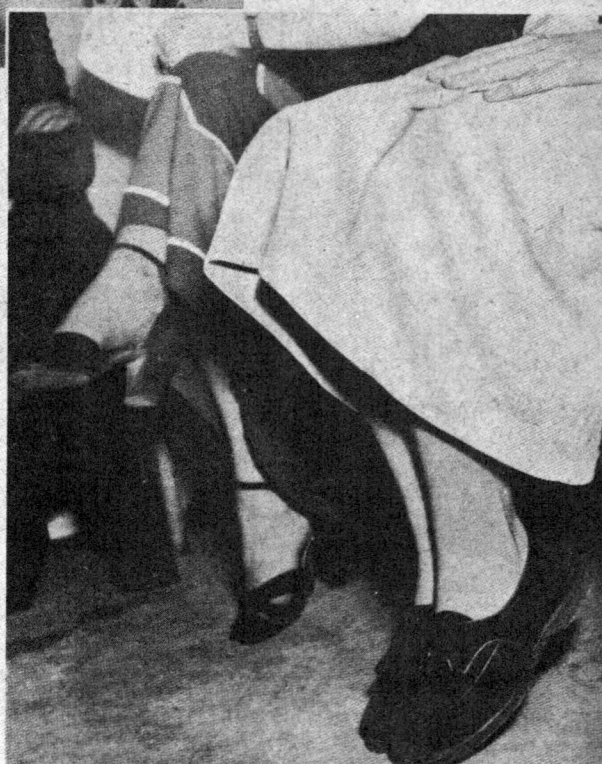

festgelegt werden, weil damit die tatsächlichen Leistungen der Frauen unterbewertet würden. Vielmehr müsse die Gleichwertigkeit der Leistungen mit Hilfe arbeitswissenschaftlicher Methoden ermittelt werden.[12]

Das Problem der Gleichwertigkeit weiblicher Tätigkeiten und Leistungen war in der Tat zum entscheidenden Konfliktfeld der Entlohnung von Frauen geworden: Mitte der 50er Jahre hatte sich ein Arbeitsmarkt entwickelt, der geschlechtsspezifisch polarisiert war. Die Tätigkeiten und Tätigkeitsfelder, in denen Frauen beschäftigt wurden, waren deutlich von den Berufszweigen der Männer abgegrenzt, der Arbeitsmarkt in seiner traditionellen Ordnung restauriert. Während in der Kriegswirtschaft und kurz nach dem Ende des Zweiten Weltkrieges Frauen in solche Arbeitsbereiche eindrangen, die als *typisch männliche* galten, weil in ihnen *körperlich schwere* Arbeit verrichtet werden mußte, änderte sich dieser Zustand vor allen Dingen nach der Währungsreform (1948) rasch. Bis zu diesem Zeitpunkt konnten sich die Frauen in einigen Positionen halten: Sie arbeiteten als Bauarbeiterin, ... Metallarbeiterin in qualifizierten Metallberufen und im Transport- und Verkehrsgewerbe. Aber als nach der Währungsreform die Männer verstärkt auf den Arbeitsmarkt drangen, konnten die Frauen ihre Positionen in den typischen Männerberufen nicht weiter ausbauen. Die in dieser Zeit einsetzenden Berufslenkungsmaßnahmen der Arbeitsämter unterstützen den Prozeß der Restaurierung des geschlechtsspezifischen Arbeitsmarktes: Umschulungsmaßnahmen für Männer zum Baufacharbeiter oder Bergmann sollten »Leichtarbeitsplätze« für Frauen freimachen.[13]

Die Zunahme der Erwerbsarbeit von Frauen besonders seit der Mitte der 50er Jahre konzentriert sich dann auch auf *typisch weibliche* Tätigkeitsfelder: Die Frauen finden Arbeit im sozialen Bereich, im Dienstleistungsbereich: Sie arbeiten als Sekretärin, Bürogehilfin, Schreibkraft, Sozialarbeiterin, Kindergärtnerin, Krankenschwester. Und in der Industrie? Nun, da arbeiten sie als un- und angelernte Arbeiterinnen auf den »Leichtarbeitsplätzen«, also überall da, wo *körperlich leichte* Arbeit verrichtet werden muß.

Ja, und da geht es nun darum, die *Gleichwertigkeit* dieser Arbeiten festzustellen. Die Gewerkschafterinnen, die für die Verbesserung der Lohnsituation der Frauen eintreten, verlassen sich – wie das Bundesarbeitsgericht es empfiehlt – auf die Arbeitswissenschaften. Auf ihren Konferenzen räumen sie – in der Hoffnung auf gute Argumente – den Vertretern dieser Disziplin breiten Raum ein. Nicht selten können diese einen ganzen Konferenztag (bei insgesamt zwei Konferenztagen) für ihre Selbstdarstellung in Anspruch nehmen. In alle ihre Darstellungen gehen stereotype Vorstellungen von weiblicher und männlicher *Wesensart* ein. »Das weibliche Denken ist vergleichbar mit einer photographischen Platte, das männliche ähnelt der Tätigkeit eines Zeichners. Die photographische Platte ist empfangend, der Zeichner aktiv.«[14] Deshalb muß der Frau am Arbeitsplatz alles vorgegeben und angeordnet werden. Sie ist zu selbsttätigen, selbständigen Leistungen nicht fähig.

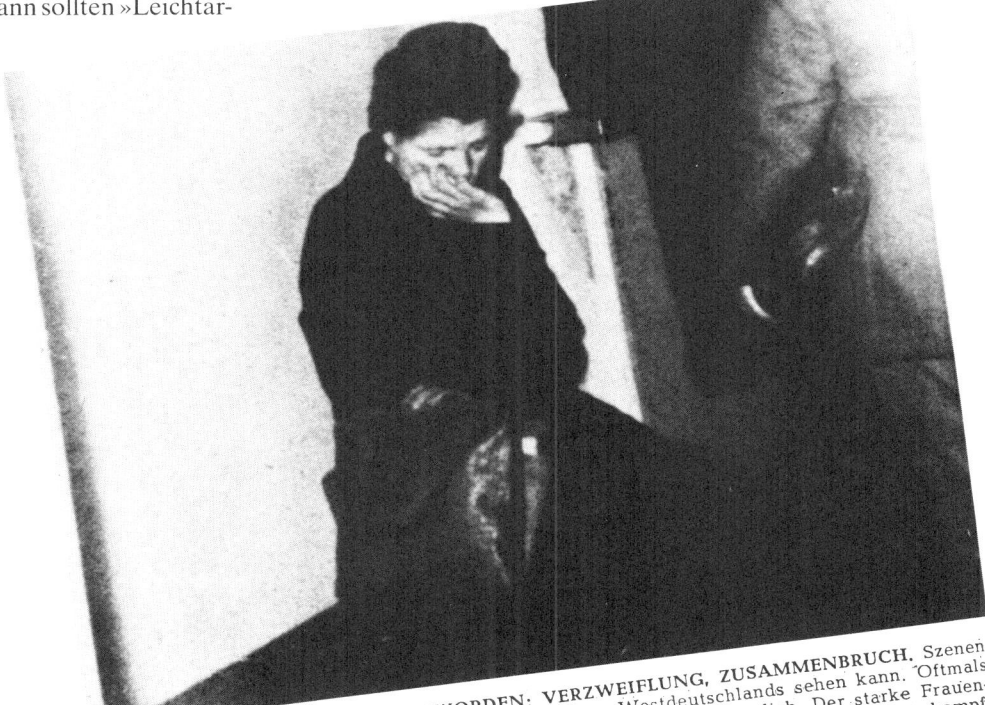

SCHON WIEDER ALLTÄGLICH GEWORDEN: VERZWEIFLUNG, ZUSAMMENBRUCH. Szenen (oben und rechts), wie man sie in den Arbeitsämtern Westdeutschlands sehen kann. Oftmals liegen die Unterstützungsgelder für Frauen unter zehn Mark wöchentlich. Der starke Frauenüberschuß im Nachkriegsdeutschland führt zu einem besonders erbitterten Existenzkampf.

Links: aus »Revue« 38/1951

Zwei Millionen Menschen ohne Arbeit

- Der Anteil der weiblichen Erwerbstätigen an der gesamten Wohnbevölkerung der Bundesrepublik steigt von 30,5 % (1950) auf 34,2 % (1959) (bei den Männern von 63,8 % 1950 auf 64,2 % 1959).

- Im Oktober 1957 ist fast die Hälfte (47,2 %) der weiblichen Wohnbevölkerung im Alter zwischen 15 und 65 Jahren erwerbstätig; davon sind 10,2 % selbständig oder berufslos, 42,6 % »mithelfende Familienangehörige«, 47,2 % abhängig beschäftigt.

- Im Oktober 1958 sind von den 24,55 Millionen Erwerbstätigen in der Bundesrepublik mehr als ein Drittel (8,772 Mill. = 37,1 %) weiblich. Von diesen sind 40,3 % (= 3,539 Mill.) Arbeiterinnen, 26,1 % (= 2,293 Mill.) Angestellte und Beamte, 25,2 % (= 2,209 Mill.) »mithelfende Familienangehörige« und 8,3 % (= 731 000) selbständig.

- Von den Industriearbeiterinnen sind im selben Jahr 91 % Angelernte oder Hilfsarbeiterinnen (je zur Hälfte), nur 9 % sind Facharbeiterinnen; im Vergleich dazu die Männer: 15 % sind Hilfsarbeiter, 35 % Angelernte und 50 % Facharbeiter![1]

- Das Durchschnittseinkommen der Frauen beträgt 1959 280,–, das der Männer 550,– monatlich.[2]

- Von den weiblichen Beschäftigten im Dienstleistungssektor (= 1,417 Mill.) sind 1959 die knappe Hälfte in »häuslichen Diensten« tätig (618 626 = 43,7 %), gut ein Viertel im Gaststättenwesen (381 454 = 26,9 %), rund ein Zehntel im Friseurgewerbe (145 869 = 10,5 %); die restlichen 18,9 % arbeiten vor allem in Reinigungsdiensten und in sog. künstlerischen Bereichen.

- 1957 sind 28 % der 16,365 Millionen »zu einer Familie gehörenden Frauen« (darunter versteht man die verheirateten, verwitweten und geschiedenen) erwerbstätig; von den 5,542 Millionen ledigen (ab 15 Jahre) sind es 77,7 %. Von den verheirateten Frauen allein sind 29,5 % erwerbstätig, von diesen wiederum je ein Drittel als »mithelfende Familienangehörige« oder Arbeiterinnen.

- 1957 hat von allen erwerbstätigen verheirateten Frauen über die Hälfte (1,96 Mill. = 53,9 %) Kinder unter 18 Jahren, insgesamt 3,364 Millionen Kinder. Für diese und zusätzlich diejenigen der alleinstehenden Frauen (Anzahl nicht ermittelt) stehen folgende Einrichtungen zur Verfügung:

| | 1956 | 1959 |
|---|---|---|
| Kinderkrippen/Plätze | 281/ 13 536 | 322/ 17 115 |
| Kindergärten/Plätze | 11 056/750 594 | 11 405/766 332 |
| Kinderhorte/Plätze | 1 090/ 53 988 | 1 086/ 52 356 |
| insgesamt | 12 427/818 118 | 12 813/835 803 |

- Im DGB sind am 1. 1. 1950 892 039 Frauen organisiert (= 14,6 % aller Mitglieder); am 1. 1. 1952 sind es bereits 1,027 Millionen (= 17,2 % aller Mitglieder); 80 % davon sind Arbeiterinnen, vor allem in den Industriezweigen Textil (1950 22,2 % bzw. 1952 25,8 % aller weiblichen DGB-Mitglieder), Metall (13,8 % bzw. 17,8 %), ÖTV (9 % bzw. 11,7 %), Nahrung, Genuß, Gaststätten (8,5 % bzw. 10,4 %) und Chemie (8,8 % bzw. 10 %). Bis 1959 steigt die Zahl der im DGB organisierten Frauen auf 1,071 Millionen; der Frauenanteil an allen Mitgliedern bleibt bei gut 17 % stehen, der Anteil der Arbeiterinnen sinkt geringfügig auf 75,7 %.

Angaben aus: Die Frau im Staat, in Haushalt und Familie, Ein Zahlenbericht aus der amtlichen Statistik, hrsg. vom Bundesministerium für Ernährung, Landwirtschaft und Forsten, Bonn 1960.

1 4. Geschäftsbericht der Hauptabteilung Frauen beim DGB (1956–58).
2 Millionen Frauen im Rhythmus der Arbeit, Protokoll der 3. Bundes-Frauenkonferenz des DGB 1959, S. 293.

*»Hinsichtlich der psychologischen Differenzierung zwischen Mann und Frau besteht eine natürliche Unterlegenheit der Frau; beim Mann sind die Entschlußkraft, Logik, Kritik und der Formensinn deutlich ausgeprägt, er steht zu seinem Werkzeug, seiner Maschine, seinem Arbeitsprodukt in einem persönlichen, inneren Verhältnis und hat Freude am Technischen, Gestalten und Formen...*

*Bei der Frau überwiegen die unterbewußten Funktionen des Seelenlebens...*

*Es herrschen die Gemütsanteile vor, Geschmack, Farbsinn und Geschicklichkeit und die Feinheiten der Bewegung sind gut ausgebildet...«* [15]

Mit anderen Worten: Die Frau hat Gefühl, der Mann ist rational. Die Frau hat die Logik des Herzens, der Mann die Logik des Kopfes. Die Frau hat einen freilich treffsicheren Instinkt, der Mann denkt, um Probleme zu lösen. Sie empfängt, ist personengebunden, anschaulich und konkret, er ist sachlich, begrifflich, abstrakt. Sie liebt oder haßt Personen, er beherrscht die Technik.

Nun, die Arbeitswissenschaften sagen auch in den 50er Jahren wie bereits seit den 20er Jahren nichts anderes, als daß die *Wesensart der Frau* hundertprozentig ihren Tätigkeiten auf den »Leichtarbeitsplätzen« entspricht, wie umgekehrt die Männer ihrer Wesensart gemäß für andere Tätigkeiten disponiert sind. In diese arbeitswissenschaftliche Sichtweise ist aber nicht nur die Festschreibung der geschlechtsspezifischen Arbeitsteilung eingeschlossen: Sie enthält auch mittelbar die Vorstellung von der Minderwertigkeit der beruflichen Tätigkeiten von Frauen. Wo so deutlich von Trieb, Instinkt und Unterordnung als Merkmal der Frauen im Verhältnis zu Triebbeherrschung, Gestaltung, Entschlußkraft und Wollen als Merkmal der Männer gesprochen wird, bleibt kein Raum für die Vorstellung der Gleichwertigkeit von Tätigkeiten.

Die Gewerkschaftsfrauen, sich auf die Arbeitswissenschaften verlassend, haben sich selbst verlassen. Was zählt bei so viel *wissenschaftlichem Sachverstand* die eigene Erfahrung, das Wissen um die Leistungen der Frauen beim Aufbau der Wirtschaft nach dem Krieg und die tatsächlichen, täglichen Leistungen in der Erwerbsarbeit und zu Hause? »Ich habe immer wieder den Eindruck«, sagt eine Gewerkschafterin im Anschluß an ein Referat einer arbeitswissenschaftlichen Koryphäe, »daß die Wissenschaft eigentlich nur um der Wissenschaft selbst willen da ist und daß lediglich diejenigen, die schlau genug sind, daraus Profit zu ziehen, das auch tatsächlich tun.« [16]

Recht hat sie! Denn aus den arbeitswissenschaftlichen Erkenntnissen ziehen in der Tat nur die Schlauen, die Unternehmer, Profit, indem sie mit Hilfe solcher wissenschaftlicher Argumentationen die Rechtmäßigkeit von Leichtlohngruppen legitimieren. Aber solche Kritik bleibt vereinzelt: Die Vorstellung von der Unveränderbarkeit der Rollenteilung zwischen Frauen und Männern, von der *wesensmäßigen* Begründung dieser Arbeitsteilung hat im Denken der Gewerkschaftsfrauen bereits Platz ergriffen und die eigenen Erfahrungen überlagert.

Rechts: Frauenarbeit in den 50er Jahren

## Die Gewerkschaftsfrauen waren ihrer Zeit voraus, aber ihre Zeit holte sie ein.

1953 schreibt Irmgard Enderle in den Gewerkschaftlichen Monatsheften:

*»Wenn sich die Frauen im öffentlichen Leben betätigen, stoßen sie sehr häufig – zumindest in Deutschland – mit dem persönlichen Ehrgeiz und Geltungsbedürfnis von Männern zusammen, mit dem sie nicht fertig werden. Viele Frauen ziehen sich deshalb wieder auf Tätigkeitsgebiete zurück, bei denen sie unter dieser Art ›Konkurrenz‹ weniger zu leiden haben. Andere verhärten in solchen Auseinandersetzungen. Dann sind es aber gerade diejenigen, die daran mitschuldig sind, die ihre ›verloren gegangene Weiblichkeit‹ beklagen. Die Folge: Sehr zahlreiche Frauen der verschiedenen Lebenskreise leiden an Minderwertigkeitskomplexen, die sich, auch wo es vom sachlichen Können nicht notwendig wäre, in einer Scheu vor öffentlichen Auftritten oder in Arroganz äußern.«* [17]

Die so beschriebene Entwicklung von Frauen in der Nachkriegszeit gilt ohne Abstriche auch für die Gewerkschafterinnen: Sie waren angetreten mit der Hoffnung, endlich eine grundlegende Änderung in den Geschlechterbeziehungen durchsetzten zu können. Sie mischten sich mit ihren Forderungen selbstbewußt in die Öffentlichkeit und in die große Politik ein, mußten aber schnell erfahren, daß ihre Hoffnungen und ihr Wollen nicht nur nicht geteilt, sondern diskreditiert und begrenzt wurden. Das Recht auf Arbeit einklagend, wurden sie zuerst damit konfrontiert, daß in der Öffentlichkeit wieder die Rede vom »Doppelverdienertum« die Runde machte und mit dieser Parole Frauen in qualifizierten Positionen (Akademikerinnen, Lehrerinnen, Verwaltungsangestellte) aus dem Erwerbsleben verdrängt wurden.

Nach der Währungsreform, als die Frauen von der hohen Arbeitslosigkeit besonders betroffen waren, wurde die Parole vom *Frauenüberschuß* als Waffe gegen ihre Forderungen und ihr Recht auf Arbeit eingesetzt. Es hieß, daß die hohe Frauenarbeitslosigkeit schlichtweg darin begründet sei, daß die Frauen als Folge des Krieges keine Männer bekämen und allein deshalb auf den Arbeitsmarkt drängen würden. Und dann – als das Wirtschaftswunder begann – und die Frauen für die Konsumproduktion rekrutiert wurden, ihre Tätigkeit auf den »Leichtarbeitsplätzen« überhaupt erst das Wirtschaftswunder als Massenerfahrung möglich machte, da hatten die Wechselbäder der ideologischen Gegenoffensive die Gewerkschaftsfrauen schon so entmutigt, daß sie sich mit dem Bestehenden arrangierten und sich auf die ihnen zugewiesenen Bereiche beschränk-

ten. Nicht zuletzt auch deshalb, weil sie in diesen Auseinandersetzungen nur wenig Unterstützung in ihrer eigenen Organisation, der Gewerkschaft fanden. Allzuoft mußten sie sich auch hier mit ähnlichen Vorurteilsstrukturen auseinandersetzen wie in der übrigen Öffentlichkeit.

Aber die Selbstbeschränkung, die sich zunehmend beobachten läßt, wird nicht nur passiv vollzogen. Sie wird zum Selbstverständnis und letztlich von den Gewerkschafterinnen aktiv in der Gewerkschaftsöffentlichkeit vertreten. Sie machen sich selber zum *Herz der Aktion*, zum *Mittelpunkt des sozialen Geschehens. Mütterlichkeit* und *Internationalität der weiblichen Schöpfer- und Erhaltungskraft* sind am Rande ihrer Konferenzen sentimentale und beschwörende Tendenzen zugleich. »Wenn die Männer sich totschlagen, ist die Frau immer bereit, es auszugleichen.« [18] So zu lesen im Protokoll der 2. Bundesfrauenkonferenz des DGB 1955. In dieser Formulierung wird die Frau zur Verkörperung einer passiv leidenden, immerwährend das Beste aus einer Situation machenden Mutter stilisiert, die im Grunde als Opfer der Verhältnisse einen aussichtslosen Kampf ficht.

*Anmerkungen*

1  vgl. zur Einschätzung der allgemeinen Programmdiskussion in den Gewerkschaften: Bergmann / Jacobi / Müller-Jentsch: Gewerkschaften in der Bundesrepublik Deutschland, Frankfurt a. M. 1975
2  vgl. hierzu: Lippe, A.: Gewerkschaftliche Frauenarbeit. Parallelität ihrer Probleme in Frankreich und in der Bundesrepublik Deutschland (1949–1979), Frankfurt a. M. / New York, 1983, S. 69
3  zit. bei Losseff-Tillmanns, G.: Frau und Gewerkschaft, Frankfurt a. M. 1982, S. 39
4  ebenda, S. 39
5  So Thea Harmuth, erste Abteilungsleiterin der Abteilung Frauen im DGB und einzige Frau im ersten Bundesvorstand des DGB, zit. nach: Protokoll der 1. Bundesfrauenkonferenz (1952), S. 46
6  vgl. dazu Protokoll der 1. Frauenkonferenz der IG Metall (1956), S. 167
7  Seit Mitte der 50er Jahre steigt mit der Erwerbsquote der Frauen auch die Zahl der erwerbstätigen Mütter mit Kindern unter vierzehn Jahren an. Diese Entwicklung ist ohne historische Vorläufer. Vgl. hierzu: Niemann, U.: Wachsende Bedeutung der Frauenarbeit in der westdeutschen Industrie, in: WWI-Mitteilungen, 11. Jg. 1958, S. 231
8  vgl. hierzu das Protokoll der 1. gewerkschaftlichen Frauenarbeitstagung vom 20.–22. 11. 1946 in Bielefeld, abgedruckt in: Kuhn, A. (Hrsg.): Frauen in der deutschen Nachkriegszeit, Düsseldorf 1984, S. 325
9  So heißt es im Geschäftsbericht der Abteilung Frauen 1962: »Bei dieser Zunahme der erwerbstätigen Frauen ist besonder bemerkenswert und bedauerlich die starke Zunahme der erwerbstätigen Mütter«. Vgl. hierzu: Geschäftsbericht der Abteilung Frauen (1962) S. 15
10  vgl. hierzu die gute Darstellung der Folgen dieser Lohnabschläge bei: Helberger, C.: Diskriminierung von Frauen in Tarifverträgen, in: Gewerkschaften und Klassenkampf, Kritisches Jahrbuch 1973, Frankfurt a. M. 1973, S. 208 ff
11  vgl. hierzu die Darstellung dieser Auseinandersetzungen bei Pinl, C.: Das Arbeitnehmerpatriarchat, Köln 1977, S. 32 ff
12  zit. nach Lippe, a.a.O., S. 43
13  vgl. hierzu die entsprechenden Anordnungen der Landesarbeitsämter, abgedruckt in: Kuhn, a.a.O., S. 337 f
14  Mayer, A.: Geschlechtsspezifische Unterschiede im betrieblichen Verhalten von Mann und Frau, in: Zeitschrift für wirtschaftliche Fertigung, Heft 1, 1954, S. 8
15  So faßt Krell die Standards der Arbeitswissenschaften in den 50er Jahren zusammen, in: Krell, G.: Das Bild der Frau in den Arbeitswissenschaften, Frankfurt a. M. / New York 1984, S. 58
16  vgl. hierzu das Protokoll der 1. Frauenkonferenz der IG Metall, S. 120
17  Enderle, I.: Die Frau im öffentlichen Leben, In: Gewerkschaftliche Monatshefte, 4. Jg. 1953, S. 47
18  Protokoll der 2. Bundesfrauenkonferenz des DGB, 1955, S. 182

# Ingrid Langer

# Familienpolitik – ein Kind der fünfziger Jahre

Leider wissen wir wenig davon, wie die belebenden Neuansätze der Vor-Restaurationszeit verschüttet wurden, wie sie versickerten und wie die »Normalität« wieder zu regieren begann – damals, als es »aufwärts« ging. Die alten Ideologien hielten dem Druck der neuen Bedingungen stand: in einer Meinungsumfrage des SPIEGEL am 19. Juli 1947 antworteten auf die Frage, ob wegen der Knappheit männlicher Arbeitskräfte in Industrie und Büroarbeit mehr Frauen auf Männerposten eingesetzt werden sollten, von den Männern 70 % mit Nein und von den Frauen 58 %.

Zu dieser Zeit gab es in den neuentstandenen Frauenzeitschriften noch ungewohnte Töne:

*»Die Frauen haben alle ein hartes Training im Alleinsein und Alleinhandeln hinter sich. Sie haben mit ihren Kindern die Bombennächte, die Evakuierung, den Verlust von Heimat oder Besitz (oder von beidem) durchleben müssen. Sie haben sich oft unter den schwierigsten Umständen eine neue Existenz aufgebaut. Sie haben die männliche Rolle des Beschützers und Ernährers vereint mit der weiblichen Rolle der Erzieherin und Betreuerin der Kinder. Sie haben also buchstäblich für zwei gearbeitet – nein für vier oder sechs –, denn sie hatten es zweimal, dreimal so schwer, wie es in normalen Zeiten ein Ehepaar mit Kindern hatte. Sie haben es in den meisten Fällen fertig gebracht, ihren Kindern irgendeine Art von Heimat, eine Art von Familienleben zu schaffen. Und nun sehen sie mit einiger Erbitterung, daß zwar an Lob-*
*sprüchen für ihre Tapferkeit und ihre Bewährung im Krieg und Nachkrieg nicht gespart wird, daß es aber bei dieser theoretischen Anerkennung bleibt und daß ihnen in der Praxis nicht entsprechend geholfen wird [...] Ein weiterer Wunsch der alleinstehenden Frauen ist der, daß mit der völligen Gleichberechtigung ernst gemacht wird. Dazu ist es vor allem notwendig, daß eine Frau mit ihren Kindern, ganz einerlei, ob sie ihren Mann im Krieg verloren hat, ob sie sich hat scheiden lassen oder ob sie gar nicht verheiratet war, daß eine solche Mutterfamilie als Vollfamilie anerkannt wird. Es ist seltsam: Von den Frauen, die ich befragt habe, wollte kaum eine wieder heiraten. Die Geschiedenen haben zu schlechte Erfahrungen gemacht, die unehelichen Mütter und die, die ihre Männer im Krieg verloren haben, sind zu einem Teil so selbständig, so stolz (und auch so hart) geworden, daß sie nicht mehr glauben, sich einem Mann in irgendeiner Weise fügen zu können. [...] Nicht wenige gibt es unter ihnen, die sogar das Leben der berufstätigen Frau dem Leben der Ehefrau bei weitem vorziehen, nicht wenige, die – eine Frau schrieb das wörtlich – über den Mann zur Tagesordnung übergehen, wenn sie erst das Kind haben, einen Sinn ihres Lebens also, der sie aus der Einsamkeit erlöst hat«.*[1]

Hier scheint ein Teil des Frauenalltags auf, den die Familienpolitik der Unionsregierungen in den fünfziger Jahren besonders einschneidend betreffen sollte.

## Der strenge Katholik Wuermeling wird Familienminister

Familienpolitik – in der Weimarer Republik kaum vorhanden, diskutiert vor allem unter dem Vorzeichen der Bevölkerungspolitik, im Nationalsozialismus zur staatlichen Eugenik und Rassenpolitik pervertiert – ist offiziell ein Kind der fünfziger Jahre. Von Anfang an war sie der Wirtschaftspolitik nachgeordnet und unterlag starken klerikalen Einflüssen. Besonders die katholische Kirche dominierte die Familienpolitik und die Familienideologie der CDU/CSU und der von ihr geführten Regierungen: als einen Ausdruck dafür kann man auch die Gründung des Familienministeriums selbst im Jahr 1953 ansehen. Sie fand im Zuge einer außerordentlichen Aufblähung des Kabinetts statt (insgesamt werden fünf neue Ministerien eingerichtet, davon vier Sonderministerien ohne eigenen Geschäftsbereich), mit der Adenauer die Loyalität bei großen Gruppen in allen Koalitionsparteien, insbesondere für seine außenpolitischen Ziele, erhöhen wollte. Die Wahl des strengen Katholiken Wuermeling zum Ressortchef spricht dafür, daß diese Vermutung auch im Falle des Familienministeriums zutrifft, mit dem auf die Kirchen gezielt wurde. So versicherte Wuermeling als junger Minister, daß er »die Kirche [...] für meinen besten und wichtigsten Mitstreiter in meinem Aufgabengebiet« halte, und zwar insbesondere für die notwendige »innere, ethische Erneuerung vieler Familien im Lande draußen«.[2] Adenauer selbst begründete die Einführung des Familienministeriums vor allem mit der »wachsenden Überalterung des deutschen Volkes«, also bevölkerungspolitisch.[3] Die SPD befürchtete zu Recht mit der Einrichtung dieses Ministeriums starke familienrestaurative Tendenzen. Ollenhauer erklärte dazu:

*»Wir haben noch keine klaren Vorstellungen darüber, wie dieses Ministerium angesichts der Ressortverteilung fruchtbar funktionieren kann, und wir haben Zweifel, ob das sehr wichtige Problem der Förderung eines gesunden Familienlebens überhaupt durch die Schaffung eines speziellen Ministeriums gelöst werden kann. Wir würden es sehr bedauern, wenn das Ministerium seine Aufgabe in erster Linie darin sehen würde, durch eine Art von moralischer Aufrüstung den Familiensinn zu stärken und die Familiengründung zu fördern. [...] Die Struktur der Gesellschaft und die Stellung der Frau, auch der verheirateten Frau in der Gesellschaft und in der Familie haben sich geändert. Das erste Problem ist daher die Anerkennung der veränderten Stellung der Frau in der Gesellschaft durch Recht und Gesetz.«*

Im übrigen sei es viel wichtiger, bei allen wirtschafts-, sozial- und rechtspolitischen Maßnahmen die Förderung der Familie anzustreben, als ein besonderes Familienministerium zu schaffen.[4] SPD-Politiker fragten in der Debatte spöttisch, ob auf Wuermeling als Familienminister vor allem die Aufgabe zukomme, der Sonntagsredner der Regierung zu sein.

## Familienpolitik gegen die Gefahr aus dem Osten

Wuermeling blieb Familienminister bis 1962. Seine Auffassung von der Familie und der Rolle der Frau in ihr orientierte sich dabei an Auffassungen, die die Familie im Mittelpunkt des Ordnungsgefüges des Staates sehen: Familienpolitik war daher vor allem Staatspolitik, die Mehrkinderfamilie die ideale Familienform. Sie sollte wieder Normal-

familie werden; dazu gehört die Frau wieder ins Haus. Familienbeihilfen sollten dazu beitragen, die Frauen vom Geldverdienenmüssen zu entlasten; nur in der Mehrkinderfamilie konnten für den Minister die Eigenschaften ausgebildet werden, die er für Gesellschaft und Staat als unabdingbar erachtete: Opferbereitschaft, Achtung christlicher Werte, Sittlichkeit und Arbeitsamkeit. Diesen Zielen hatte auch der Familienlastenausgleich zu dienen. Nicht nur wird diese Familienpolitik dadurch gerechtfertigt, daß sie »nicht in den Bereich der sozialen Fürsorge [gehöre], sondern [...] Staatspolitik« sei,[5] sondern die Familie selber soll in dieser staatserhaltenden und sichernden Funktion auch die Verteidigungspolitik unterstützen und ein Bollwerk gegen kommunistische Einflüsse bilden: »Millionen innerlich gesunder Familien mit rechtschaffen erzogenen Kindern sind als Sicherung gegen die drohende Gefahr der kinderreichen Völker des Ostens mindestens so wichtig wie alle militärische Sicherung.«[6] Wohl vertritt Wuermeling vehement die Auffassung, der Staat habe sich in die private Sphäre der Familie nicht einzumischen; dafür sollen aber die Kirchen als »unabhängige« oder »freie« Instanzen die Ethik und Sitte in den Familien gewährleisten. Und als sich Entwicklungen abzeichnen, die die Familien in ihrer staatsordnenden Funktion zu gefährden scheinen, wünscht Wuermeling ausdrücklich, der Staat möge die Familien »schützen«, d. h. diesen Entwicklungen durch massive Eingriffe steuern: er verlangt Erschwernis der Scheidung, Behinderung der Geburtenkontrolle und möchte massive Anreize dafür geben, daß Hausfrauen nicht berufstätig werden, oder sogar die Berufstätigkeit von Ehefrauen erschweren. Selbstverständlich soll die Schwangerschaftsunterbrechung weitgehend unter Strafe stehen. Keine Notwendigkeit sieht Wuermeling darin, die Familien durch öffentliche Erziehungseinrichtungen für Kinder oder gar Kleinkinder zu unterstützen, denn die Erziehung soll in den Familien bleiben. Mit all dem glaubt er die traditionelle Ordnung, die er ins Wanken geraten sieht, stützen und aufrechterhalten zu müssen.

So wurde 1961 auf Betreiben der CDU/CSU und insbesondere Wuermelings die Scheidung erschwert. Nach §48 Ehegesetz durften Ehen gegen den Willen des »schuldlosen« Ehegatten nicht mehr geschieden werden, auch dann nicht, wenn die Ehe hoffnungslos zerrüttet war. Hier hatte sich die katholische Auffassung von der Unauflöslichkeit der Ehe mit den autoritären Mitteln des Staates ein Stück weit durchgesetzt. Nicht so weit freilich, wie der Familienminister es gern gesehen hätte: zu Anfang seiner Amtsperiode bestanden sogar Pläne, die obligatorische zivile Trauung aufzuheben und demnach die Ehescheidung nur dem kirchlichen Gesetz zu unterstellen, was die Ehe praktisch unauflöslich gemacht hätte. 1953 erklärte Wuermeling: »Wenn schon unsere Auffassung von der Unauflöslichkeit der Ehe keine gesetzliche Anerkennung mehr finden kann, so wollen wir doch alles versuchen, um die Auflösung der wichtigsten Ordnungszelle des Staates, der Ehe und Familie, auf das geringstmögliche Maß zu beschränken.«[7] Doch konnte eben diese Wirkung damit nicht erzielt werden: die Scheidungsquote nahm trotz dieser Verschärfung des Scheidungsrechts in der Folgezeit drastisch zu. Sie stieg von 19 271 geschiedenen Ehen 1961 kontinuierlich auf 86 614 im Jahre 1972 an, nahm also um 75 % in elf Jahren zu.[8]

Rechts: Aprilscherz im »Stern«, 1. 4. 1954

„Die Stadt, von der viele träumen", nannte Familienminister Dr. Franz Josef Würmeling die Mustersiedlung, die auf seinen Namen getauft wurde. Hier werden in 1538 Wohnungen papierne Vorschläge in der Praxis erstmals erprobt, bevor sie Bonn als Gesetz verkündet

# WÜRMELINGSBORN

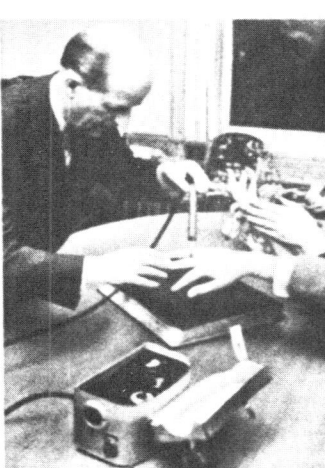

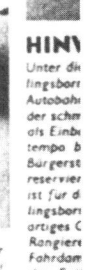

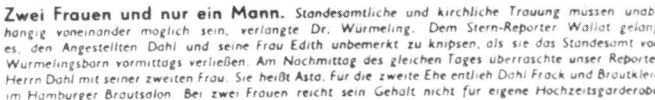

**Zwei Frauen und nur ein Mann.** Standesamtliche und kirchliche Trauung müssen unabhängig voneinander möglich sein, verlangte Dr. Würmeling. Dem Stern-Reporter Wallat gelang es, den Angestellten Dahl und seine Frau Edith unbemerkt zu knipsen, als sie das Standesamt von Würmelingsborn vormittags verließen. Am Nachmittag des gleichen Tages überraschte unser Reporter Herrn Dahl mit seiner zweiten Frau. Sie heißt Asta. Für die zweite Ehe entlieh Dahl Frack und Brautkleid im Hamburger Brautsalon. Bei zwei Frauen reicht sein Gehalt nicht für eigene Hochzeitsgarderobe

**Seitensprünge ausgeschlossen.** Dieser Vorgang, zum erstenmal gezeigt, wird bald bei allen Standesämtern üblich sein. Der Ehering wird elektrisch ganz eng auf den Finger geschweißt. Das Verfahren ist schmerzlos. Mit heimlich absetzen und ins Portemonnaie stecken ist es vorbei

**HINW**
Unter di
lingsbor
Autobah
der schm
als Einb
tempo b
Bürgerst
reservier
ist für d
lingsbor
artiges C
Rangiere
Fahrdam
das Entl
in seine
nimmt u
mit jede

## Alles für Muttchen!

### Wandlungen der Familie

Noch durch eine weitere Entwicklung sah man in dieser Zeit die Familie bedroht: durch die sich wandelnde Rolle der Frau, die sich am deutlichsten an ihrem Hinausdrängen in die Berufstätigkeit zeigte. Während die soziologische Untersuchung der Familie nach dem Kriege vor lalem ihre Stabilität beschrieb, wurde zugleich allenthalben davor gewarnt, daß diese Stabilität bedroht sei. Typisch hierfür sind Passagen aus Helmut Schelskys »Wandlungen der deutschen Familie in der Gegenwart« von 1951:

*»Das von uns allenthalben festgestellte Rückstreben der Frau und zugleich des Mannes in das Leben der familiären Gruppe gründet sich zum großen Teil gerade in dem Bemühen, den Lebensbereich der Individualität und Person vor der Seelenlosigkeit und Nivellierung der gesamtgesellschaftlichen Lebens- und Arbeitsbedingungen zu retten, und das heißt doch, daß die Ziele, die die Frauenemanzipation ursprünglich mit dem Zugang der Frau zu dem außerfamiliären Berufsleben verfolgte, in der gewandelten Gesellschaftsverfassung gerade nur noch innerhalb der Familie zu erreichen sind.«* [9]

Dies ist doch wohl eine sehr eigenwillige Interpretation der Ziele der Frauenbewegung. Joachim Bodamer schreibt noch in seinem 1962 erschienenen Buch »Der Mann von heute«:

## Kleine Anleihen bei großen Wagen

So ist's am Kinderwagen: So sieht es am Auto aus:

 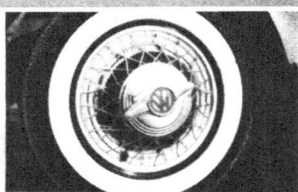

Das Zierspeichenrad ist hier wie dort nichts weiter als schmückendes Beiwerk

 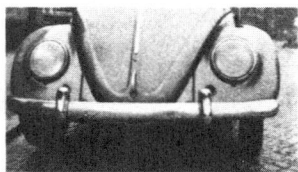

Diese Stoßstange kann ihre Formverwandtschaft mit dem Auto nicht leugnen

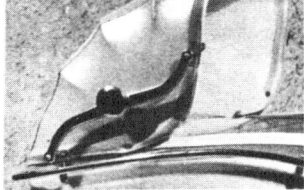 

Verdeckbügel beim Kinderwagen (links) und bei einem Kabriolett (rechts).

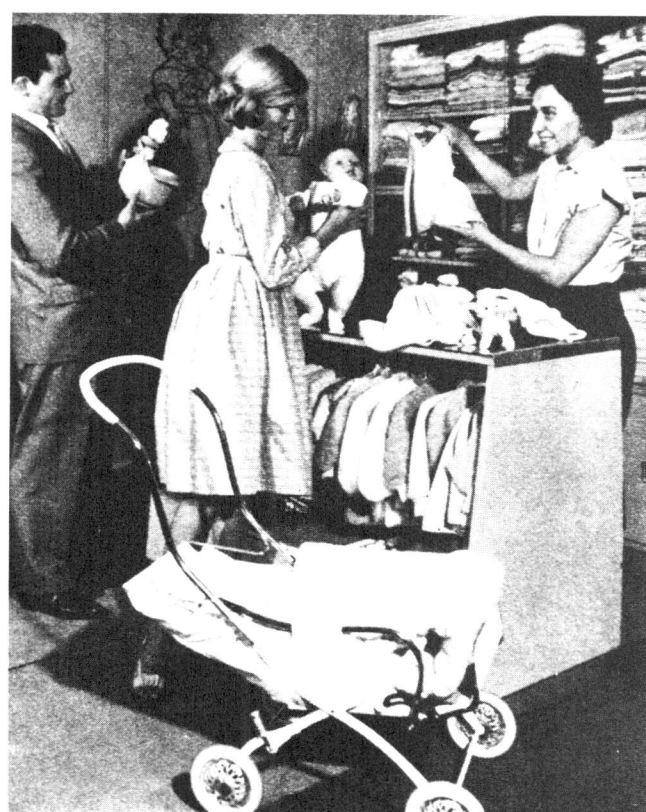

»Heute heißt die Frauenfrage: ›Wie kann die Frau der Familie wieder zurückgegeben werden?‹ Führerinnen und Frauenverbände sprechen dies aus in der klaren Erkenntnis – die freilich von einem großen Teil der Frauen nicht geteilt wird –, daß die bald zur Regel werdende Koexistenz von Ehe und Beruf, familiärer Aufgabe und außerfamiliärer Anspannung das Wesen der Frau nicht weniger der Zersetzung aussetzt wie das technische Bewußtsein die geistige und menschliche Gestalt des Mannes [...]«[10]

Fast zur gleichen Zeit, 1957, begann Betty Friedan in Amerika, also in den amerikanischen fünfziger Jahren, das Buch »The Feminine Mystique« zu schreiben, das wie kaum später je ein Buch die Situation der Hausfrauen treffen und den ersten nachhaltigen Anstoß zur Neuen Frauenbewegung geben sollte.[11]

## Die Legende von den Schlüsselkindern

Wie sah im Gegensatz zu den offiziellen Lobpreisungen der Hausfrauenrolle die Entwicklung weiblicher Erwerbstätigkeit in der Bundesrepublik in den beginnenden fünfziger Jahren aus?

Zunächst war die Zahl weiblicher Erwerbspersonen bis 1950 mit 31,4% der weiblichen Bevölkerung unter den Stand von 1939 gesunken (36,2%), um danach langsam wieder anzusteigen. So zeichnete sich schon ab 1955 die Entwicklung zu einem ständig wachsenden Anteil erwerbstätiger verheirateter Frauen mit Kindern ab. Dieser Tatsache galt die besondere Aufmerksamkeit der Familienpolitik Wuermelings sowie endloser Diskussionen um die negativen Auswirkungen dieser Erwerbstätigkeit auf die Familie und die Kinder. Die Sorge um die Schlüsselkinder kam

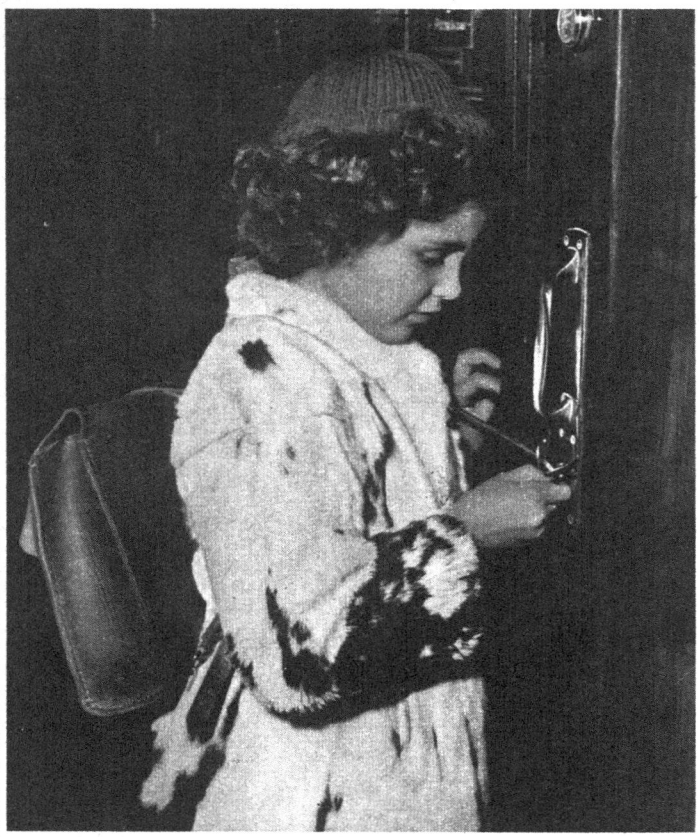

**Mein Klaus und ich** freuen uns den ganzen Tag auf den Feierabend! Punkt fünf Uhr steht der Kleine mit seinem Roller strahlend vor dem Bürohaus. Wie Klaus den Tag verbringt? Eine Nachbarin wärmt ihm das Essen. Schularbeiten macht er ganz allein. 15 Minuten rollert er dann in die Stadt hinein, um mich vom Büro abzuholen. Ich frage mich manchmal: Kennen die Mütter, die ihre Kinder ständig um sich haben, diese Minuten des Glücks?

## Das Problem heißt:

# Schlüssel-Kind

Vati und Mutti arbeiten — und die Kinder? Wenn sie die Haustür aufschließen, ist die Wohnung leer. Was tun sie nun? Was erlauben ihnen die Eltern, was verbieten sie ihnen? Wir haben einige Mütter gefragt — hier ihre Antworten:

**„Mutti, du kannst wirklich ganz beruhigt sein!** Wenn wir gekocht haben, drehen wir den Gashahn immer ab." Na ja, die Sorge ist es nicht allein. Mitunter sehe ich's an angebrannten Töpfen: Gut kann das Essen nicht geschmeckt haben. Aber meine Kleinen sind stolz darauf, im Haushalt helfen zu können. Von dem Film „Das doppelte Lottchen" waren sie begeistert: Was die beiden können, na, das können wir aber auch!

**„Wer ist denn da?"** ist die Frage, wenn es an der Haustür klingelt. Nicht vergessen, den Riegel vorzuschieben! Auf Uschi kann ich mich verlassen. Selbst wenn ich nach Hause komme, ist der Riegel vor der Tür. Obwohl das Kind meine Stimme kennt, schielt es durch den Türspalt. Vorsicht ist besser als Nachsicht. Ihre kleine Nachbarin darf sie besuchen. Beide sind vielleicht etwas zu vernünftig für ihr Alter.   Foto: Niemitz

**Da sitzt nun meine Kleine zu Hause** — allein über ihren Schularbeiten und zählt die Stunden und Minuten, bis ich nach Hause komme. Ingrid lernt nicht leicht, sagt die Lehrerin. Es wäre gut, wenn sie Schularbeiten unter Aufsicht machte. Aber erst abends komme ich dazu, das große Einmaleins mit ihr zu üben. Das Schriftliche ist bereits getan und so oft — leider falsch! Dann gibt es Tränen und neue Abschriften. Und ehrlich gesagt: So manches habe ich selbst vergessen. Aber nun bin ich wieder Schülerin und pauke Satzbestimmungen. Wenn es mir nur nicht so an Zeit fehlte! Denn das Abendbrot muß besorgt, Schuhe müssen geputzt, Sachen ausgebessert werden — und in der Küche wartet Abwäsche. „Ach, Mutti — wenn du doch zu Hause wärst!" Als Ausgleich für den Kummer hab' ich Ingrid eine Uhr geschenkt. Da sitzt sie und zählt die Stunden und Minuten.

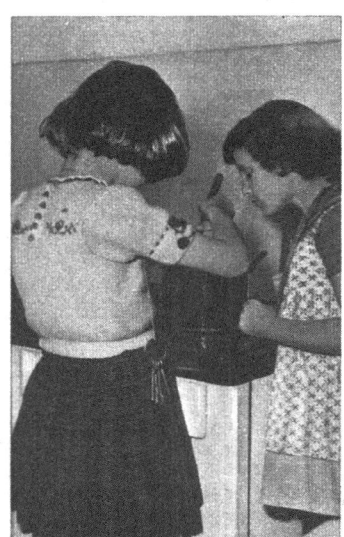

auf: Kinder, die angeblich unbeaufsichtigt mit dem Schlüssel um den Hals sich den ganzen Tag auf den Straßen herumtrieben. Der erste Familienbericht von 1968 räumte dann mit dieser Legende auf und wies nach, daß die meisten Familien das Betreuungsproblem durchaus befriedigend privat gelöst hatten. Zentrale Betreuungsinstitutionen fehlten zumindest zu Beginn der fünfziger Jahre weitgehend und waren von der offiziellen Familienpolitik noch nicht geplant. Obwohl Wuermeling immer wieder Bekenntnisse zur Wahlfreiheit der Frau zwischen Beruf und Familie ablegte, tat er in Wirklichkeit nichts, um diese Wahlfreiheit im Hinblick auf Berufstätigkeit für verheiratete Frauen zu gewährleisten. Diese Lippenbekenntnisse zur Wahlfreiheit empfahlen sich übrigens auf dem Hintergrund eines noch anhaltend hohen Frauenüberschusses; Frauen waren schließlich auch Wählerinnen. 1954 gab es immer noch knapp 3 Millionen mehr Frauen als Männer, wobei die Geburtsjahrgänge von 1900 bis 1925, also die damals 28- bis 53jährigen Frauen besonders betroffen waren. In diesen Jahrgängen betrug der »Frauenüberschuß« knapp 2 Millionen. Da aber für Wuermeling die kinderreiche Familie die Idealfamilie war – er selbst hatte fünf Kinder –, gab es für ihn – außer unmittelbarer materieller Not – kein Motiv, das die Frauenerwerbstätigkeit verheirateter Frauen gerechtfertigt hätte. Daß sich kinderreiche Familien stärker in ihrem Lebensstandard einschränken müßten, hielt er in gewissem Ausmaß für positiv und betrachtete diese »Askese« als Stärkung der Sittlichkeit der Familien. Dagegen waren für ihn die kinderarmen Familien durch Konsum zur Verantwortungslosigkeit verführt: »Die echte, die wirkliche Lösung unserer Versuchung (Konsum) [...] kann also immer nur heißen: Stärkung der sittlich verantwortlichen Persönlichkeit.«[12] Oder, staatspolitisch formuliert: »Mit Bürgern, die sich hemmungslos dem Genuß hingeben und keine ethische Gedankenwelt mehr kennen, kann keine staatliche Ordnung ihre Aufgaben erfüllen.«[13] Auch deshalb sollte die Erwerbstätigkeit der verheirateten Frau und Mutter nach Möglichkeit verhindert werden. Insbesondere in den Mittelschichten, die Wuermeling als die eigentlich kulturtragenden besonders gefördert sehen wollte, hielt er die Erwerbstätigkeit der verheirateten Frau und Mutter für schädlich – Frauenarbeit ist für ihn aber auch eine spezifische Besonderheit kommunistischer Länder.

### Der »Sog in die Betriebe«

Die Angst vor dem sich Mitte der fünfziger Jahre abzeichnenden Arbeitskräftemangel, dem »Sog in die Betriebe«, der auch die »Hausmütter« erfassen werde, ist dann einer der Gründe, die er in seiner berühmten Denkschrift zum Familienlastenausgleich für die Notwendigkeit anführt, hier einen Ausgleich zu schaffen:

*»Die weitere Zunahme der Produktion, die bevorstehende Aufstellung deutscher Streitkräfte mit dem Ausbau der dazugehörigen Industrien, die in Kürze in das Wirtschaftsleben eintretenden schwachen Geburtenjahrgänge des letzten Krieges, die Bestrebungen auf Einführung der Fünftagewoche usw. – alles das wird zu einer weiteren erheblichen Verschärfung der Lage auf dem Arbeitsmarkt führen. [...] Es kann erwartet werden, daß der Sog in die Betriebe, verstärkt durch erhöhte Lohnangebote und steuerliche Anreize, viele ›Hausmütter‹ erfassen wird, vor allem jene, die mit mehre-*

Links: aus Brigitte, 6/1954

Nur 5 Prozent vom Wert dieses Kleides bekam die Näherin. So gürtelschmal ist dieser Lohnanteil!

250.-

**Ein verblüffendes Wiedersehen** erlebte eine Heimschneiderin, wie uns im Bonner Arbeitsministerium berichtet wurde: die Frau entdeckte in einem Schaufenster das Kleid wieder, das sie für 12,50 Mark Lohn angefertigt hatte — es war mit 250 Mark ausgezeichnet! Unser Bild führt dieses erstaunliche Rechenexempel vor Augen: der Lohnanteil an den Kosten des Kleides ist nur ein verschwindend kleiner Streifen in Saumbreite. Auch andere Beispiele rühren an die Frage: Wie vertragen sich solche Rechentanzende Handelsspannen mit den Entgelten der Heimarbeiter! Für die Herstellung von Lampenschirmen gibt's oft nur 35 Pfennig Stundenlohn! Die einst zu den Ärmsten zählenden Spielzeugmacher verdienen jetzt 78 bis 87 Pfennig, und die Kunst, Christbaumschmuck anzufertigen, bringt eine Mark pro Stunde ein.

Seit eh und je waren insbesondere Frauen und Kinder durch Heimarbeit ausgebeutet worden. Anfang der 50er Jahre verschlimmerte sich die Situation durch den Zustrom an arbeitslosen Flüchtlingen und die Zunahme alleinstehender Frauen extrem. Gleichzeitig mit der Arbeitslosigkeit stieg auch die Heimarbeit und sank die Bezahlung.

- Zum Frauenanteil an den Mitgliedern der Parteien in den 50er Jahren gibt es – bis auf die SPD – nur Schätzungen.[1] Danach hatten weibliche Mitglieder: SPD 18–19 %, CDU 1953 ca. 25 %, 1961 ca 15 %,[2] CSU unter 10 %,[3] FDP 10–15 %, KPD ca. 35 %.[4] In den Vorständen waren die Frauen nur im Parteivorstand der SPD entsprechend repräsentiert, in allen anderen zentralen und allen bezirklichen Vorständen lag ihr Anteil deutlich niedriger als in den Gesamtparteien.

- Von den Mitgliedern des Bundestages waren in den 50er Jahren durchschnittlich rund 9 % Frauen. Auf die einzelnen Fraktionen verteilt: CDU/CSU rund 8 %, SPD rund 12 %, FDP 5–7 %, KPD (bis 1953) 13 %.[5] Der Frauenanteil war im Großen und Ganzen während des Jahrzehnts konstant. Insgesamt waren 31 Frauen im Januar 1951 Bundestagsabgeordnete, im Oktober 1955 waren es 48, im Juni 1960 49.

- In den Landtagen betrug der Frauenanteil im Durchschnitt des Jahrzehnts ebenfalls rund 9 %, mit fallender Tendenz. Berlin (West) lag dabei mit durchschnittlich 15 % vorn, gefolgt von Hamburg und Bremen mit 14 %; das Schlußlicht bildeten Baden-Württemberg mit knapp 6 % und Bayern mit gut 3 %. Den höchsten Frauenanteil unter ihren Landtagsabgeordneten hatte die KPD mit 21 % (bis zu ihrem Verbot 1956, bezogen auf die Landtage, in denen sie überhaupt vertreten war), gefolgt von der SPD mit durchschnittlich 11 %, von der FDP mit gut 8 % und der CDU bzw. CSU mit knapp 8 %.[6]

- In den Kommunalvertretungen waren Frauen am schwächsten vertreten; in den Kreisstädten stellten sie 1960 10 %, in den Kreistagen 4 % und in den kreisangehörigen Gemeinden ca. 1 % der gewählten Vertreter.[7]

- Während der gesamten 50er Jahre waren knapp die Hälfte der weiblichen Volksvertreter Hausfrauen, gefolgt von Akademikerinnen, Verwaltungsfachkräften und Verbandsfunktionärinnen. 10 von den 23 weiblichen Bundestagsabgeordneten der CDU/CSU waren 1957 Hausfrauen, bei der SPD 7 von 22, bei der FDP 1 von 3.[8]

- 1957 sind unter den 14,135 Millionen Haushaltsvorständen in der Bundesrepublik 1,848 Millionen Frauen (= 13,1 %); von diesen sind die meisten alleinstehend, nur 88 000 sind verheiratet (= 0,6 % aller Haushaltsvorstände).[9]

- Die Wahlbeteiligung an den Bundestagswahlen lag 1953 bei insgesamt 86,3 %, nach Geschlechtern getrennt bei den Männern wesentlich höher (88 %) als bei den Frauen (84,9 %). 1957 lag die Wahlbeteiligung um 1,5 Punkte höher – sowohl gesamt (87,8 %), als auch jeweils bei Männern (89,5 %) und Frauen (86,4 %).

- Zitat eines Parlamentariers aus den 50er Jahren: »Als Einzelne wirkt die Frau wie eine Blume im Parlament, aber in der Masse wie Unkraut!« (Dr. Michael Horlacher, Staatskommissar a. D.)

Anmerkungen

1 Vgl. hierzu insbesondere Fülles, Mechthild: Die Frauen in Partei und Parlament, Köln 1969, und Mabry, Hannelore: Unkraut ins Parlament, München 1971.
2 Fülles, a.a.O., S. 33.
3 Mabry, a.a.O., S. 268f.
4 ebd., S. 269.
5 ebd., S. 261.
6 errechnet nach Mabry, a.a.O., Tabellen S. 244–259.
7 Fülles, a.a.O., S. 70.
8 Die Frau im Staat, in Haushalt und Familie, ein Zahlenbericht aus der amtlichen Statistik, hrsg. vom Bundesministerium für Ernährung, Landwirtschaft und Forsten, Bonn 1960, A V 2.
9 ebd., B I 9.

*ren Kindern am Rande des Existenzminimums leben. Wenn ein wirkungsvoller Ausgleich der Familienlasten weiterhin hinausgeschoben wird, muß befürchtet werden, daß binnen absehbarer Zeit die Mehrzahl vor allem der jungen Mütter Erwerbsarbeit in den Betrieben leistet. Es würde damit – sicher gegen den Willen aller Beteiligten – auf anderem Wege dieselbe Ordnung verwirklicht werden, wie sie bereits in den Ländern östlicher Prägung herrscht.«* [14]

Deshalb liegt es aber Wuermeling auch fern, Kindergärten, Kinderhorte oder gar Krippen bereitzustellen. Wie er noch 1960 sagte, sei es

*»sorgfältig zu erwägen, inwieweit die Familie durch Schaffung solcher Sozialeinrichtungen zwar von außen geschützt, aber von innen entkräftet wird. Oft dürfte es besser sein, die Familie und hier in erster Linie die Hausfrau und Mutter durch persönliche Unterstützung (Familienpflegerin) zu entlasten. Für Mütterwirken gibt es keinen vollwertigen Ersatz.«* [15]

### Unwählerische Wählerinnen

Waren die Frauen mit der Familienpolitik einverstanden? Haben sie sich dazu ein Urteil gebildet und hat das ihre Wahlentscheidung beeinflußt? – Wahrscheinlich nicht.

Elisabeth Noelle-Neumann hat erste Ergebnisse der Umfrageforschung unter dem Titel: »Auskunft über die Parteien« 1955 zusammengefaßt. Auf die Frage, ob ein Land besser mehrere Parteien habe, damit die verschiedenen Meinungen frei vertreten werden können, oder nur eine Partei, damit möglichst große Einigkeit herrscht, antworteten 1955 14 %: nur eine Partei; 2 %: keine Partei und 10 % haben kein Urteil. Zu den Anhängern des Ein-Parteien-Systems sagt Frau Noelle-Neumann: »Die Anhänger des Ein-Parteien-Systems wurden wiederholt näher untersucht. Es handelt sich zum größten Teil um Menschen, die politisch schlecht unterrichtet und interesselos sind, vorwiegend um Frauen.« [16] Doch ist das Interesse an Politik in dieser Zeit insgesamt sehr niedrig: Im Juni 1952 antworten 73 % der befragten Männer und Frauen, sie interessierten sich nicht besonders oder überhaupt nicht für Politik. Dabei interessieren sich die CDU/CSU-Anhänger besonders wenig für politische Fragen. Als sie auf einer Thermometerskala ihr Interesse anzeigen sollen, wobei der Wert 100 ein besonders hohes und der Wert 0 kein Interesse bedeutet, zeigen die CDU-Anhänger den Wert 37, SPD-Anhänger den Wert 42,5 und FDP-Anhänger den Wert 52,5.[17]

Die demographische Struktur der Parteianhängerschaft zeigt für die CDU 58 % Frauen und 42 % Männer; für die SPD 40 % Frauen und 60 % Männer; für die FDP 43 % Frauen und 57 % Männer; für den BHE (Bund der Heimatvertriebenen und Entrechteten) 52 % Frauen und 48 % Männer; für die DP 42 % Frauen und 58 % Männer und die KPD 30 % Frauen und 70 % Männer.[18]

1953 antworteten auf die Frage, ob sie sich manchmal über Politik unterhalten, 75 % der Frauen und 45 % der Männer mit »Nein, kaum«. (Auf dieselbe Frage antworteten 1979 nur noch 39 % der Frauen mit »Nein« und 21 % der Männer. Der Anteil der Frauen, die sich nicht über Politik unterhalten, ist damit deutlich mehr als der der Männer, nämlich um 36 Punkte, zurückgegangen und hat sich mehr als halbiert.) [19]

Franz-Josef Wuermeling erreicht als Familienminister bei einer Umfrage im Juni 1956 zwar einen recht hohen

Bekanntheitsgrad: 72% der Befragten kennen ihn. Damit steht er an fünfter Stelle hinter seinen Kabinettskollegen Blank, Schäfer, Erhard und von Brentano. Doch haben nur 18% der Befragten eine gute Meinung vom Familienminister (zum Vergleich Bundeswirtschaftsminister Erhard: 50%, Bundesaußenminister von Brentano: 43%), 26% haben keine gute Meinung und 28% sagen: weder noch. Bundesjustizminister Neumayer – er hatte 1954 den Regierungsentwurf zum Gleichberechtigungsgesetz eingebracht –, ist nur 24% der Befragten bekannt und steht damit an vorletzter Stelle vor dem Bundespostminister Balke. Von Neumayer haben nur 5% eine gute, 2% eine schlechte Meinung, und 17% sagen »weder noch«. Dies läßt darauf schließen, daß die familienrechtlichen und familienpolitischen Themen kaum wahlentscheidend waren. Wichtiger waren die Wirtschafts- und Außenpolitik![20]

Die Frauen wählten in ihrer Mehrheit konservativ in dieser Zeit, so wie sie das schon in der Weimarer Republik getan hatten. So waren bei der Bundestagswahl von 1953 bei einem weiblichen Wähleranteil von insgesamt 54% von den CDU-Wählern 58,5% weiblich, dagegen nur 49,6% bei der SPD und nur 40% bei der KPD. Da es bei dieser Wahl rund 3,3 Millionen mehr weibliche Wahlberechtigte gab und 2,4 Millionen mehr Frauen zur Urne gingen als Männer, hatte die CDU bei einem Gesamtstimmenanteil von 43,6% aller Stimmen einen weiblichen Stimmenüberhang von 2,2 Millionen.[21] Es sollte noch lange dauern, bis sich dieses Wahlverhalten änderte. Erst in der Bundestagswahl von 1972 haben mehr Frauen SPD gewählt als Männer.

Anmerkungen

1 Frauenalltag und Frauenbewegung, Bd. IV, S. 49/50.
2 13. Sitzung des 2. Deutschen Bundestages v. 5. 4. 1954.
3 Regierungserklärung v. 20. 12. 1953.
4 4. Sitzung des 2. Deutschen Bundestages v. 20. 10. 1953.
5 Franz-Josef Wuermeling, Staatliche Familienpolitik, in: Bonner Hefte 8 (1953), S. 1–6, zitiert nach D. Haensch, Repressive Familienpolitik, Hamburg 1969, S. 77.
6 Franz-Josef Wuermeling, Das muß geschehen! Die Familie fordert vom Bundestag. In: Kirchen-Zeitung, Köln v. 6. 12. 1953, zitiert nach Haensch, 1969, S. 74/75.
7 ebd.
8 II. Familienbericht, Drs. 7/3502, S. 152.
9 Dortmund 1960, S. 344.
10 Joachim Bodamer: Der Mann von heute. Seine Gestalt und Psychologie. Basel, Wien, 1962, S. 99.
11 In ihrem ›Klassiker‹ »Der Weiblichkeitswahn« analysiert Betty Friedan das von ihr sogenannte »Problem ohne Namen« das »Hausfrauensyndrom«.
12 Franz-Josef Wuermeling, Lebensstandard – Lebensziel. Wohlstand als Hilfe zur Freiheit und Selbstverantwortung der Jugend durch Selbstzucht und Opfer. In: Bulletin v. 12. 10. 1960, zitiert nach Haensch, 1969, S. 103.
13 Franz-Josef Wuermeling, ebd., zitiert nach Haensch, 1969, S. 104.
14 Der Familienlastenausgleich. Eine Denkschrift des Bundesministers für Familienfragen, Bonn, Nov. 1955, S. 23f.
15 Franz-Josef Wuermeling, Jugend in der Großstadt. In: Bulletin v. 12. 10. 1960, zitiert nach Haensch, 1969, S. 109.
16 Elisabeth Noelle: Auskunft über die Parteien. Ergebnisse der Umfrage-Forschung in Deutschland. (Allensbacher Schriften 2). Allensbach 1955, S. 7.
17 ebd., S. 21
18 ebd., S. 22
19 Institut für Demoskopie Allensbach: Eine Generation später. Bundesrepublik Deutschland 1953–1979. Eine Allensbacher Langzeitstudie. Allensbach 1981. Tabelle 77.
20 Vgl. Jahrbuch der öffentlichen Meinung 1957. Hrsg. von Elisabeth Noelle und Erich Peter Neumann. Allensbach 1957, S. 192 ff.
21 Nach Bremme, a.a.O., S. 79.

Unten: Tausende von Besetzerkindern waren in der Nachkriegszeit geboren worden. Vor allem die Neger-Mischlinge, diese »putzigen kleinen Geschöpfe«, erfreuten sich in den Illustrierten und Adoptionslisten Anfang der 50er Jahre einer zweischneidigen Beliebtheit.

**Die Schwestern sind richtig verliebt** *in die kleinen, oft so drolligen Wesen. Im Frankfurter städtischen Kinderheim nimmt jede Schwester nachmittags drei von ihnen an die Hand und geht mit ihnen spazieren. Nur im Winter muß der Spaziergang manchmal ausfallen: wie ihre Väter leiden die Negerkinder sehr unter der Kälte. Um so wohler fühlen sie sich im Sommer: ihre hellbraune Haut wird dann pechschwarz. Im Heim haben sie nichts zu leiden, aber bei ihren Spaziergängen scheinen sie schon schlechte Erfahrungen gemacht zu haben. Sie sehen sehr mißtrauisch auf den Mann mit der Kamera. Von den 250 000 Besatzungskindern in Deutschland leben etwa 100 000 in Heimen, darunter die meisten von den Kindern farbiger Soldaten. Als einzigen Grund für die Abgabe der Kinder in das Heim gaben die Mütter häufig an, daß sie ihrem Vater zu ähnlich sähen. Eine andere Lösung der „Rassenfrage" fand eine Frau aus Bernreuth (Oberpfalz). Sie verkaufte ihr dreijähriges Kind für zehn Mark an einen durchreisenden Zirkus. Glücklicherweise konnte die Polizei diesen Handel rückgängig machen.*

**Schwarz und weiß** — *noch spielen die beiden zusammen und sind gute Freunde. Das Heim, in dem sie leben, macht keine Unterschiede zwischen den Hautfarben. Warum sollte das später im Leben anders sein? Daß in der schwarzen Haut auch eine schwarze Seele steckt, wird niemand ernstlich glauben — die Kinder am wenigsten, wenn es ihnen nicht von „vernünftigen" Erwachsenen eingeredet wird. Ob sich die farbigen Besatzungskinder in unsere Gesellschaft einfügen, wird nur davon abhängen, wie wir uns zu ihnen einstellen.*

Aus: Quick, 11/1950

Die Kehrseite des Wirtschaftswunders: Nissenhütten, Wellblechbehausungen, Behelfswohnungen

# Wohnungsnot

## Auf der Tagesordnung: ZWANGSRÄUMUNG

### *Rücksichtslos auf die Straße gesetzt*

Original-Schlagzeilen aus den 50er Jahren

# Birgit Trockel

# Mütter, zur Sonne, zur Freiheit?

## Das Deutsche Müttergenesungswerk

Elly Heuss-Knapp

Mütter in einem Heim des Genesungswerks

Über das Deutsche Müttergenesungswerk zu schreiben, bedeutet, ein Phänomen zu beleuchten, das immer in Krisenzeiten an Aktualität gewinnt: Die Müttererholung. Die Reproduktionsarbeit der Frauen wird mehr denn je zur Existenznotwendigkeit, dabei jedoch nicht einfacher. Den völlig erschöpften, oft kranken Frauen, besonders aber den Müttern, eine Phase der Regeneration außerhalb der Familie zu ermöglichen, ist und war immer mehr als bloße Mildtätigkeit.[1]

Die Idee der Müttergenesungsfürsorge wurde nach dem ersten Weltkrieg geboren. Damals machten sich Wissenschaftler ebenso wie Politiker Sorgen um den schlechten Gesundheitszustand von Frauen und Müttern. Alle sahen sie darin eine Gefährdung der Familie, war doch die Frau die Hüterin dieser Keimzelle des Staates. Mütterkuren waren daher nie allein auf das Wohl der Betroffenen gerichtet, sondern von Anfang an auch familien- beziehungsweise bevölkerungspolitischen Zielsetzungen unterworfen.

Diese verborgenen Möglichkeiten erkannten auch die Nationalsozialisten. Sie gründeten das »Hilfswerk Mutter und Kind«, das die bis dato konfessionell betriebene Fürsorge ersetzen sollte und tatsächlich weitgehend verdrängte. Mit der Auflösung der nationalsozialistischen Einrichtungen stand die Müttergenesungsfürsorge nach 1945 daher nahezu vor einem Neubeginn, und das in einer Zeit materieller Not, die wohl die nach 1918 noch übertraf. Es gab über eine Million Kriegerwitwen mit minderjährigen Kindern, viele Ehemänner blieben noch jahrelang in Kriegsgefangenschaft, Erwerbslosigkeit und Geldsorgen, täglicher Kampf um das Allernotwendigste bestimmten den Alltag der Frauen. Die Erziehung und Versorgung der Kinder hatte nebenbei zu geschehen. Dieser Misere konnten auch die Kirchen nur äußerst ungenügend begegnen. Ihre finanziellen und personellen Mittel waren begrenzt, und staatliche Hilfe bei der Müttergenesungsfürsorge (so der offizielle Sprachgebrauch) war nicht in Sicht.

Dies waren die Umstände, unter denen sich die Leiterin des Bayrischen Mütterdienstes, Antonie Nopitsch, für einen unkonventionellen Weg auf ihrer Suche nach Unterstützung entschied. Nicht von den Männern der Parteien versprach sie sich Hilfe, sondern von einer engagierten Frau, der Ehefrau des Bundespräsidenten. Der Vorstoß war erfolgreich: Unter der Schirmherrschaft von Elly Heuss-Knapp sammelten sich in kurzer Zeit von Caritas bis Arbeiterwohlfahrt sämtliche Trägergruppen[2] zu einer überkonfessionellen, überregionalen Organisation, der Elly-Heuss-Knapp-Stiftung »Deutsches Müttergenesungswerk«.[3] Die Gründung hatte eine große Öffentlichkeitswirksamkeit, aber sie löste kaum die finanziellen Probleme. Das Stiftungsvermögen von 20000 DM, von dem nur die Zinsen angetastet werden durften, war nur ein Tropfen auf den heißen Stein. Spenden und Sammlungen waren unumgänglich und wurden in großem Stil durchgeführt. Wer erinnert sich nicht an die jährlichen Muttertagssammlungen! Bei ihnen kamen für diese Zeit ganz erstaunliche Summen zusammen: 1950 waren es schon 2,5 Millionen DM, ein Betrag, der in den folgenden Jahren noch gesteigert werden konnte.[4]

Doch sollte es nicht bei der Mildtätigkeit der Bevölkerung und der Trägergruppen bleiben. Das Müttergenesungswerk hatte sich zum Ziel gesetzt, den Anspruch auf Mütterkuren auch in der Sozialgesetzgebung und in den Richtlinien der Versicherungsträger zu verankern. Noch im Gründungsjahr 1950 stellten die Allgemeinen Ortskrankenkassen die ersten Mittel zur Verfügung, und zwar für Kuren, die als Ersatz einer Krankenhauspflege oder zur Krankheitsverhütung verordnet wurden. Auch die Träger der öffentlichen Fürsorge sagten finanzielle Unterstützung zu, da »die Wiederherstellung der Fähigkeit, die Hausarbeiten für die Familie zu erledigen« der »Wiederherstellung der Arbeitsfähigkeit« gleichgesetzt wurde und somit als förderungswürdig galt.

Mit diesen Geldern waren die Mütterkuren fürs erste finanziell abgesichert. 1950 konnten bereits 26000 Mütter in die 42 bestehenden Heime »verschickt« werden; 1961 waren es schon 88000 Mütter.

Diese Zahlen können jedoch nicht darüber hinwegtäuschen, daß oft gerade die Frauen, die eine Kur besonders dringend benötigten, nicht in diesen Genuß kamen. Frauen mit Kindern unter 14 Jahren, Mütter von vier und mehr

Kindern und Bäuerinnen, sie alle sind in den Statistiken des Müttergenesungswerks unterrepräsentiert. Der Grund lag darin, daß gerade sie in ihren Familien kaum abkömmlich waren. Wer aus Verwandtschaft oder Nachbarschaft hätte ihre Arbeit übernehmen sollen? Für bezahlte Hauspflegekräfte waren bei den Kurträgern keine Gelder vorgesehen – ein Problem, das nie zufriedenstellend gelöst werden konnte.

Was hatten nun diejenigen Frauen zu erwarten, die allen Widrigkeiten und Formalitäten zum Trotz in Müttererholung fahren konnten?

Aus den Richtlinien des Müttergenesungswerks geht hervor, daß ein Heim durchschnittlich 25–30 Betten, verteilt auf 2–3-Bett-Zimmer haben sollte. Hell und gut zu lüften sollten die Räume sein, Aufenthaltsräume und Gartenanlagen den Bewohnerinnen zur Verfügung stehen. In den ersten Jahren, die unter dem Motto »Linderung der Kriegsfolgen« standen, konnte bei einem Tagessatz von DM 3,50 Therapie nur in Form von Ruhe, Spaziergängen und ausreichender Ernährung versucht werden.

*»Wer damals aus Flüchtlingslagern und Baracken, aus Dachkammern und Kellern, aus zweckentfremdeten Ställen und Waschküchen, in denen Menschen hausten, Mütter mit Kindern, wer damals in ein solches Heim kam, hatte das Gefühl: Dies ist eine Oase in der Wüste von Trümmern. Dies ist eine andere Welt. Hier gibt es noch Freundlichkeit und Fröhlichkeit, Wärme und Licht, ein weißbezogenes Bett und einen gedeckten Tisch, an dem man sich endlich einmal richtig satt essen kann.«* [5]

Mit Wiederaufbau und Wirtschaftswunder wandelten sich auch die Mütterkuren. Heilkuren zum Beispiel für Rheumakranke und Magenkranke, mit entsprechenden therapeutischen Maßnahmen setzten sich gegenüber reinen Erholungskuren durch, Heilbäder, Massagen, Heilgymnastik und anderes mehr wurden zu festen Bestandteilen der Müttererholung. Entsprechend den Bedürfnissen wurden schließlich Ende der 50er Jahre zunehmend Sonderkuren für berufstätige Mütter, Mütter behinderter Kinder und für werdende Mütter angeboten.

Damit gingen diese Kuren über den Aspekt der körperlichen Fürsorge hinaus. Das Besondere an ihnen war die Zusammenfassung in gesellschaftlichen Gruppen, der Kontakt der Mütter untereinander: ein nicht unerheblicher Beitrag zur Genesung.

Sozialpädagogisch ausgebildetes Personal und Priester waren immer mit von der Partie. Mit ihnen konnten (und sollten) die Frauen über Erziehungsfragen, Eheprobleme, Haushaltsführung und ihre täglichen Sorgen reden.

Vorträge über Haushaltsführung zum Beispiel sollten darauf abzielen, die Doppelbelastung von Ehe und Beruf besser zu verkraften, in Eheberatungsgesprächen wurde auf die Erhaltung der Ehe gedrungen, die Frau zum Verstehen ihres Ehemannes in allen Lebenslagen aufgefordert.

Die katholische Kirche wirkte im Rahmen ihrer Müttergenesungsarbeit ganz klar gegen Empfängnisverhütung. Von den Frauen wurde verlangt, selbst in schwierigsten Situationen Kinder zu gebären.

Mit diesem moralischen Rüstzeug wurden die Mütter nach durchschnittlich drei Wochen Erholung zurück in ihren sattsam bekannten Alltag entlassen. Verändert hatte sich in dieser Zeit »draußen« nichts – die Mütter hatten ihre Kräfte erneuert, sie konnten wieder arbeiten.

## Elly Heuss-Knapp:

*14. 2. 50*
*Ich mache eine Aktion für die Mütter. Bisher tun nämlich alle etwas für die Kinder. Aber die Mütter können einfach nicht mehr. Schon daß die Schaufenster voll sind, ist für diejenigen, die kein Geld haben, viel schwerer zu ertragen als die Zeiten, in denen alle aus den alten Vorhängen neue Kinderkleider nähten.*

*Wir haben das Deutsche Müttergenesungswerk gegründet, evangelisch, katholisch, sozialistisch, Rotes Kreuz – alle, die Mütterheime haben –, vereinigt bei mir in Godesberg. Es läuft gut an.*

*14. 8. 51*
*Über Politik schreibe ich lieber nichts. Es ist ja nicht viel Erfreuliches zu melden. Mein Müttergenesungswerk entwickelt sich ausgezeichnet. Nächstens werde ich Madame François-Poncet mitnehmen und ihr eines der Heime zeigen...*

*Kürzlich war der Leiter des gesamten Krankenkassenwesens hier und fragte mich, wie es eigentlich komme, daß bei uns die Mütter sich in drei Wochen besser erholen als in den Krankenhäusern in sechs Wochen. Ich sagte, das käme von der Verwöhnung. Wenn sich zum Beispiel ein Mensch, wie eine unserer Leiterinnen, jeden Tag je eine Stunde Zeit nimmt für jede bettlägerige Frau, so daß sie sich einmal alles vom Herzen reden kann, und wenn diese nach dem Baden wieder ins Bett gelegt und dort gefüttert werden, das sind Dinge, die diese Frauen zum Teil nie im Leben erfahren haben und die ihnen ungeheuren Eindruck machen. Wir haben ja oft über die Hälfte dieser Frauen, die kein eigenes Bett zu Hause besitzen. Jetzt geben wir uns die größte Mühe, sie wenigstens mit dem Nötigsten noch auszustatten, wenn sie heimkommen. Der netteste Beweis, wie gut ihnen die Erholungszeit tat, ist der, daß eine ganze Reihe von Müttern, die selber einmal dort waren, dieses Jahr am Muttertag für das Müttergenesungswerk gesammelt haben, treppauf, treppab. Sie haben mehr eingenommen als irgendwer sonst. Ich habe dieses Jahr zu Weihnachten jedem Heim achtzig Bücher als Grundstock zu einer Bibliothek geschenkt und auch damit große Freude ausgelöst.*

Aus: Elly Heuss-Knapp, Bürgerin zweier Welten. Ein Leben in Briefen und Aufzeichnungen, Tübingen 1961

*Anmerkungen*

1 1956 gaben z. B. von 46000 befragten Müttern über 8000 Erkrankungen an, allen voran körperliche und nervöse Erschöpfung sowie Herz-Kreislauf-Erkrankungen.
2 Träger waren: die Katholische Arbeitsgemeinschaft für Müttererholung (Caritas), die Evangelische Arbeitsgemeinschaft für Müttergenesungssorge (Innere Mission), die Arbeiterwohlfahrt, das Deutsche Rote Kreuz, der Deutsche Paritätische Wohlfahrtsverband.
3 Das »Deutsche Müttergenesungswerk« wurde am 31. 1. 1950 gegründet.
4 1962 wurden noch 25 % der Kosten durch die jährlichen Muttertagssammlungen bestritten.
5 Aus: Zwanzig Jahre Müttergenesungswerk, Zeitschrift für Sozialhilfe, Heft 6, 7/1970.

# Angela Delille / Andrea Grohn

## Es ist verboten...

## Empfängnisverhütung und Abtreibung

»Polizeiverordnung über Verfahren, Mittel und Gegenstände zur Unterbrechung und Verhütung von Schwangerschaften. ...

§ 1: Es ist verboten, die nachstehenden Mittel und Gegenstände einzuführen, anzukündigen, anzupreisen, zum Verkauf vorrätig zu halten, zu verkaufen, abzugeben oder sonstwie in den Verkehr zu bringen:

1. Mutterrohre..., sofern sie nicht einen Durchmesser von mindestens 12 Millimeter besitzen...,

2. Intrauterinpessare jeder Art...,

3. Stoffe und Zubereitungen in Form von Fertigwaren, die zur Einführung in die Scheide bestimmt und zur Verhütung der Schwangerschaft geeignet sind. ...

§ 2: Die in § 1 bezeichneten Mittel oder Gegenstände dürfen weder durch Ärzte noch durch andere Personen bei Frauen eingesetzt, eingelegt, eingeführt oder in einer anderen ihrer Bestimmung entsprechenden Weise gehandhabt werden. ...

Berlin, den 21. Januar 1941.

Der Reichsminister des Inneren, i. V. H. Himmler.«[1]

Dieses Gesetz galt in einigen Bundesländern noch bis Anfang der 60er Jahre. Ein Arzt schreibt: »Über die verschiedenen Wege kann ich als Arzt Auskunft geben. Allerdings darf ich nicht uneingeschränkt Rat und Hilfe erteilen. Nur wenige Menschen wissen, daß im Bundesgebiet die Herstellung, der Verkauf und der Gebrauch empfängnisverhütender Mittel ganz oder noch teilweise verboten ist.« Empfängnisverhütung stand auch nicht auf den Lehrplänen für Medizinstudenten an den Universitäten.

Zwei Frauen, die in den 50er Jahren ungewollt schwanger wurden, erzählen:

*»Verhütungsmittel gab es doch nicht. Als mein Mann arbeitslos war, 1948/50 hat er versucht, mit allem möglichen zu handeln, mit Schuhcreme und unter anderem auch mit Pessaren. Da hatte ich eines davon. Mein Arzt hat gesagt, wenn ich mich darauf verlasse, dann bin ich alle paar Wochen dran. Das war genauso viel wie gar nichts. Sonst hatte man ja keine Verhütungsmittel. Wenn es nach uns beiden gegangen wäre, wäre es bei zwei Kindern geblieben. Das zweite Kind sollte eigentlich auch noch nicht so schnell nach dem ersten geboren werden, aber nun war's eben passiert.«*

*»...ja, die anderen Umstände, ich war dann nämlich schwanger, und eine Abtreibung wäre für mich überhaupt nicht in Frage gekommen. Und was sollte man machen, es*

*gab die Pille nicht. Das einzige Verhütungsmittel, was es gab, waren Präservative, andere kannte ich jedenfalls nicht, gab es auch nicht. Ich merkte dann im Spätherbst 1953, daß ich schwanger war. Was machte man? Man heiratete. Wir mußten das dann meinen Schwiegereltern sagen. Meine Schwiegermutter war sehr böse, daß das passieren mußte – einer Krankenschwester hätte ich ja nun zugetraut, daß sie weiß, was sie tun muß.«* [2]

Die neu gegründeten Eheberatungszentren fühlten sich nicht berufen, Frauen bei der Vermeidung von Schwangerschaften zu helfen. Sie hatten meist kirchliche Träger, die Empfängnisverhütung ganz oder zumindest eingeschränkt ablehnten. Die katholische Kirche behauptete von sich, in der Zurückweisung mechanischer Methoden der Empfängnisregelung »dem Menschengeschlecht einen der größten Dienste« erwiesen zu haben. In seiner Enzyklika Mater et Magistra schreibt Papst Johannes XXIII.: »Selbstverständlich dürfen nicht Wege eingeschlagen werden, die nicht nur der gottgewollten Sittenordnung zuwiderlaufen, sondern die menschliche Fortpflanzung selbst ihrer Würde entkleiden.«

Die evangelische Kirche akzeptierte Empfängnisverhütung nur, um den zeitlichen Abstand zwischen den einzelnen Geburten zu regeln, jedoch sollte sie nicht der Beschränkung der Kinderzahl dienen. [3]

Vor diesem Hintergrund entstand eine Gruppe »Für bewußte Elternschaft«, die sich für die Verbreitung von Verhütungsmitteln einsetzte. «Jede normale Frau will auch Kinder, wenn sie heiratet, aber sie soll entscheiden, wann und in welcher zeitlichen Abfolge sie diese möchte.«[4]

So Annemarie Durand Wever, ein Gründungsmitglied der sich später Pro Familia nennenden Organisation. Dieses Ziel konnte für die 50er Jahre sogar noch als fortschrittlich angesehen werden, denn die Beraterinnen mußten sich vehement gegen Vorwürfe und Anschuldigungen wehren.

*»Gerade bei den Ledigen haben wir häufig Gelegenheit, aufklärend erzieherisch zu wirken. Es ist erschütternd, zu erleben, wie unwissend die Mädchen von heute diesen Dingen gegenüberstehen und sich gar nicht bewußt sind, was sie sich vergeben, indem sie unüberlegt voreheliche Beziehungen aufnehmen. Sie müssen wieder lernen, daß ihr erster und eigentlicher Beruf der der Mutter ist, daß der Inhalt eines gesunden Familienlebens immer die Zeugung und Aufzucht von Kindern sein muß.«* [5]

Obwohl die Pro Familia von Anbeginn ihrer Arbeit an unter einem ungeheuren Rechtfertigungszwang stand, wird deutlich, daß es nicht vorrangig um eine von Angst vor drohender Schwangerschaft befreite Sexualität ging, sondern um die Eindämmung hoher Abtreibungszahlen bzw. der schweren gesundheitlichen Schäden bei selbst vorgenommenen Eingriffen. Nach Annemarie Wever wußte angeblich jede Frau um die Methoden zur Verhütung von Schwangerschaften, aber diese hielt sie für unzuverlässig, störend und gesundheitsschädlich.

Der *Coitus Interruptus* war wohl der am weitesten verbreitete Versuch, Sexualität und Fortpflanzung zu trennen, bei dem aber mit Sicherheit auch die meisten Kinder gezeugt wurden. Das »Aufpassen« oblag den Männern, die sich aber in den seltensten Fällen des Problems einer ungewollten Schwangerschaft bewußt waren. In einem Lehrbuch zur Sexualerziehung steht: »Die Mehrzahl der jungen Mädchen in Katastrophensituationen begannen ihren Be-

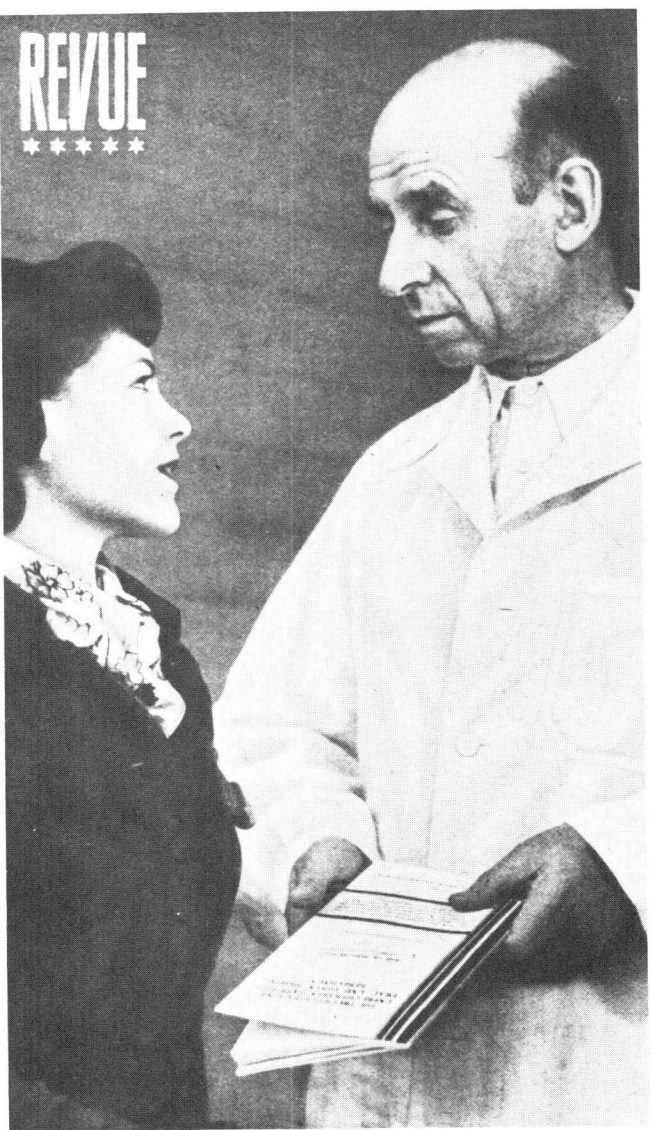

# Ich möchte ein Kind Herr Professor Knaus!

richt etwa mit den Worten: »Ich dachte, er würde sich schon vorsehen, außerdem hat er mir gesagt, ich brauchte keine Sorge zu haben.«[6]

Zwei Ärzte avancierten in den 50er Jahren zu den Erfindern einer neuen »natürlichen« empfängnisverhütenden Methode. Unabhängig voneinander hatten der Japaner Ogino und der Österreicher Knaus, die beide seit den 30er Jahren in der Frauenheilkunde ihre Forschungen betrieben, ein Rechenexempel aufgestellt, das ebenso kompliziert wie unsicher war. Ausgehend von einem regelmäßigen Zyklus der Frau berechneten sie den Zeitraum der »Empfängnisbereitschaft«. Diese *Knaus-Ogino-Methode* empfehlen Ärzte heute Ehepaaren, die Schwierigkeiten haben, sich ihren Wunsch nach einem Kind zu erfüllen. Dr. Knaus meinte damals, durch seine Methode seien alle »widernatürlichen und hygienisch verwerflichen« Mittel zur Geburtenregelung überflüssig geworden.[7]

123

So blieb der Gebrauch von mechanischen Mitteln weiterhin notwendig. Es gab *Präservative*, wiederum ein Mittel für den »aufgeklärten Herrn«, dessen Erwerb in Drogerien und Apotheken als eine ausgesprochene Peinlichkeit galt. Aber nicht nur das: Familienminister Würmeling setzte sich selbst dafür ein, daß das »Ärgernis« der Präservativautomaten, die auf manchen Herrentoiletten aufgestellt waren, wieder verschwinden sollte.

Die Präservative garantierten allerdings ebenfalls keine hundertprozentige Sicherheit, da das Material nur im »Frischezustand« einer Zerreißprobe standhielt. »Die Gefahr des Einreißens ist deshalb so hoch, weil durch die herabgesetzte Empfindlichkeit der Geschlechtsverkehr verlängert wird.[8] Spermatötende Gleitmittel mußten wegen des hohen Trockenheitsgrades des Gummis noch zusätzlich erworben werden, welche aber wiederum das Material angriffen und porös machten.

Weitere mechanische Mittel wurden, wenn überhaupt, nur über die ärztliche Praxis abgegeben. Dazu zählten *Muttermundkappen*, *Pessare* und *Diaphragmen*. Besonders fortschrittliche Mediziner paßten ihren Patientinnen wohl eine dieser Kappen an, ohne aber auf dabei nötige Zusatzmittel hinzuweisen. Die *spermatötenden chemischen Mittel* wurden als Fertigpräparate in Form von Tabletten, Kugeln, Zäpfchen, Pulver, Salben und Gelees in Apotheken vertrieben. Dafür waren auch eigens Einführstäbchen, Einspritzrohre und »Pulverbläser« entwickelt worden.[9]

Die erst später so genannte »Anti-Baby-Pille« war unter dem Namen »Verhütungstablette« bereits entwickelt, aber noch nicht auf dem Markt erhältlich.

## Abtreibung

In der direkten Nachkriegszeit wurde der Paragraph 218 des Strafgesetzbuches nur lasch gehandhabt, und in der darauffolgenden Zeit knüpften diverse Diskussionen in der Öffentlichkeit sogar an die Auseinandersetzungen der Sexualreformer der Weimarer Republik an. Aber zu Beginn der 50er Jahre gab es weder eine öffentlich geführte Diskussion, geschweige denn parlamentarische Initiativen zu einer gründlichen Reform bzw. Streichung des Abtreibungsgesetzes. Im Gegenteil.

In der Parlamentsdebatte über die Meldepflicht von Fehl- und Frühgeburten erklärte Dr. Maria Probst:

*»Es geht hier nicht um das sogenannte demokratische Selbstbestimmungsrecht der Frau auf den eigenen Körper. Es geht hier tatsächlich um Sein oder Nichtsein fremden Lebens... Die sittlichen Folgen seien hier nur gestreift. Nackter Materialismus, hemmungslose Sexualität, sterbender Eros, wachsende Verwahrlosung der Jugend, Zunahme der Geschlechtskrankheiten, Absinken der Bewertung der Frau sind ernstzunehmende Folgeerscheinungen. ...es ist eine Tatsache, daß die Kinderlosigkeit häufig den Impuls zur Arbeitsamkeit und zum Fleiß raubt.... Die auch nur teilweise Auflockerung des 218 wäre eine staatliche Freigabe des Mordes. Hier würde ein Weg eingeschlagen werden, dessen letzter Schritt zu einem neuen Auschwitz führen müßte.«*

Franziska Gröber übertrifft ihre Parteifreundin noch in der Härte der Formulierung.

*»...Frauen, die es fertig bringen, ein Leben zu töten unter ihrem Herzen, die bringen es auch fertig, ein Leben überhaupt zu töten. Dann kommt dazu die Erbfolge; von ihr hat*

*heute noch niemand gesprochen... Wenn... eine Mutter selbst schon zwei Kinder gemordet hat, glauben Sie, die nachfolgenden Kinder bringen keine Erbfolge mit sich? Wundern Sie sich, wenn wir wieder Konzentrationslager bekommen oder wenn aus solchen Familien mehr Mörder hervorgehen? Sie brauchen sich nicht darüber zu wundern!«* [10]

Abtreibung war vor allem zu Beginn der 50er Jahre trotz der rigorosen Anwendung des Paragraphen 218 ein Massenphänomen. Allein in der Britischen Zone sollen von 1947 bis 1953 mehr als eine Million Abtreibungen vorgenommen worden sein. Das bedeutet, daß in diesen vier Jahren bei circa 5 Millionen weiblicher Wohnbevölkerung zwischen 15 und 45 Jahren etwa jede 5. Frau eine Schwangerschaft künstlich unterbrochen hat.

Die Krankenkassen verzeichneten 1954 jährlich circa 10 000 Fälle, bei denen Frauen an den Folgen einer Abtreibung gestorben waren.

*»Das dritte Kind wollte ich nicht mehr, da ich davor gerade eine Fehlgeburt hatte und fast dabei draufgegangen wäre. Da hab' ich gesagt, jetzt treibst du nicht mehr ab. Da war es so schlimm, daß ich im Krankenhaus gelegen hab' und fast verblutet wäre. Da hatte ich da selber was dran gemacht und bin auch nicht gleich zum Arzt gegangen. Nachher hab' ich einen Blutsturz gekriegt. Dann lag ich im Krankenhaus und hab' gleich eine Blutübertragung gekriegt. Weil ich danach nicht mehr abtreiben wollte, wurde das dritte Kind dann geboren.«* [11]

Im Vokabular der 50er Jahre wurde zwischen einer Schwangerschaftsunterbrechung und einer Abtreibung strikt unterschieden: Erstere war ein legaler Eingriff der Ärzte, der von mindestens einer Gutachterstelle genehmigt worden sein mußte. Wenn eine Schwangerschaft oder die Geburt eine ernsthafte Gefahr für das Leben oder die Gesundheit der Frau bedeuteten und die »Unterbrechung« der Schwangerschaft das einzige Mittel zur Verhinderung der Gefahr gewesen war, dann sahen die Gerichte den »Eingriff« als zulässig und straffrei an.

Allein bei einer Hamburger Gutachterstelle gingen 1950 2 469 Anträge auf Schwangerschaftsunterbrechung ein, und zwar wegen allgemeiner, durch die Notjahre verursachter Schwäche der Schwangeren, wegen Herz- und Kreislaufstörungen, seelischer Depressionen und verschiedener anderer Krankheiten.

Die Frau selbst hatte nicht darüber zu entscheiden, ob ihr Krankheitsgrad eine ausreichende Begründung für einen Abbruch ihrer Schwangerschaft darstellte. Dieses lag im Ermessen des behandelnden Arztes. Hatte eine Frau überhaupt einen Arzt gefunden, der ihr weiterhelfen wollte, mußte sie mit einem von ihm ausgestellten Attest bei der zuständigen Gesundheitsbehörde, d.h. dem Gesundheitsamt des Stadt- oder Landkreises, einen Antrag auf Schwangerschaftsunterbrechung stellen.

Dieser Antrag wurde von der Behörde überprüft und die Frau gegebenenfalls an verschiedene Fachärzte zur Untersuchung und Begutachtung überwiesen. Unter diesen Ärzten waren mindestens ein Spezialist für die angegebene Krankheit, ein weiterer Gynäkologe und ein Psychiater. Lagen die Gutachten vor, entschied die Gesundheitsbehörde über den Antrag. Bei einem ablehnenden Bescheid konnte die Frau noch die Überprüfung ihres Falles durch die Landesgesundheitsbehörde, die zusätzliche Untersuchungen anordnen konnte, erwirken. Gegen einen ablehn-

nenden Bescheid dieser Behörde gab es keine weitere Beschwerdemöglichkeit. Sollte einer Frau allerdings der Antrag genehmigt worden sein, mußte sie selber noch eine Frauenklinik bzw. einen Facharzt für Frauenheilkunde finden, die ihr halfen. Das Vorliegen einer Genehmigung verpflichtete noch keinen Arzt, den »Eingriff« auch vorzunehmen.

Auch damals existierte das noch heute bestehende »Nord-Süd-Gefälle«, das Frauen im katholischen Süden der Bundesrepublik diesen formalen Weg einer Schwangerschaft nicht gerade erleichterte.

Die legale Abtreibung, die für jede Frau eine Tortur war, war verständlicherweise ein nur sehr selten beschrittener Weg. Eine legale Abtreibung konnte man in der Schweiz für etwa 1000 DM durchführen lassen, wobei über die Hälfte dieser Summe für die Erlangung der Atteste von drei Ärzten verbraucht wurde. In Deutschland dagegen lag der Preis für eine illegale Abtreibung bei 400 bis 700 DM. »Jede findet einen Arzt als Abtreiber, auch Professoren, nur der Preis ist verschieden...«[12] Da die Preise im Vergleich zum monatlichen Durchschnittseinkommen ausgesprochen hoch lagen, bleibt zu vermuten, daß der Anteil von »selbstdurchgeführten« Abtreibungen ebenfalls sehr hoch war. Dies verdeutlicht, daß Abtreibung auch in den 50er Jahren nicht primär ein moralisches Problem, sondern eher ein soziales war.

Die Adresse eines Arztes, Kurpfuschers oder Engelmachers, häufig auch einer ehemaligen Krankenschwester oder Hebamme, erfuhr man durch Flüsterpropaganda. Zuerst wurde eine Auswahl an Mitteln und Mixturen verabreicht, von Zuckerwasser über leicht zu beschaffende Sämereien bis zu Chinintabletten, die pro Stück circa 40 DM kosteten und von denen, so hieß es, mindestens drei notwendig waren. Der Erfolg war nicht garantiert. Die schmerzvollen Massagen, heißen Bäder, das schwere Tragen oder Heben, das Springen von Treppen oder Bäumen, das Einspritzen von Seifenlaugen oder Kochsalzlösungen bzw. die Einnahme harntreibender oder abführender Medikamente waren eine Qual für die schwangere Frau. Nützte alles nichts, erfolgte der »Blasenstich«, bei dem circa im sechsten Monat die Fruchtblase angestochen wurde und

der meist mit lebensbedrohlichen Blutungen, Entzündungen oder Blutvergiftungen einherging.

1959 gab es circa 5 400 Fälle, in denen Ärzte, Hebammen oder Engelmacher/innen zu mehrjährigen Haftstrafen verurteilt wurden. Die meisten Verurteilten waren Frauen.

In einem der wenigen Fälle, in denen ein Arzt angeklagt war, eine illegale Abtreibung vorgenommen zu haben, und zugab, »einer 19jährigen für ein Honorar von 400 DM geholfen zu haben, die Folgen einer Freundschaft mit einem US-Besatzer zu beseitigen«, kam es zu einem ungewöhnlich milden Urteilsspruch. Die drei Wochen Gefängnisstrafe wurden zur Bewährung ausgesetzt. Diese gegen Entgelt vorgenommene Abtreibung schien deswegen nicht allzu verwerflich, weil es »ein uneheliches Kind geworden (wäre), das mit einer gewissen Wahrscheinlichkeit ohne die schützende Liebe des Elternhauses aufgewachsen und eines Tages aufgrund der mangelnden Behütetheit durch Mutter und Vater menschlich oder gar kriminell abgeglitten wäre«.[13]

Dazu sei angemerkt, daß, wie der »Spiegel« schreibt, nur die Freundschaft zwischen Staatsanwaltschaft, Gerichtsvorsitzendem und Angeklagtem in diesem Fall zur damals noch unbekannten »sozialen Indikation« führte.

Anmerkungen

1 »Himmlersche Polizeiverordnung«
2 Interview-Auszug, unveröffentlichtes Manuskript von Angela Delille und Andrea Grohn, Berlin 1983.
3 vgl. Delille / Grohn: Blick zurück aufs Glück, Berlin 1984.
4 Constanze, Heft 3, 1958, S. 8.
5 Constanze, Heft 24, 1959, S. 2/3.
6 Thomas, U.: Sexualerziehung, Stuttgart 1969, S. 15.
7 Constanze, Heft 17, 1952, S. 10.
8 Bruck, Theodor: Geburtenregelung, Flensburg 1964, S. 79.
9 ebd., S. 95.
10 Stenographische Protokolle des Bundestages, Bd. II, Nr. 30, 1. Wahlperiode, S. 43/44 und S. 47.
11 Interview-Auszug a.a.O.
12 Bruck, a.a.O.
13 Der Spiegel, Heft 32, 1958, S. 23/24.

# Angela Delille / Andrea Grohn

# Komfort im Reich der Frau

So sieht die neue Küche aus:
ganz anders als die alten.
Wer hätte sie nicht gern im Haus,
um praktisch drin zu walten!

Geld freilich kostet so ein Ding,
bevor's bei ihnen stünde.
Daß Erika zu Boden ging,
hat aber andre Gründe.

».... Sie machen das gewissermaßen aus dem Handgelenk und lächeln. Denn: Selbst ist die Frau!«[1]

Hausfrau zu sein, hieß nicht nur einen Beruf auszuüben, sondern mehrere. Sie war Köchin, Putzfrau, Wäscherin, Kindergärtnerin etc. in einem. Als »Herz der Familie« mußte sie die harmonische Atmosphäre des Heims prägen. Doch Ruhe und Ausgeglichenheit konnte sie nur ausstrahlen, wenn sie selbst nicht »aufgezehrt« wurde von dem Übermaß ihrer täglichen Arbeit. So schickten sich in den 50er Jahren unzählige Ratgeber und Berater in Zeitschriften und Büchern für die moderne Frau an, den Hausfrauen bei dem reibungslosen Ablauf ihres Haushalts zu »helfen«. Trotz kontinuierlich steigender Frauenerwerbstätigkeit stellte niemand die alleinige Zuständigkeit der Frau für den Haushalt in Frage. Da Frauen beides schaffen mußten, bedurfte der Haushalt also der Rationalisierung.

Nach einem Constanze-Artikel verbrachte die Hausfrau mindestens ein Viertel ihrer Arbeitszeit mit der Reinigung ihrer Wohnung, so daß sie mit der Pflege einer Drei-Zimmerwohnung nach 25 Jahren sogar eine Stadt von der Größe Kassels geputzt hätte. Ein fleißiger Statistiker hatte zudem errechnet, daß eine Hausfrau bei einem vierköpfigen Haushalt bis zu ihrer Silberhochzeit einen Tellerberg abgewaschen hat, der zehnmal so hoch ist wie der Kölner Dom.[2]

Zur Hauptaufgabe einer Hausfrau gehörte die Sorge um die Ernährung der Familie. Auch nach den entbehrungsreichen Nachkriegsjahren hatten die Frauen Probleme, mit dem meist sehr geringen Haushaltsgeld so zu kochen, daß die Familie satt wurde. Am ehesten ließ sich am Essen sparen, obwohl die mittlerweile mit Waren vollgestellten Läden und Schaufenster ständig zum Kauf reizten. Üppige und aufwendig zubereitete Gerichte waren aber immer noch seltene Feste in den 50er Jahren.

Geldknappheit blieb zwar weiterhin der vorrangig bestimmende Faktor in der Haushaltsführung, doch sollten die Frauen trotz ihres geringen Haushaltsgeldes sich und ihre Familie immer mehr »gesund und abwechslungsreich« ernähren. Die Familienkost sollte frisch, leichtverdaulich und ernährungsphysiologisch wertvoll sein, Vitamine nach den damals neuesten Erkenntnissen der Ernährungsforschung ebenso berücksichtigt werden wie Kalorien.

Zu einer sparsamen Haushaltsführung gehörte das richtige Einkaufen ebenso wie die Vorratshaltung und eine gute und vorausschauende Planung. Es hatte sich in den deutschen Familien in den 50er Jahren durchgesetzt, den Frauen einen Teil des Familieneinkommens wöchentlich oder monatlich als Haushaltsgeld zu überlassen. Dafür verlangten viele Ehemänner aber die detaillierte Aufstellung sämtlicher Ausgaben in einem Haushaltsbuch.

Die Haushaltsratgeber enthielten vielfältige Ermahnungen und Belehrungen zu mehr Wirtschaftlichkeit, damit kleine Beträge für größere Anschaffungen zusammengespart werden konnten. Sie argumentierten mit den Verlockungen des Konsums, denen Frauen nur schwer widerstehen könnten und viel zu oft erlägen.

Vor dem »gefährlichen Anschreibenlassen« oder größeren Anschaffungen auf Raten wird ebenso gewarnt, wie vor dem Zugreifen bei billigen Sonderangeboten. Es mutet sehr sonderbar an, daß Frauen, die gewohnt waren, mit noch sehr viel weniger Geld und Mitteln auszukommen, als ihnen in den 50er Jahren zur Verfügung standen, solche eher naiv und albern erscheinenden Spartips angeboten wurden.

Gespart werden sollte vor allem deshalb, um die technischen Neuerungen der Elektrogeräteindustrie kaufen zu können. 1953 gab es in den 15,4 Millionen deutschen Haushaltungen bereits etwa 1,2 bis 1,4 Millionen Kühlschränke, davon wurden mehr als ein Drittel in demselben Jahr angeschafft. Auch die »große Wäsche« verlor ihren Schrecken. Unbestritten bleibt die Erleichterung durch eine Waschmaschine. Die heute üblichen Waschvollautomaten waren in den 50er Jahren jedoch noch äußerst selten, die handelsüblichen Waschmaschinen verlangten weiterhin das Einweichen der Wäsche am Vortag, mehrfaches Spülen, das Auswringen, doch ermöglichten sie den Frauen an den früher gefürchteten »Waschtagen« immerhin kleine Freizeiten.

Einfache, nur in Verbindung mit einem Kessel benutzbare Bottichmaschinen, die die Wäsche zwar bewegten, das Wasser aber nicht aufheizten, kosteten circa 400 DM. Halbautomaten mit eingebauter Heizung waren zwischen 500 und 1000 DM, die Vollautomaten für circa 2000 DM zu haben. Während 1953 in den Vereinigten Staaten schon 76,3 % der Haushalte eine Waschmaschine besaßen, waren es in der Bundesrepublik nur 3,5 %.

*»Elektrische Geräte sparen Kraft. Die heutigen Frauen sind nicht geschaffen, unentwegt körperlich schwere Arbeit zu leisten... elektrische Geräte ersparen aber auch Zeit, und dieser Faktor ist heute ebenfalls wichtig, denn Zeit für sich selbst und für die Familie ist nun einmal kostbar. An erster Stelle steht jedoch die Krafterpsarnis; die tägliche Hausarbeit ist ja schon recht anstrengend, und man kann sich schlecht vor ihr drücken. Ein Mittagessen kann einmal rasch improvisiert werden. Das tägliche Reinemachen dagegen, improvisiert ausgeführt, nützt gar nichts, sondern bereitet nur ein anstrengendes Scheuerfest vor.«* [3]

Da es zur täglichen Arbeit von Frauen gehörte, Möbel, Teppiche und Böden zu entstauben, wird die Anschaffung eines Staubsaugers empfohlen. Für die Mehrzahl der Haushaltungen war aber zu Beginn der 50er Jahre ein Staubsauger noch nicht so wichtig, da es, wenn überhaupt, nur einen Teppich im Wohnzimmer gab, und die heute übliche Auslegware sich erst in den 60er Jahren und 70er Jahren durchsetzte.

Die in den 50er Jahren noch üblichen Fußböden aus Linoleum, Kunstharz oder Asbestfasern wurden wegen ihrer angeblich langen Lebensdauer, Formbeständigkeit, Fußwärme, Wasserfestigkeit und dem Schutz gegen Fäulnis und Ungeziefer und natürlich wegen ihrer leichten Reinigung und Pflege empfohlen. Letzteres war »denkbar einfach«: »Alle zwei bis vier Wochen trägt man hauchdünn einen spezial Wachs auf«, ansonsten brauchte man »nur trocken über den Boden gehen, und freundlich und klar spiegeln sich die Farben.« [4] Diese modernen Fußböden brauchten nun auch nicht mehr auf Knien gebohnert werden, sondern »überzogen sich mit Glanz« durch die neuartigen Bohnermaschinen wie von selbst – zumindest seit es das neue »Seiblank Edelhartwachs Spezial« gab! – Diese Maschinen, die es auch als Kombination mit einem Staubsauger gab, waren überaus unhandlich, schwer und schlecht zu warten, teuer waren sie ohnehin (ein Gerät kostete durchschnittlich 300 DM). Dennoch galten sie als unverzichtbares Gerät im Putzarsenal, denn der »Glanz« in der Wohnung war »die strahlende Visitenkarte« hausfraulicher Reinlichkeit.

Hochglänzend hatten nicht nur die Fußböden zu sein,

Anschreiben lassen beim Lebensmittelhändler...

...Raten-Kredit-Vertrag bei größeren Anschaffungen

„Wo ist bloß mein Geld geblieben?" Renate Sch. ist Sekretärin und verdient 187.50 Mark im Monat. Sie muß mit jedem Pfennig rechnen. Als sie ihr Gehalt bekam, beschloß sie, es diesmal geschickt einzuteilen. Aber es kam anders. Die verschiedenen Verkaufstechniken kluger Geschäftsleute hatten sie überlistet...

Der Drang nach rechts — eine psychologisch erprobte Einkaufsmethode. Eine Gruppe amerikanischer Psychologen, Wissenschaftler und Verkaufstechniker führte eine mehrjährige Untersuchung über die Kaufgewohnheiten der Hausfrauen durch. Unser Reporter war beauftragt, festzustellen, ob die Ergebnisse auch für deutsche Hausfrauen zutreffen. Unter anderem stellte er fest, daß auch deutsche Frauen stets bei Einkaufen zuerst zu den Regalen gehen, die rechts stehen, und sich erst dann nach links wenden. Obwohl die Auslage der rechten Regale keineswegs besser war, griff Renate automatisch nach den Waren, die rechts lagen. Erfahrene Geschäftsleute kennen diesen Rechtsdrang und richten ihre Auslagen dementsprechend ein.

# Die *überlistete* Hausfrau

## Die „Verschwörung der Kaufleute", von QUICK-Reporter Helmut Laux psychologisch untersucht

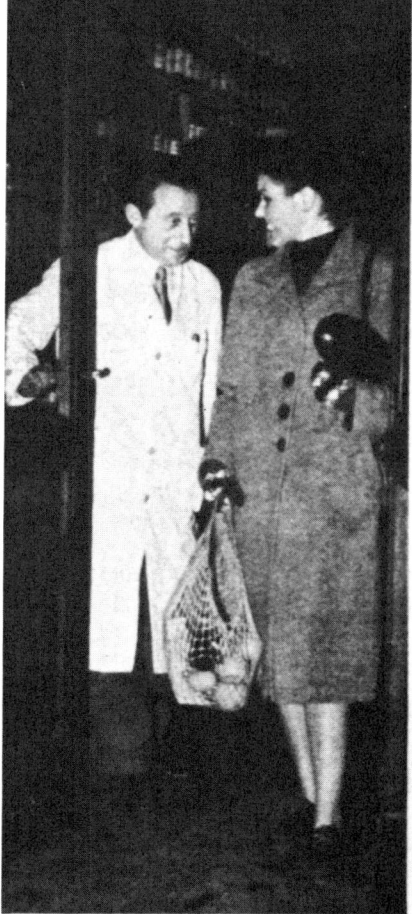

Ein liebenswürdiger Trick: Höflichkeit. Schon vor der Währungsreform war Herr Schulte seinen Kunden gegenüber sehr zuvorkommend, deshalb hielt Renate ihm auch danach die Treue. Er bedient sie, als ob sie seine beste Kundin wäre. Diese Höflichkeit verfehlt nicht ihre Wirkung. Renate hat mehr eingekauft, als sie beabsichtigte.

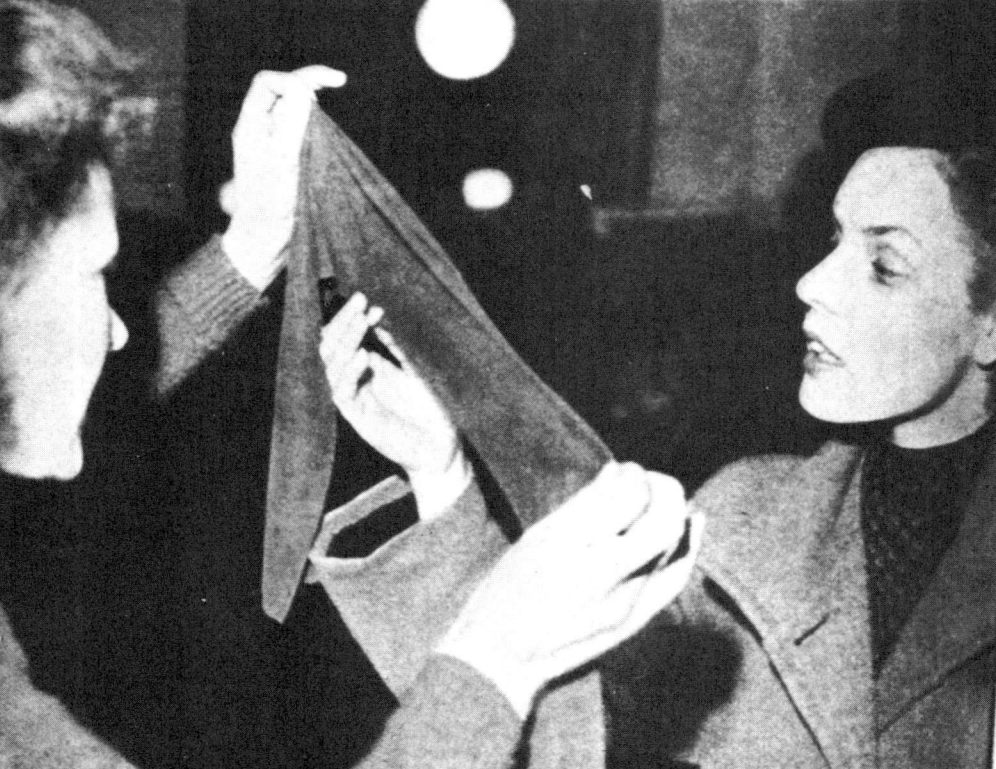

Rot und Blau lassen sich leichter verkaufen. Verkaufstechniker erklären, daß Farben beim Einkauf eine große Rolle spielen. Helles Rot und Blau in der Verpackung steigern den Umsatz, während das gewöhnliche Schwarz-Weißrot wenig zum Kaufen reizt.

Fehler, die anziehend wirken. Keine Hausfrau, ob Amerikanerin oder Europäerin, läßt sich einen „Gelegenheitskauf" entgehen. Die herabgesetzter Waren stauen nicht, und der herabgesetzte Preis erhöht den Kaufreiz. Auch Renate ließ sich zu dieser unvorsichtigen Waren verleiten. Etwa fehlerhafte Nylons verleiten sondern auch die wenigen neuen Kachelbäder und die Hochglanzmöbel. Die Frauen sorgten nicht nur für schlichte Sauberkeit, sondern polierten regelmäßig Fenster, Spiegel, Bilderrahmen, Tischplatte, Musiktruhen, das Besteck und die Gläser, die Blumen (Gummibaum!) und die Blumenetagere.

## Die rationalisierte Küche

Rationalisierung war nicht nur das Schlagwort fürs Putzen, sondern auch für die Küchenarbeit. In einer Werbeanzeige von 1954 (?) wird sogar behauptet, daß eine Hausfrau in einer »rationalisierten Küche« gegenüber einer Küche alten Stils 700 harte Arbeitsstunden jährlich spart.

Küchenforscher berechneten Arbeitshöhen und -wege, Schrankhöhen und -anordnung: je kürzer die Wege, desto weniger Arbeit, desto mehr Freude. Die moderne Küche von 6 qm war geboren. Diese Geburt war jedoch ohne Mitwirkung der Hausfrauen vonstatten gegangen.

Merkmale dieser modernen Küche waren genormte Möbel, funktional angeordnet, verschieden kombinierbar und mit technischen Neuerungen, pastellfarbenen Flächen aus getöntem Kunststoff und Schiebetüren versehen.

Die neue Devise lautete: »Küchenarbeit in der halben Zeit«. Die Küche wurde aufgewertet, indem ihr der Charakter einer Werkstatt verliehen wurde: die Küchenforschung beschäftigte sich mit der Optimierung der Arbeitswege – im Taylorschen Sinn –, wie mit der Rationalisierung der Arbeitsvorgänge. Wie eine Werkstatt so wurde auch die Küche mit immer mehr Geräten ausgestattet, immer mit einem Blick auf Amerika.

Während fortschrittliche Küchenkonzeptionen aus den 20er Jahren, wie beispielsweise die »Frankfurter Küche«, die Küche als Ort notwendiger Funktionen innerhalb der Wohnung auffaßten – das emanzipierte Menschenbild ging von berufstätigen gleichberechtigten Partnern aus, die gemeinsam außerhäuslich erwerbstätig waren und ebenso gemeinsam die notwendigsten hauswirtschaftlichen Arbeiten teilten –, war die Küche der 50er Jahre als Vollarbeitsplatz der Frau konzipiert. Sie war zwar nicht üppiger von der räumlichen Größe her, jedoch spiegelte die Ausstattung die völlig andere Auffassung von der Hausfrau in der Küche, an ihrem Arbeitsplatz wider.

Den »Küchengerätepark« konnte man auf großzügiger Teilzahlungsbasis erwerben; immerhin kostete eine »Boschküchenmaschine in der Grundausrüstung« zwischen 300 und 400 DM, ein »Bauknecht Kompressor Kühlschrank« von 500 bis 700 DM und ein Schleuderautomat über 300 DM. Bei einem monatlichen Durchschnittseinkommen von etwa 400 bis 500 DM erforderten solche Anschaffungen eine heute unvorstellbare Sparsamkeit der Hausfrau.

Die Teilzahlung, noch vor dem Zweiten Weltkrieg verpönt, konnte sich in fast jeder Familie durch den Mangel selbst am Allernotwendigsten durchsetzen. Die Bevölkerung machte Anschaffungen, die einen Siegeszug des Ratenkaufes bedeuteten: 1939 existierten nur 50 Kundenkredit-Gesellschaften, 1950 gab es erst 70 solcher Institute, 1955 jedoch schon 137. Selbst in namhaften Warenhäusern, in deren Glanzzeiten Kreditkäufe vormals als verwerflich abgelehnt worden waren, verkaufte man Waren auf Raten. Einer der größten deutschen Warenhauskonzerne mit seinen 22 Filialen hatte bei einem Umsatz von etwa einer halben Milliarde DM 1956 nur 27 bis 30 % Barkäufer. Der Ratenkauf war salonfähig geworden.

**Selber dran schuld:** auch konservierte Lebensmittel sind nicht u[n]begrenzt haltbar. Vor allem dann nicht, wenn man sie auch noch falsch lage[rt]

So macht man Lebensmittel haltbar

# Ein Kühlschrank müßte her!

Heiß und kalt kann einem bei so einer großen Auswahl an erstklassigen Kühlschränken werden: Alaska, Bauknecht, BBC, Bosch, Frigidaire und Saba. Welcher am besten in Ihren Haushalt paßt, verraten Ihnen die vielen kühlen Tips auf dieser Seite.
Foto: Ursula Rink

»Wir haben uns ja Anschaffungen gemacht. Als wir die Wohnung in G. kriegten, war die ja ganz leer. Da haben wir uns
das Schlafzimmer gekauft, das hat damals 800 DM gekostet.
Die haben wir monatlich abgezahlt. Die Miete war noch
nicht so hoch, 20 oder 25 DM. Na ja, da kamen wir mit dem
Geld mit allem drum und dran so hin. Zuerst hatten wir vom
Hauswirt hier in G. Gartenmöbel für die Küche bekommen,
weil wir ja auch keine Einrichtung hatten. Ich hatte einen
Küchenschrank und den Küchenherd. Das hatte ich mir
schon vorher nebenbei gekauft. Vorher hatten wir keinen
Stuhl und keinen Tisch und kein gar nichts, da hat uns dann
der Hauswirt die Gartensachen gegeben. Im Frühjahr mußten wir aber die Sachen für den Garten wieder abgeben. Da
mußten wir zu dem Möbel-Schulze und uns ein paar Stühle
und den Tisch dazu kaufen. Im Wohnzimmer hatten wir ja
auch noch nichts. Das blieb erst einmal leer. Eine ganze
Zeit; und als wir unser Schlafzimmer abgezahlt hatten, haben wir uns das Wohnzimmer gekauft...

Einen Schrank konnten wir nicht stellen. Da haben wir
uns erst einmal zwei Sessel, den runden Tisch und vier Stühle, Sofa gekauft, und da war unsere Bude voll. Ach ja, einen
Kachelofen haben wir uns noch gekauft. Ja, und dann hatten wir wieder Last damit, daß wir das abzahlen mußten.
Und ein Radio haben wir uns auch noch gekauft. Auf Ab-
zahlung...

Du mußtest verdammt gut rechnen, daß du noch hin-
kamst und noch leben konntest. In der ersten Zeit arbeitete
unser Vater noch bei der Sparkasse. Da gab es ja nur zweimal im Monat Geld, bei T. gab es ja alle acht Tage Geld. Da
hab ich mir immer nur 5 DM hingelegt. Also mehr durfte
nicht ausgegeben werden.«[5]

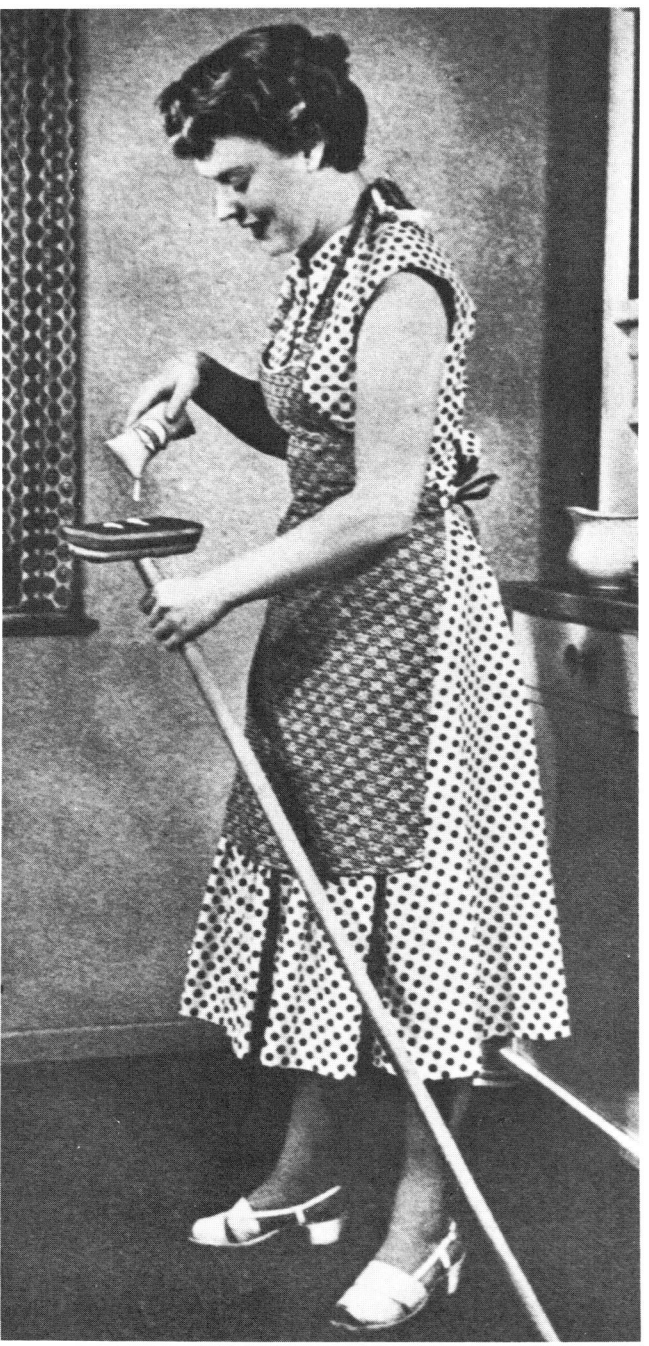

# Gleich hab' ich Zeit für Dich!

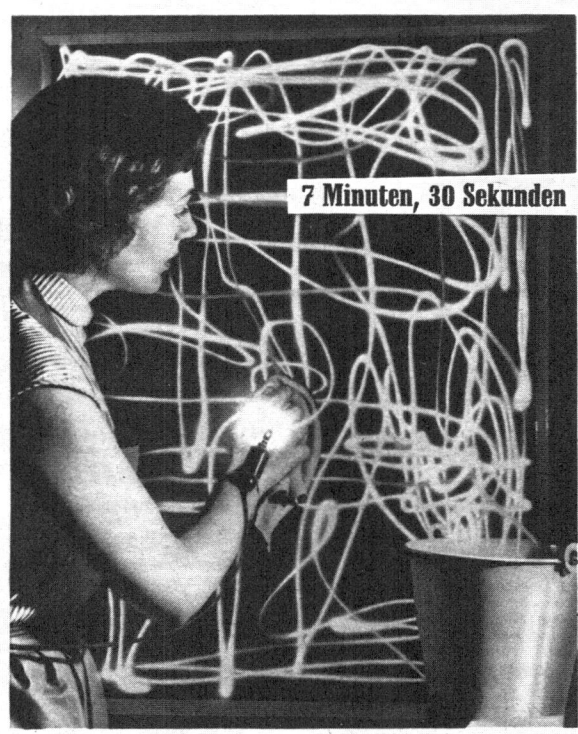

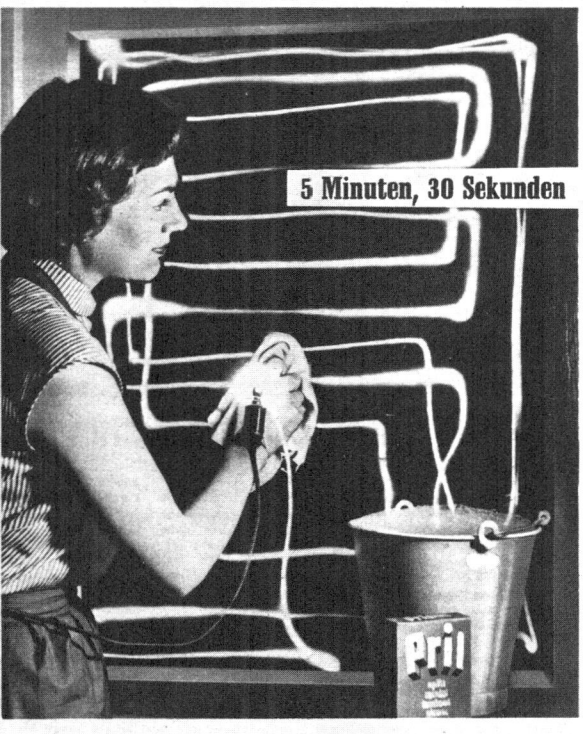

7 Minuten, 30 Sekunden

5 Minuten, 30 Sekunden

**Ohne Pril: umständlich und mühsam.**
So muß die Hand herumreiben und polieren. Dabei löst sich der Schmutz
nur schwerfällig nach mehrmaligem Eintauchen, Abwaschen, Auswringen und
Trockenreiben.

**Mit Pril: schnell und spielend leicht**
Mühelos — und in breiten, waagerechten Bahnen gewischt — hebt das mit Pril
‚entspannte Wasser' die anhaftende Schmutzschicht vom Fensterglas ab, schwemmt
alles im Nu weg und rinnt glatt ab, ohne Spuren zu hinterlassen.

## Das behagliche Heim

Die Menschen, die in den 50er Jahren ihre Wohnung einrichteten, dachten meist nicht darüber nach, welchen Stil sie eigentlich bevorzugen würden, wenn sie wählen könnten. Aber sie wußten genau, was sie nicht wollten: daß ihre Zimmer so aussahen, wie Luftschutzkeller oder Flüchtlingslager. Möbel, die nur das nackte Bedürfnis befriedigten, wollte die Mehrheit gewiß nicht. Deshalb kauften die meisten hochglanzpolierte Schränke und dickbauchige Epingle-Sofas, Wulst und Schwulst – Gelsenkirchner Barock also.

Wer Möbel brauchte, war froh, wenn er überhaupt welche bekam, nicht, ob der Geschmack stimmte, war das Problem, sondern ob das Geld reichte. Dabei sollten Frauen der »Möblierung« ihrer Wohnung schon die nötige Wichtigkeit verleihen. Die Hausfrau der 50er Jahre hatte Wohnkultur zu schaffen.

Dieses war vor allem die Meinung der Möbelindustrie und ihrer Designer. Vorbei sollte die Zeit sein, in der man froh und zufrieden sein konnte, wenn überhaupt einige Möbelstücke vorhanden waren bzw. überhaupt eine eigene Wohnung mit mehreren Räumen, die nach unterschiedlichen Funktionen eingerichtet werden konnten.

Zum Zentrum häuslicher Behaglichkeit, zum »Herz« des gemütlichen Heims wurde das Wohnzimmer. Um dieses herum gruppierten sich »Spezialräume«, die ganz bestimmten Sonderzwecken dienten: die Küche als Arbeitsplatz der Frau, das Badezimmer, die Toilette, die Räume für die Kinder, das Schlafzimmer und allenfalls noch ein Arbeitszimmer für den »Herrn des Hauses«. Das Wohnzimmer war nicht mehr die «gute Stube«, die alleine repräsentativen Zwecken diente, sondern das eigentliche Gemeinschaftszimmer der ganzen Familie. Hier hielt man sich in den freien Stunden auf, hier empfing man Besuch, hier saß man mit guten Freunden zusammen – wie ein Ratgeber der offenbar völlig unwissenden Frau die Funktion eines Wohnzimmers erklärt.

Nur, so wie wir uns heute das typische Wohnzimmer der 50er Jahre vorstellen, war es selten. Das Institut für Demoskopie Allensbach befragte 1954 (und in den beiden darauffolgenden Jahren) 1046 Hausfrauen über 18 Jahre, wie sie sich am liebsten einrichten würden. Nur 8 % (später 11 % und 13 %) entschieden sich für ein modern gestaltetes Zimmer mit geschwungener Bodenvase und Nierentisch,

während mehr als die Hälfte die »kalte Pracht der Möbelkonstruktion« vorzog.[6]

Die modernen Möbel waren hell und leicht, damit sie durch »optische Schwerelosigkeit die Wohnung weiten«.[7] Dies war gerade für Mieter im sozialen, aber beengten Wohnungsbau wichtig. Die Möbel waren »mobil«, d. h., daß die Frau sie ohne fremde Hilfe umräumen und so der Wohnung mühelos »ein neues Gesicht geben konnte«. Die »modernen Sitzmöbel«, Schalensessel oder Sitzkuhlen genannt, waren nach neuesten Erkenntnissen geformt. Die Rückenlehne war zur Unterstützung der Wirbelsäule nach hinten abgeschrägt. Die neue Sitzhöhe betrug nicht mehr 45 Zentimeter, sondern nur noch 40, denn »niedriges Sitzen« hieß »bequemer leben«. Die nach hinten abgeschrägten Sitzflächen verlagerten das Körpergewicht und ermöglichten so angeblich eine günstigere Sitzhaltung. Stahlrohrgestelle oder streichholzdünne, schräg gestellte Holz- oder Kunststoffbeine waren eine deutliche Absage an die soliden »Dackelbeine« der kurvenreichen konservativen »Dauerwellmöbel«.

Der Nierentisch wurde zum allgemein bekannten Symbol jener Zeit. Was den Nierentisch später zum Symbol des Kitsches machte, war nicht nur seine »organische«, dynamisch geschwungene Form, sondern auch die schrägen, staksigen Beine mit Messingschuhen und die Kunststoff- oder Mosaikplatten mit den geriffelten Blechzierleisten.

Vor allem die vielgepriesene »Variabilität« der moder-

nen Möbel überzeugte neue Käuferschichten: Die Tüten-lampen, deren Schirme an Spiralarmen biegbar waren, konnten für die unterschiedlichsten Beleuchtungszwecke benutzt werden. Es gab Nähmaschinen, die sich in zusammengeklapptem Zustand in einen Damenschreibtisch verwandelten und nichts von ihrer eigentlichen Bestimmung verrieten, oder Eßtische fürs Wohnzimmer, die ihr Dasein zusammengeklappt in einer Schranknische verbrachten, bis einmal Gäste eingeladen wurden, die nicht in die »altmodische Wohnküche« gebeten werden konnten. Die Klappcouch, tagsüber wichtiges Sitzmöbel und abends zum Bett wandelbar, fehlte in nahezu keiner Wohnung.

Weitere Zugeständnisse an moderne Produkte der Einrichtungsbranche wurden im Bereich des Designs bei der Auswahl von Gardinen, Tapeten, Teppichen, Auslegeware, Lampenschirmen sowie auch bei der Wahl des Geschirrs und der Haushaltsgegenstände gemacht. Die Muster nannte man abstrakt, entliehen von Künstlern wie Miró, Klee oder Picasso, so daß gleich alles, was irgendwie modern und schräg war, dem »Picassostil« zugeordnet wurde.

Auch bei den Kleinmöbeln wie den Zeitungsständern, Bücherständern, Radiotischchen, Servierwagen, Näh-boys, Blumenständern, Verwandlungstischchen oder Teewagen erlaubte man sich ein wenig Extravaganz. Diese der »Augenblicksmode« unterworfenen Nebensächlichkeiten gesellten sich zu den wulstigen Großmöbelstücken. Der Besuch saß nun vor den flachen Couchtischen, auf denen die Kleinobjekte des Hausrats standen: merkwürdig geformte, d.h. nicht mehr stapelbare Schalen und bauchige Vasen, stromlinienförmig gebogene Ständer für Salzgebäck und Schnapsgläser und Bowlenspießchen aus Kunststoff.

Denn neben den traditionellen familiären Zusammenkünften der näheren und weiteren Verwandtschaft wird Gesellschaft zu einer neuen Aufgabe der jungen Hausfrau der 50er Jahre. Wieder sind es die Ratgeber, die ihr eine hübsche Tischgestaltung empfehlen, wie man billig und doch raffiniert ein Abendessen zaubert, eine Cocktailparty oder einen Herrenabend vorbereitet.

Die Männer waren mit dem Wiederaufbau beschäftigt – die Frauen boten ihnen ein behagliches Heim mit Gummibäumen, blumenförmigem Geschirr, großgemusterten Teppichen und einem Hauch von Ferne, Kultur, Bildung und Kunst.

*»Was macht eine Frau zu einer umworbenen und geliebten Frau, zum Mittelpunkt eines eigenen kleinen Reiches?*
*Die Welt hat sich geändert, die Anforderungen an uns Frauen sind gewachsen. Daneben hat uns unsere Zeit Erleichterungen geschenkt, von denen unsere Mütter kaum zu träumen wagten. Für uns alle, ob verheiratet oder nicht, ob berufstätig oder ›nur‹ Hausfrau, gelten die gleichen Gesetze: Wir müssen in erster Linie Frauen bleiben, trotz modernem Tempo und vermehrter Pflichten. Das heißt, wir müssen lernen, unser Leben zu gestalten. Wir müssen lernen, mit unserer Zeit und unserem Geld sinnvoll umzugehen. Das gibt uns Raum für die schönen, so echt weiblichen Dinge des Lebens und die Möglichkeit, andere damit glücklich zu machen. Eine versorgte, abgehetzte oder ungepflegte Frau strahlt keine Anziehungskraft aus und schafft kein Heim. Die Frau von heute hat ein beträchtliches und meist sehr vielfältiges Aufgabengebiet zu meistern. Dieses Buch möchte ihr dabei helfen. Es zeigt neue Wege, Zeit und Geld vernünftig einzuteilen, die Hausarbeit mit einem Mindestmaß an Zeitaufwand zu erledigen, praktische Dinge selbst zu basteln und zu nähen, Wohnung und Möbel zu verschönern, Gäste zu bewirten, Mann und Kinder glücklich zu machen und bei all dem hübsch und gepflegt zu bleiben.*

*Sie werden sehen, es macht Ihnen Spaß. Ernten Sie fröhlich die Früchte Ihrer Mühen, lassen Sie sich bewundern, verehren, lieben. Aber gewähren Sie keinem Mann Einblick in Ihre Betriebsgeheimnisse, stöhnen Sie nie! Sie sind eine moderne Frau, Sie machen das gewissermaßen aus dem Handgelenk – und lächeln. Denn: Selbst ist die Frau!«* [8]

*Anmerkungen*

1 Selbst ist die Frau, hrsg. von Martha Maria Gehrke, München 1958, S. 11.
2 Constanze, Heft 9, 1952, S. 56/57.
3 Selbst ist die Frau..., S. 125.
4 Handbuch für die junge Frau, 1958, S. 11.
5 Interview-Auszug, unveröff. Manuskript von Angela Delille und Andrea Grohn
6 Der Spiegel, Heft 16, 1954, S. 11.
7 ebd., S. 36/37.
8 Scholl, Inge: Eine neue Gründerzeit und ihre Gebrauchskunst, in: Bestandsaufnahme, hrsg. von Hans Werner Richter, München 1962, S. 421–428.

## Claudia Ingenhoven / Magdalena Kemper

# Nur Kinder, Küche, Kirche?

## Der Frauenfunk in den fünfziger Jahren

Redaktionskonferenz beim Frauenfunk des SDR

*»Ich hatte doch ursprünglich auch mal zu sorgen für die Theaterredaktion. Das habe ich dann von mir aus einem Kollegen später übergeben – da sind Kollegen gekommen und haben gesagt: ›Bist du denn eine Beute des Wahnsinns, wie kannst du denn eine so schöne Arbeit wie Theaterredaktion, wie kannst du die abgeben und den blöden Frauenfunk behalten?‹«*

Das war Ende der fünfziger Jahre, als die Kollegen den Kopf schüttelten über Ann Herzog. Sie hat den Frauenfunk trotzdem behalten, bis zu ihrer Pensionierung 1977. Die Reaktion der männlichen Kollegen ist typisch geblieben. »Willst du nicht mal was anderes machen?«, werden auch wir heute gefragt.

Dabei hat der Frauenfunk in der 60jährigen deutschen Rundfunk-Geschichte einen angestammten Platz – ein sicherer Platz ist es nie geworden. Schon in den zwanziger Jahren strahlten einige Sender die »Frauenstunde« aus. Nett und unterhaltsam sollte sie sein, bescheiden und unauffällig. Kein Wunder, daß sich nach dem Krieg, als der Sendebetrieb in vollem Umfang wieder aufgenommen wurde, niemand um den Frauenfunk riß. Auch Sibylle Kroeber nicht. Sie wollte vor allem einen festen Arbeitsplatz, und weil ihr im Nordwestdeutschen Rundfunk, im NWDR, nichts anderes geboten wurde, mußte sie mit dem Frauenfunk vorlieb nehmen.

Der NWDR hatte sein Radioprogramm kurz nach dem Krieg gestartet, und zwar unter Aufsicht der britischen Alliierten. Das Programm wurde von den drei Stationen Köln, Hamburg und Berlin ausgestrahlt. Sibylle Kroeber war also für den Frauenfunk im NWDR Berlin verantwortlich, der dann später, 1954, in den Sender Freies Berlin überging.

Die Sendungen von Sibylle Kroeber orientierten sich am Alltag ihrer Hörerinnen. Vormittags zwischen 9 und 9.15 wurde z. B. erörtert, wie Frauen mit 150 Mark Haushaltsgeld im Monat auskommen oder wo sie Hilfe für ihr schwererziehbares Kind finden oder welche seelischen Ursachen Frauenkrankheiten haben können. Keine andere Redaktion kümmerte sich um Ernährungsfragen oder den Urlaubsflirt, um Wohnungsnöte von Alleinstehenden oder das Kind im ersten Lebensjahr. Aber gerade diese Sendungen stießen auf großes Interesse bei den Hörerinnen.

*»Im Grunde wurden die Sendungen nur beurteilt von den Hörern. Ich hab' nicht das Gefühl, daß sich da irgendwie sehr drum gekümmert wurde, was man für eine Linie hätte. Das war nicht so, solange die Alliierten das Sagen hatten in diesem Sender, denn solange die Alliierten noch da waren, da war also ein britischer Kontrolloffizier in jedem Sender des NWDR. Da gab es nur zwei Grundsätze, die man nicht verletzen durfte: Man durfte Gott nicht lästern und die Königin von England nicht beleidigen. Und das konnte man, wie ich fand, sehr leicht vermeiden. In dem Augenblick, wo die Alliierten ihre Verantwortung zurücknahmen für die Rundfunkstationen, die sie eingerichtet hatten, und das von den Deutschen übernommen wurde und damit ja der ganze Kram mit dem Parteienproporz begann, in dem Augenblick, da kriegten wir auch Schwierigkeiten wegen des Programms. Denn über die Berliner Sendungen zum Beispiel*

hatte sich schon öfter mal der Weihbischof aus Köln beschwert, wir waren dem viel zu keß. Und zum Beispiel hatte ich mich ziemlich engagiert in der Neugründung des Vereins zur Geburtenkontrolle. Das war etwas, was es auch vor den Nazis in Berlin sehr gut gegeben hatte. Ich selber bin übrigens, ich bin gar nicht dafür, aber ich werde eben jedes Menschenrecht verteidigen, sie in Anspruch zu nehmen. Ich hab' also denen Sendezeit gegeben und hab' mich dafür eingesetzt, und da kamen natürlich gleich Beschwerden: das gehe nicht, das dürfe man nicht. Und es gab alle möglichen Themen, 'ne Lesbensendung habe ich mal gemacht, das war auch nicht recht.«

»Ich wollte gern noch einen anderen Punnkt ansprechen: Ihr Image im Haus damals. Was hatte der Frauenfunk und was hatten Sie als Frauenfunkredakteurin für einen Stand, für einen Status?«

»Das weiß ich nicht. Ich weiß nur, also die Kollegen hatten immer einen dollen Ehrgeiz, nicht. Und als irgendwann mal die Rede davon war, daß ich ich weiß nicht was auch nur stellvertretend übernehmen sollte – hu, da haben die also ganz schön gemeutert, die Männer. Und ich war so mit meinen Sendungen beschäftigt, man konnte mich, glaube ich, nicht irgendwie zu Fall bringen, ich war zu arglos und zu – ich hatte keine Angriffsfläche, ich machte ja nur meine Sendungen. Und daß die ein Eigengewicht bekamen und gehört wurden – ein Teil, weiß ich genau, hat sich gefreut darüber und war kollegial und sagte mir manchmal ein nettes Wort. Mein Image im Haus wird gewesen sein – wenn einer Sorgen hatte, dann kam er –, ja, dann kamen sie. Also eine verläßliche Person. Ich glaube, die haben mich ja nicht so ernst genommen. ›Ach, die Sibylle‹, haben sie gesagt, ›da hat sie ja wieder so'ne lustige Sendung gemacht‹ oder so.«

Eine Sendung hat Sibylle Kroeber allerdings viel Anerkennung eingebracht: »Das Familiengericht«. Im Familiengericht wurden Konflikte aufgegriffen, die von Hörern an den Frauenfunk herangetragen worden waren. Zum Beispiel: »Familie beim Camping« oder »Zwei alte Schwestern«. Schauspieler sprachen diese Streitigkeiten nach, jeder aus der Sicht eines beteiligten Familienmitglieds. Unter Vorsitz von Sibille Kroeber kam am Schluß der Sendung ein wirklicher Familienrichter mit seinen zwei Beisitzern zu einem förmlichen Urteil.

Einmal im Monat lief diese Sendung, und sie war so erfolgreich, daß sie später vom Fernsehen in veränderter Form, als »Ehen vor Gericht«, wieder aufgegriffen wurde.

Unterstützt wurde Sibylle Kroeber in ihrer Arbeit von Lore Ditzen, die heute als Kulturredakteurin im SFB arbeitet.

»Das, woran ich mich erinnere, war, daß wir sehr praktisch waren, und zwar im weitesten Sinne. Ich fang' mal an damit, daß wir immer eine Sendung hatten, die regelmäßig mit Kochen zu tun hatte, wobei das nie eine reine Rezept-Sendung war, sondern Rezepte enthielt, den Umgang mit Essen und Eßkultur und möglichst auch noch ein Stück Geschichte. Es gab eine Sendefolge über eine längere Zeit mit einer Frau, die hieß Sibylle Schall, die eine wunderbare Meisterköchin war und auch ein feuilletonistisches Talent hatte und auch Bücher schrieb. Und von der ich zum Beispiel gelernt habe und heute auch gerne weitergebe, daß man Spinat, das hat sich inzwischen herumgesprochen, daß man Spinat nicht zerhackt, sondern in ganzen Blättern im Topf nur etwas müde werden läßt. Das heißt, das war ganz anschaulich und sinnlich. Man konnte es beim Zuhören eigentlich nachvollziehen und mitschmecken. Es gab natürlich auch Sendungen, die sich mit Politik befaßt haben, nicht in dem Maß wie heute. Ich weiß aber, daß wir eine Korrespondentin in Bonn hatten, die uns Berichte aus Bonn geschickt hatte, da aber meistens auch wiederum zu Fragen, die innerhalb der Politik Frauen betrafen. Ich meine doch, das ist meine Erinnerung, daß wir über frauenspezifische Fragen auch in der Politik nicht hinausgegangen sind.«

Eines der wenigen auffindbaren Tondokumente des Frauenfunks der fünfziger Jahre ist eine Sendung zum 70. Geburtstag von Luise Schröder. Lore Ditzen und Sibylle Kroeber waren 1957 zu ihr ins Sanatorium gefahren und hatten sie, die erste Berliner Bürgermeisterin, nach dem Ereignis gefragt, das sie am meisten bewegt hat.

Ansonsten ist von den vielen Sendungen, die der Frauenfunk damals gemacht hat, allein jeden Morgen eine 10-Minuten-Sendung, beinahe nichts erhalten. Im staubigen SFB-Archiv finden sich Hunderte von Tonbändern der Theaterredaktion oder der politischen Redaktionen, aber nur eine Handvoll von Frauenfunkbeiträgen. Das zeigt zum einen, wie wenig die Sendungen des Frauenfunks im eigenen Haus gewürdigt wurden. Es zeigt aber auch, wie zurückhaltend die Redakteurinnen selbst ihre Arbeit bewertet haben. Wenn die Sendungen einige Jahre alt waren, erschienen sie den Redakteurinnen als überholt. Heute finden wir nur noch ihren handschriftlichen Vermerk auf den Unterlagen: »Darf gelöscht werden.«

Die politische Berichterstattung des Frauenfunks be-

Dr. Marie Elisabeth Lüders  Dr. Louise Schröder

schränkte sich auf frauenspezifische Fragen und auf Porträts der wenigen prominenten Frauen, wie z. B. Luise Schröder oder Elli Heuss-Knapp. Allgemeinpolitische Fragen habe sie anderen Redaktionen überlassen, erzählte uns Lore Ditzen. Ärger gab es trotzdem, immer dann, wenn im Frauenfunk zwischenmenschliche Konflikte aufgegriffen wurden, wenn Themen behandelt wurden, die als Tabu galten. Wer glaubt, der Frauenfunk hätte sich in den fünfziger Jahren nur zwischen Küche und Krampfadern bewegt, liegt falsch.

*»Wir haben den Frauenfunk als Menschenfunk verstanden und im weitesten Sinne als Familienfunk, und wir haben dazu auch einen Konflikt bestehen müssen, weil es also ein bestimmtes Verständnis von Frauenfunk gab, zumindest bei einigen leitenden Herren des Programms – ich sage Herren des Programms, weil Damen des Programms, leitende Damen des Programms hat's nicht gegeben. Der Konflikt war, daß der damalige Programmdirektor Alfred Braun, der ja selber ein hervorragender Rundfunkjournalist war und eigentlich ein Mitschöpfer des Rundfunks, die Vorstellung hatte, Frauenfunk ist so was, was auf eine liebe und unanstrengende Weise das Gemüt betrifft. Also so nach dem Motto ›Seid nett zueinander‹. Nun finde ich es ganz wichtig, nett zueinander zu sein, das finde ich in der Tat wichtig, nur wird das natürlich nicht der Gesamtheit der Probleme gerecht, mit denen Menschen umzugehen haben. Zu den Problemen, mit denen Menschen, Frauen umzugehen haben und auch damals schon hatten – und damals fing es gerade an, daß man öffentlich darüber sprach, daß man's wahrnahm – gehörten Fragen der Schwangerschaft zum Beispiel und des Schwangerschaftsabbruchs, was man gar nicht hätte aussprechen dürfen, wohl aber in aufklärenden Sendungen in Gesprächen mit Ärzten. Und zu so einer aufklärenden Sendung gehörte zum Beispiel, daß da mal das Wort ›Eisprung‹ oder ›Follikelsprung‹ fiel. Da ist den Herren das Frühstück aus dem Mund gefallen.«*

*»Gab es Bereiche, bei denen der Frauenfunk sicher sein konnte oder sich ausrechnen konnte, daß das möglicherweise zu Konflikten führen würde?«*

*»Ich weiß nicht, ob man sagen könnte, ganze Bereiche. Aber sicher gab es Themen, Scheidung war ein Thema, zu dem wir wohl Sendungen gemacht haben, aber an sich war Scheidung nichts, was man machen konnte und was man fördern sollte, indem man als eine positive Entscheidung – eine mögliche positive Entscheidung, eine Scheidung ist immer etwas Trauriges, finde ich – darüber sprach.«*

*»Gab es denn Themen, die für Sie selbst Tabuthemen waren, die Sie damals nicht aufgegriffen haben?«*

*»Ich selber habe, als ich dann noch ein paar Jahre lang den Frauenfunk weitergemacht habe, glaube ich, nicht Sendungen über Sexualität gemacht, nee, das wäre für mich auch ein Tabu gewesen, darüber öffentlich zu reden. Darüber hab' ich kaum mit meinen Freundinnen geredet, überhaupt nicht.«*

Ende der fünfziger Jahre hatten sich die Zeiten geändert. Der Frauenfunk wurde als unmodernes Überbleibsel einer vergangenen Rundfunkepoche abgetan. Vom »Kästchen Frauenfunk« war da die Rede, das es schleunigst abzuschaffen galt, um der wirklichen Gleichberechtigung – wie es hieß – nicht mehr im Wege zu stehen.

Sibylle Kroeber heiratete 1958 und verließ den Frauenfunk. Das war, so berichtet Ann Herzog, damals noch freie Mitarbeiterin, für den neuen Intendanten Walter Gerdes ein willkommener Anlaß:

*»Da hatte der nichts Eiligeres zu tun als zu sagen, ›Na wunderbar, dann machen wir diesen Frauenfunk zu, den in Bremen habe ich gerade erst zugemacht, was brauchen wir den im Zeitalter der Gleichberechtigung – wir haben ja auch keinen Männerfunk, was soll das – der wird einkassiert, der wird zugemacht.‹ Der machte das aber aus Überzeugung, ich möchte sagen, durchwachsener sozialdemokratischer Überzeugung, ›das ist im Zeitalter der Gleichberechtigung Unsinn‹, nicht aus Bösartigkeit gegenüber den Frauen. Und da bin ich erst mal zu ihm hin und habe ihm erklärt, daß er das nicht machen könnte, weil Berlin eben eine Stadt sei, die daran gewöhnt sei und einen großen Frauenüberschuß hätte, und man könnte nicht einfach ein solch altgewohntes Ressort, was es schon vor dem Krieg gegeben hätte, könnte man nicht einfach zumachen. Und wenn er das in Bremen gekonnt hätte, da hätte ihn vielleicht keiner daran gehindert und ihm vielleicht keiner das erklärt, aber ich täte das hiermit. Und da hat der gesagt: ›Na ja, Sie können natürlich viel erklären, das ist Ihre Meinung, meine Meinung ist anders.‹ Da habe ich gesagt: ›Ich laß' keine Ruhe, ich such' jetzt Unterlagen zusammen, und ich werde mich wieder bei Ihnen melden.‹ Und das habe ich dann auch getan nach ein paar Wochen. Da habe ich ihm Unterlagen mitgebracht: Bevölkerungsstatistik und Frauenüberschuß und Frauenorganisationen, die es gab, und was ich überhaupt zusammenkratzen konnte. Und da hat der gesagt, gut, das guckt er sich an und dann hör' ich wieder von ihm. Und dann hörte ich nichts, und dann habe ich wieder angerufen und bin zum dritten Mal zu ihm hingezogen, und da hat er gesagt, ja, er hat sich das angeguckt, das hätte ja auch einiges für sich und so, und dann plötzlich guckt er hoch und sagt: ›Wollnsen haben?‹. Da sage ich: ›Wen will ich haben?‹ Ich wußte ja nicht, wen er mit ›wollnsen haben‹ meinte, nicht. Also, er meinte den Frauenfunk, und da habe ich gesagt, na ja sicher, ehe Sie ihn zumachen, stundenlang, natürlich, sofort.«*

Die neuernannte Frauenfunk-Redakteurin konzentrierte sich auf einen Bereich, der ihr schon vorher am Herzen gelegen hatte: die Pädagogik. In ihrer Zehn-Minuten-»Sendung für die Frau«, die viermal pro Woche frühmorgens ausgestrahlt wurde, nahmen Informationen und Ratschläge zur Kindererziehung breiten Raum ein. »Dazu bist du noch zu klein«, hieß eine Sendung, die sich mit mütterlicher Ungeduld beschäftigte. Eine andere, »Das Wesen zwischen Kind und Frau«, hatte das Verhältnis der Eltern zur heranwachsenden Tochter zum Thema. Da wurde die elterliche Autorität in Frage gestellt und über die Überforderung der Kinder debattiert, da wurden medizinische Ratschläge gegeben und neueste pädagogische Untersuchungen vorgestellt.

In einer Zeit, als gute Erziehungsratgeber noch aus Vorkriegsjahren stammten, war dies ein fortschrittlicher Ansatz und ein emanzipatorischer dazu, wenn beispielsweise in der Sendereihe »Väter haben das Wort« ganz bewußt die Väter in die Pflicht genommen wurden. Die pädagogischen Fragestellungen von damals waren ähnlich wie heute, nur die Form der Darstellung ist für unsere Ohren ungewohnt. Vor allem in Spielszenen, in Glossen und Kurzhörspielen wurden die Sorgen geplagter Eltern auf die Schippe genommen.

Wahre Pionierarbeit leistete der Frauenfunk 1959 mit der Peter-Pelikan-Aktion. Die Idee kam aus Amerika und war so einfach wie bestechend: nämlich, junge Eltern von der Geburt ihres ersten Kindes an bis zu seinem 7. Lebensjahr mit pädagogischen Informationen und Ratschläge zu

Ann Herzog mit Schauspielern des Berliner Schloßparktheaters 1952

begleiten. »Peter Pelikans Brevier für junge Eltern« wurde 1960 zweimal pro Woche ausgestrahlt. Die Manuskripte dieser Sendung wurden als Peter-Pelikan-Briefe vom Arbeitskreis Neue Erziehung kostenlos an alle Berliner Eltern verschickt.

Die Peter-Pelikan-Aktion und das Bemühen um eine angemessene frühkindliche Erziehung waren damals das Herzstück des Frauenfunks.

*»Und zwar war das ja dringend nötig, um die Familienautorität in natürlichere Verhältnisse zu bringen, denn die war doch bei uns sehr dominierend, nicht, daß der Vater eben das Sagen hatte. Insofern hat das vielleicht dazu beigetragen, die Frauen ein bißchen aus der patriarchalischen Atmosphäre herauszuholen, nicht. Nicht nur die Kinder. Das hat eine Menge gebracht in der Hinsicht. Im ersten Jahr haben wir dann ein großes Fest gemacht am Funkturm im Freien im Sommer. Da waren dann die Babies anderthalb Jahre alt, also 1960, das waren ungefähr 900 Babies. Die stolzen Väter, das hätten Sie sehen müssen, wie die so alle über den Hammarskjöld-Platz rauschten, meistens schoben die Väter die Kinderwagen.«*

Die Peter-Pelikan-Sendungen gibt es lange nicht mehr, die Elternbriefe verschickt der Arbeitskreis Neue Erziehung noch heute.

Als wir diese Informationen über die Aufbaujahre des Frauenfunks zusammengetragen hatten, waren wir erstaunt und beschämt. Erstaunt, weil wir davon ausgegangen waren, daß die Journalistinnen damals den Erwartungen ihrer männlichen Vorgesetzten größtenteils entsprochen hatten. Wir haben das Selbstbewußtsein der Redakteurinnen unterschätzt, ihren verhaltenen Feminismus und ihre pragmatische Verbundenheit mit den Interessen der Hörerinnen. Die Sendungen seien anfangs vor allem von denen beurteilt worden, die sie hörten, nicht von Vorgesetzen oder gar Politikern, sagte uns Sibylle Kroeber. Das ist heute kaum noch vorstellbar. Beschämt mußten wir feststellen, daß vieles, von dem wir meinten, wir hätten es eingeführt, viel früher schon von den Kolleginnen erdacht und gesendet wurde.

Manchmal waren wir auch ein bißchen stolz – stolz in einer Redaktion zu arbeiten, in der schon vor 40 Jahren die Interessen von Frauen maßgeblich waren.

# Ulla Grum

# „Sie leben froher — Sie leben besser mit Constanze"

## Eine Frauenzeitschrift im Wandel des Jahrzehnts

Die erstaunliche Vielfalt der Presselandschft nach Gründung der Bundesrepublik, die auch im Bereich der Frauenzeitschriften auffällt, resultiert aus der Pressepolitik der westlichen Besatzungsmächte. Zunächst erhalten nur politisch unbelastete Personen eine Lizenz zur Herausgabe eines Presseorgans. Als ab April 1947 Eigentümer von Druckereien den Druck von Akzidenzen (Formulare, Prospekte, Anzeigen) aufnehmen dürfen, begründen einige Verlage (z. B. Burda) ihre ökonomische Stabilität. Sie veröffentlichen Publikationen jenseits des Journalismus (Schnittmuster, Strickanleitungen). Mit Verabschiedung des Grundgesetzes ist die Lizenzpflicht aufgehoben. Die Folge ist eine Flut von Zeitungsgründungen jeglicher Art. Es entsteht ein »Pressewald«, der sich zunehmend unter Konkurrenzdruck setzt.

Die Frauenzeitschriften jener Jahre sprechen ihre Zielgruppe mit unterschiedlichen Themenschwerpunkten an. Neben den »Freizeitzeitschriften«[1] »Constanze« (gegründet 1948) und »Brigitte« (1957) befriedigt die Gesellschaftszeitschrift »Elegante Welt« (seit 1914) die gehobenen An-

sprüche. Das von Frauen bevorzugte Thema Film greifen die Blätter »Freundin/Filmrevue« und »Film und Frau« auf. Überwiegend Unterhaltungscharakter haben Organe wie »Frau im Spiegel« (1945).

Nach einer Statistik aus dem Jahre 1956[2]
- liegt die höchste Auflage bei »*Schwabe – der neue Schnitt*« (praktische Anleitungen für Hausschneiderei und Handarbeiten) = 645 000 Ex.
- hat die zweitgrößte Auflage das katholische, seit 1909 erscheinende Monatsblatt »*Frau und Mutter*«
  = 581 933 Ex.
- steht erst an dritter Stelle die populäre »*Constanze*«
  = 576 903 Ex.
- erzielen Blätter mit Magazin-Charakter durchschnittliche Auflagen wie »*Frau im Spiegel*« = 154 290 Ex. und »*Stimme der Frau*« = 134 184 Ex.
- weisen Titel niedrige Auflagen auf, die sich an eine bestimmte Zielgruppe richten, wie die »*Elegante Welt*«
  = 50 000 Ex.

## »Constanze. Zeitschrift für die Frau – und für jedermann«

Schon bald nach ihrer Gründung signalisiert »Constanze« der kaum zur Bundesbürgerin gewordenen Leserin die Aufforderung zur Flucht in eine heile Welt und zum Konsum. Sie erscheint ab März 1948 vierzehntägig, kostet zunächst 60 Pfennige, später 70 Pfennige.

Eine starke optische Veränderung bewirken im Laufe der Jahre die Farbseiten, die das triste Braun-Weiß der Anfangszeit immer mehr verdrängen. Der Heftumfang nimmt ständig zu, die Werbeflächen werden immer größer und die redaktionellen Beiträge immer aufwendiger.

Ihrem Untertitel der Anfangszeit: »Zeitschrift für die Frau – und für jedermann« folgend, bringt »Constanze« in den ersten Jahren einen großen Anteil an »Kuriositäten aus aller Welt«, Fotogeschichten, Tiergeschichten und Schicksalsberichten. Mit der immer umfangreicher werdenden Hilfestellung des Blattes bei der Gestaltung des »wiederaufgebauten« Heimes und der Organisation des Glücks darin, verschwindet dieser Magazinanteil nahezu.

Großes Gewicht wird stets auf die Beratung der Leserin in allen Lebenslagen gelegt. Ebenso konstant ist der Anteil der Berichterstattung über Prominenz aus sämtlichen Bereichen der Unterhaltungsbranche. »Constanze« trifft mit ihrem Konzept von Themenvielfalt in Unterhaltung und Beratung, verbunden mit einem niedrigen Preis, den Geschmack ihrer Zielgruppe »junge Mittelstandsfrau«.

Am äußeren Bild des Blattes ist deutlich die Entwicklung von der anfänglichen Mangelzeit zur Wirtschaftswundergesellschaft abzulesen. Die bescheidenen braun-weißen Titel der ersten beiden Jahre kündigen den »sensationellen« Heftumfang von 40 oder gar 56 Seiten an. Dagegen werben die knallbunten cover des Jahres 1959 mit Preisausschreibungen oder Spezialthemen. Ein Blick auf die Inhaltsverzeichnisse bestätigt diesen Eindruck. Die ersten Hefte kommen noch ohne Inhaltsangaben aus. Bald darauf ist immerhin schon jeweils eine Position für Mode, Kosmetik, Kochen und dergleichen zu verzeichnen. Am Ende der Dekade haben sich sämtliche Rubriken mehrfach spezialisiert und locken Heft für Heft mit einem breitgefächerten Angebot.

### »Ein Schritt vor, zwei Schritt zurück«

In den ersten Jahren legt die Redaktion noch relativ viel Gewicht auf gesellschaftlich relevante Themen. Sie sind immer im ersten Teil des Blattes plaziert. Parallel zum ökonomischen Aufschwung in der Republik werden diese – von Anfang an nicht sehr zahlreichen – Artikel konservativer und weniger fordernd. Später müssen sie den inzwischen höher bewerteten Mode- und Schönheitsthemen vollends Platz machen.

Diese konservative Entwicklung sieht Petra Lund, Autorin eines Kommentars zum Thema »Freie Liebe«, bereits 1949 voraus. Im Januar stellt sie die Ergebnisse einer Umfrage von ISMA (Institut für statistische Markt- und Meinungsforschung) in Zusammenarbeit mit »Constanze« vor. Die Frage lautete: »Würden in Ihren Augen junge Frauen, die keine Hoffnung auf Heirat haben, an Ansehen verlieren, wenn sie ein sogenanntes Liebesverhältnis eingingen?« Vor allem Frauen hatten sich positiv zur Freien Liebe geäußert, nur 29 % von ihnen sagten »Nein« dazu und 10 % hatten keine Meinung. Dies Ergebnis nimmt Petra Lund zum Anlaß, auf die Schlechterstellung der Frau im

gesamten deutschen Recht hinzuweisen. Sie ruft die Frauen auf, eine »Ehereform von Grund auf« zu verfechten, und im Schlußsatz ihres Kommentars prognostiziert sie: »Die Millionen Menschen aber, die den Gedanken der Freien Liebe heute bejahen, würden vielleicht morgen die glühendsten Verfechter der Ehe sein, wenn diese Ehe sich aufbaut auf geordneten wirtschaftlichen Verhältnissen und einer gesunden Moral, die dem Empfinden der großen Mehrheit unseres Volkes entspricht.«

Zu dieser Zeit setzt sich »Constanze« auch mit dem zur Diskussion stehenden Gleichberechtigungsgebot: »Männer und Frauen sind gleichberechtigt« auseinander. Sie beschränkt sich dabei auf einen kleinen, aber wesentlichen Aspekt: Sie wertet das Verhalten der sage und schreibe *vier* (!) im Parlamentarischen Rat vertretenen Frauen. Für den Satz stimmen nur die beiden Vertreterinnen der SPD. Die beiden Frauen, die sich dagegen aussprechen, gehören der CDU/CSU und dem Zentrum an. »Constanze« verurteilt »mit tiefer Sorge« deren Ablehnung des Gleichberechtigungssatzes.

Ein Forum bietet »Constanze« dem populären Lebensberater der fünfziger Jahre, Walther von Hollander. Er bezieht häufig zur Lage der Frau Stellung. So kritisiert er 1949 in seiner Kolumne »Die alleinstehende Frau von vierzig Jahren« die Praktiken der Behörden, die Frauen ohne Ehemänner bei der Wohnungsvergabe benachteiligen. Das Zusammenleben von Frauen werde nicht dem von Ehepaaren gleichgestellt, Frauen mit Kindern wären in der gleich schlechten Lage, Frauen würden in ihrem Privatleben bevormundet, stellt von Hollander fest und bedauert, daß die Frauen sich nicht wehren, sondern nur schweigen und ihre Ruhe haben wollten.

»Constanze« behält in den folgenden Jahren in einigen Beiträgen noch diese emanzipatorische Haltung bei. Anfang 1954 nimmt sie den Antrag der CDU, kein Gleichberechtigungsgesetz zu schaffen, sogar zum Anlaß, den Frauen ihre passive Haltung vorzuwerfen. In dem Artikel »Ein Schritt vor, zwei Schritt zurück« führt das Blatt aus, daß der Kampf um die Rechte der Frau »zur Groteske wird«, denn die Betroffenen »lassen sich willig führen – zurück in die Rechtlosigkeit«, weil sie als Masse überhaupt nicht auf den Antrag reagieren.

Einige Jahre später ist aus dem Bereich der gesellschaftspolitischen Themen diese Tendenz nahezu verschwunden. Den Artikeln fehlt jegliche Forderung nach Selbständigkeit für Frauen, sie sind moderat und auf Etablierung von Familie abgestimmt. Überhaupt finden im weitesten Sinne politische Themen immer seltener Eingang in das Heft, und wenn, dann überwiegt die Darstellung eines positiven Weltbildes. Vorrangig wird eine strahlende, saubere, geordnete Lebensperspektive suggeriert. Frauen werden zunehmend in ihrer Beziehung zu Mann, Kind und Haushalt dargestellt.

»Erst 15 – und schon Ehefrau« gibt »Constanze« 1957 zu bedenken und konstatiert 1959: »Mischehen werden nicht im Himmel geschlossen«. Gemeint sind evangelisch-katholische Ehen. In beiden Artikeln kommen »Experten« (Theologen, Ärzte usw.) zu Wort. Sie führen körperliche Unreife oder Differenzen in Glaubensangelegenheiten an. Einig sind alle in der Bejahung der Ehe als solche.

### »Ihr Beruf«

Der Komplex der außerhäuslichen Erwerbstätigkeit von Frauen ist in der »Constanze« ebenso unterrepräsentiert

wie die sozialpolitischen Themen. Zumeist beschränkt sich das Blatt auf »exotische« Beispiele, die deutlich außerhalb der gesellschaftlichen Norm stehen. Zu diesen Ausnahmeberufen von Frauen zählt »Constanze« eine peruanische Stierkämpferin, die Kapitänin eines Fischkutters und die sieben (!) Bürgermeisterinnen der Bundesrepublik (Stand 1954, dagegen 24 000 Bürgermeister). Gelegentlich werden Tätigkeiten berücksichtigt, die auch als Freizeitgestaltung interpretiert werden könnten. Unter der Fragestellung: »Müssen Malerinnen häßlich sein?« stellt »Constanze« sechs Malerinnen als lebende Gegenbeweise vor, die zudem noch Haushalt und Mutterpflichten spielend bewältigen.

Frauen ihrer Branche behandelt die Redaktion ebenfalls mit mangelndem Ernst. Sie stellt Reporterinnen von Tageszeitungen, die 1954 in einer Serie für »Constanze« berichten, vor, wobei an erster Stelle die Information über die Familie der Journalistinnen steht. Ein Blick ins Impressum bestätigt diesen Eindruck. Im Dezember 1956 weist es ganze drei Frauen, dagegen aber elf Männer im Redaktionsstab aus.

Erst im Jahre 1959 beginnt »Constanze« mit einem umfangreichen und relativ ernsthaft betriebenen Informationsdienst für weibliche Berufe. Die Rubrik »Ihr Beruf« ist eingebettet in den »Constanze-Leserdienst«, der diverse unterschiedliche Bereiche umfaßt. Es werden regelmäßig Leserinnenbriefe mit Anfragen aus dem Berufsfeld der Frauen beantwortet. Außerdem gibt es die Serie »Kleines Berufs-ABC«. Es handelt sich hierbei jeweils um einen kurzen Abriß von Berufsbild und Ausbildung. In erster Linie werden den Leserinnen die für Frauen konzipierten Hilfsberufe aber auch für sie außergewöhnliche oder in der Realität kaum erreichbare Berufe, wie z. B. Elektroassistentin oder Innenarchitektin, vorgestellt.

### »So behandelt man Männer«

Die ausführliche Behandlung der Beziehung zwischen den Geschlechtern, einseitig von der Frau auf den Mann hin ausgerichtet, dominiert in der »Constanze«. In der Regel dreht es sich um die beiden generellen Fragen: Wie bekommt man den richtigen Ehemann? und: Wie wird man eine perfekte Ehefrau? – um *ihn* dann halten zu können. Die beängstigende Vorstellung, es womöglich nicht zum Status einer Ehefrau zu bringen, weckt den Wunsch nach richtigen Verhaltensmustern. »Wie sind meine Heiratsaussichten« fragt »Constanze« für die Leserin und verpackt die Antwort – wie so oft – in einen der beliebten Tests.

Eine herausragende Eigenschaft der perfekten Ehefrau muß offenbar die Unterstützung des Mannes in seiner beruflichen Karriere gewesen sein. Sie ist sowohl für seine äußere Erscheinung als auch für seine seelische Ausgewogenheit zuständig. 1954 erklärt »Constanze« in dem Lebenskunst-Kursus »Ich helfe meinem Mann«: Wenn der Gatte sich bei Ihnen geborgen und glücklich fühlt, »dann haben Sie auch seine Aussichten verbessert, daß er Sie mit einem höheren Lebensstandard versehen kann.« An anderer Stelle wird der Ehefrau die Verantwortung für seine ordentliche Erscheinung zugewiesen: »Wie läßt die Frau nur ihren Mann herumlaufen«, rügt die Redaktion und gibt ihr Tips für sein gepflegtes Aussehen, bis hin zum Zurechtlegen der passenden Socken.

»So behandelt man Männer« verrät »Constanze« in einer ganzen Serie. Nicht nur auf den Gatten wirken ein geordneter Haushalt und eine freundliche Atmosphäre

# Benehmen

## Muß Liebe AMTLICH beglaubigt sein?

*Standesbeamter · Amtssiegel*

## Schön mit Constanze

*Und hier wieder Constanze-Simplicity-Schnitte:*

## Wir schneidern Kostüme

### Trost und Rat

positiv, auch sein Chef läßt sich davon beeindrucken. Das Resümee besteht aus Klischees: Der eigentliche Beruf der Frau ist der Mann. Männer dürfen nicht merken, daß ihre Frauen klüger sind.

### »In allen Lebenslagen Constanze fragen«

Charakter, Gewichtung und Umfang des »Leserdienstes« machen in den Fünfzigern analog zur wirtschaftlichen Entwicklung und zur Veränderung des moralischen Klimas eine starke Wandlung durch.

Zunächst dominieren in den Briefen der Leserinnen Konflikte als Folge der Kriegszeit. Einige Jahre später benötigt die Redaktion bereits zwei Rubriken für Briefe. »Vertraulich« veröffentlicht im Anfangsteil des Blattes Leserreaktionen, im mittleren Teil geht »Trost und Rat« auf Anfragen zu Lebensproblemen ein. Sie sind Zeugnisse der aufkommenden Prüderie. Einige Jahre später fällt der hohe Anteil an Benimm- und alltäglichen Verhaltensfragen auf. Gegen Ende der Dekade ist durch die Konsumwelle der Bewertung von Äußerlichkeiten ein Übergewicht zugefallen. »Trost und Rat« ist zur kleinen Unterabteilung im umfangreichen »Constanze-Leserdienst« geworden, der in erster Linie auf Anfragen in folgenden Rubriken antwortet: »Ihre Schönheit – Ihre Kleidung – Ihre Wohnung – Ihr Haushalt – Ihr Beruf – Ihr Liebelingstier« in eben dieser Reihenfolge.

### »Schön mit Constanze«

Infolge der Mangelzeit ist der Bereich »Mode und Schönheit« im Jahre 1949 noch sehr spärlich in der »Constanze« vertreten. Dies ändert sich im Laufe der folgenden zehn Jahre drastisch, Mode- und Kosmetikseiten nehmen später einen breiten Raum im vorderen Teil des Heftes ein. Die Grundbotschaft ist dabei ewig gleich: Sei immer gepflegt und modisch, aber korrekt gekleidet, von angenehmem Äußeren und harmonischer Ausstrahlung, dann hast Du Glück und Erfolg im Leben – sprich: bei IHM. Der Modeteil präsentiert meistens unerreichbare Mode an Modellen von unerreichbarer Schönheit, häufig Filmstars.

In der Anfangszeit genügen Skizzen von eleganter Mode zur Flucht in die Traumwelt. Aufwendige Fotos sind kaum vorhanden. Die von Mangel umgebene modebewußte Frau findet Tips zur Verschönerung: Vorhandene Kleidung bekommt aufmöbelnde Accessoires, Modezeichnungen bringen Änderungsvorschläge. Die Devise heißt: Aus alt mach neu. Später werden oft unerschwingliche, ausgefallene Modelle an Mannequins von unerreichbarer Schönheit oder an Filmschauspielerinnen präsentiert. Zu Ende der fünfziger Jahre spiegelt sich in der »Constanze« der Zwangscharakter einer entfalteten Konsumgesellschaft. Laut »Constanze« ist es unverzichtbar, modisch auf der Höhe zu sein und permanent an der eigenen Erscheinung zu arbeiten. In dieses Konzept gehören ständige Rubriken wie »Schön mit Constanze«. Jedes Heft bringt Schnittmuster, Frisuren, Make-up, modische Tips für den kleinen Geldbeutel und, inzwischen wesentlich geworden, für die »Figur«.

### »Wohne glücklich mit Constanze«

Bei sämtlichen Themen, die dem Oberbegriff »Haushalt« zugeordnet werden können, spricht die »Constanze« explizit die »Hausfrau« an. Ausschließlich ihr wird diese Zuständigkeit übertragen. Sie hat für schmackhaftes Essen, ein gemütliches Heim und eine gesunde Familie zu sorgen.

Es besteht ein immenser Unterschied zwischen dem, was der Frau im Jahre 1949 zur Organisation des Haushalts zur Verfügung steht, und der Vielfalt an Produkten, mit der sich die »Wirtschaftswunder«-Hausfrau überschwemmt sieht. Anfangs fordern die »Constanze«-Tips mangels Masse kaum zum Konsum auf. Die Anregungen im Jahre 1959 dagegen sind nur noch durch Konsum realisierbar.

1949 erfährt die Leserin, wie sie mit Ersatzprodukten die mageren Fettrationen strecken kann. Zehn Jahre später fragt sich die geplagte Hausfrau: »Was koche ich morgen?« und läßt sich durch »Constanzes schmackhafte Woche« führen.

Die Folgen dieser Verpflichtung zur ständigen Abwechslung machen sich bereits 1954 in Ansätzen bemerkbar. Es erscheinen die ersten Eßvorschläge und Gymnastikübungen gegen Magenpölsterchen. Der Begriff »Diät« wird noch nicht benutzt.

Als weiteres Indiz des »Wirtschaftswunders« erweist sich das Telefon. Die Hausfrau wird bei der Einrichtung einer Telefonecke angeleitet. »Constanzes« Witzezeichner allerdings sieht sie als Dummchen eine Haube für den Apparat stricken.

Charakteristisch für die Wohnbeiträge in der ersten Hälfte der fünfziger Jahre sind die Wiederaufbau-Informationen. Dazu gehört die Erläuterung musterhafter Neubauwohnungen ebenso wie die Kombination der neuen Fledermaus-Sessel und Tüten-Lampen mit noch erhaltenen Möbeln. Dergleichen Anregungen verschwinden gegen Ende des Jahrzehnts vollkommen. Jetzt dominieren Einrichtungsvorschläge mit besonderem Pfiff. Das jährliche Sonderheft für Bauen und Wohnen, der »perfekte Ratgeber« der Redaktion, fordert auf: »Wohne glücklich mit Constanze«.

### »...weiß, was Frauen wünschen«

Parallel zur Vervielfachung der redaktionellen Bereiche erfolgt eine wesentliche Erweiterung des Anteils der Werbung. Wo zu Beginn noch die Anordnung vieler kleiner Inserate in mehreren Spalten die Regel ist, sind nach zehn Jahren großflächige, suggestiv wirkende Anzeigen zu finden. Anfangs verkörpert fast ausschließlich Filmprominenz das Ideal von Schönheit. Im Bereich des Haushalts wird durchgängig mit einem mütterlichen Typ geworben. Im Laufe der Jahre erfahren diese beiden Extreme eine Angleichung. Jetzt werden die Normen von Schönheit und perfekter Haushaltung durch Modelle des Typs »frische, moderne, junge Frau« miteinander verbunden.

1949 wird überwiegend für Produkte geworben, die es aufgrund des Nachkriegsmangels bis dahin nicht mehr gab. Einige Jahre später liegt der Hauptanteil der Anzeigen bei Körperpflege- und Schönheitspräparaten. Progressiv ist die doppelseitige Werbung von Schwarzkopf für Haar-Volltönung. Sie gibt genaue Instruktionen über die Anwendung und ist in der Aufmachung kaum vom redaktionellen Teil zu unterscheiden (eine Praxis, die heute selbstverständlich ist). Die Glücksverheißung der Anzeigen ist mit den redaktionellen Aussagen identisch. Die herrschende Prüderie verhindert echte Information durch Werbung. Bereits im Jahre 1954 erscheinen die ersten Anzeigen der Tampon-Marken o. b. und Tampax. Man vermeidet klare Aussagen und behilft sich zum Beispiel mit der Gegenüberstellung von »Eislauf damals – und heute mit o. b.«

Auf dem Höhepunkt des »Wirtschaftswunders« ist die als Hauptkonsumentin angesprochene Hausfrau durch eine unübersehbare Flut unverzichtbarer Produkte dem totalen Konsumzwang ausgesetzt. In der Werbung für ein Produkt wird der Leserin das gleiche Frauenbild präsentiert wie im redaktionellen Teil. Es entsteht der unrealistische Eindruck einer Welt voller tadellos frisierter Frauen, die unentwegt in beschwingter Kleidung neuesten Schnitts in einer perfekt ausgestatteten Küche delikate Speisen zubereiten.

### »Sie leben besser – Sie leben froher mit Constanze«

Die Redaktion reagiert zwar auf allgemeine Stimmungen und Lebensbedingungen wie Nachkriegsmangel oder moralisierende Familienpolitik, setzt aber nie eigene Maßstäbe. Ihr Ideal von Anfang an ist das Klischee der sich über den Mann definierenden und dadurch glücklichen Frau, wenn auch in den ersten »Constanze«-Jahren der alleinstehenden, mündigen Frau vereinzelt Rechnung getragen wird. Das vorgegaukelte Glück ist im rauhen Alltag, in dem die Masse der Frauen mühsam bescheidene Lebensbedürfnisse abdecken kann, nicht realisierbar.

Die Werbung ergänzt dieses Bild durch ihre leicht und eindeutig zu interpretierenden optischen Signale. Im Laufe der Jahre verschiebt sich die Identifikationsbasis weg vom unerreichbaren Vorbild des Filmstars hin zum relativ irdischen Fotomodell. Jetzt heißt die Forderung der Zeit nicht mehr, entweder eine ideale Hausmutter, nahezu ein Neutrum, oder eine abgehobene Schönheit zu sein. Die vollkommene Frau am Ende der fünfziger Jahre organisiert mit Geschick Haushalt und Familie *und* legt zu chicer Kleidung und Frisur gekonnt das richtige Make-up auf. Wenn angesichts dieser Normen Verzagtheit aufkommen sollte, genügt ein Griff nach einer Frauenzeitschrift wie »Constanze«, in der auf fast jeder Seite Anzeigen die frohe Botschaft verkünden, daß man mit Hilfe ihrer Produkte das große Glück erreichen und auch halten kann.

Obwohl am Ende des Jahrzehnts in erster Linie »die Hausfrau« Adressatin ist, wird damit eine andere Frau als zehn Jahre zuvor angesprochen. Jetzt ist sie kein unscheinbares Wesen mit gestärkter Haushaltsschürze mehr, sondern eine modebewußte Frau in Cocktailschürze. Sollte es ihr nicht gelingen, allen Anforderungen gerecht zu werden, entginge ihr das Lebensglück.

*Anmerkungen*

1 Kill, Ulla: Die Frauenzeitschriften, in: W. Hagemann (Hrsg.), Die deutsche Zeitschrift der Gegenwart. Münster 1957, S. 81–94
2 ebd.

## Veronika Kämpfer / Andrea Grohn

# Boulevard der Träume

## Schicksale, die Millionen bewegten

*Grace und Rainier kirchlich getraut*

**Die große Stunde**

Die Schicksale vor allem zweier Frauen haben in den fünfziger Jahren Millionen von Frauenherzen bewegt. Sowohl das Glück der einen als auch das Unglück der anderen waren über Jahre hinweg Thema Nummer eins der Artikel und Berichte der Regenbogenpresse und ihrer Klatschspalten. Denn nur wenige Monarchien hatten den Faschismus und den Zweiten Weltkrieg unbeschadet überlebt und konnten jahrhundertealte Traditionen neben neuentstehenden Demokratien, neben alten Republiken und überdauernden Diktaturen fortsetzen.

Es war die Zeit der Märchenhochzeiten. Wochenschauen, das Fernsehen und vor allen Dingen die Illustrierten berichteten aus dem glanzvollen Leben der Gekrönten und Ungekrönten und von ihren rauschenden Festen. Die Boulevard-Presse erzählte die Märchen von romantischer Liebe, von Neid und bösen Intrigen, die man lieber las als die Artikel über Arbeitslosigkeit und Wohnungsnot in der Ta-

gespresse. Es waren Märchen aus tausendundeiner Nacht, wahr geworden beflügelten sie die Phantasien nicht nur jüngerer Frauen. Die älteren konnten ihre Vergangenheit idealisieren und selbst an ein Wirtschaftswunder glauben, von dem man soviel sprach und oft so wenig spürte.

Im Schicksal von Grace Kelly und Soraya Esfandiary hatte sich »der Traum jeder Frau« verwirklicht. Diese beiden hatten den Märchenprinzen gefunden, der sie mit in sein Schloß nahm, eine glanzvolle Hochzeit mit ihnen feierte und ihnen ein Leben in Samt und Seide bot.

Da hatte sich ein europäischer Fürst in eine amerikanische Filmschauspielerin verliebt. Und diesmal las man nichts von einer »schmutzigen Affäre«, sondern von einer »großen, reinen Liebe«, die diese beiden sehr schnell in den Hafen der Ehe führte. An diesem Glück partizipierten Millionen Leser der Illustrierten zumindest der gesamten westlichen Welt. So schreibt zum Beispiel eine Leserin der »BZ«:

Gracia mit ihrer Tochter Caroline, die am Nationalfeiertag von Monaco eine monegassische Tracht trägt.

»Wenn man nun an die Märchenhochzeit von Monaco denkt, das gewaltige Echo in der Weltpresse, so wird man doch nachdenklich. Es ist doch so, daß wir alle in einem tief versteckten Eckchen unseres Gemüts die Romantik bewahren. Geradezu mit Wonne – insgeheim – stürzt man auf so eine Geschichte, die zu beweisen scheint, daß die Welt nicht nur aus Atombomben, Kolonialkriegen, großer Politik und Gemeinheit besteht...«[1]

Doch von »großer Politik« betroffen war das Los der Soraya Esfandiary. Sie war als Tochter eines einflußreichen Baktiarenfürsten und einer deutschstämmigen Mutter 1951 die zweite Ehefrau des Schah von Persien geworden. Die Hochzeitsfeierlichkeiten übertrafen alles, was man sich im noch ärmlichen Nachkriegsdeutschland an Prunk vorstellen konnte. Soraya wurde in diesem Märchen die vom Volk geliebte Herrscherin Persiens. Mit steigenden Industrieimporten Persiens aus der Bundesrepublik wuchs hier die Berichterstattung über die allseitige Beliebtheit des Herrscherpaares auf dem Pfauenthron. Die politischen und sozialen Verhältnisse des Landes blieben dabei den meisten verborgen. Und die sahen ganz anders aus.

Der Schah war kein souveräner Herrscher, sondern eher der Spielball zahlloser Mächte, die um Einfluß, Geld und Öl stritten. Seine Scheinreformen brachten ihm weder Sympathien beim Volk, noch das Wohlwollen der mächtigen aristokratischen Oberschicht Persiens. Bei einem Umsturzversuch des Ministerpräsidenten Muhammed Mossadegh, den die kaisertreuen Offiziere nicht schnell genug verhindern konnten, mußte der Schah 1953 sogar für einige Tage ins Exil flüchten.

Soraya, die westlich erzogen war und in ihrem öffentlichen Auftreten die strengen Regeln des Koran nicht befolgte, symbolisierte in Persien den europäischen und amerikanischen Fortschritt und half damit, den Dollarfluß aus den USA – ob der strategisch günstigen Lage des Irans – aufrechtzuerhalten.

Geld aus Amerika fehlte auch in dem kleinen Fürstentum Monaco an Europas schönster Küste, der Cote D'Azur. 1955 hatte die halbstaatliche Bank, die dem monegassischen Schatzamt als Instrument diente, zu unvorsichtig investiert und ging Bankrott. Die Regierung von Monaco war gezwungen, den größten Teil der Verluste wieder auszugleichen. Fürst Rainier, der damals wegen seiner aufwendigen Lebensweise kritisiert wurde, suspendierte den Nationalrat von seinem Amt und übertrug alle Macht dem Staatsrat.[2]

Die mondäne Spielbank von Monte Carlo, in der in früheren Jahren »russische Großfürsten ihr Vermögen verspielt« hatten und aus deren Einnahmen zum Teil der monegassische Staatshaushalt bestritten wurde, war schon lange nicht mehr in ausreichendem Maße frequentiert worden. Zahlungskräftige Kunden blieben aus. Das Defizit des Fürstentums belief sich zu Beginn des Jahres 1956 auf 36 Millionen Dollar.[3] Allein dies wäre schon ein Grund genug für Fürst Rainier III gewesen, die Millionenerbin und Oscar-Preisträgerin Grace Kelly zu heiraten, und so die Großverdiener aus Hollywood an die Spieltische Monte Carlos zu locken. Auch wegen der 20000 Monegassen, die noch ohne Abgaben und Wehrdienst und mit einer Altersrente von ca. 200 DM pro Kopf recht sorglos lebten, mußte schnell gehandelt werden. Blieb der Fürst nämlich ohne Nachfolger, bestimmte das Gesetz, daß Monaco an Frankreich fallen und somit seine Privilegien verlieren würde.

Die Verlobung mit Grace Kelly erhöhte sowohl den Marktwert der Schauspielerin, als auch die Kreditwürdigkeit des kleinen Fürstentums. Diese Art der Publicity ließ die Besucherzahl des Kasinos ebenso spürbar emporschnellen wie die der Kinosäle. Handfeste politische und wirtschaftliche Interessen wurden in der Traumfabrik Kino als »Liebe und Romantik« an die Frau gebracht.

Als Rainier von Monaco die bereits weltberühmte Schauspielerin 1955 – diese weilte zu Fotoaufnahmen an der Cote D'Azur – gerade erst kennenlernte, begann sich der strahlende Himmel über Soraya bereits langsam zu verdunkeln.

Nach vierjähriger Ehe war Soraya noch immer kinderlos. Der Schah wurde zunehmend unter Druck gesetzt. Nach Paragraph 37 der persischen Verfassung hätte es zwar genügt, wenn der Schah einen Nachfolger bestimmte, doch es schien unmöglich, dem Parlament einen Thronfolger zu präsentieren, der von der Mehrheit akzeptiert würde. Zudem sank die Bereitschaft westlicher Geldgeber, ihre Investitionen in Persiens dunkle Bazare fließen zu lassen. Lieber wollten sie in die gewinnbringenden Ölindustrieanlagen des Landes investieren.[4]

Soraya hielt sich fortan vorwiegend im Ausland auf und konsultierte unzählige Spezialisten. Die Wochenzeitschriften, die seit 1951 auf die Schlafzimmergeheimnisse des persischen Kaisers abonniert waren, griffen die Kinderlosigkeit Sorayas gierig auf. Frauen in aller Welt bangten mit Soraya um das drohende Unglück: den ausbleibenden Kindersegen.

Grace Kelly wurde indes zur Inkarnation einer glücklichen Braut, die den Reportern freudestrahlend erklärte: »Ich liebe Rainier sehr, wir werden eine ideale Ehe führen. Ich möchte drei Kinder haben!«[5]

Grace Kelly hat das Schönheitsideal der 50er Jahre nachhaltig geprägt. Ihre kühl verhaltene Schönheit wurde zur modischen Idealvorstellung von Frauen schlechthin. Ab 1956 wurde das Vorbild gänzlich vermarktet. Von der Zahnpasta- bis zur Zigarettenreklame warb man mit dem Kelly-Typ. Frauen versuchten mit »Kelly-Frisur« und »Grace-Kelly-Aufmachung« ihrem Vorbild zu gleichen. Die kurzsichtige Grace Kelly steigerte sogar das Selbstbewußtsein der oftmals bemitleideten sogenannten »Brillenschlangen«. Unzählige Frauen trauten sich nun gleich ihrem Vorbild, auch in der Öffentlichkeit eine »Sehhilfe« zu tragen. Die »Kelly-Brille« wurde zum Kassenschlager der Optikerbranche. Die Brille für Frauen nahm ihren Weg zum modischen Accessoire.[6]

Die Hochzeit, die das Liebesmärchen zwischen Holly-

# SORAYA

Sie ist jung und schön, sie ist unaussprechlich modern. Sie hat ihre große Liebe gefunden. Was die Welt nicht weiß: Sie teilt die schwere Verantwortung aller Frauen orientalischer Herrscher; ganz Persien erwartet von ihr die Sicherstellung der Thronfolge

Reza Mohammed Pahlewi, Schah von Persien, ließ sich nach neunjähriger Ehe von seiner ersten Frau — Fawzia — scheiden. Fawzia, eine Schwester von Ägyptens Exkönig Faruk, hatte ihm eine Tochter geboren, aber keinen Sohn.

Soraya, die neue Kaiserin von Persien, ist jetzt zweieinhalb Jahre mit dem Schah verheiratet. Noch ist die Ehe kinderlos.

Soraya ist 20 Jahre alt. Ihre Mutter, Eva Karl, eine Baltendeutsche, heiratete in Berlin den Attaché Esfandiary, den jetzigen persischen Geschäftsträger in Bonn.

Was ist das Geheimnis dieser jüngsten Kaiserin unserer Zeit? Kaiserin oder nicht, würde sie in jeder Gesellschaft die erste Rolle spielen. Sie besitzt das, was jeden Mann anzieht, und der Liebesroman ihrer Ehe fesselt die Phantasie der ganzen Welt. Sie ist Persönlichkeit, keine Puppe. Sie besitzt Adel und Schlichtheit, Demut und Intelligenz. Sie erscheint noch wie ein Mädchen und hat doch Würde. Selbst Mossadeq konnte sie nie aus der Ruhe bringen.

Bild oben: Soraya mit ihrer Mutter in Rom. Bild links: Soraya mit einer jungen Dame, die sie begleitete. Fotos: Meldoiesi

# Der Schah schweigt, Soraya ist verzweifelt

Vergeblich wartete die persische Kaiserin auf eine Botschaft des Schahs / Überstürzte Incognito-Reise nach Köln

Plötzlich abgereist ist Kaiserin Soraya aus ihrem Winterurlaub in St. Moritz. Der REVUE-Reporter fotografierte sie, als sie gerade ihren Schlitten verläßt, um nach Köln zu ihrem Vater zu fahren. Vergeblich wartete sie auf jenes berühmte, strahlende Lächeln. Er blickte in das Gesicht einer unglücklichen Frau. Soraya war so überstürzt aufgebrochen, daß sie sogar ihren Skilehrer zu honorieren vergaß. Das Hotel zahlte den Betrag nachträglich auf Sorayas Rechnung. Obwohl die Kaiserin ausdrücklich darum gebeten hatte, eine Auskunft an die Bundesrepublik geheim zu halten, wurde ihr Neujahrsgruß erwartet. Soraya hatte auf Wunsch keine unbefristeten Bittrunden eingeräumt.

Es begann wie ein Märchen aus 1001 Nacht. Jetzt hat es den Anschein, als werde die harte Wirklichkeit unseres Jahrhunderts diesen Traum zerstören. Die schöne Prinzessin Soraya Esfandiary wurde vom persischen Kaiser gefreit und so zur glücklichsten Mädchen der Welt. So glaubten Millionen Menschen. Sicher war es auch die erste Jahre richtig. Heute steht fest: Die »Kaiserin aus Liebe« ist verzweifelt. Vorbei sind die Zeiten, da sich Soraya als glückliche Frau an der Seite ihres jungen Gatten zeigte. Die hohe Politik rüttelte das Märchenpaar aus seinen Träumen. Persien verlangt nach einem Thronfolger — aber Soraya kann nicht Mutter werden. In der ersten Zeit wehrte sich der Schah verzweifelt gegen seine politischen Ratgeber, die auf eine Trennung von Soraya drängten. Aber inzwischen scheint er erkannt zu haben, es ist am Ende doch nur eine Entscheidung gibt: Sein Thron oder die Frau, die er liebt. Die Scheidungsabsichten des Schahs bilden seit Sorayas Abreise aus Teheran das Tagesgespräch. Die Kaiserin begab sich zum Wintersport nach St. Moritz — ohne Schah. Tagelang wartete sie vergeblich auf eine Nachricht aus Teheran. Aber der Schah schwieg. Kein Telegramm, kein Gruß, kein persönlicher Blumengruß. Den Menschen, die jeden Mann sehen, fiel es auf, wie gedrückt und melancholisch die junge Monarchin ihre Urlaubstage verbrachte. Meistens wartete die Skiläuferin vergeblich auf seine kaiserliche Schlitten. Soraya verließ tagelang nicht ihr Hotel-Appartement. Besucher wurden mit Bedauern abgewiesen. Völlig unerwartet reiste die Kaiserin ab. Offizieller Grund: Ihr Vater, der iranische Botschafter in Bonn, Fürst Schafi Esfandiary, hatte sich den Fuß gebrochen. Incognito traf sie in Köln ein. Mit 42 Koffern. Die zu ihrem persönlichen Schutz abgestellten Kriminalbeamten sagten einen längeren Aufenthalt in der Bundesrepublik voraus. Eingeweihte aber sprechen es offen aus: »Soraya ist verzweifelt!«

wood und Monte Carlo als Happy-end krönte, fand ein unglaubliches Presseecho. Die Ereignisse um Rainier und Gracia Patricia, wie sie sich fortan nannte, füllten über Wochen die Schlagzeilen der Gazetten. Im April 1956 diskutierten Millionen von Frauen die »Kleiderfrage« und fieberten mit Gracia Patricia dem Ereignis entgegen.

Die Amerikanerin kam auf der »Constitution«, in Begleitung ihrer 80 engsten Verwandten und Freunde, einem Heer von Journalisten, mit 86 eigenen und 80 Koffern ihrer Verwandten aus Philadelphia, in Monaco an. Die »Königin Hollywoods« führte eine fürstliche Aussteuer mit.

Die Aussteuer war nicht nur als Bestandteil einer elterlichen Mitgift zu betrachten, sie stellte auch eine beträchtliche Hilfe für Monacos prekäre wirtschaftliche Lage dar. Was als rührender familiärer Beitrag die Leserinnen in achtungsvolles Staunen versetzen sollte, war Teil eines umfangreichen Vertragswerkes, das die Sanierung eines der letzten kleinen Staatswesen bedeutete und damit dessen selbständiges Fortbestehen sicherte.

Mit der standesamtlichen Trauung am 18. April 1956 nahm Gracia Patricia die Geschicke Monacos in die Hand, und schon nach wenigen Jahren sollte sich ein deutlicher Wandel im »Operettenstaat« bemerkbar machen. Aus dem skandalumwitterten Spielerparadies der High Society machte sie »einen seriösen Staat«, in dem »Banken und Industrien·... den kleinen rotierenden Elfenbeinkugeln an dem Place de Casino den Rang ablaufen sollten. Monte Carlo bauten die Manager der Prosperität, des Wirtschaftswunders, zu einem Zentrum des gemeinsamen Marktes« aus.[7]

Zwei Monate bevor Grace Kelly zur Fürstin wurde, hatte Soraya gesetzmäßig aufgehört, Kaiserin von Persien zu sein. Der Vater des Schahs hatte kurz vor seinem Tod erlassen, daß dieser sich von seiner Gattin trennen müsse, wenn seine Ehe nach Ablauf von fünf Jahren keinen männlichen Erben hätte. Aus diesem Grund hatte der Schah sich bereits von seiner ersten Frau Fawzia, der Schwester König Faruks von Ägypten, getrennt. Sie hatte ihm »nur« eine Tochter geboren.

Am 12. Februar 1956 war Sorayas Frist abgelaufen. Nach islamischem Recht konnte sich der Schah mit Zustimmung Sorayas wieder verheiraten und sie damit zu seiner Zweitfrau machen. Auf dieses letzte Verhandlungsangebot verzichtete Soraya allerdings ehrenhaft.[8]

Die nächsten zwei Jahre reiste sie kreuz und quer durch Europa, ständig begleitet von einer Schar Journalisten, die alle Anzeichen und Gerüchte um die persische Staats- und Ehekrise aufgriffen und hochspielten. Im März 1958 nahm das allseits befürchtete Drama seinen Lauf: Der Schah hatte dem Drängen der Opposition des Parlaments nachgegeben und sprach die Scheidung aus.

*»Am Vorabend der 13. März 1958 läutete das Telefon in der Iranischen Botschaft in Köln. Der Schah! Er spricht mit Soraya, es ist seit Wochen das erste Gespräch. Als Soraya den Hörer auflegt, weiß sie, was am nächsten Tag die ganze Welt erfahren wird: der Schah hat sie verstoßen!«* [9]

Getreu dem orientalischen Erzählerprinzip, daß die längsten Geschichten die schönsten sind, wurde der Welt monatelang der Opfergang einer Kaiserin vorgetragen, deren einziger Fehler es war, Persien keinen Thronfolger »schenken« zu können. Ein trauriger Schah spielte eine Rolle, Rosen, die in Palästen verwelken, kommen darin genauso vor wie späte Liebesbotschaften.

Von den politischen Veränderungen im Iran las man we-

nig. Während rührende Episoden über den verzweifelten Schah, der jeden Morgen das Lieblingslämmchen der Exkaiserin fütterte, verbreitet wurden, hatten sich die Gefängnisse Teherans mit neuen Gefangenen gefüllt. Die Anhänger der kommunistischen Tudeh-Partei wurden zum Teil amnestiert. Statt dessen verhaftete man nun »Westlich Orientierte« als Feinde des Staates. Der plötzliche »Rußlandschwenk« des Iran bedeutete nicht etwa eine Umorientierung persischer Politik hin zum Kommunismus, sondern eine Warnung an die USA, die ihre Zahlungen zu stoppen begannen.

*»Persien ist ein Land der ganz anderen Sitten. Es ist im Iran durchaus nicht anrüchig, daß sich ein Beamter, der die Korruption zu bekämpfen hat, bestechen läßt. Und es ist durchaus selbstverständlich und notwendig, daß man seinem Straßenpolizisten, seinem Briefträger etc. regelmäßig Geld gibt. Der persische Briefträger wirft die Post über Bord, wenn man mit dem Bakschisch im Rückstand ist, der persische Staat seine Politik.«* [10]

Für die bundesdeutsche Regenbogenpresse war klar: Für diese Politik Soraya zu opfern, fiel nicht schwer. Schließlich gilt eine Frau im Orient nichts – oder weniger als das. Sie gilt als seelenloses Wesen.

Im Westen dagegen bemitleidete man Soraya grenzenlos. Eine ungeheure Welle der Sympathie für die verstoßene Kaiserin brach los. In der Beliebtheitsskala rangierte Soraya an erster Stelle vor Fürstin Gracia Patricia.[11] Diese allerdings hatte genau neun Monate und vier Tage nach ihrer Verehelichung dem Fürstentum den gewünschten Nachwuchs geliefert. Ihre Tochter Caroline hätte nach der etwas liberaleren Gesetzgebung Monacos Thronfolgerin werden können, wäre dem Fürstenpaar nicht auch noch ein Sohn geboren worden.

So wurde Gracia Patricia ihrer ersten Fürstinnenpflicht mehr als gerecht. Zudem beendete sie standesgemäß ihre Hollywood-Karriere und schlüpfte in die Rolle einer glücklichen Mutter und liebenden Gattin. Die »verstoßene« Soraya dagegen wurde zum Inbegriff der vom »Schicksal« gezeichneten, doch opferbereiten und verzichtenden Frau. Als »traurige Prinzessin« füllte die Ex-Kaiserin noch jahrelang die Gazetten. Beide Frauen verkörperten in den Berichten der Regenbogenpresse die zwei Pole der Idealvorstellung von Weiblichkeit. Soraya und Gracia Patricia vermieden jede Art von Skandal in der Öffentlichkeit, sie boten das Image höchster Tugend und Moral.

Frauen und Mütter, die ihr eigenes Leben als Verzicht und Opferbereitschaft ansahen, hatten in Soraya eine berühmte Leidensgenossin gefunden. Die Familienseligkeit ausstrahlende Fürstin von Monaco symbolisierte ihnen den Wert, für den sich der Verzicht lohnte.

Die Hofdichtungen der Medien machten beide zu den unumstrittenen Heldinnen der stillen Alltagssehnsüchte der Leserinnen.

*Anmerkungen*

1 BZ Nr. 118 vom 23. 5. 1956, Seite 5.
2 Edward Quinn: Riviera Cocktail. Die goldenen Fünfziger an der Côte d'Azur. Herrsching 1980, Seite 30.
3 Quick Nr. 7 vom 18. 2. 1956
4 Stern Nr. 16 vom 19. 4. 1958, Seite 14–20.
5 Quick Nr. 16 vom 12. 4. 1956
6 Quick Nr. 19 vom 12. 5. 1956
7 Quick Nr. 4 vom 23. 1. 1960
8 Stern Nr. 14 vom 5. 4. 1958
9 ebenda
10 Stern Nr. 16 vom 19. 4. 1958
11 Jahrbuch der öffentlichen Meinung 1958–1964. Hrsg. v. Elisabeth Noelle und Erich Peter Neumann. Allensbach und Bonn 1966.

# Sabine Weißler

# Fahnen des Neubeginns

## Perlonstrümpfe

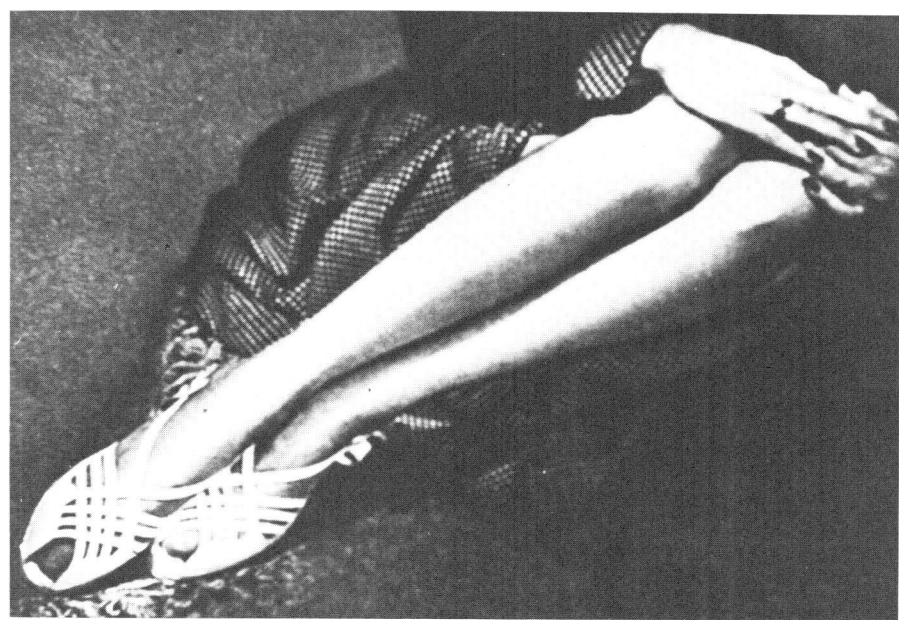

Es geht um das Bein. Es geht um den Strumpf. Es geht darum, wie und ab wann das Bein im Strumpf sichtbar wurde. Und es geht im weiteren um eine Abwandlung des Strumpfes, die Strumpfhose. Diese kennt man seit dem 14. Jahrhundert. Der Strumpf läßt sich sogar bis zu den Römern zurück verfolgen.

Etwas besonderes wird der Strumpf, wenn ein Damenbein in ihm steckt, und dann wiederum ist nicht der Strumpf das Entscheidende, sondern das Ende des Strumpfes. Am Ende befindet sich das Strumpfband. Später waren an seiner Statt kleine metallene Halter angebracht, die nicht nur das Gewebe zwickten und das Herabrutschen des – im Idealfall – dünnen und feinen Materials verhindern sollten: die sogenannten Strapse. Die Strapse waren Teil eines Gebildes, das man Strumpfhalter nannte. Das nüchterne Wort gibt nur vor, eine eindeutige Funktion zu beschreiben, es sagt nichts darüber aus, wozu der Strumpfhalter tatsächlich gebraucht wurde. Er hielt nicht nur die Strümpfe, er hielt die Fantasien. (Ganz anders der Sockenhalter. Der Socken, ein kurzer Strumpf, wird hauptsächlich von Männern getragen. Er endet in Wadenhöhe und wurde dort in manchen Zeiten und Moden durch Miniaturstrapse befestigt. Durch einen Sockenhalter wurden Fantasien eher erschlagen als gefesselt.)

Der Strumpf dient zum Wärmen. Bis circa 1950 war er aus Baumwolle, Viskose, Seide oder aus Wolle. Wie viele unserer Mütter erinnern sich mit Schrecken an die kratzenden Schläuche, die sie im Winter tragen mußten. Trotz Strumpfbandtechnik und Strapsmechanik war nie auszuschließen, daß sich die Strümpfe durch die Unzulänglichkeiten des Materials, aus dem sie bestanden, dehnten, in

Falten rafften und wie Säcke am Bein hingen. Wollte man todchic wirken und hatte man das nötige Kleingeld, dann schlüpfte man in Strümpfe aus Seide. Das Strumpfband hatte gegenüber den neuzeitlichen Strapsen einen Vorteil: Es zeigte deutlich, daß weiter darüber etwas vollkommen anderes beginnt, dem eine feierliche Eröffnung durch Spitzen und Rüschen angemessen ist. Nur alltags konnte auf solcherlei Tand verzichtet werden.

Das altertümliche Strumpfband gab auch Auskunft über seine Trägerin. So diente eine Eigenheit in der Art, wie ein Strumpfband befestigt wurde, in der Geschichte »Das Geheimnis der Marie Rogête« von E. A. Poe dazu, die zentrale Leiche zu identifizieren. Maries Beine waren so dünn, daß sie sich angewöhnt hatte, die Schnallen an ihrem Strumpfbande zu versetzen, um sie enger zu machen. Poe philosophiert: »Die elastische Natur solcher Schnallenstrumpfbänder ist an sich schon ein Beweis für die Ungewöhnlichkeit der Verengung. Was gemacht ist, sich selbst anzupassen, erfordert notwendigerweise nur selten Anpassung durch fremde Hand«.[1]

Doch das Strumpfband ist nur das Ende einer langen Strecke erotischer Punkte, die das Bein im Laufe der Jahrhunderte angeheftet bekam. War es noch im Biedermeier fast Sünde und zugleich höchste Lust, die Fesseln der Geliebten sehen zu dürfen, so umspielte in den zwanziger Jahren die Begierde bereits das Knie. Jeder weiß, was Marlene zeigte, und jeder kennt auch die Reaktionen, die diese Ansichten hervorriefen. Beine wurden fast zu Sinnbildern der Erotik schlechthin, und das obwohl oder gerade weil sie nicht direkt auf das Geschlecht verweisen.

Auch Männer zeigen bisweilen Beine, Louis XIV prä-

sentierte die seinen fast aggressiv in Pose, betont selbstbe-
wußt. Ganz sicher auch, um zu überspielen, daß das eine
Bein kürzer als das andere war. Der Maler half bei dieser
Täuschung geschickt mit. Ganz anders erging's dem armen
Goethe, den Holbein in italienischer Ruinenlandschaft
porträtierte und dabei viel Sorgfalt auf das Arangement
verwandte. Soviel, daß ihm entging, wie er dem deutschen
Dichterfürsten die unteren Extremitäten verdrehte.

Die optimale Möglichkeit Bein zu zeigen und gleichzeitig dem Tod durch Erfrieren zu entgehen, wurde erst in den
späten dreißiger Jahren in den USA und – unabhängig davon – in Deutschland entwickelt. In den Labors beider
Staaten fand man die Polyamidfaser, die in USA als Nylon
und in Deutschland als *Perlon* verkauft wurde. Der amerikanische Entdecker der »Wunderfaser« war ein äußerst er-
folgreicher Chemiker. W. H. Carothers arbeitete für den
Chemiekonzern DuPont und versuchte, auf den Spuren
des deutschen Kollegen Hermann Staudingers wandelnd,
die Kenntnisse über die Chemie der Kunststoffe zu erwei-
tern. Nichts lag ihm ferner, als sich um ein Wäscheproblem
der Damenwelt zu kümmern. Doch wie es das Schicksal
wollte, er fand nach einer Reihe von Experimenten eine
stabile Verbindung von Adipinsäure und Hexamethylen,
die als Faser verwendbar war. Diese Erfindung war der
Grundstein für die Nylonproduktion.[2] 1939 installierte
DuPont die erste Nylonspinnanlage und puschte den ersten
Nylonstrumpf auf den Markt. Der war teurer als Gold:
250 Dollar kostete ein Paar. Immerhin hatte DuPont über
20 Millionen Dollar in die Nylonforschung gesteckt. Zunächst wanderte der Stoff allerdings fast ausschließlich in
die Rüstungsindustrie. Als 1945 der Krieg zuende war, kam
man wieder aufs Damenbein zurück.

Der Nylonstrumpf erfreute sich nicht nur durch die Ma-
nipulationen geschickter Werbestrategen vom ersten Tag
an größter Beliebtheit. Er war so gefragt, daß die teuren
Strümpfe zu den wenigen Waren gehörten, für die es auch
nach Kriegsende in den USA noch einen Schwarzmarkt
gab.

In Deutschland wurden ab 1950 Strümpfe aus Perlon produziert. Die Zeitspanne zwischen dem Produktionsbeginn
in USA und in Deutschland reichte aus, um den fast unzer-
störbaren Mythos der »Nylons« zu begründen. Die dünnen
Dinger wurden die Fahnen des Neuanfangs, eine voll-
synthetische Massenware. Sie paßten zu dem Bild, das man
sich von den USA machte: schnell, originell, unkompli-
ziert, erfinderisch. Der Mythos der Nylons wurde auf die
deutschen »Perlons« übertragen, auch wenn die Perlonstrümpfe nie Perlons genannt wurden. Der Nylonstrumpf
verwirklichte eine Menge Wünsche, die sich schon immer
an die Beinumhüllung richteten. Nylonstrümpfe waren relativ elastisch, ziemlich haltbar, wetterbeständig, leicht
waschbar und vor allem fast durchsichtig.

Die Strümpfe waren bis Mitte der 50er Jahre noch nicht
so dehnbar, daß sie sich jedem beliebigen Bein anpaßten.
Erst ab 1955 gab es Perlon-Stretch-Strümpfe. Für die Mas-
senproduktion war die Festlegung bestimmter Größen notwendig. Um diesen schnöden Zweck werbewirksam zu tarnen, kreierte die Firma ARWA sogenannte »Beinwettbewerbe«. Angeblich sollten die schönsten Beine Deutschlands ermittelt werden, es konnten jedoch dabei Hunderte
von Damenfesseln und -waden gemessen werden, um das
»Normalbeinmaß« zu ermitteln. Als »Beinkönigin« galt eine Dame mit einem Fesselumfang von 21,2 cm und einem
Wadenumfang von 33,5 cm.

Das größte Malheur, das einem mit Perlonstrümpfen zustoßen konnte, war, daß sich die kostbaren Beinkleider in Laufmaschen auflösten. Ein ungeduldiges Rutschen auf der hölzernen Wartebank der Bushaltestelle, ein unbewußtes Kratzen mit einem abgebrochenen Fingernagel, das Streifen einer Tischkante oder einfach ein böser Blick waren Ursache für das Gefühl einer am Bein herunterlaufenden Spinne. Es löste Entsetzen aus, wußte doch jede Trägerin, daß es sich nicht um Ungeziefer, sondern um Auflösungsprozesse des Strumpfes handelte. Vielleicht war es

*neue Strumpftat!*

Ah.. Stretch

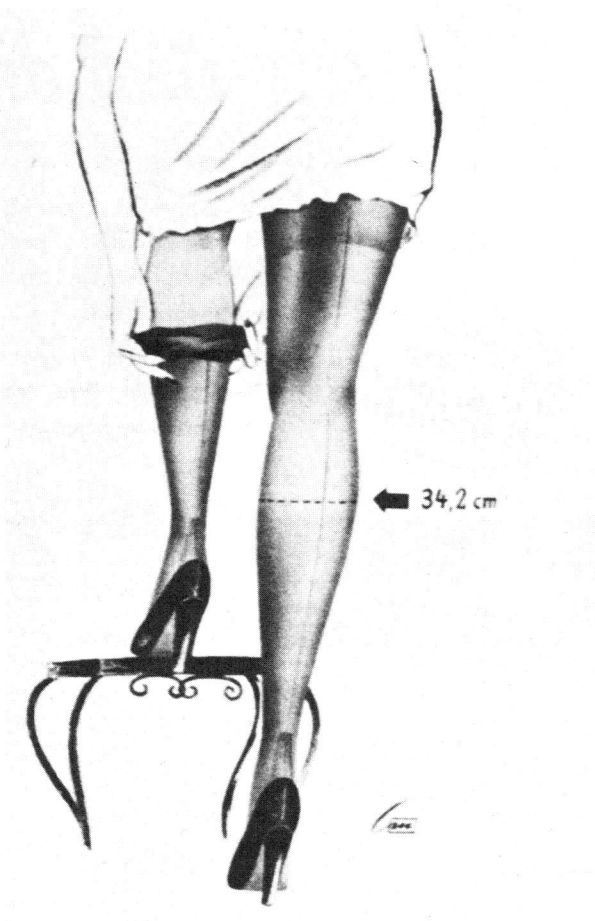

34,2 cm

## Welchen Wadenumfang haben Sie?

Prüfen Sie nach, wie sich Ihre Beinmaße zu den Maßen der
Beinkönigin von Amerika und zu den Maßen der schönsten Beine
von Stuttgart verhalten. Die Beinkönigin von Amerika hat einen
Fesselumfang von 21,2 cm und einen Wadenumfang von 31,2 cm,
Frau Gisela Vorgang, erste Preisträgerin im Stuttgarter ARWA-
Beinwettbewerb, hat einen Fesselumfang von 21 cm und einen
Wadenumfang von 33,5 cm. — Wissen Sie aber auch, wie schöne
Beine erst ihre letzte Vollendung in der Linie erhalten? Erst dann,
wenn Sie einen Strumpf tragen, der genau nach dem Normalbein-
maß von 1950 gearbeitet ist! Dieses Normalbeinmaß wird bei
Arwa durch viele Arwa-Beinwettbewerbe ermittelt. Es zeigt sich,
daß die Beine von heute eine andere Form haben als 1938. Die
Beine sind länger, die Waden stärker, die Füße ausgeprägter.
Diesem neuen Normalbeinmaß ist der Arwa-Strumpf genau angepaßt. Darum sitzen Arwa-Strümpfe mit so vollendeter Plastik
am Bein! Darum sitzt auch die Naht bei ihnen so grade! Bitte
überzeugen Sie sich selbst hiervon. Arwa-Strümpfe sind von
4,90 DM an überall in den guten Geschäften zu haben.

### Wer wird Beinkönigin von Deutschland?

Zur Zeit werden durch die Beinwettbewerbe die schönsten Beine
von Deutschland ermittelt. Voraussichtlich treffen sich Anfang
nächsten Jahres die Besitzerinnen der schönsten Beine von Deutschland in Stuttgart, wo unter starker Beteiligung der Presse die Wahl
der Beinkönigin von Deutschland erfolgt. Wollen Sie wissen, wie
Sie durch tägliche Zwei-Minuten-Massage Ihrem Bein eine neue
schlankere Form geben, in welchen Strümpfen das Bein schlanker
oder voller erscheint und wie Charakter und Temperament sich in
der Beinform ausdrücken, so verlangen Sie auf anhängendem Gut-
schein kostenlose Zusendung des hochinteressanten Arwa-Strumpf-
breviers.

aber doch die Krabbelempfindung, die dem Entomologen
Dr. Steffens die Züchtung eines Laufmaschen-ex-Käfers
eingab. Dieser Käfer sollte in nur 30 Sekunden 12 cm Laufmasche beseitigen und ebenso pflegeleicht wie Perlon sein.
Das Laufmaschenwunder vollbrachte er mittels seines Rüs-
sels. [3]

Aufsehen erregte ein Fall, der typisch scheint für die Kin-
derjahre des Kunststoffzeitalters. In einem Büro für Luft-
fahrt-Passagen-Abfertigung wurden geheimnisvolle Vorgänge beobachtet. »Erstklassige Strümpfe von ausländischen Herstellern verfärbten sich, verloren ihre Elastizität
und wurden brüchig.« [4] Die im Büro angestellten Sekretärinnen, denen die Metamorphosen ihrer Strümpfe zu teuer
wurden, verlangten Sonderzulagen. Ein Wünschelrutengänger wurde bestellt. Er diagnostizierte eine schuldhafte
Verwicklung der Erdstrahlen in die zerstörerischen Ma-
chenschaften. Wissenschaftler fanden mit herkömmlichen
Meßmethoden heraus, daß die Ursachen für die Demonta-
gen der Wunderfaser eher in den modernen Material-
gewohnheiten zu suchen seien. Sie untersuchten den Tat-
ort, an dem sich die Sekretärinnen aufhielten, und resü-
mierten: »In diesem Raum herrschen extreme Verhältnisse, hohe Temperaturen, die Luftfeuchtigkeit ist sehr gering. (Seit Oktober ist unter dem Büro eine Zentralheizungsanlage in Betrieb genommen worden, seit Oktober
zerreißen die Strümpfe!). Hinzu kommt, daß der Raum
stark mit Kunststoffen ausgestattet ist, schlecht leitende
Überzüge bei Stühlen, Tischen und Fußbodenbelag.
Durch das Zusammenspiel dieser Faktoren hat sich eine
einmalige Situation ergeben, die sonst nicht vorkommt.« [5]

Das Schlimmste an der Laufmasche ist nicht die Zerstörung eines Wertes (den die Perlonstrümpfe in den 50er Jahren noch darstellten – ein Paar kostete 195 DM), sondern
daß sie etwas fast Unsichtbares sichtbar machten, ein Geheimnis offenbarten. Eine Frau, die sich über eine Laufmasche ärgert, regt sich nicht nur über das verlorene Geld
auf, sie fühlt sich ertappt. Außerdem wird durch den Riß,
den ein Mißgeschick hervorrief, die fantastische Erotik,
die sich um das real existierende Nichts rankt, mit einem
Schlag zerstört.

1962 wurden in USA die angeblich laufmaschensicheren
Strümpfe entwickelt. Sie sollten ein für allemal mit den
peinlichen Situationen Schluß machen, die einen mit etwas
steifen Beinen zur Toilette schleichen lassen, um dort mit
Nagellack die Katastrophe zumindest aufzuhalten. Warum
Nagellack? Erstens hat man den eher bei sich als UHU (zumindest die Dame der 50er Jahre pflegte so wohlausgerü-
stet der Welt entgegenzutreten), und zweitens läßt er sich
einfach entfernen. Doch die wahrhaft sensationelle Ent-
deckung des laufmaschensicheren Strumpfes landete in
den Giftschränken der Strumpf-Industrie, war man doch
nicht daran interessiert, seinen heimlichen Verbündeten zu
killen. Ohne Laufmaschen, die Frauen zwingen, mindestens ein Paar Strümpfe die Woche zu kaufen, sähe die Ab-
satzsituation einer ganzen Branche erheblich schlechter
aus.

Dabei wurde die Strumpfindustrie genug gequält – abhängig vom launischen Geschmack unberechenbarer
Weibsbilder, drohte vielen Fabrikanten 1958 der Ruin.
Sang- und klanglos nahmen die Frauen von der ewig schief-
sitzenden Strumpfnaht Abschied. Die Mode verbündete
sich mit der Technik, und beide zusammen eliminierten
die Strumpfnaht. Wer nicht schnell genug von den »Cot-
ton-Maschinen« auf Rundstrickmaschinen umstellte, hatte
sein Unternehmerdasein verwirkt.

Arbeiten wir uns nun vom »unten drunter« zum »oben drüber« durch. Auch dort flatterten Perlon und alle seine verschiedenen Abwandlungen (Nyltest und bestimmte Typen des Helancas) um die Körper. Die Materialien gaben sich pflegeleicht und unverwüstlich. So sprachen sie zuerst die sparsame Seite der Nachkriegshausfrau an, deren Interesse es war, ihr sauer verdientes Geld möglichst in Ewiges zu investieren.

Trotz alledem war da aber auch die Sehnsucht nach Neuem, Buntem, gar Extravagantem. Perlon war der Stoff, der die Vermarktung der Träume möglich machte. Modemacher bekannten sich auf internationalen Shows zu ihm und adelten die Chemiefaser. Nun stand sie neben Seide, Crêpe de Chine, Leinen und Klöppelspitze. Aus Perlon wurden »empfindsame« Modelle für »junge, gazellengleich gewachsene Mädchen« geschöpft. Der Wirtschaftswunderstoff trug einen Hauch von Luxus in das deutsche Heim, und zugleich erleichterte er mit seinen Pastellfarben das Vergessen der braunen Vergangenheit. Die »Stunde Null« mußte nicht nur erfunden und proklamiert werden, sie mußte ästhetisch nachvollziehbar sein. Was der Nierentisch im Wohnzimmer war, Polyester am Fenster, Resopal in der Küche, das war Perlon auf der Haut.

In Perlon gewandet, fühlte man sich wie neugeboren und verhielt sich auch neu. »Sie heiraten in der PERLON-Zeit. Die junge Frau braucht nicht mehr so viel zu flicken... so viel zu bügeln, das Waschen wird leichter... Der Kleiderwohlstand wächst. Man kann sich besser anziehen und gefällt einander«[6] Wohlstand und Gleichberechtigung dank Perlon. Die Frau der 50er Jahre durfte sich über die Bügel-Freiheit freuen.

Das mit dem Waschen war allerdings so eine Sache. Bald wurde das Perlon-Glück grau getrübt. Der »Grauschleier« wurde zum Hauptfeind der Synthetik-Euphorie. Das strahlend moderne Material bekam plötzlich etwas Verwestes, was so gar nicht seinem Image entsprach. Eine Flut von Tips sollten die Schatten am Perlon-Himmel verbannen. Noch in den sechziger Jahren tollte der Spielverderber »Gilb« durch die Waschmittelreklamen. Ein putziges Kerlchen, das die Hausfrauen ärgerte. Auch andere Nachteile ließen sich mit der Zeit nicht mehr wegwerfen. Der Wärmeaustausch des Stoffs läßt zu wünschen übrig, und daß man Perlon-Unterwäsche nicht kochen kann, war den Leuten auf die Dauer auch nicht als Vorteil zu verkaufen. So bedurfte es keiner lauten »Zurück zur Natur«-Bewegung, um die Perlon-Begeisterung zu mindern.

Reine Perlon-Hemden bekommt man heute nur noch antiquarisch. Perlon wird meistens mit anderen (Natur-)Stoffen zu Mischgeweben verarbeitet und so tragbar.

Nur auf dem Strumpfmarkt (mittlerweile gibt's Strumpfhosen, dafür aber wieder mit Naht) ist Perlon immer noch tonangebend.

**Eva geht bummeln**

in „Dralon-imprimé"

*Anmerkungen*

1 E. A. Poe: Erzählungen. Berlin 1974, S. 233
2 Sabine Weißler: Folien-Faser-Kunststoffglück. In: Plastikwelten. Berlin 1985.
3 Vgl. »Stern« vom 1. 4. (!?) 1951
4 »Neue Illustrierte« vom 4. 2. 1956, S. 9
5 ebenda
6 Vgl. »Stern« vom 8. 6. 1954

Angela Delille / Andrea Gohn

# „Wir wollten wieder schön sein"

## Mode, Schönheit, Hygiene

Die Frauen in den 50er Jahren wollten wieder schön sein. Viel zu lange hatten sie unförmige und zerschlissene Kleider aus groben Stoffen getragen. Natürlich ist ein Rock weniger bequem als eine Hose, und die Stöckelschuhe hindern beim Gehen, doch »die unpraktischen Kleider und Schuhe, die empfindlichsten Hüte und Strümpfe sind die elegantesten«, schrieb Simone de Beauvoir über die neue Schönheit der Frauen 1951. Modische Raffinesse und Ausgefallenheit konnten sich die meisten Frauen noch nicht leisten, mußten alle Kleidungsstücke doch vielseitig verwendbar sein. Die Qualität des Stoffes, seine Haltbarkeit und leichte Pflege blieben beim Kauf ausschlaggebender als der »dernier cri«. Die »Haute couture« war damals wie heute nur sehr wenigen wohlhabenden Frauen vorbehalten. Doch gelang es den Pariser Nähern, allen voran Christian Dior, den Frauen eine Mode zu kreieren, der sie sich in kürzester Zeit anpaßten.

Der »New Look«, so hieß es, signalisierte das Ende des Krieges viel deutlicher als jedes diplomatische Vertragswerk. Die Franzosen verkauften nicht mehr nur einzelne Modellkleider, sondern verdienten ihr Geld vorrangig durch den Verkauf der Schnitte an die Markenkonfektion. Über diesen neuen Zweig der Modeindustrie, den »prêt-a-porter«, werden die Kleider nun für eine breite Käuferschicht erschwinglich.[1]

Der Erfolg des »New Look« mit seinen Wespentaillen, den fließenden Stoffen und wadenlangen Röcken war triumphal. In kürzester Zeit akzeptierten die Frauen das neue Modediktat und verlängerten ihren gesamten Kleiderbestand um mindestens 20 cm. Die in den letzten Kriegsjahren üblichen uniformähnlichen Jacken und knie-kurzen Röcke waren gnadenlos aus der Mode gekommen.

Die neuen Kleider strahlten »weibliche Anmut«, »graziöse Eleganz« oder »unnachahmlichen Charme« aus. Die Kleiderschränke begannen sich langsam wieder zu füllen. Die Bereitschaft, einen Teil des noch geringen Einkommens für Textilien/Bekleidung auszugeben, war immens hoch: 1950 waren es 13,5 %, 1953 sogar 14,7 %.[2]

Obligatorische Kleidungsstücke waren Rock und Bluse, das einfache Wollkleid, das Nachmittagskleid, das klassische Kostüm und je nach Anlaß ein Cocktail-, Abend- oder Tanzkleid.

Man brauchte »einen Rock aus hochwertigem Stoff, schottisch oder kariert, mit dem man das ewig neue Kombinationsspiel: Rock–Bluse, Rock–Pullover bis zur Vollendung treiben konnte. Zwei Blusen aus Popeline, weiß oder in zarten Pastellfarben, eine mit langen, die andere mit kurzen Ärmeln.«[3]

Für Frauen im »Angestelltenverhältnis« galten – und gelten – noch immer Kostüm und Bluse als angebrachteste Berufskleidung.

Das oft graue oder schwarze taillierte Kostüm aus Gabardine, dünnem Wollstoff oder Ripp paßte, kombiniert mit einer Bluse aus Nylon, auch zu einer Nachmittagsverabredung, ebenso, wie mit einer Bluse aus Organza oder Lurex zu einer Abendeinladung. Bestimmend war jedoch für alle Teile die zeitlose Eleganz. Unverzichtbare Details waren ein »Schößchen« an der Jacke, das Coco Chanel für ihr klassisches Kostüm entwarf, und die einseitige Falte in dem engen Rock des Kostüms, die nach ihrem Erfinder »Dior-Falte« genannt wurde.

Bei der Auswahl der Nachmittagskleidung durfte man etwas gewagter vorgehen. Modern waren großblumige Muster, auffällig kontrastreiche Farbkombinationen in

Streifen, Punkten oder diversen Karos. Diese meist einfach geschnittenen, aus leichten Stoffen genähten Kleider waren nicht so teuer, so daß man sich oft mehrere davon leisten konnte, oder man nähte es sich selbst oder ließ es bei einer Hausschneiderin günstig schneidern. Die Schnittmusterhefte wurden gesammelt und unter Freundinnen ausgetauscht. Durch die Variation des Stoffes oder geringe Abwandlungen eines Modells entwarfen die Frauen so Kleider für die unterschiedlichsten Anlässe.

Accessoires waren in den 50er Jahren außerordentlich wichtig. Mit ihnen wurde die einfache, »zeitlose« Kleidung aufgefrischt. Damals kamen verspielte und kokette Kleinigkeiten wieder stärker zur Geltung. Man ging »sowieso nicht ohne Hut«, besonders in Mode waren die kleinen Kappen, wahlweise mit Federn, Blumen oder Schleiern verziert, die auf die neuen Wellenfrisuren mit Lockenkranz paßten. Besaß eine Frau zudem zueinander passende Handschuhe und Handtasche, schien ihre Garderobe perfekt.

Die Schuhmode der 50er Jahre brachte eine stetige »Aufwärtsentwicklung« von den halbhohen Louis-Seize-Absätzen bis zu den Stöckelschuhen. Die Ansicht, ein »hoher Hacken macht ein schönes Bein«, hielt sich beharrlich, auch wenn Gang und Körperhaltung bei einer gewissen Absatzhöhe schon nicht mehr graziös und damenhaft wirkten. Die Höhe der Absätze blieb natürlich von dem Gleichgewichtsgefühl der Trägerin und der Körpergröße des Ehemannes bzw. männlichen Begleiters abhängig. Auf jeden Fall trug das Gros der Frauen die heute noch klassischen Pumps. Festes Schuhwerk, gar mit Kreppsohle, erweckte eher die Assoziation von Wanderausflügen bei herbstlichem Regenwetter. Sie wirkten sportlich und zuweilen bieder. Die flachen »Ballerinas« blieben sehr jungen Mädchen vorbehalten, die sich mit ihren superengen Hosen dazu todschick fanden.

Zu Beginn der 50er Jahre war die Hose ansonsten aus der Alltagsmode der gut angezogenen Frauen verschwunden, um erst einige Zeit später als Freizeitkleidung wieder eine große Rolle zu spielen.

*»Die lange Hose ist ohne Zweifel vor allem im Winter für Frauen ein sehr praktisches Kleidungsstück und hat sich deshalb vielfach auch als Berufskleidung eingebürgert. Obgleich also hier der gute Ton offensichtlich von der reinen Zweckmäßigkeit überrundet wurde, behält er doch recht! Wer damenhaft wirken will, trägt im Beruf die lange Hose nicht. Für das Lehr- oder Laufmädchen, das auch an kalten Tagen zu Fuß oder zu Rad hierhin und dorthin flitzen, oder die Verkäuferin, die stundenlang im kalten Laden stehen muß, ist sie sehr angebracht. Wer aber im Büro, im Laboratorium oder sonst irgendwo arbeitet, sollte Kleid oder Rock vorziehen, vor allem dann, wenn er mit Publikum zu tun hat.*

*Niemand kann sich wohl z.B. eine vorbildliche Sekretärin im Dienst mit langen Hosen anstatt im Rock oder im Kleid vorstellen! Diese Entscheidung ist nicht etwa eine Frage der Prüderie, sondern eine ausgesprochene Frage des guten Geschmackes.«* [4]

Nach einer Umfrage des Meinungsforschungsinstituts Allensbach von 1958 zu der Frage, was man denn von Dreiviertelhosen bei jungen Mädchen halte, waren 80% bis 85% der Frauen der Meinung: »nicht auf dem sonntäglichen Spaziergang mit einer Freundin«, »nicht im Geschäft als Verkäuferin« und nicht im Büro. Für den vormittäg-

Modell von Dior

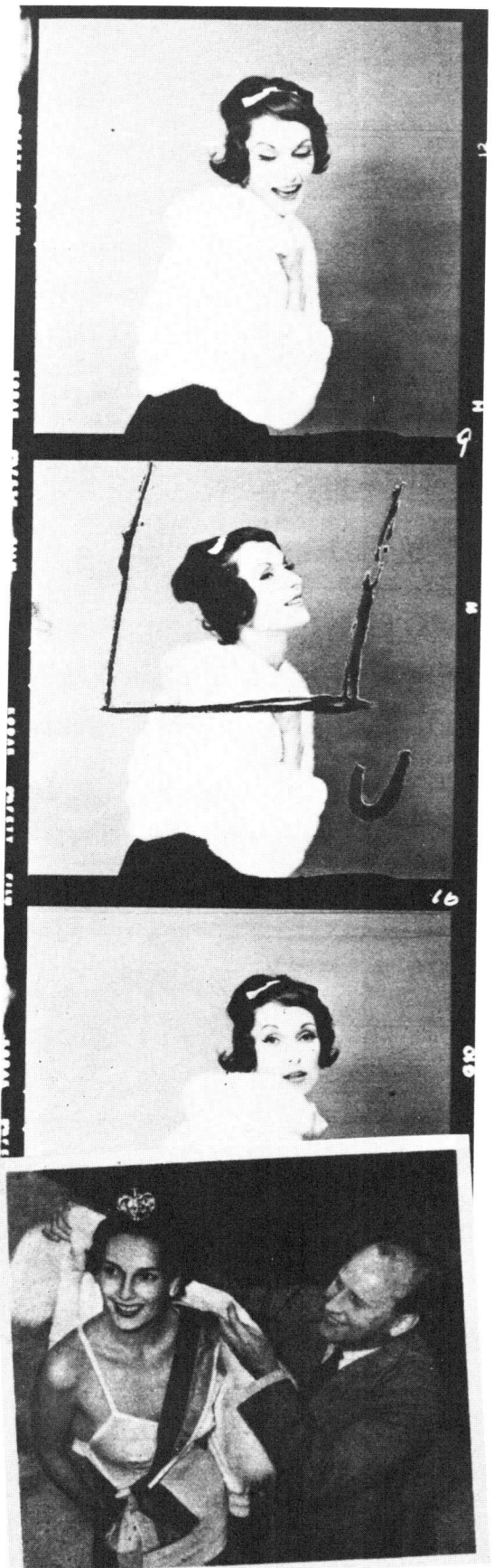

Susanne Erichsen, die »Miss Germany« von 1950, wurde in den USA als Fräuleinwunder herumgereicht

lichen Einkauf lehnten nur noch 57% aller Frauen die Dreiviertelhose ab.[5]

Doch die modischen Vorstellungen der »Teenager« wurden ein immer festerer Bestandteil der Kreationen der Modeschöpfer. Die Textilbranche hatte die jungen erwerbstätigen Mädchen und Frauen als neue Käuferschicht entdeckt.

Die erste Miß Germany von 1950, Susanne Erichsen aus Berlin, die man heute gern als Beispiel für die Verwandlung der deutschen Frau vom »häßlichen Entlein« zur gut und elegant gekleideten schönen Frau heranzieht, eröffnete das erste Modehaus nur für »Teenager-Mode«.

Sie hatte innerhalb kürzester Zeit den Aufstieg zum Top-Modell geschafft und wurde selbst in Amerika als Verkörperung des »Fräuleinwunders« zur Großverdienerin mit mehr als 100 DM Gage pro Fotostunde.

Von dort brachte sie auch die Idee mit, spezielle Kleidung für Jugendliche anzubieten und zu verkaufen. Diese Kleider bestachen durch bunte Farbe, auffallende Muster und beschwingte Schnitte. Die für den perfekten Sitz dieser Kleider nötigen Petticoats ließen die Röcke nicht nur weit abstehen, sondern gaben ihnen beim Gehen das berühmte »Wippen«.

Noch war das Leitbild die damenhaft wirkende elegante Frau, doch kündigte sich bereits ein neues Schönheitsideal an: »Jugendlichkeit«. Anfang der 50er Jahre schrieb Simone de Beauvoir: »Heute mehr denn je kennt die Frau die Freude, ihren Körper durch Sport, Gymnastik, Baden, Massagen, verschiedene Ernährungsweisen zu formen. Sie bestimmt über ihr Gesicht, ihre Linie, die Farbe ihrer Haut.«

Das trifft sicherlich noch nicht für die Durchschnittsfrau der 50er zu, beschreibt aber einen Trend, der damals einsetzte und heute nahezu für jede Frau Zwangscharakter besitzt. Kosmetik war nicht mehr länger nur bestimmten Gesellschaftsschichten vorbehalten, sondern wurde zu einem Massenphänomen. Auch die Kleinstädterin hatte nun ihre Dauerwelle und Make-up, sie mochte es ungeschickter anlegen als ihre großstädtische Schwester, aber sie wünschte nicht mehr darauf zu verzichten. Ein aufrechter Gang mit erhobenem Kopf, leicht zurückgenommenen Schultern und nur ganz leicht nach außen gestellten Füßen wirkte graziös und elegant.

Auch beim Sitzen durfte eine Frau es nicht an der nötigen Körperbeherrschung fehlen lassen, obwohl die Bestrebungen der modernen Möbelindustrie, alle Sitzgelegenheiten so bequem und körpergerecht wie nur möglich zu gestalten, dem Hang, sich gehen zu lassen, entschiedenen Auftrieb gaben. Es wollte gelernt sein, nicht zu steif und nicht zu lässig, aber doch anmutig zu sitzen. Es gehörte sich nicht, die Beine übereinander zu schlagen. Angeblich bekam man davon sowieso mit der Zeit dicke Oberschenkel. Frauen sollten dagegen beim Sitzen graziös die Füße kreuzen oder die Beine schön senkrecht nebeneinander stellen.

Die Vernachlässigung ihres Äußeren, so hieß es, beraube eine Frau ihrer besten Möglichkeiten. Und war eine Frau der landläufigen Meinung nach nicht hübsch, so konnte sie auf jeden Fall »apart« sein. Schön sein wurde nicht mehr als eine Steigerung der individuellen Möglichkeit angesehen, sondern als möglichst nahe Angleichung an das jeweilige Ideal.

# Leicht geschlitzt

# Schluss
mit dem
Aschenbrödel-Dasein

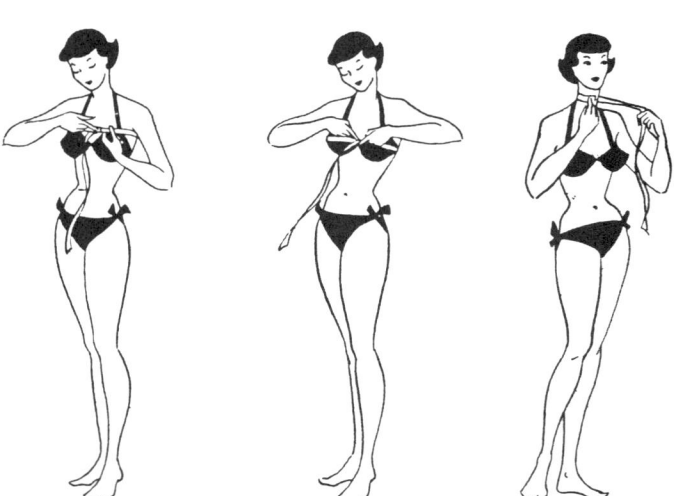

**Eine neue Modelinie für 16- bis 17jährige entsteht:**

# Schulmädchen der Zukunft

Vor ein paar Wochen bekam Modeschöpferin Bessi Becker einen neuen Stoff in die Hand, entwarf reizende, junge Kleidchen für eine ganze Schulklasse und führte sie uns vor.

*»Unter einer Million Frauen, die unter Herzklopfen Liebes-
leid und -glück von Molly Muzzy miterleben, um die sich
auf der Leinwand ein Dutzend herrlicher Mannsbilder zer-
raufen, ist wahrscheinlich kaum eine, die sich nicht wünschte, wie Molly Muzzy auszusehen, und nur wenige hundert,
hochgerechnet, die sich darüber klar sind, daß es ihnen nie
gelingen wird, auszusehen wie Molly Muzzy. Schon erscheinen die Illustrierten mit einer Bildreportage aus Molly Muz-
zys Privatleben, die trotz zweier Kinder ihre Knabenfigur
behalten hat, im häuslichen Gartenkleidchen genauso ent-
zückend aussah wie im Film-Ballkleid und eine schlichte
Frau und Familienmutter war, genau wie ihre Bewunderin-
nen vor der Leinwand. Und eines Tages gehen die Frau
Landgerichtsrat, das Fräulein Sekretärin und schließlich
auch die Hausmeisterin hin, lassen sich das Haar schneiden
und die Brauen zupfen wie Molly Muzzy und schminken
sich die schmalen Lippen, bis der üppige Raubtiermund des
Vorbildes erreicht ist.«* [6]

Aber Molly Muzzy blieb nicht ewig die beliebteste Filmschauspielerin, und wenn sie etwa durch Polly Puzzy ersetzt wurde, mußte man eben diesem neuen Ideal nacheif-
fern. Dabei war es letzten Endes egal, ob man die knabenhafte Figur und die Mandelaugen der Audrey Hepburn zu
kopieren versuchte, den spröden Charme, die Grazie und
Eleganz der Grace Kelly oder die laszive Schönheit und
erotische Ausstrahlung der Liz Taylor. Die moderne Kosmetik versprach den Frauen, jedem Ideal gerecht werden
zu können.

Im Vordergrund stand die ganzheitliche Schönheitspflege, die von »innen nach außen« wirke. So vermittelten die
Ratgeber der Zeit noch nicht hauptsächlich Schminktips,
sondern gaben eher Anregungen für »Entschlackungsku-
ren, Straffungen des Körpers durch Gymnastik und Bäder
zur Entspannung«.

Als beste Kosmetik galt die regelmäßige Pflege mit dem
Ziel der »Reinigung, Anregung, Durchblutung und Ernährung der Haut«. Das Schminken war noch zu verpönt, als
daß ihm in den Schönheitspflegefibeln und Illustrierten ein
ähnlich großer Anteil beigemessen wurde, wie z.B. der
Herstellung und Verwendungsanleitung natürlicher Ge-
sichtspackungen. Kosmetische Artikel waren für die mei-

**Heute beginnt unser Gymnastikkursus für Vollschlanke!**

# Wir messen unseren Körper

sten Frauen sowieso viel zu teuer. Üblich war es hingegen, täglich eine Fettcreme zu benutzen. Nach einer Allensbach-Umfrage verwandten 1956 fast 90 % der befragten Frauen eine Hautcreme.

Als Verschönerung der »Fassade« und nicht des »Unterbaus« galten bemalte Lippen, gepuderte Gesichter, das Rouge auf den Wangen und die lackierten Fingernägel. Die Verwendung all dieser Deckmittel mußte immer dezent bleiben, aufdringliches »Anmalen« wirkte allzuleicht ordinär oder gar obszön. Erst langsam setzte sich auch die tägliche Benutzung von Lippenstiften durch. Fast die Hälfte aller befragten Frauen färbten sich 1956 die Lippen und davon auch fast die Hälfte täglich. Farbiges Augenmakeup war weitgehend unüblich. Nur zu Abendanlässen oder zum Fasching wurden an und ab die Wimpern getuscht, zumindest aber mit Wimpernfett oder -oel gebürstet.

1951 wurde für eine Messeneuheit geworben, mit der man die Wimpern zu einem schönen Aufwärtsschwung zurechtbiegen konnte, so daß sie wie »strahlende Sterne« erschienen. Strahlende Augen waren das A und O der Liebe auf den ersten Blick. Gehörten Frauen also zu den bedauernswerten Geschöpfen, die eine Sehschwäche hatten, führten sie entweder ein tristes und gehemmtes Dasein als Mauerblümchen oder entschieden sich in neuem Selbstbewußtsein für ein besonders ins Auge fallendes Brillenmodell. Bei dieser »Flucht nach vorn« galt z. B. das »Schmetterlingsmodell« als topmodisch.

Die Haare, der natürliche Kopfschmuck einer jeden Frau, wurden in Form gebracht. Langes offenes Haar, sowohl glattes als auch lockiges, galt als ordinär. Den Mädchen wurde das Haar gescheitelt und straff nach hinten gebunden. Die Zöpfe waren bis zur Einsegnung oder Konfirmation noch nahezu obligatorisch. Während die einen sich dann ihrer langen Haare entledigten und eine schicke Kurzhaarfrisur trugen, banden sich die anderen ihr Haar zu einem Pferdeschwanz mit Pony, der schon von der Mitte des Kopfes aus nach vorne gekämmt wurde.

Während diese Frisuren von den meisten Eltern geduldet wurden, war eine Dauerwelle für Mädchen gänzlich verpönt.

Seit der mittellangen Frisur aus der Mitte der 40er Jahre, die man bezeichnenderweise »Entwarnung« nannte, gab es eine regelrechte Welleninvasion: Nach den Wasser-, Kalt- und Dauerwellen kam aus den USA die Esca-Protein-Welle. Die chemische Einwirkung machte die Haare brüchig und stumpf, während die neuartige Proteinwelle das Haar vor dem Abbrechen bewahren sollte. Das Haar wurde dabei artig in Wellen gelegt und endete in einem kleinen Lokkenkranz. Die Frisuren, die noch nicht toupiert wurden, sollten locker, duftig und glänzend wirken. Hundertfaches abendliches Bürsten war ebenso wichtig wie der regelmäßige Besuch beim Friseur.

Die Mehrheit der deutschen Frauen hatte dunkles bzw. braunes Haar, doch bei den Männern stand in den 50er Jahren die Haarfarbe »blond« hoch im Kurs. »Blondinen bevorzugt« war nicht nur der Titel eines amerikanischen Spielfilms von 1955 (?) mit der Superblonden Marilyn Monroe, sondern auch die Schlagzeile eines BZ-Artikels vom 25. Nov. 1957, in dem mangelnde Hilfsbereitschaft von Männern gegenüber brünetten Frauen beanstandet wurde. Den eben nicht blonden oder gar ergrauten Frauen, die sich dem gängigen Schönheitsideal anpassen wollten, halfen neuartige Tönungswäschen aus der Not. Gefärbtes Haar galt dagegen als unpassend, man billigte es höchstens Schauspielerinnen oder Frauen des »halbseidenen Milieus« zu.

*»Färben ja – oder nein? Auszupfen kann man die ersten weißen Haare, bald sind es zu viele. Wir müssen einen anderen Weg gehen, wenn wir uns dagegen wehren wollen, von der Natur zur ›reifen Frau‹ gestempelt zu werden. Färben? Welch häßlicher Begriff! Welch falsche Vorstellungen weckt dieses Wort, man denkt an Farbanstrich, an unnatürliche Farbwirkungen. Man fürchtet auch aufzufallen und denkt mit Schrecken an den Eheliebsten. Ich möchte mein Haar färben lassen!... wie wird er diese Eröffnung aufnehmen.«*[7]

## Hygiene

»Peinliche Sauberkeit« war oberstes Gebot der 50er Jahre. Peinlich sauber hielten die Frauen ihre Wohnungen, ihre eigene äußere Erscheinung, die der Kinder und der Ehemänner. Mitunter brachten sie den Kindern in einem »Drei-Tage-Programm« nach Annie Weber schon im zarten Alter von ein oder zwei Jahren die wichtigsten Regeln der Reinlichkeit bei; die Männer begnügten sich damit, ihren Beitrag zur Sauberkeit zu leisten, indem sie die motorisierten Fortbewegungsmittel der Familien wuschen, abrieben, polierten und konservierten.

Die Reinigung der Körper sollte sich mit steigendem Lebensstandard nicht mehr nur auf die Benutzung von Wasser und Seife beschränken. Obwohl noch nur wenige die Vorteile eines Badezimmers oder Duschraums genießen konnten, gewann gerade für eine sich modern gebende Frau die Körperhygiene immer mehr an Bedeutung. Die von der Kosmetikindustrie angebotenen Seifen waren nicht mehr nur reinigend, sondern desodorierend, wohlduftend und antibakteriell. Der erst später auch von der Waschmittelwerbung übernommene Slogan »Sauber? Aber nicht rein!« warb in den 50er Jahren noch für neue Frauenseifen und Badezusätze.

»Körpergeruch« wurde zu dem Bewertungsmaßstab für mangelnde Körperpflege, der gleichzeitig soziale Kontakte beeinträchtigte. Zu diesem Makel gesellte sich ein weiterer: »Mundgeruch«. Beides fungierte in der Scheinwelt der Werbung als Ursache für das Fehlen männlichen respektive weiblichen Begehrens und des damit einhergehenden Glücks.

Für besondere Anlässe war die Benutzung eines Parfüms zu einem Muß geworden. Erst ein blumiger Duft oder die viel zitierte und karikierte »Parfümwolke«, die allen umstehenden den Atem verschlug, gab den Frauen das Gefühl, wohl zu riechen. Französische Duftwässerchen galten als Ausdruck von ungeheurem Luxus und blieben für die meisten auch unerschwinglich. Die Angst vor unangenehmen Körperausdünstungen befiel die Frauen vor allem während ihrer »schlechten Tage«. Die monatlichen Blutungen überstanden die Frauen mit dem immer wiederkehrenden Gefühl von Peinlichkeit, mit dem sie alle Anzeichen ihrer Menstruation zu verbergen suchten. Mädchen, die meist in völliger Unkenntnis über die eigenen körperlichen Veränderungen das Blut eines Tages in ihrer Unterwäsche entdeckten, reagierten nicht selten mit Ekelgefühl und Scham. Selbst mit Schwestern und Freundinnen sprachen sie nicht darüber. Die Unregelmäßigkeit der Blutung in der ersten Zeit ließ die Mädchen in ständiger Angst um äußerlich sichtbare Anzeichen ihrer »Tage« leben.

Simone de Beauvoir beschrieb das monatliche Unbehagen 1951 so:

*»Tag und Nacht muß sie daran denken, sich umzuziehen, auf ihre Wäsche, ihre Laken zu achten, tausend kleine praktische und widerwärtige Probleme zu lösen. In sparsamen Familien wurden die hygienischen Binden allmonatlich gewaschen und nehmen ihren Platz zwischen den Stapeln der Taschentücher wieder ein. Man muß also den Händen derer, welche die Wäsche besorgen... diese Abgänge aus einem selber ausliefern. ...dieses störende, lästige Ding kann sich während einer lebhaften Bewegung ablösen. Das ist dann eine schlimmere Demütigung, als eine Hose mitten auf der Straße zu verlieren. .... je stärker die Abneigung ist, die das junge Mädchen gegen diesen Makel der Frau empfindet, um so achtsamer muß sie darauf bedacht sein, sich nicht der scheußlichen Erniedrigung eines Malheurs oder eines vertraulichen Hinweises auszusetzen.«*[8]

Die moderne Hygiene in den 50er Jahren empfahl die Verwendung von »leicht zu erneuernder und leicht zu vernichtender Zellstoffwatte«, um »alle Abbaustoffe aufzufangen und unmerklich zu beseitigen«.[9]

Verschwiegen und voller Peinlichkeit ereignete sich der Kauf dieser Monatsbinden. Sie wurden in neutrales Pack-

frisch- und frei
von Körpergeruch

Auch bei 30° im Schatten

Die **neue** Camelia

Allen Frauen bietet „Camelia" eine Steigerung der Sicherheit und des Selbstvertrauens durch wichtige neue Vorzüge.

**neu** die zart-weiche Textilwatte-Auflage

„Camelia" ist durch eine zusätzliche Auflage aus textiler Watte noch weicher, noch körpersympathischer geworden. **Neu** sind auch die abgeflachten Enden – daher selbst bei leichtester Kleidung kein Auftragen!

Erhalten Sie immer die echte „Camelia", wenn Sie „Camelia" verlangen? Darauf sollten Sie aber bestehen. Achten Sie auf die blaue Packung!

**Weitere entscheidende Vorteile:**
Unverändert groß ist die anerkannte Saugfähigkeit der „Camelia" mit dem zuverlässigen rosa Wäscheschutz. Die eigentliche Saugschicht besteht aus der milliardenfach bewährten „Camelia"-Watte. Sie löst sich im Wasser völlig auf und kann daher leicht und diskret vernichtet werden. Millionen Frauen wissen das zu schätzen – zu Hause, auf Reisen und in fremder Umgebung. „Camelia" mit den neuen Vorzügen erhalten Sie zum gleichen Preis wie bisher.

Moderne Mädchen, die mit ihren Müttern offen über alle Fragen des Lebens sprechen, kennen „Camelia" und sind mit dieser naturgemäßen, behutsamen Frauenhygiene von Jugend auf vertraut.

  die neue Camelia noch weicher – noch diskreter

papier gewickelt, über den Ladentisch gereicht, um der Käuferin so die Peinlichkeit zu ersparen. Als angenehmer empfanden es viele Frauen, nicht mehr »Binden« verlangen zu müssen, sondern einfach »Camelia«.

Ähnlich verhielt es sich auch bei den seit Mitte der 50er Jahre in Deutschland im Handel erhältlichen Tampons. Für die moderne Frau gab es fortan die »Monatshygiene o. b.«, d. h. »ohne Binden«, oder Tampax. Mit dieser hygienischen Erneuerung kamen Frauen nun mit dem Blut fast gar nicht mehr in Berührung.

Der Tampon war aber keineswegs die einzige Erfindung zur Rationalisierung der monatlichen Unpäßlichkeit. Für »jene Tage« empfahl man Frauen auch die Einnahme von Schmerztabletten z. B. Migränin oder alkoholhaltigen Säften wie Klosterfraumelissengeist oder Frauenglück.

»Wir nehmen besser ein Kopfschmerzmittel und trinken – je nach Gewohnheit – einen heißen Kaffee oder etwas Alkohol.«[10] Frauen, die sich ein wenig Mühe gaben, konnten nun ihre Tage überstehen, ohne in ihrer üblichen Leistungsfähigkeit gemindert zu sein.

Obgleich während der kritischen Tage Frauen besonders auf Reinlichkeit achten sollten, galt es als unschicklich – weil angeblich unhygienisch – zu baden oder zu duschen. Gegen Körpergeruch konnte man die aus Amerika kommenden Chlorophylltabletten kaufen.

Die äußere Erscheinung sollte an »den Tagen« dezent und gepflegt sein. Bei Neigung zu Blässe oder »fahlem Aussehen« wurde empfohlen, die Unpäßlichkeit durch einen bunten Kragen oder einen »lebhaft getönten Schal« zu vertuschen.

Das Make-up sollte noch dezenter aufgetragen werden als an »normalen Tagen«, um die Blässe nicht zusätzlich hervorzuheben. Für das dann oft schlaffe und leicht fettende Haar wurden übermäßiges Bürsten und notfalls »Trokkenkopfwäschen« mit Haarpuder empfohlen.

»Dann sitzt die Frisur und weder ihr noch Ihnen merkt man an, daß Sie heute vielleicht nicht ganz so gut disponiert sind wie sonst. Sie brauchen also wirklich nicht unsicher sein.«[11]

Die Frauen wurden in den 50er Jahren zu bereitwilligen Konsumentinnen erzogen. Mit steigendem Wohlstand nahm für sie der Stellenwert von Mode, Kosmetik und Hygiene einen immer größeren Platz ein. Sie begriffen Schönheitspflege mehr und mehr als eine nahezu gleichwertige Aufgabe neben ihrer Erwerbsarbeit oder ihren Haushaltspflichten und der Arbeit in der Familie. Ihr Körper schien ihnen wieder wichtiges Kapital zu sein, das sie herausstellten und mittels der Angebote der Industrie zu »vervollkommnen« trachteten. Durch ihre Art sich zu kleiden, legten sie ihre Haltung gegenüber der Gesellschaft dar. Wenn sie sich an die gültigen Regeln hielten, galten sie als diskrete und wohlanständige Persönlichkeiten.

Hier nahm eine Körperkultur von Frauen ihren Anfang, die mit sinkender Anerkennung und Bestätigung in der gesellschaftlichen Bewertung einherging.

*Anmerkungen*

1 vgl. Delille / Grohn: Blick zurück aufs Glück, Berlin 1984
2 Stern, Heft 25, 1958, S. 8.
3 Handbuch der Frau, hrsg. von Hans Scheibenpflug u. a., Berlin / Darmstadt 1956, S. 146.
4 Oheim, Gertrud: Guter Ton für alle Tage, Gütersloh 1962, S. 31 ff.
5 Jahrbuch der öffentlichen Meinung 1947–1955, hrsg. von Elisabeth Noelle und Erich Neumann, Allensbach am Bodensee.
6 Frankfurter Allgemeine Zeitung, 28. 11. 1953
7 Constanze, Heft 2, 1949, S. 37.
8 Simone de Beauvoir: Das andere Geschlecht, S. 303.
9 Tampax Reklame, Constanze, Heft 19, 1958, S. 102.
10 Handbuch der Frau . . . , S. 325.
11 Constanze, Heft 7, 1951, S. 32.

liegt einem ständig erhon-
ick ein krankhafter Zu-
nde. Bei einem Blutdruck
eigt die erste Zahl den
oder Höchstdruck beim
hen, beim Schlagen des
zweite Zahl gibt den
Druck wieder, der ent-
Herz in Ruhe ist. Zur
:, die an ›hohem Blut-
i gesagt, daß die Arte-
n doppelt so hohen
, wie er als höchstes
einem Menschen ge-
eshalb ist auch be-
akute Blutdruck-
rie sie in der Sauna
erweise unschädlich
im enthält eine Al-
bnahme dieser Re-
ntspricht einer Zu-
ger Säuren im Or-
scheinung: inten-
sel. Eine Verschie-
hsellage nach der
st ähnlich wie beim
atürlichen Fiebers.
eber aber ist der in
e Zustand gutartig.
er, Attacken von
tältungskrankhei-

an jemanden vor
tschen. Das hat
Der Blutzucker-
lie Sauna beein-
utflüssigkeit ge-
beträgt normal
Blut und erhöht
en bis auf 4,6 und
aunabad erfolgt
kung meist eine
tzuckergehaltes.
Fieber ist der
m allgemeinen
änderungen im
uftbad gering-
gramm Steige-
. Es kann aber
treten, also ein
. In diesem Fall
hung vor dem

aufregenden
ι, erlebt der
f den Planken
ie Sensation
befindens. Er
, daß — wie
eiten — eine
enkungs-Ge-
Blutkörper-
sein ganzes
ändert. Die
, die Milz
lie Einwir-
Die roten
les Sauer-
fünf Mil-
in einem
t, in man-

**Bürste, Seife und Öl gehören zum Saunabad.** Das gibt samtweiche Haut. Finnische Frauen wandern auch in die Sauna, wenn sie ein Kind unter dem Herzen tragen. Man sagt, deshalb gäbe es bei ihnen keine Brustdrüsen-Entzündungen

Nackt oder fast nackt wurden Frauen (Männer sowieso) in den 50er Jahren fast nie abgebildet – es sei denn in Zusammenhang mit Berichten über fremde Länder und Sitten (darunter fielen auch die ausländischen Filmstars) oder wenn es um ehe- und familienbedrohende Sexualität ging. Aber selbst in letzterem Fall war man mehr als prüde . . .

# Sie gehen zu weit, Dr. Kinsey!

**Gehen Sie manchmal ohne Nachthemd ins Bett?** Und wann? Wie oft? Solche Fragen richtete Zoologie-professor Kinsey an 5940 Amerikanerinnen. Sind Sie exakt genug, Dr. Kinsey? Haben Sie auch bedacht, daß Nachthemd und Nachthemd nicht dasselbe ist? Die Umfrage eines über Kinsey empörten Wäschefabrikanten aus Chikago ergab: Nicht 50, sondern nur 5³/₄ Frauen schlafen ›ohne‹. Fotos: Mauritius, Fiedler, Blitz, ap

»Leidenschaftliche Küsse durften nur in der freien Natur aus-getauscht werden und auch dort nur dann, wenn die Partner sich in »stehender Position« befanden. Die Intensität von Lippenberüh-rungen in einer Wohnung hatte schon wesentlich milder zu sein und mußte in einer Schlafzimmer-Kulisse zu einem harmlosen Küßchen degenerieren. Küsse im Bett waren vollends verboten, auch wenn beide Filmpartner vollständig bekleidet waren und als verheiratet galten.« (Spiegel, 16. 1. 1957). Nur wenn man sich diese Zustände vor Augen hält, wird einem klar, warum Doris Day und Rock Hudson in einem Film wie »Pillow Talk« erfolgreich »Sex-Appeal« angedichtet werden konnte.

»...Die überbetonten Wölbungen und Kurven der Monroe (die hier nur als ein Beispiel genannt wird) und ihrer italienischen und französischen Kolleginnen entsprechen nicht dem Schönheitssinn des modernen mitteleuropäischen Menschen. Unser Ideal ist viel eher die grazile, graziöse, schlanke oder gar jünglingshafte Frau. Vielleicht auch die sportliche, bewegliche, auf keinen Fall aber die lässig lagernde, die die Lüsternheit erwecken und die Neugierde jugendlicher Gemüter erwecken soll.« (Constanze, 21/1954, S. 11).

**Angela Delille / Andrea Grohn**

# Von leichten Mädchen, Callgirls und PKW-Hetären

## Rationalisierung im Gunstgewerbe

Mit der Konsolidierung der Gesellschaft der 50er Jahre verschwand auch die Prostitution wieder aus dem Blickfeld des öffentlichen Lebens. Zählte man nur in Köln im Jahr 1948 noch circa 15000 Prostituierte,[1] waren es zum Ende der 50er Jahre in der ganzen Bundesrepublik ungefähr 45000 Frauen, die sich »gewohnheitsmäßig preisgaben« zum »außerehelichen Geschlechtsverkehr oder sonstiger Unzucht im Austausch oder in Erwartung geldeswerter, für die Lebenshaltung ins Gewicht fallender Vorteile auf Grund einer durch mehrfache Übung erworbenen Geneigtheit zu solcher Verhaltensweise«, wie es in einem Fachblatt der Kriminalstatistik heißt.[2]

Längst war das Gros der Prostituierten aus den Besatzerkneipen abgewandert auf die Anhöhen des deutschen Wohlstandes. Die deutsche Kundschaft war zahlungskräftiger geworden, auch die Prostituierten hatten sich auf die Gepflogenheiten einer modernen Konsumgesellschaft eingestellt. Der »Autostrich« am Straßenrand wurde der Kundendienst für die wachsende Zahl der Automobilisten. Zum berühmtesten Anhalterstrich brachte es die Bundesstraße zwischen Wiesbaden und Mainz, an der die Prostituierten »mit Worten und Gebärden« warben. Telefonische Auftragsdienste breiteten sich in allen Großstädten aus. Die Berufsbezeichnung »Callgirl« hielt auch in Deutschland Einzug.

In den Bordellen stellte man sich von der Nacht- auf die Tagschicht für die zahlenmäßig ständig wachsende Büro-Kundschaft um. Hauptgeschäftszeit solcher Etablissements war die Mittagszeit. In vielen Großstädten »erlaubte« die neue kasernenartige Unterbringung von Prostituierten in speziellen neuen Häuserblocks eine ungeheure Rationalisierung. So vollbrachten in Düsseldorf die 228 Bewohnerinnen eines solchen Hauses (»Arabella«) die gleiche Leistung wie die 3000 Mädchen, die noch 1954 durch die Ruinenfelder und Straßen zwischen Bahnhof und Rheinufer gelaufen waren. Jene nahmen circa drei bis vier Freier pro Tag; jede der 228 Prostituierten dagegen empfing für ein Entgelt von 15 DM aufwärts binnen 24 Stunden bis zu 40 Kunden. Das ergab insgesamt mehr als 9000 Kundenbesuche täglich, rund 250000 monatlich – rein rechnerisch fast genauso viele, wie es männliche Düsseldorfer über 21 Jahre gab![3]

Außerdem wurde ein Teil der deutschen Prostituierten mobiler. Sie waren Saisonarbeiterinnen, die den Sommer auf Sylt oder in Travemünde, den Winter in Garmisch-Partenkirchen oder Obersdorf verbrachten. Sie reisten vom Autosalon in Frankfurt zur Messe nach Hannover oder zum Flottenbesuch nach Hamburg.

Weniger gut situierte Prostituierte trampten in Fernlastkabinen über Landstraßen und Autobahnen. In den Küstenstädten arbeiteten die Prostituierten als Schiffsgängerinnen auf Schiffen, die nur kurz anlegten und deren Matrosen keine Zeit für lange Nächte in Vergnügungsvierteln wie St. Pauli hatten. Sie reisten mit den Schiffen bis in den nächsten Hafen und stiegen dann wieder um.

, In Berlin bevorzugten einige die Arbeit in hergerichteten VW-Bussen, die auf Stellplätzen vom Grunewald bis Waidmannslust anzutreffen waren.

Diese Mobilität erschwerte natürlich die staatliche Kontrolle. Es ging nicht nur um die zwangsärztliche Gesundheitsfürsorge, sondern auch wieder um die steuerliche Erfassung.

Nach Expertenschätzungen nahm die Branche fast eine Milliarde Mark ein – annähernd soviel, wie in Bonn für die Entwicklungshilfe ausgegeben wurde. Ob eine Prostituierte eine Leistung im Sinne der Steuergesetzgebung vollziehe, stand wieder zur Diskussion. In der Weimarer Republik hatte der Reichsfinanzhof 1923 und 1931 dagegen entschieden, für die Nationalsozialisten waren die Einnahmen einer Prostituierten allerdings als sonstige Einkünfte steuerpflichtig. In der Bundesrepublik wurde die Prostitution zunächst wieder steuerfrei. Doch die Finanzbehörden mochten sich mit diesem Zustand nicht zufrieden geben. Im Hin und Her über die Frage, ob der gewerbsmäßige Geschlechtsverkehr überhaupt als eine »einkommensteuerlich beachtliche Leistung« anzusehen und somit zu Einkommensteuer, Notopfer-Berlin-Ausgabe und Kirchensteuer zu veranlagen war, entschied der 2. Senat des Bundesfinanzhofs erst zu Beginn der 60er Jahre: Einkünfte aus »gewerbsmäßiger Unzucht« seien als »sonstige Einkünfte« gemäß § 22 Ziffer 3 Einkommenssteuergesetz zu führen.[4]

In der Praxis ergab sich daraus für die Steuerbeamten die schwierige Aufgabe, die Prostituierten zu erfassen. Jede zweite bis dritte Prostituierte wurde bei den Gesundheitsämtern geführt, diese unterliegen aber der ärztlichen Schweigepflicht. Es ließen sich nur jene ohne Mühe schröpfen, die in den traditionellen Straßen arbeiteten, in Hamburg in der Herbertstraße, in Braunschweig in der Bruchstraße, in der Bremer Helenenstraße, der Kleinen Breitgasse in Köln oder der Linienstraße in Dortmund.

Weitaus schwieriger war es, den klassischen Straßenstrich und die sogenannte Lokalprostitution zu erfassen. Die meisten Prostituierten waren von der Straße in die Kneipen und Cafés einschlägiger Bezirke geflüchtet. So profitierten in den Bahnhofsvierteln der Großstädte zu ganzen Straßenzügen aneinandergereihte Bars und Cafés von den Geschäften mit Freiern, die bei Bier und Korn, Sekt oder Whisky abgeschlossen und in den nahegelegenen Privatquartieren oder Stundenhotels vollzogen wurden. Die Preise der Prostituierten standen meist in direktem Verhältnis zu den Preisen der Speisekarten.

In reglementiertem Rahmen wurde Prostitution nach den »Ausuferungen« und »Verwilderungen« der Nachkriegsjahre zum festen Bestandteil der bundesdeutschen Aufbaugesellschaft. Die Prüderie und Doppelmoral der 50er Jahre gewährte ihr eine unbehelligte Existenz am Rand der Gesellschaft. Man entledigte sich des Problems, indem man es weitgehend tabuisierte. Doch immerhin hielten Anfang der 60er Jahre 5% mehr Frauen Prostitution für eine nützliche Einrichtung als noch 1949, und über die Hälfte hielten Prostitution zumindest für ein notwendiges Übel.[5]

Mit wirtschaftlichem Aufschwung wird Rationalisierung auch für die Prostituierten das Schlagwort der 50er Jahre: je mehr Kunden, desto höher die Ausnutzung der meist überteuerten Zimmer.

Rationalisierte Prostitution: Stuttgarter Dreifarbenhaus, Düsseldorfer Großbordell Hinter dem Bahndamm

## Reeperbahn:
## Zur Geschichte einer Vergnügungsstraße

Nach 1945 waren zunächst endlose Reihen Wurstbuden
St. Paulis Hauptattraktion. Sie trugen der Reeperbahn die
Bezeichnung »Knackwurstallee« ein. Als die Freßwelle ab-
ebbte, glaubten die St.-Pauli-Unternehmen zuerst, im Vor-
kriegsstil mit sittsam verhüllten Tänzerinnen das D-Mark-
Geschäft ankurbeln zu können, aber die Etablissements
blieben leer.

Neue Attraktionen waren dann zunächst »Damenring-
kämpfe« im Schlamm und Revuen mit 100 Badenixen in
den gerade in Mode gekommenen Bikinis.

Doch St. Paulis Vergnügungsmanager mußten bald stärkere Anreize ersinnen. In den Schaukästen der Lokalitäten
wurden die Fotos der mit Bikinis bekleideten Damen durch
Bilder von »Schönheitstänzerinnen« ersetzt, die meistens
nicht mehr am Körper trugen als Plastikketten und -ringe.
Auf Plakaten wurden »scharf gemixte Nackt-Revuen« an-
gepriesen. Im April 1956 allerdings, drei Jahre, nachdem
das Gesetz über die Verbreitung jugendgefährdender
Schriften vom Bundestag beschlossen worden war, wurden
in einer Nacht- und Nebelaktion über 400 Nacktfotos be-
schlagnahmt und über die Nachtclubbesitzer Geldstrafen
verhängt.

Als Ersatz für die abgebildeten nackten Frauen werden
jetzt grellbunte Plakate ausgestellt, die z. B. »intime Sitten-
dramen in Technicolor« anpriesen. Portiers vor den Ein-
gängen mußten den Passanten nun Einzelheiten flüstern.

Die Kosten der Kneipenwirte erhöhten sich so natürlich
erheblich. Nicht nur die Schlepper waren sich der Wichtigkeit ihres Jobs bewußt, sondern auch die Darstellerinnen
der Zehn-Minuten-Streifen. Sie kassierten pro Film etwa
100 DM.

Als »Schönheitstänzerinnen« bekamen sie rund 800 DM
Festhonorar. Für ein Tanzpaar – er im Leopardenfellhös-
chen, sie mit hauchdünnen Perlonschleiern bekleidet –
zahlten die Gastwirte notgedrungen 3000 DM Monatsga-
ge. Zu den Personalkosten zählten auch die Ausgaben für
»Verzehrbons«, welche die Gastwirte an Damen austeil-
ten, so daß diese in ihren Etablissements die meist überteuerten Getränke gratis konsumieren konnten – und so
den Status »freischaffender« Animierdamen annahmen.

Damen-Ringkämpfe

## Die Affäre Nitribitt

Um die »Affäre Nitribitt« entstand eine der größten und nachhaltigsten Medienschlachten der 50er Jahre. Bei heutigen Recherchen über den gewaltsamen Tod der Frankfurter Prostituierten Rosemarie Nitribitt ist nur schwer zwischen Dichtung und Wahrheit zu unterscheiden. Nicht zuletzt der noch während der ersten Ermittlungen zu diesem Mordfall begonnene Film »Das Mädchen Rosemarie« und die öffentlichen Skandale um eben jenes Werk haben die journalistische Aufarbeitung dieses Prostituiertenmordes wesentlich beeinflußt.

Am 1. November 1957 war Rosemarie Nitribitt in ihrer Frankfurter Wohnung erwürgt aufgefunden worden. Die Tatzeit konnte von der Polizei nicht mit Bestimmtheit festgelegt werden, man vermutete, der Mord sei zwischen Dienstagnachmittag, dem 29.10. und Mittwochmorgen, dem 30.10. verübt worden. Die Tatumstände ließen auf einen Kampf der Prostituierten mit ihrem Mörder schließen. Obwohl Hunderte von Spuren verfolgt wurden, verliefen die Ermittlungen im Sande. Es gab zwar einige dringend der Tat Verdächtige, sogar einen Unbekannten, der sich anonym per Postkarte selbst bezichtigte, aber letztendlich blieben die Bemühungen der Polizei erfolglos. Kritik an der etwas schusseligen Spurensicherung ließ so auch nicht lange auf sich warten. Aber es war nicht die Kriminalstory, es waren auch nicht die mysteriösen Umstände dieses gewaltsamen Todes, die vorrangig in der Öffentlichkeit Interesse fanden.

Rosemarie Nitribitt, im Februar 1933 geboren, war trotz ihrer Jugend schon vor ihrem Tod weit über die Grenzen Frankfurts hinaus bekannt. Man zählte sie zu den »elegantesten« Frauen Frankfurts. In ihrer kurzen »Anschaffensperiode« – bis zu ihrer Volljährigkeit lebte sie in Fürsorgeheimen – hatte sie sich regelrechte Reichtümer erworben. Der Wert des Nachlasses der Maria Rosalie Nitribitt wurde vom Nachlaßgericht auf 120000 DM festgesetzt – für damalige Verhältnisse eine sehr große Summe. Sie hatte sich mit unverhältnismäßigem Luxus umgeben, besaß teure Modellkleider, wertvolle Pelze und Schmuck, eine teure Wohnung und nicht zuletzt ihren berühmten schwarzen Mercedes 190 SL mit roten Ledersitzen, der über ihren Tod hinaus zu ihrem Markenzeichen wurde.

Diesen Reichtum hatte sie einem Kundenkreis zu verdanken, der vorwiegend aus Männern der vermögenden und einflußreichen Oberschicht der noch jungen Wirtschaftswundergesellschaft bestand. Dies war damals das eigentlich Sensationelle und Spektakuläre an dem Mordfall. Aber weder während der direkten Ermittlungen der Polizei zu dem Mordgeschehen noch während des Indizienprozesses gegen einen Bekannten der Nitribitt anderthalb Jahre nach dem Mord wurden tatsächlich Namen ihrer Kunden aus Industrie, Politik und Wirtschaft bekannt.

Drei Monate nach dem Mord zimmerte der Staatsanwalt einen Haftbefehl gegen H. Pohlmann, einen etwas zwielichtigen Handelsvertreter aus Frankfurt, nur aufgrund von Indizien zusammen – und mußte ihn nach elfmonatiger U-Haft wieder entlassen. Es war der Polizei nicht gelungen, aussagekräftige Beweise zu finden.

H. Pohlmann dagegen avancierte dank der bundesdeutschen Regenbogenpresse zum meistbemitleideten Mann der Republik. Die Bekanntschaft mit der Prostituierten verschaffte ihm, der sich bis dahin mit Unterschlagungen und Betrügereien gerade so über Wasser gehalten hatte, in der Folgezeit einige nennenswerte Beträge.

Rosemarie Nitribitt ...

Kaum aus der U-Haft entlassen, konnte er der Zeitschrift Quick seine »Erfahrungen und Erlebnisse mit Rosemarie« inclusive seiner Hafterfahrungen und Unschuldsbeteuerungen meistbietend verkaufen.

Ein in einschlägigen Kreisen bekannter Hamburger Anwalt kaufte ihm dann im Sommer 1959 in unbekanntem Auftrag für 50000 DM die »Persönlichkeitsrechte« ab. Der Vertrag legte Pohlmann Schweigen auf über die großen Unbekannten, die zum Kundenkreis der Rosemarie Nitribitt gehört hatten. Selbst eine Filmrolle für 10000 DM Gage wurde ihm angeboten.

Dies sollte schon die zweite Produktion werden, die ihren Stoff aus Leben und Tod der Rosemarie Nitribitt bezog. Noch im Winter 1957, also gleich nach Bekanntwerden des Mordfalls und erster Gerüchte um den Kundenkreis der Prostituierten, schrieb der damals schon bekannte Journalist Erich Kuby den Roman »Rosemarie – des deutschen Wunders liebstes Kind« und machte die Frankfurter Prostituierte damit zur Symbolfigur neudeutschen Wunderwohlstands. Die Verbindung der Prostituierten

...und Film-Nitribitt Nadja Tiller

mit deutscher Industrieprominenz wurde bei ihm zu einer Bestandsaufnahme der moralischen Verkommenheit der sogenannten Leitbilder des wirtschaftlichen Aufstiegs der Bundesrepublik.

Kuby schrieb auch das Drehbuch zu dem wohl bekanntesten Film des Regisseurs Thiele »Das Mädchen Rosemarie«, der mit einer Starbesetzung und der noch relativ unbekannten Nachwuchs-Schauspielerin Nadja Tiller verfilmt wurde.

Schon während der Dreharbeiten gab es eine Vielzahl an Protesten und Verfahren. Kuby erklärte das so: »Gewisse Kreise reagieren auf das Projekt Nitribitt empfindlich, weil sie mit Recht vermuten, daß der Kundenkreis dieses Mädchens in unserem Film eine große Rolle spielt.«[6]

So hatten die Herrn der Daimler-Benz AG die Bitte um einige im Drehbuch vorgeschriebene Sportwagen Mercedes 190 SL völlig unüblicherweise abgelehnt. Normalerweise betrachten Industriefirmen das Zurschaustellen ihrer Erzeugnisse in einem Spielfilm als billige und wirksame Werbeaktion. Dreharbeiten in einer Halle der Opel-Werke

wurden nicht gestattet. In Kubys Drehbuch sind die Direktoren dieses Konzerns Stammkunden der Prostituierten. Der ARAL-Konzern klagte gegen die Verbreitung eines Werbefotos, welches Nadja Tiller als Nitribitt in dirnenhafter Pose an einer ARAL-Tankstelle zeigt.

Dr. Ing. Berentzen, der Besitzer des Hauses in der Stiftstraße 36, in dem Rosemarie Nitribitt gewohnt hatte und das auch mehrfach in dem Film genannt wurde, klagte auf Unterlassung, um den guten Ruf seiner Mieter besorgt. Den Prozeß und ein Revisionsverfahren verlor er allerdings. Selbst ein gewisser Freiherr von Oelsen fühlte sich und seinen adligen Namen in den Schmutz gezogen, weil auch eine Filmfigur unter dem Namen Fürst Oelsen auftrat.

Aber gleich nach Abschluß der Dreharbeiten bat eine Kommission der Venezianischen Filmfestspiele um Zusendung des Films samt italienischer Untertitel und ließ den in Deutschland so angegriffenen Film internationale Beachtung finden. Im Ausland reagierte man nicht annähernd so hysterisch und würdigte vor allem die schauspielerische Leistung der Darsteller. Allen voran die noch junge Nadja Tiller, die mit diesem Film ihren großen Durchbruch erlebte, andererseits aber auch auf die Rolle halbseidener Mädchen festgelegt wurde.

Adenauer, der laut »Spiegel« seit Beginn der Affäre überlegte, ob er denn nun noch Fahrzeuge der Firma Daimler Benz benutzen könne, hatte versucht, über das Auswärtige Amt Druck auf die italienische Regierung auszuüben, damit der Film nicht gezeigt würde, hatte aber keinen Erfolg.

Diesen wiederum hatte im Jahre 1959 Ludwig Erhard; wieder laut »Spiegel« war er es, der die »Quick« dazu brachte, die Pohlmann-Serie genau vor der Folge abzubrechen, in der es um die Kontakte der Nitribitt mit Prominenz aus Politik und Wirtschaft gehen sollte.

In der Affäre Nitribitt ging es am wenigsten um Prostitution als eine von Männern in Anspruch genommene Möglichkeit der »Freizeitgestaltung«. Es ging auch nicht um das Schicksal einer Rosemarie Nitribitt oder die etwaigen Beweggründe für ihr Tun.

Von den einen wurde sie vor allem deshalb verurteilt, weil sie es geschafft hatte, in kürzester Zeit aus ihrem »unanständigen« Gewerbe höchstmöglichen Gewinn zu erzielen und mittels allgemeingültiger Prestigeobjekte – Mercedes SL, Pelze und kostbarer Schmuck – Zugang zu einer »feineren« Gesellschaft zu finden. Der sie umgebende Luxus war der direkte Ausdruck für die Unmoral ihrer Person und ihrer Arbeit schlechthin.

Für die anderen war nicht Rosemarie Nitribitt die Verkörperung der Unmoral, sondern ihre Kunden: die Bosse der wiedererstarkten deutschen Industrie, diese Riege von Leitbildern der noch neuen und scheinbar so sauberen Wirtschaftswundergesellschaft, die öffentlich für die prüde, frauenverachtende Familienpolitik der CDU eintraten und heimlich ihrer nicht weniger frauenverachtenden Lust mit Prostituierten frönten.

In beiden Fällen ging es um erste Kratzer am Bild des deutschen Wirtschaftswunders.

*Anmerkungen*

1 Grosser, Alfred: Geschichte Deutschlands seit 1945, Berlin 1974.
2 Der Spiegel, Heft 15, 1965.
3 ebd.
4 Sicot, Marcel: Weltphänomen Prostitution, München 1965.
5 Jahrbuch der öffentlichen Meinung 1955, hrsg. von Elisabeth Noelle und Erich Neumann, Allensbach am Bodensee.
6 Der Spiegel a.a.O.

# Margot Schmidt

## „Es gibt noch Märchen, die in Erfüllung gehen"

### Filme, Idole, Leinwandstars

Von den Kinobesucherrekordzahlen in Millionenhöhe der jetzt schon wieder nostalgisch umschwärmten »Goldenen Fifties« können die heutigen Kinobesitzer nur träumen. Der absolute Zuschauerrekord lag 1956 bei 818 Millionen. Die expansiven Goldgrubenzeiten des Princess-Kinos und der Royal-Paläste mit mehr als 1000 Sitzplätzen sind endgültig vorbei. Der Farbfernsehapparat im privaten Wohnzimmer hat ihnen längst den Rang abgelaufen und liefert uns die Ware Film samt neuer alter Ideologie wohlfeil ins Haus. Dank der umsichtigen Planung der Programmgestalter der öffentlich-rechtlichen Anstalten ist es uns seit einigen Jahren vergönnt, Einblicke in die Filmproduktion der Adenauer-Ära zu gewinnen. Rechtzeitig zum Auftakt der neuen CDU-Regierung erfreute uns die ARD mit ihrer Reihe »Deutsche Liebespaare«, mit deren Stars wir schon in diesem Jahr unter anderem in der Reihe »Deutsche Film-Idole in Weiß« Wiedersehen feiern durften. Die Seh-

beteiligung dieser früheren Kinoerfolge ist auch heute noch beachtlich, sie liegt bei über 30%. Wie wirksam die Trendvorgabe »zurück ins private Glück« ist und auf welch fruchtbaren Boden die von den Wendepolitikern und Adenauerenkeln so rührig betriebene Wiederauflage traditioneller Normen und Leitbilder gefallen sein mag, zeigt die enorme Publikumsresonanz an, die im diesjährigen Sommerfestival des ZDF der Wunschfilm »Heimatfilme« der 50er Jahre fand. Fast eine Million Zuschauer beteiligten sich an der telefonischen Programmauswahl und entschieden sich mit überwältigender Mehrheit für die junge Marianne Koch als »Landärztin« und den damals unbestrittenen männlichen Publikumsliebling Rudolf Prack, der seine durchschlagendsten Erfolge dann erzielte, wenn er sich mit »Schwarzwaldmädel« und »Privatsekretärin« Sonja Ziemann als Liebespaar vereinte.

Damals wie heute gilt die Regierungsparole »Keine Experimente«, und so erstickten die spärlichen Ansätze eines kulturellen »Neubeginns« der westdeutschen Filmproduktion im Ufa-Stil der 30er und 40er Jahre. »Die Kontinuität zwischen dem NS-Film und der westdeutschen Produktion kann schon oberflächlich damit belegt werden, daß man hier wie dort dieselben Namen als Autoren und Regisseure findet.«[1] Die Chance eines neuen Anfangs wird – wie überall in der neugegründeten Republik – vertan. »... auf den Trümmern der Welt finden sich nicht erneuerte, umgebildete Geschöpfe, sondern die alte Garde: die Ucickys, Liebeneiners, Harlans. Es handelt sich um die alten Opportunisten und Spießer, die nun wieder ans Werk gehen. Sie kleben am alten fest und beweisen, wie sehr sie vom alten gefesselt sind.«[2] Bevorzugte stereotype Filmgattungen und Kassenschlager der 50er Jahre werden die reinen Unterhaltungsfilme der heiter-besinnlichen Sorte: Heimat-, Lust- und Abenteuerspiele mit den immergleichen Handlungsmustern, die unausweichlich im Klischee-Happyend enden müssen.

Der vorgeblich »unpolitische« Film wurde verbal und finanziell getragen und beeinflußt durch die Autorität der christlich-demokratischen Regierung. Sie ließ die öffentlich geförderten Filmproduktionen durch eine eigens eingerichtete staatliche Bürgschaftsgesellschaft überwachen, die »fünfzig Prozent der deutschen Filmproduktion bis zur Besetzungsliste (kontrollierte)«[3]. Damit sollte gewährleistet werden, daß die geplanten Filmvorhaben ihre Herstellungskosten mit Gewißheit wieder einspielten, so daß »diese staatliche Hilfe letzten Endes auf die Unterstützung von ›Schnulzen‹ hinauslief«[4]. Schon 1950 empfahl Rudolf Vogel, CDU-MdB und »einer der wichtigsten Männer« der bundesrepublikanischen Filmpolitik: »Der deutsche Film wird nach wie vor ... eine große Zukunftschance besitzen, wenn er wieder auf sein ihm ursprünglich zufallendes Gebiet des Musikfilms, des landschaftsgebundenen Films und Kulturfilms zurückfindet.«[5] Nachhaltig gestützt wurde diese Empfehlung durch den »Freiwilligen Kodex der Deutschen Filmindustrie« von 1948, der die Bestimmungen der Besatzer fast wörtlich übernahm und der auch die spätere Freiwillige Selbstkontrolle (FSK) sowie die Praxis der Filmbewertung (FBW) wesentlich mitbestimmte. Spielfilme, so heißt es im Kommentar des Kodex, sind ein »Mittel der Unterhaltung«, das sei eine »allen Zeiten und Völkern gemeinsame Erkenntnis«. Sie sind »nützlich, wenn sie den Menschen bessern und fördern, oder wenigstens dem vom Lebenskampf ermüdeten Menschen Entspannung und Erholung gewähren. Sie sind schädlich, wenn sie der sittlichen Persönlichkeit schaden oder zu minderwertigen Daseinsformen hinlenken.« Und um eben diese »nützliche Entspannung und Erholung« zu gewährleisten, bedient man sich des »Leitgedankens« und »Gebote des natürlichen und menschlichen Rechts«. Er baut auf die »natürlichen Gesetze... die der ganzen Menschheit ins Herz geschrieben sind, die allgemeinen Grundsätze also des Naturrechts und der Gerechtigkeit, wie das Gewissen sie dem gesitteten Menschen vorschreibt.« Selbstverständlich sind dabei die »Heiligkeit der Ehe und der Familie stets zu achten und zu verteidigen.«[6]

Die »alte (männliche) Garde« hatte gewiß keine Probleme, sich diesen Verhaltenskodex mit »Herz und Gewissen« zu eigen zu machen. Frauen hatten in diesem Geschäft der Regisseure, Drehbuchautoren, Produzenten und Verleiher ohnedies wenig zu sagen,[7] und so nimmt es nicht weiter wunder, daß alles das, was seit Jahrhunderten für die Frauen gilt und was die Nationalsozialisten uns ganz besonders in Herz und Verstand zu schreiben suchten, seit 1933 offen-

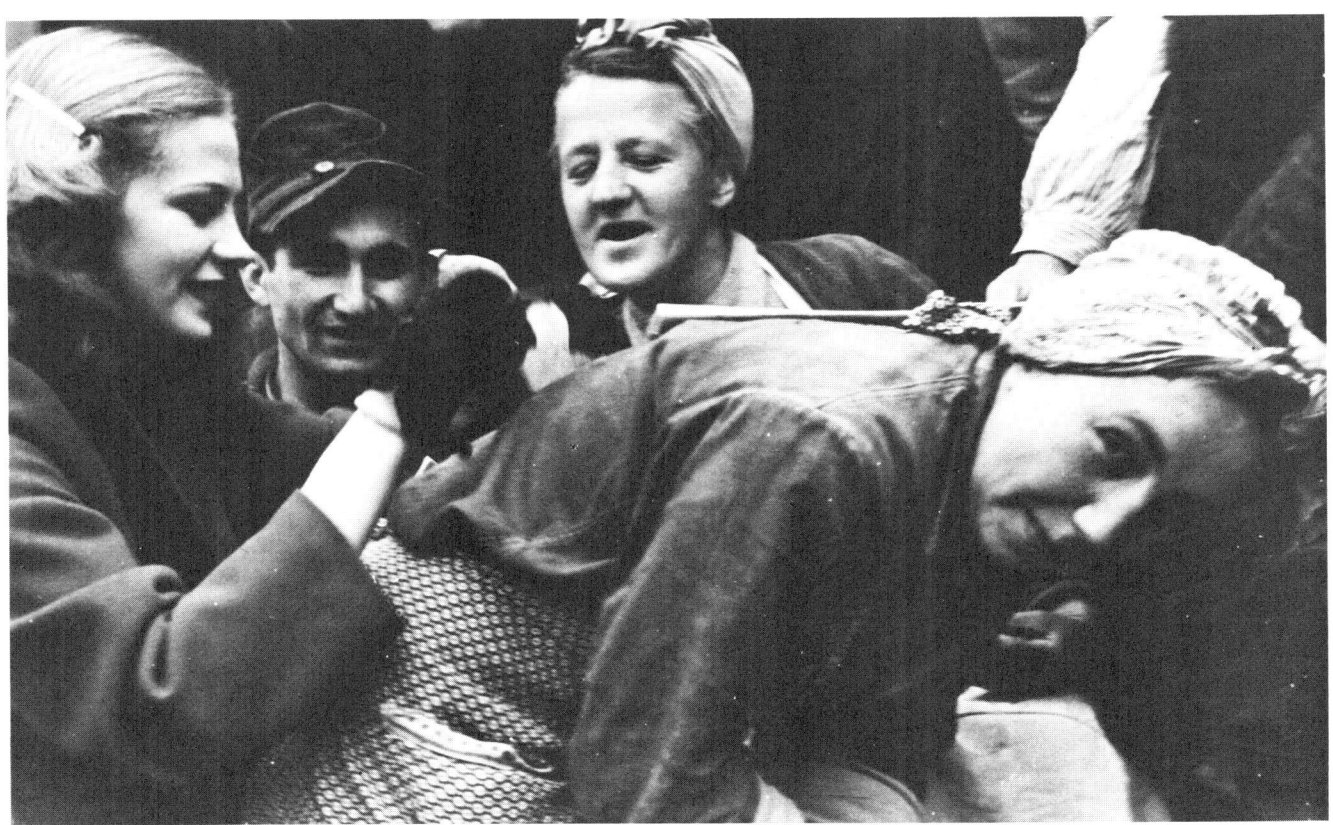

Hildegard Knef gibt Berliner »Trümmerfrauen« Autogramme

Romy Schneider und Karlheinz Böhm                    Maria Schell und O. W. Fischer

bar noch weitere tausend Jahre gelten sollte. Das deutsch/österreichische Kino bestätigte die privat und gesellschaftspolitisch gewünschten traditionellen Leitbilder von geordneten Familienverhältnissen, einem behaglichen Zuhause mit einer liebenden und treuen Gattin und Mutter, wohlgeratenen Kindern und jungen, verantwortungsbewußten, entsexualisierten ledigen Frauen, die häufig einen helfenden und dienenden Beruf ausübten, bis sie endlich vom Mann ihres Lebens gefunden wurden, der dann für alle Zukunft unbeirrbar seinen schützenden und versorgenden Arm um sie hielt.

Die repräsentativen Leinwandheldinnen dieser Zeit sind weibliche Prototypen und schablonisierte Pseudohandlungsträgerinnen mit äußerst geringer Variationsbreite. So verkörpert zum Beispiel Luise Ullrich weiterhin die Rolle der tüchtigen, pflichtbewußten Mutter, Geschäftsfrau oder Krankenschwester. Ruth Leuwerik begegnet uns als gute, edle, kultivierte reife Königin Luise oder Trappfamilienmutter. Romy Schneider wird verdonnert zum romantischen süßen Mädel, das vom adligen Trotzkopf zur liebreizenden Kaiserin Sissi wachsen darf. Maria Schell muß der deutschen sentimentalen Seele freien Lauf lassen, mit viel Gefühl hingebungsvolle Liebes- und unermeßliche Leidensbereitschaft präsentieren. »Niemand weint so schön und schnell, wie im Film Maria Schell« heißt es seit 1950 von ihr. Sonja Ziemann schließlich tritt uns als die sympathische, natürliche, praktische und adrette, anpassungsfähige, gute und nette Kameradin gegenüber, die jeder charaktervolle Mann zum Traualtar führen möchte.

Mithin versammelt finden sich hier sämtliche weiblichen Wunschbilder, von denen ein deutscher Mann (und seine liebe Frau) zu träumen vermag, und die er in der Zeit des Wiederaufbaus und des beginnenden Wirtschaftswunders dringend braucht und an seiner Seite zu sehen wünscht.

Gegenteilige Rollenerfahrungen, die zahlreiche Frauen während der Abwesenheit der Männer in der Kriegs- und unmittelbaren Nachkriegszeit machten, sollten nicht wirksam werden und womöglich in neu erwachtes weiblich forderndes Bewußtsein umschlagen. Abweichende Erkenntnisse und Einstellungen zur Rolle des Mannes, wie sie eine junge Berliner Verlagsangestellte in ihrem anonym veröffentlichten Tagebuch über das Kriegsende formulierte, dürfen gar nicht erst zum Tragen kommen:

»Immer wieder bemerke ich in diesen Tagen, daß sich mein Gefühl, das Gefühl aller Frauen den Männern gegenüber ändert. Sie tun uns leid, erscheinen uns so kümmerlich und kraftlos. Das schwächliche Geschlecht. Eine Art von Kollektiv-Enttäuschung bereitet sich unter der Oberfläche bei den Frauen vor. Die männerbeherrschte, den starken Mann verherrlichende Naziwelt wankt – und mit ihr der Mythos ›Mann‹... Das formt uns um, macht uns krötig. Am Ende dieses Krieges steht neben vielen Niederlagen auch die Niederlage des Mannes als Geschlecht.«[8]

Das darf nicht sein! Die allmächtige Autorität und unumschränkte Vormachtstellung des Mannes muß unangetastet und ohne Zweifel bestehen bleiben. Das gekränkte männ-

Ruth Leuwerick

meintlichen Rollentausch verlangte es das Publikum nach einem ruhigen überschaubaren Ort, an dem es sein Leben – für ein »paar schöne Stunden« – endlich genießen und »Entspannung und Erholung« in der heilen Welt finden wollte, die ihm die Traumfabrik jetzt sogar in Farbe auf die Leinwand zauberte.

»Das Ich des Kinobesuchers«, so der Filmtheoretiker Siegfried Krakauer, »das die Quelle seiner Gedanken und Entscheidungen ist, zieht sich von der Szene zurück«. Es gerät in einen »Auflösungsprozeß«, den Krakauer mit den Worten einer »intelligenten Französin« beschreibt: »Wenn das Kino seine Wirkung ausübt, so darum, weil ich mich mit seinen Bildern identifiziere, weil ich mehr oder weniger mein Ich vergesse über dem, was auf der Leinwand vor sich geht. Ich bin nicht mehr in meinem eigenen Leben, ich bin in dem Film, der sich vor mir abspielt.« [10] Nach einer Untersuchung über »Vorbilderleben und Leitbildwirkung im Film« bei mehr als 3 000 Jugendlichen [11] kann diese Wirkung auch nach dem Kinobesuch noch weiter anhalten, so daß einige Mädchen (hier zwei Schneiderinnen) »traumverloren« und »geistesabwesend« durch die Straßen laufen und die »Außenwelt ... momentan wie weggeblasen« ist. Und eine Oberschülerin bestätigt:

*»Was ich an einem Film schätze, ist, daß man für einige Zeit sich selbst vergißt, sich völlig in den anderen Menschen hineinlebt und noch tagelang von diesem Film sozusagen zehrt. ... Es ist gut, daß es den Film gibt. Er öffnet einem manchmal die Augen über etwas, was man allein nie bemerkt hätte. Wenn man es nötig hat, kann man sich in eine Art Traumschaukel setzen und man vergißt für eine Weile. Manchmal hilft es nämlich viel und manchmal eine Weile.«* [12]

Bei Filmen mit »wirklichkeitsfernen, traumhaften, ja sogar märchenhaften Filminhalten« geht die Identifikation vor allem bei weiblichen berufstätigen Jugendlichen – wie der Autor hervorhebt – manchmal so weit, daß versucht wird, das Märchen in die Realität zu übersetzen.

»Ich möchte auch einmal das Glück haben, einmal einen Kaiser zu heiraten und Kaiserin zu werden, wie die R. S. in ihrem weltberühmten Film. (Romy Schneider in »Sissi«) Ich kenne schon einen Mann, der alle Eigenschaften und Fähigkeiten hat, bloß ist er kein Kaiser, darum kann mein Wunschtraum nie in Erfüllung gehen.« [13]

Über den Weg einer Eheschließung mit dem Freund und Alltagsmärchenprinzen kann die junge Friseuse zwar nicht wie Sissi/Romy den Thron einer Kaiserin erklimmen, aber sie wird versuchen, entsprechend ihren eigenen realisierbaren Möglichkeiten, der bewunderten Filmschauspielerin nachzueifern. Denn der Star wiederum wird identifiziert mit den Eigenschaften, die seine Filmrolle mit sich bringt. Da wird Lebensnähe in Illustrierten und Filmzeitschriften gesucht, und manchmal auch der persönliche Kontakt über den eigens gegründeten Fan-Club probiert. Geschätzt werden an den weiblichen Filmvorbildern vor allem die »aparte Schönheit« und die publizierte Tatsache, daß sie »glücklich verheiratet« seien und womöglich bereits »zwei Kindern das Leben geschenkt« haben. »Weiblicher Charme, frauliche Züge« und insbesondere »ungezwungene Natürlichkeit«, verbunden mit »Hilfsbereitschaft, Nächstenliebe, Freundlichkeit und Menschlichkeit« stehen hoch im Kurs. Ruth Leuwerik beispielsweise, einmal als Privatperson beobachtet, beeindruckte durch ihre »gütige Art« und gefiel besonders durch ihre »Einfachheit der Kleidung, ihr

liche Selbstbewußtsein des Verlierers trachtet nach seiner ungebrochenen Wiederherstellung. Die unerlaubten Grenzüberschreitungen müssen vergessen, verdrängt, ja ungeschehen gemacht und wieder auf das rechte, richtige Maß zurückgeschnitten werden.

Die Filmindustrie entspricht mit ihren Frauenbildern diesen Erwartungen und produziert im Verlauf der 50er Jahre jährlich hundertfach die probaten und bewährten Filmgenres, die dem deutschen Film nach offizieller Verlautbarung angeblich »ursprünglich« zufallen (CDU-Vogel) und die alle den Rückzug ins Private, das »rein menschliche« Thema propagieren. Welle folgt und bricht sich auf Welle: Heimatfilme, Arzt- und Schicksalsfilme, Familienfilme, historische Filme, Lustspiel-, Revue- und Schlagerfilme und ab und an eine weniger erfolgreiche Literaturverfilmung. [9]

Und die Menschen strömten in die Kinos, vormittags, nachmittags, nach Feierabend und sogar nachts. Kino war damals »sehr gefragt«, erzählte mir eine heute 60jährige Ehefrau und langjährige Büroangestellte. Kino bedeutete das »A und O« vor allem für jene Zuschauerinnen, deren Alltagsrealität der zwingenden ökonomischen Notwendigkeit des Geldverdienens wenig gemein hatte mit den eindimensionalen Leitbildern, die die Filmheldinnen abbildeten, und für die die Standardfilmgeschichte eine doppelte Rückverweisung auf ihre nicht lebbare traditionelle Rolle als Nur-Hausfrau und Familienmutter verkörperte.

Der Kinofilm und seine Stars weckten und erfüllten eine Sehnsucht, die das »wirkliche Leben« nie zu stillen vermochte. Nach all den Strapazen, dem Chaos und dem ver-

freundliches Wesen und die Art, in der sie sich nie auffällig benahm.« Solche vorzüglichen Eigenschaften regen zur Nachahmung an, ebenso wie Maria Schell, die als Vorbild gewählt wird, um »einfach, natürlich, lustig und lebensfroh« sein zu wollen.

Die Nichtübereinstimmung von Rolle und Person oder der Versuch, zu einem anderen Frauentyp zu wechseln, verzieh das Publikum einer Schauspielerin nur selten. Hildegard Knef, ehemals Deutschlands liebstes Trümmermädchen, blond, herb, tapfer mit der »Wir werden's schon schaffen«-Ausstrahlung, wurde 1951 mit ihrem Film »Die Sünderin« skandalberühmt. »Noch nie wurde eine Schauspielerin mit einer Rolle so identifiziert wie in diesem Fall«, sagte der prominenteste deutsche Filmproduzent der 20er Jahre, Eric Pommer.[14] Hildegard Knef verletzte hier in der Rolle eines zur berechnenden Prostituierten abgestiegenen bürgerlichen Mädchens, das durch ihre Liebe zu einem todkranken Maler wieder zu sich selbst findet, gleich mehrere Tabus der spießigen, prüden und ordnungsfixierten neudeutschen Gesellschaft der 50er Jahre. Für einen winzigen Augenblick zeigte sie ihren nackten Rücken auf der Leinwand (Nacktszene!) und leistete obendrein dem leidenden Geliebten (Liebe ohne Trauschein) Sterbehilfe (!), um ihm dann freiwillig in den Tod zu folgen (Selbstmord!). Hierbei ist allerdings anzumerken, daß die Ablehnung, die Hildegard Knef in dieser Rolle erfuhr, im wesentlichen von einer offiziellen Öffentlichkeit inszeniert wurde, bei der sich insbesondere die moralische Instanz der Kirche hervortat, die zur Verteidigung des »gesunden Ehrgefühls unseres Volkes« aufrief und die »Verhöhnung unserer Frauen und Mädchen« anprangerte. Dem Publikum gefiel aber, neben dem nackten Rücken der Knef, auch die liebende Opferbereitschaft des gefallenen Mädchens, und so strömten sie in Scharen ins Kino und erzwangen vielerorts sogar die Vorführung des abgesetzten Films.[15]

Hildegard Knef in »Die Sünderin«

Rudolf Prack und Sonja Ziemann

Der beliebteste deutsche Filmstar aber war: eine Frau wie Du und ich, die den Zuschauer im Kino (und heute im Fernsehen) mit den bewegenden und leicht zu lösenden Privatproblemchen von Liebe, Ehe und Familie, angerichtet in einer beschaulichen Umgebung, unterhalten sollte.

– Wie zum Beispiel Sonja Ziemann in

### »Dany, bitte schreiben Sie« (1956)

Dany ist ein nettes, liebenswürdiges – und obgleich vom Leben und der Liebe gebeutelt – fröhliches und bescheidenes Büromädchen, das unversehens im Vorzimmer des Modemachers Pratt landet. Herr Pratt ist ein Künstler und braucht, wie seine sich damenhaft und mondän gebende Direktrice belehrend bemerkt, wie alle »genialen Männer« ein »gewisses weibliches Fluidum«. Er ist der Mann, dem alle Frauen zu Füßen liegen, in den sich alle verlieben müssen und dessen weibliche Angestellten ihn alle anhimmeln. Nur Dany nicht, denn sie ist durch eine tiefe Enttäuschung vor unüberlegtem Verliebtsein gefeit. »Weibergeschichten« nennt der Genius seine zahlreichen Affairen, die ihm über dem Kopf zusammenzuschlagen drohten, würde nicht Dany, die tüchtige Sekretärin mit kühlem Kopf immer wieder glättend und disponierenderweise seinen Privatterminkalender führen. Außerdem hängen ihm die Geschichten schon längst zum Halse heraus, wie er Dany gesteht, was der Zuschauer nur allzu verständlich findet, handelt es sich doch in allen Fällen um unausstehliche, anspruchsvolle, überkandidelte und zickige Nebenfrauen, die der wahren Heldin letzten Endes keine wirkliche Konkurrenz machen können. Bevor das beliebte und erprobte Erfolgsliebespaar Sonja Ziemann und Rudolf Prack (1950 »Schwarzwaldmädel«, 1951 »Grün ist die Heide«, 1953 »Die Privatsekretärin«, alles Remakes aus den 30ern) sich jedoch endlich finden kann, müssen noch einige Mißverständnisse und Hürden aus dem Weg geräumt werden.

Schließlich besteht Dany in Venedig noch prompt die Probe ihrer weiblichen Tugend, als der »unverbesserliche« Pratt an ihr das gleiche Verführungsprogramm abspulen will, das Dany schon so oft für ihn am Schreibtisch des Modesalonbüros organisiert hat. Sie reist nicht nur unverzüglich und ohne Nachricht ab, nein, sie kündigt obendrein auch noch ihre Stellung. Am Krankenbett des autoverunglückten Geliebten darf sie aber endlich auf ihre innere Stimme hören, die von der »wahren« Liebe kündet, und dem zukünftigen Ehemann scheu ihre zarte Hand überlassen.

*»Es gibt noch Märchen, die in Erfüllung gehn,*
*die aus dem Wunderland der Träume auferstehn,*
*es gibt noch Märchen, die das Schicksal lenkt,*
*das uns wie von Zauberhand reich beschenkt«,*

singt Caterina Valente 1957 als Partnerin des mittlerweile 55jährigen Rudolf Prack in »Das einfache Mädchen«, das ebenso wie Dany den Traum vom sozialen Aufstieg durch die »wahre« Liebe erfahren darf. Die biedere Dany hat sich diesen Traum in Gestalt eines erfolgreichen Mannes redlich verdienen müssen. Als tüchtige diskrete Privatsekretärin, die ohne Murren und ganz selbstvergessen Überstunden macht und dabei auf ein eigenes Privatleben verzichtet, hat sie ausreichende Anpassungsbereitschaft und Anerkennung der männlichen Dominanz demonstriert, um mit diesem »persönlichen Glück« belohnt zu werden. Leidenschaftliche Gefühle, geschweige denn Ahnungen von Sexualität und Erotik, kommen in diesen Filmen nicht vor. Ein »patenter Kerl« wie Dany muß auch mit sowas vernünftig und sachlich umgehen und darf sich dafür anerkennend vom Märchenprinzen sagen lassen, daß sie ein Mensch ist, der noch »mit ganzem Herzen liebt«. Ein Kuß ist so gut wie ein Eheversprechen, und Dany wird selbstverständlich ihren Beruf aufgeben, denn in Zukunft trägt er ja die Verantwortung für ihr Leben – und sie trägt seine Kleider.

– Wie zum Beispiel Marianne Koch in

## »Die Landärztin vom Tegernsee« (1958)

Die Landärztin Petra ist eine junge, moderne, studierte Frau, die etwas von »Gleichberechtigung« versteht und die auf ihrem Motorroller die Ruhe eines beschaulichen Dorfes aufstört durch die simple Tatsache, daß sie statt des erwarteten »Onkel« Doktors eine »Tante« ist. Überall schlagen ihr Vorurteile und Ablehnung entgegen, weil sie 1. eine Frau, 2. auch »noch jung« und 3. dazu »unverschämt hübsch« ist. Unterstützt durch den älteren Kollegen des Nachbarortes, eine List des Dorfpfarrers und der guten Fee und Sprechstundenhilfe des Arzthaushaltes vermag sie sich aber nach Bewältigung einiger kritischer Situationen durchzusetzen und erringt – natürlich – zu guter Letzt die Liebe des Tierarztes, dessen Rolle wiederum mit der reifen Männlichkeit Rudolf Pracks besetzt ist.

Petra kann den zukünftigen Gefährten durch ihren unermüdlichen, unbeirrbaren und selbstlosen Einsatz davon überzeugen, daß es ihr mit dem »Doktorspielen«, das er allen Frauen eingangs verächtlich vorwarf, ernst gemeint ist. Am Ende akzeptiert er ihre Ärztinnenrolle und läßt sich sogar dazu hinreißen, »froh« darüber zu sein, daß sie eine – nämlich bald seine – Frau ist. Die seit 1949 gesetzlich formulierte Gleichberechtigung hindert den Mann keineswegs daran, in jeder Frau sein schmückendes Attribut als Ehefrau und Mutter seiner Kinder zu sehen. Petra gelingt es auch deshalb, die Herzen aller Dorfbewohner zu erobern, weil sie in ihrem »Wesen« alle geschätzten Eigenschaften des gesellschaftlich und privat gewünschten Frauenbildes vereint. Sie ist freundlich und hilfsbereit, fleißig und gewissenhaft, selbstlos und nicht nachtragend, natürlich, tier- und kinderliebend und trotz eines zur Schau getragenen Selbstbewußtseins oft mädchenhaft scheu und verlegen, ja sie legt sogar gelegentlich ein inferiores und fast infantiles Verhalten an den Tag. Hinter der Fassade der tüchtigen Ärztin verbirgt sich außerdem immer noch die verunsicherte Frau, die in entscheidenden Situationen des sicheren männlichen Beistandes bedarf. Dem Mann, dem sie vertraut, gesteht sie die Angst vor dem Fall auf Leben und Tod. Den Mann, den sie liebt, bittet sie zu entscheiden, ob sie dem verlockenden Karriereruf an ein großes Sanatorium folgen soll. Er hilft ihr in beidem. Er rät ihr, das chancenreiche Angebot auszuschlagen (und glaubt damit zugleich einen vermeintlichen Konkurrenten um die begehrte Frau auszuschalten), da sie das gewonnene Vertrauen des Dorfes nicht enttäuschen dürfe, und er steht ihr bei der Bewährungsprobe einer risikoreichen Operation bei, indem er ihr als Narkotiseur assistiert.

Anders als die »reifen« berufstätigen Frauengestalten des 50er-Jahre-Kinos ist Landärztin Petra noch jung und ungeprägt genug, die Entscheidung über ihr zukünftiges Leben ganz unbefangen in die Hände des geliebten und vertrauenerweckenden Mannes zu legen. Den lebenserfahrenen älteren Frauen bleibt die Erfüllung des »privaten Glücks« in der Regel versagt. Das »Schicksal« zwingt sie zur Wahl zwischen Karriere und Liebe. Ihre Geschichten zeigen dem weiblichen Zuschauer unverhohlen, welch bitteren Preis eine formal gleichberechtigte Frau für ihre Vermessenheit zu zahlen hat. Der Beruf kann dann bestenfalls nur noch trauriger Ersatz in einem unweiblichen Leben sein.

Die Kulturindustrie der Adenauer-Ära hat nicht im Traum daran gedacht, eigenständige Leitbilder zu entwickeln. In ihrer Filmgeschichte hat vorrangig jenes Frauenbild die Leinwand beherrscht, das den öffentlichen und privaten Erwartungen am besten entsprach. Frau sein, das war die Bestimmung, dem Mann zu gefallen und sich ihm (wieder) zu unterwerfen.

Ehe die Falle der »Goldenen Fifties«-Restauration zuschnappt, sollten wir diese Filme, die uns das Deutsche Fernsehen heute wieder zu den besten Sendezeiten serviert, mit wachem und irritiertem Blick betrachten und uns der anderen Melodie des Caterina-Valente-Schlagers aus dem »Einfachen Mädchen« bewußt werden.

*»Ich werd' dich nie, nieh, niieh vergessen,*
*du kommst mir nie, nieh, niieh aus dem Sinn...«*

*Anmerkungen*

1 Bredow, Wilfried von, Filmpropaganda für Wehrbereitschaft. In: Bredow, Wilfried von / Zurek, Klaus (Hrsg.). Filme und Gesellschaft in Deutschland. Hamburg 1975, S. 318. Vgl. Kochenrath, Hans-Peter. Kontinuität im deutschen Film. In: Bredow a.a.O., S. 286ff.
2 Bandmann, Christa / Hembus, Joe. Klassiker des deutschen Tonfilms 1930–1960. München 1980, S. 13f.
3 Ungureit, Heinz. Zit. nach Osterland, Martin. Gesellschaftsbilder in Filmen. Stuttgart 1970, S. 57
4 Meyer, Barbara. Gesellschaftliche Implikationen bundesdeutscher Nachkriegsfilme. Diss. Frankfurt 1964, S. 75
5 zit. nach Bredow, a.a.O., S. 319
6 Freiwilliger Kodex der Deutschen Filmindustrie. In: Bredow, a.a.O., S. 255ff.
7 In den 50er Jahren gibt es, ebenso wie in der NS-Zeit nur ganz wenige Drehbuchautorinnen und so gut wie keine Regisseusen (Ausnahme: Leni Riefenstahl). Produzentinnen sind mir in der Literatur bisher nur eine untergekommen, ebenso wie eine Filmverleiherin.
8 Eine Frau in Berlin. Tagebuchaufzeichnungen. Genf und Frankfurt 1959, S. 53
9 Die Welle der Kriegsfilme möchte ich hier ausnehmen, zumal in dieser Form der Vergangenheitsbewältigung bis auf die Ausnahme »Nacht fiel über Gotenhafen« (1959) Frauen selten große Rollen spielen.
10 Krakauer, Siegfried. Theorie des Films. Frankfurt 1973, S. 217
11 Glogauer, Werner. Vorbilderleben und Leitbildwirkung im Film. Diss. München 1958
12 ebenda
13 ebenda
14 zit. nach Heinzelmeier, Adolf u. a. Die Unsterblichen des Kinos Bd. 2. Frankfurt 1980, S. 116
15 Braun, Michael. Das Verhältnis von Qualität und Verbreitung. Diss. München 1956, S. 79ff.

Illustrierte
Film-Bühne
VEREINIGT MIT Illustr. Film-Kurier
Nr. 4530

# Die Landärztin

**EIN FARBFILM IN AGFACOLOR**

GLORIA

Superstars der
fünfziger Jahre:
Jane Mansfield,
Audrey Hepburn,
Anita Ekberg,
Gina Lollobrigida

Veronika Ratzenböck

# „Steig ein in das Traumboot der Liebe"

## Deutsche Schlager der 50er Jahre

**I**

Wie oft waren es Bilder, durch die ein einziges Gefühl, durch die eine vage Sehnsucht herbeigeführt, aufgerollt und nach dem nächsten Augenaufschlag wieder verwischt wurde! Und all diese Bilder schienen wie für mich bestimmt, aus mir, und ich brauchte sie wohl nur wieder zurückholen, um sie mir zu erklären, ganz allein in mir.

Indessen ist es dennoch auch eine Gravur im Gedächtnis, die von den Bildern markiert ist und an der die Erinnerung in Bewegung gerät. Jedesmal, wenn ich sie höre, diese Lieder von Freddy, Caterina, Conny oder Lys, fühle ich, wie die Spannung eines Zeitverhältnisses hervortritt, in dem mit meiner Erinnerung eine Beziehung zu einer unspezifischen Sehnsucht, einem nie rastenden Verlangen nach Liebe auftaucht.

Obzwar an keinerlei Zeitlichkeit gebunden, dennoch vom Flair, von der Vorstellung eines Lebensgefühls begleitet, das mich in ein Gespräch mit jenen verwickelt, in denen diese Bilder auch gearbeitet haben.

Die Frauen der 50er Jahre hörten sie ja auch, diese Hoffnungsträger. Und nicht zuletzt erscheinen all die Bilder der Schlagertexte jener Zeit nicht nur in den kitschig-verklärten Rückblicken der jetzigen 50er-Nostalgiewelle, sondern begleiten auch manche gar nicht so freudvolle Erinnerung vieler, die damals lebten, als glückvolle Gegenwelt.

Überall konnte man sie hören: Im Radio und in den schicken neuen Espressos mit ihren banal-surrealen und abstrakten Dekors, aus den Musikboxen der Landgasthäuser genauso wie aus den Zimmern der wenigen, die einen der vielbegehrten Plattenspieler besaßen, in den Lichtspieltheatern der Städte und in den Wanderkinovorführungen. Sie – jene Stars des deutschen Schlagers.

Was war es, das uns an ihnen so faszinierte? Wie konnten sie und ihre Lieder in uns so viel Wirksamkeit entfalten? Eine Wirksamkeit, die bis an 90 % der Radiohörer zuhören ließ, wenn Freddy von Heimweh und verlorener Liebe, wenn Caterina von Italien und Lys vom Mond über Hawaii sangen?

War es die unüberwindliche Macht der Symbole oder die Wahrnehmung aus zweiter Hand, die sie uns so geschickt verkauften? Vordergründig drehten sich all die Bilder in diesen Schlagern immer wieder um dieselben Posten: Liebe und Liebesleid, Sehnsucht nach der Ferne und Suche nach zu Haus, Hafenbars und Sternennächten. Aber diese Wiederkehr des Gleichen war nur vorgetäuscht. Im Hintergrund arbeitete ein sublimes Vexierspiel, in dem sich die Bedeutung der Motive – oder besser: das Motiv der Bedeutungen von Fall zu Fall, von Schlager zu Schlager verschob. Kein Zweifel, die Anziehungskraft der Schlagerwelten und ihre Unbedingtheit rührte teilweise auch von ihrer Doppeldeutigkeit und dem Schillern ihrer Auslegungen her.

Gerade deshalb konnte man ja auch diese Texte und Lieder mit Wünschen und Sehnsüchten vollschreiben und sich von ihnen in Tagträumen aus der tristen Alltagswirklichkeit entführen lassen. Sie drängten sich geradezu als Identifikationspunkt auf. All die Geschichten vom wandernden, rastlosen Helden und der wartenden, sehnsüchtigen Geliebten in der fremdschönen Welt des Südens eröffneten

»Komm ein bißchen mit nach Italien« singen Silvio Francesco, Caterina Valente und Peter Alexander

durch die Bilder, die sie vorstellten, Assoziationsfelder, Gegenden des Triebverkehrs, die – beliebig konditionierbar – mit der jeweiligen Lebenssituation der Hörerinnen bedeutungsgemäß aufgefüllt werden konnten.

Darin bestand wohl auch ein Großteil der Faszination, die auszuüben sie imstande waren: das Gemisch von Stimmungen, Farben und Situationen, das diese Schlager als Welt vorführten – möglichst allgemein und so offen, daß jedem, der sich in ihre Geschichten verfing, geradezu nahegelegt wurde, seine eigenen Wünsche von den Melodien und den Stimmen forttragen zu lassen.

*»Deine Sehnsucht kann keiner stillen,*
*wenn die Träume sich auch erfüllen,*
*wenn du viel hast, willst du noch mehr.*
*Oh mama mia, ich denk oft an dein Lied,*
*buona, buona notte, bambino mio,*
*alles was man will, das kann man nicht haben . . .«*

## II

Besonders die 50er Jahre in ihrer von Unsicherheit, Instabilität, rigider Moral und dem Trauma der deutschen Teilung markierten Situation scheinen ein besonders geeigneter Boden für die Wirkung einer ganz bestimmten Art

Lieder gewesen zu sein: der Heimweh- und Fernwehschlager. Heimweh und Fernweh erscheinen Mitte der 50er Jahre als Projektion der Sehnsucht in eine Bindung, in eine gegen die Wandelbarkeit der Welt gesetzte Geborgenheit. Diese thematischen Motive, welche die Bilderwelten vieler Schlager durchziehen, von Hoffnungen und Wünschen getragen, verstehen es, das Positive und Negative der historischen Gefühlslage koexistieren zu lassen. Heimatlichkeit und Exotik stehen als verschiedene Zeichen ein-und desselben Bindungsbedürfnisses nebeneinander: nämlich des sentimentalen Verständnisses einer Welt, in der alle Dinge verfügbar sind und feste Horizonte fehlen.

Das Heimweh des in der Fremde Lebenden und das Fernweh aus dem durch Mißtrauen und Konkurrenzkampf eng gewordenen Zuhaus möblierte ja auch die Wohnungen. Das Bild des gefallenen Vaters neben der Drahtskulptur des Hulamädchens: Heimat in der Fremde – Fremde in der Heimat.

Der Süden ist die Landschaft, die Metapher; ein Mittel, wie es Nietzsche einmal formuliert hat, »um die verborgene Mächtigkeit der Seele wiederzuentdecken«.

Dieses Motiv, die Geschichte des europäischen Mythos von der Südsee, vom Süden, vom Orient, findet seine letzten trivialisierten Ausläufer in den Schlagern der 50er Jahre.

Wann immer in ihnen ein solcher Ort auftauchte, an dem

Caterina Valente mit Autogrammjägern bei der Premiere ihres Revue-Films »Du bist Musik«

die Phantasie und die Emotionen der Hörerinnen sich kristallisieren konnten, setzte über die Musik symbolische Verdichtung ein, von ganz gewissen, beinahe schablonenhaften melodischen Sequenzen getragen. Durch die so entfalteten komplexen Bezüge schafften sie der Erinnerung einen festen Ort. Die Fertigteile der Musik und der Texte, die moduliert und abgewandelt immer wieder zur Verwendung kamen, waren gewissermaßen eine Art »fixe Rolle« und wiedererkennbar, sie ließen sich im Gefühls- und Gedächtnistheater des Publikums als Topoi einer szenenhaften Vorstellungswelt nieder. Die Schlager machten sozusagen das Publikum zu Voyeuren in den verschiedensten Winkeln ihrer ideologiebindenden Semantik. Ganz der Gefahr ausgesetzt, sich in dem von ihm belauschten Netz aus Illusion zu verfangen. Die Qualität »Wärme«, die in der Chiffre »Süden« miteingeschlossen ist, bildet eine Dichotomie zur in Schlagern oft beklagten »kalten Welt«.

Es ist interessant, daß einer der berühmtesten Schlager der 50er Jahre, nämlich die »Caprifischer« von Gerhard Winkler und Ralph Maria Siegel, neben dem Lied »Möwe, du fliegst in die Heimat« bereits 1946 auf den Markt kam, also zu einer Zeit großer materieller und emotionaler Not.[1]

Offenbar sollte durch diesen Schlager, dem unzählige ähnliche folgten, die Konsumentin in ferne Traumwelten entführt werden, denn Capri, Florenz und Hawaii wurden von den Schlagermachern lediglich als imaginäre Ziele, als Reiz(w)orte der Wirklichkeitsflucht verstanden. Wie wenig konkrete Vorstellungen sich für die Hörer mit den genannten Namen verbanden und wie sehr sie nur zur Erzeugung einer wirklichkeitsfremden Atmosphäre – gewissermaßen als Narkotikum – eingesetzt wurden, erhellt eine Äußerung von Kurt Feltz, dem Texter des Erfolgsschlagers »Im Hafen von Adano«: »Adano gibt es gar nicht, aber für die Leute klingt das exotisch.«[2]

Die »Caprifischer« und »Im Hafen von Adano« wurden im Zusammenhang mit der Ausweitung des Massentourismus, dessen bevorzugtes Ziel Italien war, zu Tourismusschlagern.

Obwohl der einsetzende Massentourismus die räumliche Expansion zu einer Totalbewegung auszuweiten begann und die Kommunikationsmittel Tonfilm und Rundfunk scheinbar die Möglichkeit einer »realen« Begegnung mit fremden Ländern und Menschen schufen, büßte der märchenhafte Zauber, von dem diese Orte umgeben schienen, dennoch kaum etwas ein. Es dürfte vielmehr so sein, daß die kurze Berührung mit einer Fremde der geeignete Nährboden für den Wildwuchs des Exotischen war.

Der gerade entstehenden Tourismusindustrie kamen die in verschiedenen Genres des Schlagers produzierten Auslösereize, ihr kam die Sehnsucht nach Süden, Ferne, Wärme, aber auch der Wunsch nach Ablenkung, Begegnung mit eigener und fremder Kultur und Ausweg aus der tristen

## Caprifischer

»Wenn bei Capri die rote Sonne
im Meer versinkt
und vom Himmel die bleiche Sichel
des Mondes blinkt,
zieh'n die Fischer mit ihren Booten
aufs Meer hinaus,
und sie legen im weiten Bogen
die Netze aus.
Nur die Sterne, sie zeigen ihnen
am Firmament
ihren Weg mit den Bildern,
die jeder Fischer kennt.
Und von Boot zu Boot
das alte Lied erklingt,
hör von fern,
wie es singt:

*Bella, bella, bella Marie,*
*bleib mir treu,*
*ich komm' zurück morgen früh!*
*Bella, bella, bella, Marie,*
*vergiß mich nie.«*

## Cindy, oh Cindy

»*Er kam, als du erst achtzehn warst*
*von großer Fahrt zurück.*
*Er küßte dich so scheu und zart*
*und sprach vom großen Glück.*
*Am Kai, da riefen die Möwen,*
*als er dich wieder verließ:*

*Cindy, oh Cindy –*
*dein Herz muß traurig sein,*
*der Mann, den du geliebt,*
*ließ dich allein...«* [3]

Alltagswirklichkeit besonders zugute. Viele Schlager besangen die Orte oder Gegenden, die später zu Zentren des Fremdenverkehrs, des Massentourismus wurden. So haben die Lieder und ihre Schöpfer viel für den Tourismus getan. Der Schlagertexter Kurt Feltz erhielt für »Komm ein bißchen mit nach Italien« 1959 sogar von dem damaligen italienischen Staatspräsidenten Gronchi den Verdienstorden der Republik Italien verliehen. Da aber der Süden für die unteren Schichten Projektionsort blieb und Vico Torriani etwa 1955 für diese noch beklagte: »Wie schade, daß Venedig noch so weit ist«, sich aber der Mittelstand durchaus einen Urlaub im Süden leisten konnte, behielten die in den Schlagern angesprochenen Orte ihre Doppelfunktion als Orte der realen Erinnerung und der imaginären Zuflucht.

Aber nicht nur, daß die Männer immer rastlos-suchend waren, weg, entfernt, quasi ungreifbar. Man konnte sich schließlich ja nur nach ihnen sehnen. Nicht wie in den Jungmädchenträumen der entschärften Version des deutschen Rock'n'Roll einer Conny Froboess und eines Peter Kraus – wo die Jungens die Kumpel, die verehrten Halbstarken waren, an denen sich schon ein bißchen Erotik festbinden ließ –, blieben die Schlagerhelden der Welt des Alltags entfernt, keine Gefahr also für die Ehemänner. Denn was konnte es die schon kümmern, wenn man sich nach einem Matrosen in der Südsee oder einem Vagabunden sehnte. Und schließlich waren die Ehemänner selber ja auch fort, in der fremden und kalten Welt des Erwerbes, mußten um ihren sozialen Aufstieg kämpfen – außer Haus.

## III

Aber nicht allein die Entführung der Wünsche – in das von Wärme und Sonne durchflutete Italien oder auf die andere Seite des Globus, nach Hawaii, Tahiti und Samoa – aus der kalten und mißtrauischen Wirtschaftswunderwelt war Thema der Fernwehschlager. Ein feines Netz von symbolischen Beziehungen innerhalb der Texte verwies unter der Hand auch auf die offenbar gewünschte Polarisierung von Geschlechtscharakteren. Geschickt vollzog sich in diesen deutschen Schlagern gleichermaßen auf der Ebene der Symbole eine Vermittlung von bürgerlichen Moralvorstellungen. Obschon die Schlager die Erlebniswelten ihrer Hörerinnen zu binden verstanden und direkt auszusprechen schienen, was jene am Herzen drückte, täuschten sie sie auch. Die Schlager vermittelten subtil Dinge, die nicht im Interesse der Hörerinnen lagen, sondern vielmehr im patriarchalischen Interesse von deren Festbindung an einen gesellschaftlich definierbaren Ort bestanden. Der deutsche Schlager erweist sich hier als stabilisierend für das »geordnete« Zusammenleben.

In klarer Rollenfixierung zeigt sich stets der Mann als Werbender und Eroberer, die Frau als Wartende – sie harrt auf das Glück der Liebe, von dem sie träumt. Die Frauen im Schlager müssen daran glauben, daß eines Tages einer kommt, der ihnen das Glück bringt, und das wiederum heißt Zweisamkeit und solide Bürgerlichkeit.

Schweigen und Dulden, immer in Verbindung mit Sehnsucht, das ist die Antithese, die die Schlager den einsamen Frauen als Gegenbild zur irrenden Suche der Helden anbieten. Komplementäre Größe, ideales Anderssein wünschen die Männer sich als Ergänzung ihrer Zerrissenheit.

Die Leidenschaftlichkeit und Sinnlichkeit des Weiblichen ist für die Schlager inexistent. Die Männer fürchten sie. Sie lieben die durch sie bestimmte, gebundene und bejahende Frau, die zwar ihre Geliebte ist, immer aber ihre Mutter sein soll.

Gerade ein geschichtlicher Vergleich einzelner konkreter Formulierungen macht deutlich, daß es weder die musikalischen noch textlichen Produktionsformen allein sind, die sich im Laufe historischer Entwicklungen in der Trivialmusik wesentlich ändern, sondern vielmehr die Verknüpfung von beiden in ihrer Beziehung zur jeweiligen kulturellen und gesellschaftlichen Situation.

Doch gerade deshalb vermischt sich das Triviale im Schlager, wenn auch verschleiert, mit dem Wunschhaushalt der Epoche, den er so offensichtlich berührt – als eine Art Projektionsfläche einer prismatischen Streuung, die die jeweils konkreten Lebenssituationen zugunsten einer melodischen Illusion unerfüllter Wünsche und Träume vernachlässigt.

Indessen sind all die Melodien und Lieder doch durchflochten und verbunden mit einer tristen Unendlichkeit des Begehrens und Sehnens, einem Quantum an nicht erzählbarer Zeit. Sie waren für viele der Frauen der »Perlonzeit« die einzige Fläche, in der eine Allianz von Gefühl und Begehren gegen die Not und Kälte der engen Welt der Familie möglich war. Ihr Wert, den sie durch diese Zuschreibungen in der Erinnerung haben mögen, ist nicht durch den Zynismus zu zerstören, mit dem sie antraten, die Intentionen des Patriarchats zu vollziehen.

*Anmerkungen*

1 »Caprifischer«: Rudi Schuricke auf Polydor 2371310. Autoren: Winkler/Siegel.
2 Ton-Waren vom Fließband. Schlagerproduzent Kurt Feltz. In: Der Spiegel 48/1955 (23. November 1955). »Im Hafen von Adano«: René Carol auf Polydor 47002. Autoren: Peloso/Feltz.
3 »Cindy, oh Cindy«: Deutscher Text: Kurt Feltz. Musik: Bob Barron / Burt Long. Ralph Maria Siegel, Musikedition München.

*Literaturhinweis*

Bausinger, Hermann: Volkskultur in der technischen Welt. Stuttgart 1961.
Berghahn, Wilfried: In der Fremde. Sozial-psychologische Notizen zum deutschen Schlager. In: Frankfurter Hefte 17 Jg. 1962 Heft 3, S. 193–202.
Kayser, Dietrich: Schlager – das Lied als Ware. Untersuchungen zu einer Kategorie der Illusionsindustrie. Stuttgart 1975.
Malamud, René: Zur Psychologie des deutschen Schlagers. Eine Untersuchung anhand seiner Texte. Winterthur 1964.
Mezger, Werner: Schlager. Versuch einer Gesamtdarstellung unter besonderer Berücksichtigung des Musikmarktes in der BRD. Tübingen 1975.
Stölting, Elke: Deutsche Schlager und englische Popmusik in Deutschland. Bonn 1975.

Conny Froboess

# Maren Kroymann

# Auf du und du mit dem Stöckelschuh

## Vom Mädel zum Fräulein, vom Fräulein zur Frau: Schlager wiesen mir den Weg

Der Untertitel sagt es schon: mit Hilfe des Schlagers habe ich in meiner Show die verschiedenen Etappen meiner »Frauwerdung« beschrieben. Aber den Schlager lassen wir jetzt erst mal beiseite und kommen auf die Frau.

Meine Mutter, sehr lange Zeit die einzig wichtige Frau in meinem Leben, kam noch aus den Vierzigern. Sie wurde überhaupt nie eine richtige Frau der Fünfziger mit Mode, Sex-Appeal, Koketterie und Wie-schminke-ich-mich-am-vorteilhaftesten.

Ihre Maximen waren: Haare waschen mit dem billigsten Schampong, Wieso-'nen-neuen-Mantel-der-Stoff-ist-doch-noch-gut und »Verlaß dich auf niemanden als auf dich selbst«. Ich fand sie schön, als ich klein war. Als ich größer wurde, war sie mir nicht sexy genug, um mir als Vorbild zu dienen. Da teilte sich mein Weiblichkeitsbild in »Mutti« und »Frau«.

Frau, das war zum Beispiel die Ausländerin, die eine Zeit bei uns wohnte. Die hatte lackierte Fingernägel, Stökkelschuhe und duftende Tücher. Messingohrclips auch. Und gefärbte kurze Haare. Ich ging manchmal heimlich in ihr Zimmer, schnupperte in den Schränken, strich mit den Fingern über die weichen Blusenstoffe und schlüpfte atemlos in ihre Schuhe.

»Frau«, dazu gab's auch Vorstufen. Teenager, weiblich. Anrede: Fräulein und »Sie«. Die hatten meist einen Pferdeschwanz, häufig einen Petticoat und auf jeden Fall schon einen Büstenhalter. Das Wippende war bei denen entscheidend. Wipp perfekt. Es gab viele Produkte speziell für Frauen. Einige davon begriff ich nicht, zum Beispiel Camelia. Das konnte man nicht sehen, meiner Erfahrung nach – im Gegensatz zu Lippenstift etwa, dessen Gebrauch mir

einleuchtete. Vielleicht war es ja ein Mittel zur Belebung, wie Klosterfrau Melissengeist.

Also, in den fünfziger Jahren blieb mir einfach noch manches verborgen von der Welt der Frauen. Natürlich, ich war ja auch noch klein. Es lag aber auch an diesem Jahrzehnt, das regelrecht aus war aufs Verbergen. Zum Beispiel die Illustrierten.

Wir hatten jahrelang eine Nummer der REVUE von 1953 zu Hause liegen, die ich in- und auswendig kannte. Ihre Seiten waren voll von Produkten, deren Sinn darin bestand, körperliche Mängel zu kaschieren. Hautunreinheiten und Sommersprossen wurden unter Puder und Make-up verborgen, ein zu kleiner Busen unter dem gepolsterten BH, breite Hüften unter Längsstreifen. Entsprechend wurden Gefühlsregungen hinter Anstandsregeln verborgen und alles, was mit Sexualität zu tun hatte, hinter – je nachdem – schmallippiger oder rotohriger Sprachlosigkeit.

Und über allem schwebte als dicke, rosa Wolke das Wirtschaftswunder, das hinter sich die riesige, häßliche Kriegsniederlage und die Kriegsschuld verbarg.

Übrigens, wer das Verbergen einmal gelernt hatte, wußte ein für allemal, daß es die bequemere Lösung war gegenüber dem Verändern zum Beispiel. Pfiffig und realistisch war man ja in den Fünfziger Jahren. Gerade als Frau...

Also zurück zu Klosterfrau Melissengeist. Der war nur für Frauen gedacht, das hatte ich mitgekriegt, für Männer gab's nämlich Buerlecithin flüssig, zur Erhöhung der Spannkraft.

Was das wohl war, Spannkraft?

Es mußte damit zu tun haben, daß die Männer überhaupt mehr Kraft brauchten im Leben. Schwere Gegen-

stände schleppen, Auto fahren und Verantwortung tragen. Laut reden. Geld verdienen. Bescheid wissen. Arbeiten eben. Oft gehörter Satz meiner fünfziger Jahre: Mach das Radio leiser, Vati arbeitet. Elvis Presley gegen meinen Vater. Vordergründig gewann mein Vater. Aber die aufgekratzte, aufreizende, aufwühlende Musik schlich sich auch leise gestellt in meine Träume. Elvis versah meine Phantasien von einer Zukunft als Fräulein und Frau – und die waren immerhin schon flott bebildert durch Quelle-Katalog, Reader's-Digest-Reklamen und Film-Programmhefte – mit der entscheidenden erotischen Brisanz. Einer alarmierend verheimlichten Brisanz, die mir die flirrende Empfindung beim Anprobieren der Schuhe der Ausländerin wieder zurückholte. Und die sich wieder einstellte, als ich die ersten Perlonstrümpfe und die ersten eigenen Stöckelschuhe anzog, gemeinsam mit meiner besten Freundin, kurz vor der Konfirmation, um das Gehen darin zu üben. Die ersten Perlonstrümpfe – »Perlenstrümpfe«, so klang das immer in unserem Mund –, das war noch wie Verkleiden. Das war noch, als ob ich etwas Ungehöriges täte. Ich fühlte mich aufregend, lasziv, körperlich, exhibitionistisch. Als ob ich auf einmal zwei Marens sei: die alte, Pippi-Langstrumpf-ähnliche, rattenschwänzige aufgeweckte kleine Schwester – und die angehende Weibsperson, der auf der Straße die Arbeiter nachpfiffen, welch ein Einschnitt in meinem Leben.

Meine erste Nacktheit mit einem Mann, sehr viel später, erinnere ich als fast nüchternes Erlebnis im Vergleich zu den ersten Stöckel-Versuchen.

Von dieser Zeit an führte ich einen ständigen Kampf, um die zwei Wesen, in die ich mich aufgeteilt hatte, miteinander in Einklang zu bringen. Die Person, an die intellektuelle Erwartungen gerichtet wurden, zum Beispiel von den Eltern – die Schule wollte ich möglichst mit leichter Hand schaffen –, und die Person, die dem zumindest nahekam, was meine Brüder und die anderen Jungens aus den oberen Klassen »sexy« fanden. Das waren meistens Mädchen, die als »nicht gut in der Schule« galten; umgekehrt war »intelligent« eigentlich gleichbedeutend mit »unerotisch«. Mit uns, den Mädchen vom humanistischen Gymnasium, wollte niemand Tanzstunde machen; als sexuell anziehend galten die Mädchen von der Waldorfschule. Da konnten in Tübingen alle diejenigen hin, die an anderen Schulen schon zweimal durchgefallen waren. Die und die Schwedinnen, die allsommerlich zu Ferienkursen in die Stadt kamen, das waren die heißen Bräute. Da kam ich nicht gegen an. Schon gar nicht mit meinen verhärmten Perlonstrümpfen von der Konfirmation.

Getanzt habe ich immer und gesungen habe ich immer. Alles, was mit Bühne zusammenhing, zog mich stark an. Es war die andere Art, sich auszudrücken, die mich da faszinierte, die andere Sprache. Der ich mich gewachsen fühlte.

Endgültige Abnabelung von zu Hause, mit den Ideen der Studentenbewegung. Auslandsaufenthalte, Pille, Kerls, 218-Kampagne, Frauenbewegung. Berlin. Pille abgesetzt, Kapitalkurs, materialistische Kulturtheorie. Und -praxis! Und mal nicht ausschließlich männliche Cracks am Drücker: im Hanns-Eisler-Chor dominierten von Anfang an die dirigierenden Frauen. Der Eisler-Chor: ein analytisches, reflektiertes, politisches Rezipieren und Präsentieren von Musik.

In den achtziger Jahren, mit der Kritik an der übertriebenen Theoriehörigkeit und dem schon geradezu unheimlichen Aufschwung der Begriffe »Lust« und »sinnlich«, war eine Form, wie sie diese Show hat, die auf Elementen des Entertainments und des glamourösen Musik-Business aufbaut, für mich viel eher möglich und war auch vom Publikum sicher viel leichter zu akzeptieren.

Warum aber dieser durchschlagende und langanhaltende Erfolg von »Auf du und du mit dem Stöckelschuh«?

Ich lasse mal alles andere weg und konzentriere mich auf eine Behauptung: der neue goût für das »Vollweib« läßt das Frauenbild der fünfziger Jahre, wie es in der Show vorgeführt und persifliert wird, wieder hochaktuell erscheinen. Leute verschiedener Couleur und Absicht haben daran mitgebastelt, diesen goût als ästhetischen Trend zu etablieren. Zum Beispiel die schwulen Kulturmacher der Avantgardeszene. Wer entdeckte Marilyn zuerst wieder, wer liebt Bette Midler und Dolly Parton? Wer holte Zarah aus der Kiste, wer kennt heute überhaupt noch Rosita Serrano, wer hat die Ur-Exotin Yma Sumac als Underground-Geheimtip wieder in Umlauf gebracht? Wem verdanken wir unsere flambierte Frau Landgrebe? Ja, ihnen – aber nicht nur ihnen. Ideologisch genährt wurde und wird dieser Trend von Teilen der grünen und der frauenbewegten Szene mit einem Hang zum Mutterkult. Der Trend geht im Augenblick eben mehr zu Barbara Sichtermann als zu Alice Schwarzer, und wo ist eigentlich Simone de Beauvoir abgeblieben? Eine entscheidende Übereinstimmung zwischen den fünfziger und den achtziger Jahren ist jedenfalls die mit der Renaissance des »Vollweibs« verbundene Ächtung der intellektuellen Frau. Oder richtiger: der intellektuellen Fähigkeiten jeder Frau. Wie konnte das nur passieren? Nun haben wir so lange, und gar nicht ohne Erfolg, für die Selbstbestimmung über unseren Bauch gekämpft, und dann schenken wir den anderen so wichtigen Körperteil, den Kopf, so einfach weg? Ich seh' schon: auch in diesem heutigen Jahrzehnt ist mir einiges verborgen geblieben.

*Anmerkungen*

– Die Platte heißt: Auf Du und Du mit dem Stöckelschuh. Eigelstein 6.28632 DP (2 LPs)
– Die Show heißt wie dieser Artikel. Mit Otto Beatus (p) und Martin Rader (g). Erster Auftritt 1982, Gastspiele in Berlin und der Bundesrepublik 1982–85

Maren Kroymann als Stimme des schwäbischen Volkes: »...der Präsli – des isch für mi schlicht und oifach Negermusik... obwohl, er isch ja an sich koi Neger, in dem Sinn...«

## Angela Delille / Andrea Grohn

# *Pack die Badehose ein ...*

Sobald die Reisebeschränkungen für die Deutschen nach dem Krieg aufgehoben worden waren, wagten sich die ersten ins mittlerweile nicht mehr feindliche Ausland. Die »Gastfreundschaft« der Nachbarländer war noch etwas verhalten, doch bis 1954 hatten immerhin dreizehn europäische Länder ihre Grenzen für die Deutschen geöffnet.

1953 besaßen schon 21 % der bundesdeutschen Bevölkerung einen Reisepaß.[1]

Der Reiselust zu Wohlstand gekommener Bundesbürger schien also kaum noch etwas im Wege zu stehen. Doch bis 1960 wurde noch an sechs Tagen in der Woche gearbeitet, der Samstag war noch normaler Arbeitstag. Die Wochenarbeitszeit verringerte sich erst 1955 von 48 Stunden auf 40 Stunden; 1963 erfolgte die erstmalige Festschreibung der Urlaubsregelung.[2]

Freizeitplanung am Wochenende war also auf den Samstagabend und den freien Sonntag beschränkt. Letzterer bot sich für kleinere Ausflüge in die nähere Umgebung an. Die »Fahrt ins Grüne« hatte die kleinen Seen und Flüsse, kleine Gebirgszüge oder Sehenswürdigkeiten zum Ziel, die mit Bahn und Bus erreichbar waren.

Aber dem Siegeszug des Autos als Wirtschaftswunder-Mobil war nichts entgegenzusetzen. Bereits 1950 fuhren wieder über eine halbe Million PKW auf unseren Straßen, bis 1959 waren es über drei Millionen. Günstiger in der Anschaffung waren aber noch die Motorräder und Roller, die, mit einem Beiwagen versehen, oft ebenso viel Platz boten, wie viele der Kleinwagen der 50er Jahre.[3]

Die Fahrten wurden zu einer immer beliebteren Freizeitgestaltung. Kehrte man nicht in einem der beliebten Ausflugslokale ein, so konnten die Frauen auf den modernen Rastplätzen ihre Talente entfalten, wenn sie die nett und appetitlich angerichteten Proviantpäckchen aus den Plastikcampingkoffern ausbreiteten und hinterher die Plätze wieder hausfraulich ordentlich verließen.

Verfügte man »zu Hause« über ein wenig Grün – sei es im Garten oder auf dem kleinen Neubaubalkon – konnte sich allerdings solch anstrengende Ausflugsfahrten ersparen und den Sonntag harmonisch im Kreise seiner Familie verbringen. Mit einem gemeinsamen sonntäglichen Mittagessen oder dem leckeren Kuchen verschönten die Frauen dann zu Hause die arbeitsfreie Zeit ihrer Ehemänner. Zur Verschönerung und behaglichen Gestaltung wurden grellgeblümte Sonnenschirme, Liegestühle und Klappstühle, -tische und -liegen angeschafft. Clou der Gartenmöbelausstattung waren die moderne Hollywoodschaukel und die Gartenbar, die aber beide noch außerordentlich teuer waren.

Ein Sommerurlaub mit der ganzen Familie war ein kostspieliges Vergnügen, auf das lange gespart werden mußte.

Noch 1958 hatten nur etwas mehr als ein Drittel der Befragten einer Allensbachstudie überhaupt jemals eine Urlaubsreise unternommen (36 %). Von ihnen waren mehr als die Hälfte mit der Bahn, 26 % mit dem Auto, 7 % mit dem Roller oder Motorrad und 2 % mit dem Fahrrad gereist; 12 % wählten eine der begehrten Pauschalreisen mit dem Omnibus.[4] Die 1948 unter dem Namen »Arbeitsgemeinschaft der Gesellschaftsreisen« firmierende Touropa (seit 1951 heißt sie so) war schon in ihrer ersten Saison durch 40 000 Reisende bestätigt worden.

Die Omnibusreisen waren nicht nur vergleichsweise billig, sondern erfreuten sich auch deshalb so großer Beliebtheit, weil die meisten Urlaubsreisenden den Sitten und Gebräuchen ebenso wie den Kulturdenkmälern und Sehenswürdigkeiten ihres Ferienlandes noch völlig unbeholfen gegenüberstanden.

Die Italienreise wurde zum Statussymbol, das von immer breiteren Schichten der Bevölkerung angestrebt wurde. Sehr früh war es nicht mehr nur die bildungshungrige Mittelschicht, die von Kirche zu Kirche und von einem Museum ins nächste eilte, sondern auch die sonnenhungrigen Strandtouristen, die nach Italien strebten. Und die Beweisstücke ihrer Reisen thronten in Form von buntbeleuchteten goldverzierten Gondeln oder schiefen Türmen von Pisa

185

Reisen per Bus oder Motorrad, als Anhalterin oder mit der Bahn...

aus Plastik auf den neuen Fernsehgeräten.

1955 gaben schon 32 % der Befragten an, daß sie am liebsten nach Italien reisen würden, und 1958 waren dann 10 % aller Urlauber in Italien gewesen.[5]

Die Erlebnisse deutscher Urlauberinnen im Süden wurden zum Thema nicht endenwollender Ratgeberreihen und Umfragen.

Nach ihrer ersten Italienfahrt befragt, schrieben 22 % der von der Zeitschrift Constanze befragten Frauen: »Nie wieder gen Süden!« Sie hatten sich von den italienischen Männern belästigt gefühlt und gaben nun Ratschläge weiter, wie nordische Schönheit im temperamentvollen Süden

zu tarnen sei. Blonde Frauen sollten ihr Haar unter einem großen Sonnenhut, ihre blauen Augen hinter einer Spiegelreflexsonnenbrille verstecken. Als ein besonders sicheres Mittel galt es, einen Ehering zu tragen. Ein kleiner Sprachführer für Frauen empfiehlt, den buhlenden italienischen Männern ein freundliches »Aspetto il mio marito!« zu entgegnen.[6]

Abends alleine auszugehen oder gar Alkohol zu trinken, schickte sich auch in fremden Ländern nicht für eine Frau.

Manch ein Ferienhotel verdiente gut daran, daß es unverheirateten Paaren und sogar größeren gemischten Gruppen nur die teureren Einzelzimmer vermietete.

...oder mit dem eigenen Goggo

Doch der größte Teil aller Reisenden wollte so preisgünstig wie nur eben möglich Urlaub machen.

Aus den billigen Wanderfahrten auf Schusters Rappen mit dem zerbeulten Kochgeschirr am vollgestopften Rucksack entwickelte sich der moderne Campingurlaub.

Diese neue Reisebewegung machte sich vom Auto bis zum regendichten, komfortablen Zelt und dem einen häuslichen Herd fast ersetzenden Campingkocher alle Errungenschaften der Technik zunutze.

Anfangs wagte man sich nur in die nahen Urlaubsgebiete in Deutschland – begehrenswert waren der Bodensee, die Alpen, der Schwarzwald, das Mittelgebirge, die Nord- und

Ostsee – die auch mit dem Motorroller noch gut zu erreichen waren. Nur wenige trauten sich mit ihren Kleinwagen über die Alpen. Doch der Eifer der Fernsüchtigen kannte auf die Dauer keine Grenzen. Bald war ein Goggo zu haben mit zu einer Liegefläche ausklappbaren Sitzen, so daß man in ihm sogar übernachten konnte. Mit wachsendem Einkommen leisteten sich die Campingurlauber Zeltanhänger, Faltwohnwagen und zum Ende der 50er Jahre sogar die Neuheit der Internationalen Automobilausstellung in Frankfurt: den ersten kugelförmigen Wohnanhänger. Für diesen mußte man damals 1600,– DM bezahlen. Man benötigte zudem ein Auto mit entsprechender Zugkraft.

Das Gros campte allerdings in den sogenannten Hauszel-
ten, deren Ausstattung von Saison zu Saison verbessert
wurde. Das Zubehör erstreckte sich schon lange nicht
mehr auf Luftmatratze und Schlafsack: Nun gab es außer
dem Campingkocher auch Campinggeschirr, Camping-
haushaltswaren, Campingmöbel und Campingbekleidung.
Und unermüdlich erfand man neue Geräte, mit denen die
Frauen in den Zelten und Wohnwagen kochen, waschen,
putzen, bügeln oder ähnliche »angenehme« Dinge tun
konnten. Moderne Campingplätze hatten nicht nur ge-
pflegte Sanitäreinrichtungen, sondern auch »Küchen mit
elektrischen Herden, Waschmaschinen und Kühlschränke
und sogar Aufenthaltsräume mit Fernsehgerät und Zeitschriften und Kioske, damit niemand auf die knusprigen
Frühstücksbrötchen oder den geruhsamen Abendschop-
pen verzichten mußte«.[7]

Die häusliche Ordnung setzte sich auf den Campingplätzen fort, auch wenn sie an den Stränden des Mittelmeeres
gelegen waren.

Für die Frauen hatte sich die Hausarbeit von der Wohnung ins Zelt verlagert und erforderte eher noch ein größe-
res Organisationstalent. Für die Kinder schien das Camping ideal zu sein: sie hatten wesentlich größere Freiräume
als in einem Hotel, und mit ein wenig Geschick und mütterlicher Eingebung sorgten die Frauen für das harmonische
Gelingen, unterstützt von der Konsumgüterindustrie, die
Jahr um Jahr neue Gerätschaften produzierte, die zwar
nicht immer tatsächlich brauchbar erschienen, aber dennoch regen Absatz fanden.

Der Urlaub war zum Konsumgut und Prestigeobjekt geworden.

*Anmerkungen*

1 vgl. Grosser, Alfred: Geschichte Deutschlands seit 1945, Berlin 1974.
2 Grohn, Thomas: Der Prozeß der Landschaftszerstörung in der Bundesrepublik
  Deutschland am Beispiel von Verkehr und Technik. Diplomarbeit am Institut für Soziologie, FU Berlin 1984.
3 ebd.
4 Jahrbuch der öffentlichen Meinung 1947–1955, hrsg. von Elisabeth Noelle und Erich
  Neumann, Allensbach am Bodensee.
5 ebd.
6 Constanze, Heft 21, 1959, S. 16–19.
7 Constanze, Heft 14, 1959.

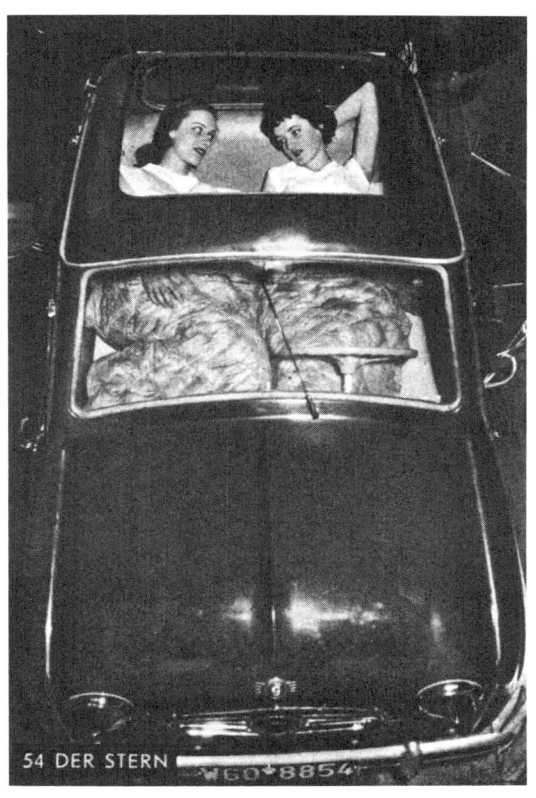

54 DER STERN

# Komfort für Vagabunden

Man „campt" wieder, an der Adria, auf Ischia, im Salzkammergut, an der Nordsee, auf der Heide... Europa hat das Zelt und den Wohnwagen wiederentdeckt und trifft sich, ungeachtet aller Grenzen und Nationalitäten, auf tausenden von Campingplätzen.

**Wer im Glashaus sitzt,** sollte nicht mit Steinen werfen, sagt man, aber diese beiden Damen auf ihrer „Veranda" brauchen weder Regen und Wind, noch Steine zu fürchten. Wie eine Gardine können diese glasklaren, unbegrenzt haltbaren Perlonvorhänge vor das Zelt gezogen und mit einem Reißverschluß verschlossen werden

# Was drin ist und *was fehlt*

## 1950

8. 1. Die »Vertriebenen« gründen eine eigene Partei in der BRD, den »Block der Heimatvertriebenen und Entrechteten« (BHE).

27. 2. Mehr als 2 Millionen Arbeitslose in der Bundesrepublik

*1. 5. Abschaffung der Lebensmittelkarten.*

11. 10. Innenminister Gustav Heinemann (CDU) erklärt seinen Rücktritt aufgrund der Wiederaufrüstungspläne der Bundesregierung.

*26. 11. † Hedwig Courths-Mahler in Rottach-Egern*

## 1951

18. 1. Uraufführung des Films »Die Sünderin« mit Hildegard Knef in der Titelrolle.

*2. 5. Die BRD wird gleichberechtigtes Mitglied des Europarates.*

26. 6. Die Freie Deutsche Jugend (FDJ) wird in der BRD als »verfassungswidrig« verboten.

*9. 7. Großbritannien und Frankreich, bald darauf die USA, erklären den Kriegszustand mit Deutschland für beendet.*

22. 11. Die Bundesregierung stellt einen Antrag auf Verbot der KPD.

## 1952

24. 1. Das Mutterschutzgesetz, das den Kündigungsschutz, den Schutz vor Verdienstausfall etc. regelt, tritt in Kraft.

*1. 3. Die Insel Helgoland wird wieder deutscher Verwaltung unterstellt.*

*26. 5. Großbritannien, Frankreich und die USA schließen mit der BRD den »Deutschlandvertrag«, der der Bundesrepublik die Souveränität gewährt.*

27. 5. EVG-Vertrag (Europäische Verteidigungsgemeinschaft) unter Beteiligung der BRD geschlossen.

*10. 9. »Wiedergutmachungsabkommen« zwischen der BRD und Israel.*

24. 12. Erste Fernsehanstalten in der BRD nehmen den Betrieb auf und strahlen regelmäßig Programme aus.

## 1953

*19. 3. Der »Messerschmitt-Kabinenroller« wird auf der Internationalen Automobilausstellung in Frankfurt/Main vorgestellt. Er soll gegen die Konkurrenz von Goggomobil, Isabella und VW antreten.*

*17. 6. Streik Ostberliner Bau-*

*arbeiter gegen die Erhöhung der Arbeitsnormen, der sich rasch zu einem Aufstand in mehreren Städten der DDR ausweitet. Seitdem als »Tag der Einheit« gesetzlicher Feiertag in der Bundesrepublik.*

*25. 6. 5 %-Klausel für den Bundestag wird per neuem Wahlgesetz eingeführt.*

6. 9. Wahlen zum zweiten Deutschen Bundestag: die CDU/CSU gewinnt deutlich mit 45,2 %, die SPD erhält 28,8 %, die FDP 9,5 % der Stimmen.

18. 12. Das Bundesverfassungsgericht erklärt die vom Grundgesetz vorgesehene Gleichberechtigung von Mann und Frau für rechtens, was die Reformierung von Ehe- und Scheidungsrecht und die Aufhebung der darin enthaltenen Benachteiligungen der Frau notwendig macht.

## 1954

*25. 3. † Gertrud Bäumer, Frauenrechtlerin und Schriftstellerin*

26. 3. Eine Grundgesetzänderung macht den Aufbau von Streitkräften in der BRD möglich.

4. 7. Die BRD wird Fußballweltmeister im Endspiel gegen Ungarn durch ein 3:2 durch Rahn in der 84. Spielminute

**3.10.** *Ende der Neun-Mächte-Konferenz in London, bei der die BRD in die NATO aufgenommen wird.*

**29. 9.** *Zum ersten Mal flimmert die Serie »Familie Schölermann« über die Fernsehschirme.*

## 1955

**29. 1.** Ratifizierung der Pariser Verträge, die die Besatzungszeit in den ehemaligen Westzonen offiziell beenden. Die parlamentarische und außerparlamentarische Opposition kritisiert, daß die der BRD durch die Verträge zugestandene politische Bewegungsfreiheit schwerwiegend eingeschränkt sei.

**29. 1.** Kundgebung gegen Wiederaufrüstung und Pariser Verträge in der Frankfurter Paulskirche unter dem Motto »Rettet Einheit, Freiheit, Frieden. Gegen Kommunismus und Nationalismus« unter Beteiligung von Gustav Heinemann.

**1. 3.** *Die BRD erhält Lufthoheit, die Lufthansa nimmt den Luftverkehr auf.*

**18. 4.** *† Albert Einstein in Princeton/USA.*

**6. 5.** *Der Beitritt der BRD zur Westeuropäischen Union und zur NATO tritt in Kraft.*

**6. 6.** Offizielle Einrichtung eines »Bundesministeriums der Verteidigung« (vormals »Dienststelle Blank«)

**30. 9.** Trotz des »wirtschaftlichen Aufschwungs« unter Wirtschaftsminister Ludwig Erhard gibt es immer noch 495 000 Arbeitslose (2,7%).

**20.10.** *Franz Josef Strauß wird Bundesminister für Atomfragen.*

**31.12.** Die deutsche Wirtschaft resümiert: 1955 war *das* Jahr des Wirtschaftswunders, vor allem für die Stahl- und die Autoindustrie.

## 1956

**2. 1.** Erste Einheiten der Bundeswehr treten zum Dienst an.

**1. 5.** *100 000 Berliner demonstrieren vor dem Rathaus Schöneberg für die Wiedervereinigung Deutschlands.*

**21. 7.** Einführung der allgemeinen Wehrpflicht in der BRD.

**14. 8.** † Bertolt Brecht in Ost-Berlin.

**17. 8.** Verbot der KPD. Parteibüros werden polizeilich geschlossen, Funktionäre inhaftiert.

**11.10.** *Der Autoboom macht's nötig: Der Bundestag beschließt einstimmig die Einführung einer Verkehrssünderkartei.*

**16.10.** Franz Josef Strauß wird Verteidigungsminister.

**22.11.** *Beginn der Olympiade in Melbourne, bei der Sportler aus der BRD und der DDR gemeinsam in einer »gesamtdeutschen Mannschaft« antreten. Die Bundesdeutsche Ursula Happe erringt über 200 m Brust die Goldmedaille.*

**19.12.** *Premiere des Filmes »Sissy, die junge Kaiserin«, in München mit Romy Schneider in der Titelrolle.*

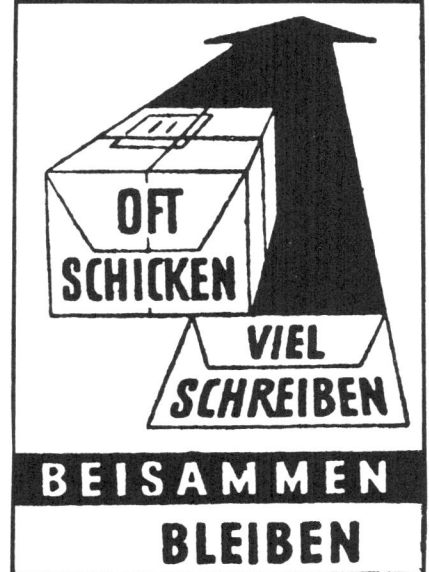

OFT SCHICKEN VIEL SCHREIBEN BEISAMMEN BLEIBEN

## 1957

**1. 3.** *Einführung der 45-Stunden-Woche in einigen hundert Betrieben der BRD.*

**4. 4.** Konrad Adenauer fordert die Ausrüstung der Bundeswehr mit Atomwaffen.

**19. 5.** *Auflösung der Gesamtdeutschen Volkspartei (GVP), deren Mitglieder Gustav Heinemann und Helene Wessel der SPD beitreten.*

**18. 7.** Durch das Gleichberechtigungsgesetz wird das bürgerliche Recht dem Verfassungsgrundsatz der Gleichberechtigung von Mann und Frau angeglichen.

**15. 9.** Die CDU unter Konrad Adenauer erringt bei den Wahlen zum dritten Deutschen Bundestag die absolute Mehrheit.

**1.11.** Rosemarie Nitribitt, Frankfurter Callgirl, wird ermordet aufgefunden.

## 1958

**10. 3.** Konstituierung des Arbeitsausschußes »Kampf dem Atomtod« in Frankfurt/Main.

**25. 3.** Der Bundestag beschließt gegen die Stimmen der SPD die atomare Bewaffnung der Bundeswehr.

**13. 6.** Antrag der SPD auf Durchführung einer Volksbefragung über die Atombewaffnung von der Regierung abgelehnt.

**30. 7.** Das Bundesverfassungsgericht erklärt eine Volksbefragung über die Atombewaffnung für verfassungswidrig.

**1.10.** *Elvis Presley trifft in der BRD ein – als US-Soldat.*

**26.10.** *Bill Haley gibt ein Konzert in West-Berlin.*

**27.11.** *Erstes Berlin-Ultimatum der UdSSR, in dem die Umwandlung Berlins in eine »freie Stadt« gefordert wird.*

## 1959

**11. 5.** *Beginn der Genfer Außenministerkonferenz über die Deutschland- und Berlin-Frage, an der außer den USA, Großbritannien, Frankreich, der UdSSR auch Delegationen der beiden deutschen Staaten teilnehmen. Die Konferenz wird im August ergebnislos abgebrochen.*

**13. 9.** *Heinrich Lübke wird deutscher Bundespräsident.*

**15.11.** *Auf einem außerordentlichen Parteitag der SPD in Bad Godesberg wird das neue Grundsatzprogramm der Partei verabschiedet.*

**31.12.** *Auch das war 1959: in Frankfurt wurde das erste Autokino eröffnet.*

jetzt Pakete u. Packchen nach drüben!

# Autorinnenverzeichnis

**Gisela Breitling** * 1939 in Berlin, Malerin. Lehre als Musterzeichnerin, 1960–62 Studium an der Textilingenieurschule Krefeld, 1962–68 Studium Malerei an der HfbK Berlin, Meisterschülerin. Seit 1965 viele Einzel- und Gruppenausstellungen im In- und Ausland, lebt in Westberlin. Veröffentlichte »Die Spuren des Schiffs auf den Wellen«, Oberbaum Verlag 1980 und Beiträge in »Körper Liebe Sprache«, hrsg. von Anna Tüne, ELEFANTEN PRESS 1982.

**Angela Delille** * 1957 in Braunschweig, Soziologin. Veröffentlichte zusammen mit Andrea Grohn »Blick zurück aufs Glück – Frauenleben und Familienpolitik in den 50er Jahren«, ELEFANTEN PRESS 1985. Hielt sich in den 50er Jahren hauptsächlich im Kinderwagen auf.

**Gabriele Dietz** * 1956 in Burg bei Magdeburg, arbeitet bei ELEFANTEN PRESS. Mitherausgeberin von »Frauen unterm Hakenkreuz«, ELEFANTEN PRESS 1983.

**Susanne Godefroid** * 1946 in Berlin, hauptberuflich Mutter, freiberuflich Soziologin und Erziehungswissenschaftlerin. Beiträge zur Kindheit in der Nachkriegszeit und in den 50er Jahren in den Dokumentationen des 4. und 6. Historikerinnentreffens. Erlebt sich als widersprüchliches Produkt ihrer widersprüchlichen Erinnerungen an die 50er Jahre, in denen sie in West-Berlin vom »fein«*gemachten* Mädchen zum sich »fein«*machenden* Fräulein wurde; lernte Schreiben, Rechnen und Lesen und die an sie gestellten Rollenerwartungen erfüllen.

**Andrea Grohn** * 1958 in Isenbüttel bei Gifhorn, Soziologin. Veröffentlichte zusammen mit Angela Delille »Blick zurück aufs Glück – Frauenleben und Familienpolitik in den 50er Jahren«, ELEFANTEN PRESS 1985. War in den 50er Jahren ganz klein.

**Ulla Grum** * 1943 in Magdeburg, studierte Germanistik und Soziologie, arbeitet an verschiedenen Tageszeitungen mit. Ging in den 50er Jahren in Hamburg zur Schule, trug Pferdeschwanz und Petticoat und war stolz auf ihre ersten Perlons.

**Claudia Ingenhoven** * 1955 in Lübeck, ist Journalistin und arbeitet vor allem für die Frauenfunk-Sendung »Zeitpunkte« beim SFB. Hat in den 50er Jahren im Kindergarten mit einer Negerpuppe mit Baströckchen gespielt.

**Veronika Kämpfer** * 1958 in Gifhorn, technische Zeichnerin, macht z. Zt. das Abitur an der »Schule für Erwachsenenbildung« im Mehringhof in Berlin-Kreuzberg.

**Magdalena Kemper** * 1947 in Berlin, Rundfunkredakteurin. Hat in den 50er Jahren Hopse gespielt, Schlager der Woche gehört, für Elvis geschwärmt und für rot lackierte Fingernägel.

**Maren Kroymann** * 1949, aufgewachsen in Tübingen, lebt in Berlin. Ausgebildet als Literaturwissenschaftlerin und Schauspielerin, diverse Fachveröffentlichungen. Ihre Empfindungswelt als Mädel in den 50er Jahren hat sie veröffentlicht in der satirischen Schlager-Show »Auf Du und Du mit dem Stöckelschuh«, seit 1982 auf Bühnen, in der Glotze und auf Platte. Ihre Partner sind Otto Beatus (p) und Martin Rader (g).

**Ingrid Langer** (vorher Langer-El Sayed), Prof. Dr. phil., Politikwissenschaftlerin an der Universität Marburg. Arbeitsgebiete: Frauenfrage, Familien- und Sozialpolitik, Medienwissenschaft.

**Sibylle Meyer** * in Lichtenfels, Soziologin. Veröffentlichte zusammen mit Eva Schulze »Wie wir das alles geschafft haben – Alleinstehende Frauen berichten über ihr Leben nach 1945«, 3. Auflage C. H. Beck Verlag, München 1985 und »Von Liebe sprach damals keiner – Familienalltag in der Nachkriegszeit«, C. H. Beck Verlag, München 1985.

**Dr. Katrin Pallowski** * 1940 in Kattowice, z. Zt. Gastprofessorin für Designtheorie an der HdK Berlin. Diverse Veröffentlichungen zur Designtheorie und Arbeiterkultur. Ihr Arbeitsschwerpunkt ist die Lebensstilforschung.

**Ulla Ralfs** * 1951 in Heide/Dithmarschen, wiss. Mitarbeiterin an der Hochschule für Wirtschaft und Politik in Hamburg. Veröffentlichte »Rationalisierung und Rationalisierungsschutz« (zusammen mit Mayer), Neuwied/Darmstadt 1981 und diverse Zeitschriftenartikel, zuletzt über die elektronische Heimarbeit in: »Technik im Griff?«, Hamburg 1985. Seit 1975 aktiv in der gewerkschaftlichen Bildungsarbeit der IG Metall und der ÖTV.

**Veronika Ratzenböck**, * 1956 in Natternbach in Oberösterreich, Historikerin und Germanistin. Veröffentlichte u. a. Beiträge in »Die ›wilden‹ fünfziger Jahre«, hrsg. von Gerhard Jagschitz und Klaus-Dieter Mulley, Wien und St. Pölten 1985, und in »Die ungeschriebene Geschichte. Historische Frauenforschung«, hrsg. von Wiener Historikerinnen, Wien o. J.

**Helma Sanders-Brahms** * 1940 in Emden, Filmautorin. Veröffentlichte »Deutschland, bleiche Mutter« (rororo) und »Heinrich« (Panta Rhei Filmverlag).

**Margot Schmidt** * 1949 in Kassel, Sozialhistorikerin. Veröffentlichte diverse Beiträge über Faschismus- und Nachkriegserfahrungen von Frauen im Ruhrgebiet in: »Lebensgeschichte und Sozialkultur im Ruhrgebiet 1930–1960«, hrsg. von L. Niethammer, 2 Bde., Dietz Verlag, Bonn 1983.

**Maruta Schmidt** * 1944 in Liberec, Kunstwissenschaftlerin, bei ELEFANTEN PRESS u. a. zuständig für die Frauenbuchreihe, Mitherausgeberin von »FrauenBilderLeseBuch«, ELEFANTEN PRESS 1980, und »Frauen unterm Hakenkreuz« ELEFANTEN PRESS 1983. Ging in den 50er Jahren in die Flüchtlings-, Volks- und Oberschule, war in Marlon Brando und Napoleon, später in Albert Camus verliebt. Motto zuletzt: Bonjour Tristesse.

**Ingrid Schmidt-Harzbach** * 1941 in Insterburg/Ostpreußen, Dipl. Pol., war Assistentin für Politologie an der FU Berlin, Initiatorin von Frauenseminaren und der »Ersten Sommeruniversität für Frauen«; Dozentin für Frauenkurse an der VHS Berlin-Schöneberg. Veröffentlichungen zum Frauenstudium, zur historischen Entwicklung der Frauenbewegung und Weiterbildung von Frauen. Z. Zt. Forschung über Frauenalltag und Frauenbewegung im Nachkriegsberlin.

**Ingrid Schöll** * 1956 in Koblenz, Doktorandin. Arbeitet mit an der Dokumentation des 6. Historikerinnentreffens in Bonn 1983.

**Eva Schulze** * in Nordhausen, Soziologin. Veröffentlichte zusammen mit Sibylle Meyer »Wie wir das alles geschafft haben – Alleinstehende Frauen berichten über ihr Leben nach 1945«, 3. Auflage C. H. Beck Verlag, München 1985 und »Von Liebe sprach damals keiner – Familienalltag in der Nachkriegszeit«, C. H. Beck Verlag, München 1985.

**Birgit Trockel** * 1958 in Liesborn/Westfalen, Soziologin, arbeitet z. Zt. als Familienhelferin in Berlin.

**Renate Trusch** * 1947 in Bayern, Lehrerin. Forscht über Kindheit, weil sie sich bei ihren Schülern über das gleiche ärgert, was sie in den 50er Jahren nie tun durfte. Bewunderte damals Leute, die Wohnungen mit Küche und Bad hatten, hatte Angst vor Treppen, Kellern und Tieren und wünschte oft, weit weg zu sein.

**Ingeborg Weber-Kellermann** * 1918 in Berlin, Universitätsprofessor für Europäische Ethnologie und Kulturgeschichte. Veröffentlichte u. a. »Die deutsche Familie«, Suhrkamp Taschenbuch 185, Frankfurt/Main 1974 (8. Auflage 1984) und »Frauenleben im 19. Jahrhundert«, C. H. Beck Verlag, München 1983. Sammelt altes Spielzeug.

**Sabine Weißler** * 1958 in Groß-Umstadt/Odenwald. Dipl. Pol. Redaktion von »Die Zwanziger Jahre des Deutschen Werkbunds« 1982 und Mitherausgeberin von »Plastikwelten«, ELEFANTEN PRESS 1985. Wurde unmittelbar hinter der Fabrik der H. Römmler GmbH geboren, der Hersteller-Firma des in den 50er Jahren so beliebten Resopals.